RONALDO
GLÓRIA E DRAMA NO FUTEBOL GLOBALIZADO

Jorge Caldeira

RONALDO
GLÓRIA E DRAMA NO FUTEBOL GLOBALIZADO

editora 34

Lance! Editorial
Areté Editorial S.A.
Rua Santa Maria, 47 Cidade Nova CEP 20211-210
Rio de Janeiro - RJ Brasil Tel. (21) 2502-1616 Fax (21) 2502-9707
www.lancenet.com.br

Editora 34
Editora 34 Ltda.
Rua Hungria, 592 Jardim Europa CEP 01455-000
São Paulo - SP Brasil Tel/Fax (11) 3816-6777
editora34@uol.com.br

Copyright © Lance!/Editora 34, 2002
Ronaldo: glória e drama no futebol globalizado © Jorge Caldeira, 2002

A FOTOCÓPIA DE QUALQUER FOLHA DESTE LIVRO É ILEGAL, E CONFIGURA UMA
APROPRIAÇÃO INDEVIDA DOS DIREITOS INTELECTUAIS E PATRIMONIAIS DO AUTOR.

Foto da capa:
Bob Wolfenson

Foto da orelha:
Eduardo Simões

Capa e cadernos de fotografias:
Sérgio Gordilho

Projeto gráfico e editoração eletrônica:
Bracher & Malta Produção Gráfica

Revisão:
Alexandre Barbosa de Souza
Cide Piquet

1ª Edição - 2002

Catalogação na Fonte do Departamento Nacional do Livro
     (Fundação Biblioteca Nacional, RJ, Brasil)

	Caldeira, Jorge, 1955-
C146r	Ronaldo: glória e drama no futebol globalizado /
	Jorge Caldeira — Rio de Janeiro: Lance!; São Paulo:
	Ed. 34, 2002.
	352 p.

Inclui fotografias.

ISBN 85-7326-260-5

1. Futebol - Brasil - História e crítica.
2. Desportistas - Brasil - Biografias. I. Título.

CDD - 927

Ronaldo
Glória e drama no futebol globalizado

1. Yokohama, 30 de junho de 2002	9
2. Paris, 11 de julho de 1998	19
3. Bento Ribeiro (1976-1986)	32
4. Zona Norte (1986-1990)	42
5. Rio de Janeiro (1990-1992)	53
6. Rio de Janeiro-Belo Horizonte, via Colômbia (1992-1993)	68
7. Belo Horizonte (1993-1994)	79
8. Aldeia global, via Los Angeles (1994)	91
9. Eindhoven, com sombra e luzes (1994-1995)	105
10. Eindhoven, com luzes e a sombra (1995-1996)	117
11. Barcelona, e o Caminho de Santiago (1996)	129
12. Barcelona, amor e cifrões (1997)	141
13. Milão, concentração e liderança (1997-1998)	155
14. Corpo, corporação (1997-1998)	166
15. Amarelinha (1997-1998)	178
16. Paris (1998)	189
17. Paris, 12 de julho de 1998: antes de uma final	202
18. Paris, 12 de julho de 1998: o jogo e sua interpretação	223
19. O ídolo caído (1998)	239
20. Altos, baixos e um buraco (1999)	253
21. Dor da vida, vida de dor (1999-2000)	269
22. Da praia ao campo (2000-2002)	283
23. Crenças e vitórias (2002)	297
Posfácio	315
Bibliografia	317

RONALDO

GLÓRIA E DRAMA NO FUTEBOL GLOBALIZADO

Para Lúcia, que jamais pisou num estádio de futebol.

Para minha filha santista Violeta, a primeira a recuperar meu amor pelos estádios, interrompido por tarefas profissionais.

Para meu filho Júlio, capaz tanto de sofrer e gritar de alegria a meu lado e ao lado de meu pai, Jorge Alberto, nas arquibancadas do Canindé, como de revisar este livro com seu conhecimento enciclopédico de futebol e dar ótimas sugestões para melhorá-lo.

E para o Sardinha, torcedor arquetípico da gloriosa Lusa.

1.

Yokohama,
30 de junho de 2002

Oliver Kahn começa seu movimento para defender o chute de Rivaldo. Abaixa-se para encaixar a bola no corpo. Mas ela não segue exatamente a trajetória imaginada pelo goleiro alemão: apesar da distância, aquele chute era traiçoeiro mesmo para um homem acostumado a repetir o gesto milhares de vezes. A bola vem baixa, sem tocar o solo. Encontra o corpo de Kahn a meio caminho do chão; em vez de bater contra o peito, escapa do abraço e toca no braço esquerdo do goleiro; foge lentamente da tentativa desesperada de sua mão esquerda para contê-la. Enquanto o corpo completa sua queda inexorável, apenas seus olhos podem subir, e o que eles vêem faz sua face adquirir uma expressão de desespero. A imagem de Ronaldo cresce rápido, correndo na direção da bola que rola lentamente após escapar de seu controle. A partir daí, segue-se uma rotina implacável: ele tenta reordenar seus movimentos o mais depressa possível, ganhando o impulso que puder na fração de segundo em que a gravidade completa seu trabalho de mandá-lo ao chão, para tentar cobrir algum espaço do chute. Mas está apenas no início do caminho quando o centroavante toca a bola para dentro do gol, aos 22 minutos do segundo tempo.

Visto pela televisão, o gol se enquadraria perfeitamente na categoria daqueles fáceis, os gols "que até a minha sogra faria". Afinal das contas, bater na bola contra um gol de sete metros e meio de largura, com o goleiro caído e a três metros de distância não parece constituir exatamente o maior dos desafios, até mesmo para amadores.

Mas tanta facilidade pode ter outra lógica, se a jogada for vista em seu todo, e não apenas pelo corte que a televisão mostra, sempre determinado pela trajetória da bola. A jogada começou a cerca de 25 metros do gol, no momento em que Ronaldo conseguiu roubar a bola de Hamann, passando-a para Rivaldo. Com ela foi a câmera da televisão, fechando a imagem no momento em que ele deu o primeiro toque, que já anunciava um chute. Ronaldo foi desaparecendo da imagem rapidamente, porque já estava começando a correr na direção do gol, antevendo a possibilidade do rebote.

Esta corrida tinha muitas razões para ser improvável, tanto que foi feita apenas pelo atacante brasileiro. Os zagueiros alemães não acreditavam num rebote, e tinham motivos para isso. Do lado alemão, Oliver Kahn era o pilar de toda a confiança da equipe numa eventual vitória. O time limitado só tinha chegado até ali porque o goleiro nunca falhara. Nos três jogos eliminatórios decisivos, contra o Paraguai, os Estados Unidos e a Coréia, o *script* tinha sido um só: a Alemanha arrancara um golzinho mirrado, defendera-se como podia — e isto incluiu assistir a muitos milagres de seu goleiro, quando tudo o mais não dava certo. Como deu certo, o time chegou à final da Copa do Mundo creditando seu sucesso ao que já chamavam "Muralha Kahn". Em seis jogos, Kahn tinha tomado apenas um gol. Essa trajetória ajudou a construir um raciocínio estratégico para a final: jogar com cuidado, evitando gols — e assim chegar ao título. O próprio Kahn ajudou bastante nesta obra. Não apenas aceitou a idéia de se colocar como a grande figura do time para aquele momento, como se encarregou ele mesmo de divulgá-la. Com declarações que beiravam a arrogância, ele investia na crença de sair daquele jogo como o construtor de uma vitória: na véspera do jogo, disse que o Brasil só seria campeão se marcasse um gol nele, e desafiou os atacantes a tentarem. Com isso, procurava também reforçar a confiança de seu time em suas habilidades. Assim, no momento da jogada, os defensores alemães estavam obedecendo ao que eles mesmos construíram, fazendo uma aposta em seu goleiro — em vez de correrem atrás de um eventual rebote.

O próprio Ronaldo, que conhecia algo que os adversários ignoravam, bem que poderia ter ficado parado naquele momento. Ele sabia que Rivaldo estava muito longe das melhores condições para acertar um bom chute. Entrou para jogar a final com o tornozelo esquerdo machucado, protegido por uma bota de esparadrapo. No intervalo do jogo, mal conseguia colocar o pé no chão. Preocupada, a equipe médica perguntou se ele estava bem. Como resposta, pediu para o massagista fazer outra bota, mais apertada ainda. Só assim poderia agüentar — e iria agüentar a dor. A final da Copa do Mundo era um jogo para ser jogado, e a dor não passava de um detalhe perto da possibilidade de vencê-lo. Mas tanto sacrifício tinha seu custo: até o momento de desafiar as habilidades de Kahn, ele simplesmente não tinha tido coragem de bater com força na bola. Quando matou a bola, Rivaldo ainda pensou, por uma fração de segundo, se valia arriscar — pois talvez não suportasse a carga extra de dor que a pancada proporcionaria.

Com tudo isso em vista, o gol aparentemente fácil ganha outro significado. Ronaldo fez um gol fácil porque começou a correr atrás dele antes dos adversários, e colheu o imenso prêmio de seu vislumbre. Afinal, ele tinha para com seu time responsabilidades semelhantes às do goleiro alemão. Ao contrário da Alemanha, dependente do goleiro, a seleção brasileira construía sua força com o ataque — e Ronaldo era a essência do ataque brasileiro, o homem de quem todos esperavam o gol. O primeiro gol sobre a Alemanha foi o décimo sétimo do time em sete partidas, e o sétimo de Ronaldo no torneio. Teve uma importância muito maior que o número de registro: confirmou as melhores expectativas para seu time — e as piores para o adversário. As indagações sobre a disputa entre a melhor defesa e o melhor ataque, exploradas em todo o mundo nos dias anteriores, davam lugar aos fatos reais. A Alemanha teria 23 minutos para jogar com seu plano B: em vez de evitar gols, seu ponto forte, teria de fazê-los. Iria correr atrás do prejuízo — e abrir espaços ainda maiores para os atacantes adversários. Todo o jogo mudava a favor do Brasil. Ronaldo sabia de tudo isso, mas ainda assim teve uma reação quase fria: comemorou o gol sem espalhafato, sem deixar vazar muitas emoções. Manteve-se concentrado para explorar o que viria.

Era uma situação desconfortável para o adversário; além da desvantagem estratégica, havia agora o problema emocional: o goleiro falhara, esta era a verdade. A soma destas duas desvantagens se fez presente onze minutos depois. Aos 33 minutos do segundo tempo, o meia Kléberson avançou pela ponta direita, com a defesa da Alemanha desarmada — para tentar atacar, isso era necessário. Dali ele cruzou na direção de Rivaldo. Mais uma vez, começou a temporada de apostas entre defesa e ataque, agora com aquela em posição ainda mais precária. Só havia um zagueiro no centro da defesa, Linke. E, frente a ele, dois atacantes brasileiros. Era preciso fazer uma escolha, e ele fez. Partiu na tentativa de impedir um novo chute de Rivaldo, aquele que tinha iniciado o problema de seu time. Naquela posição, Rivaldo tinha duas opções óbvias, ambas cobertas pela corrida do adversário: caso quisesse bater de esquerda, precisaria matar a bola com um toque, jogá-la para sua esquerda com outro, e armar um chute; se tudo isto desse certo, ele teria o zagueiro com o melhor ângulo possível para evitar o tiro. A outra opção era ainda mais difícil: Rivaldo poderia também tentar bater de direita, num lance que seria mais rápido; mas até as pedras no Brasil sabiam que aquela perna servia apenas para o craque subir no bonde — embora talvez o adversário não pensasse exatamente nisso, mas apenas na possibilidade de evitar problemas para seu goleiro. Antes que cumprisse sua missão, no entanto, Rivaldo fez o que um craque faria: tornou inútil o esforço do alemão. Simplesmente abriu as pernas, deixando a bola passar — e mais uma vez havia um homem que só podia acompanhar a bola com os olhos, tomando consciência da inutilidade de sua corrida, e do perigo que ela criara.

A trajetória levava a bola diretamente na direção de Ronaldo, com o desesperado Asamoah tentando chegar perto dele, vindo de trás. Não teve tempo. Ronaldo matou a bola para a direita, jogando-a ainda mais longe do adversário, tão longe que ainda teve tempo para verificar a posição de Kahn antes de chutar. E teve a fineza de bater com efeito, obtendo uma curva para a esquerda. Com esta trajetória, nem mesmo o vôo de Kahn, com todo seu tamanho e sua impulsão, foi suficiente para impedir o gol que, na prática, selava a sorte da partida. Ronaldo sabia disso, e nem assim gastou muita energia na comemoração.

Esta aparente falta de emoção intrigava. Os olhos do mundo vasculhavam cada gesto que ele fazia em busca de suas emoções naquele momento. Todos tinham a certeza de que, se alguém naquele jogo tinha motivos para vazá-las, este alguém era Ronaldo. Mas enquanto ele esteve em campo, ninguém descobriu nada muito diferente do normal. Somente quando ele cruzou a linha lateral para dar lugar a Denílson, aos 44 minutos do segundo tempo, é que a ficha caiu. Foi devagar para o banco de reservas, sentou-se e começou a chorar com vontade. Ele sabia que tinha sido a peça decisiva naquela partida — e também sabiam os homens da televisão, que deixavam o jogo um pouco de lado para mostrar o choro do herói — pois agora era neste universo mítico que as imagens trafegavam. Com a vitória que construíra, Ronaldo estava entrando num território que ia muito além das dimensões de uma simples partida de futebol.

Primeiro, havia a História. Se as discussões prévias sobre ataque e defesa alimentavam as fantasias táticas sobre a partida, a análise dos números da história traziam para ela outra pergunta: qual a maior potência no futebol em todos os tempos? Antes do jogo havia uma quase igualdade estatís-

YOKOHAMA, 30 DE JUNHO DE 2002

tica. Aquela partida significaria um desequilíbrio para um dos lados. Em 16 campeonatos mundiais disputados entre 1930 e 1998, as duas seleções haviam conseguido resultados expressivos. A Alemanha disputou 14 destas 16 edições. Entrou em campo 78 vezes, vencendo 45 partidas, empatando 17 e perdendo apenas 16. Com tal performance chegara a seis finais e vencera três vezes a competição. As cinco vitórias e o empate contra a Irlanda, na Coréia e no Japão, ajudaram a melhorar ainda mais os registros. Mas faltava a vitória na final para chegar realmente ao topo.

Somente um time tinha uma história melhor: o próprio Brasil, único país a participar de todas as Copas. Até 1998 foram 80 jogos disputados, com um desempenho ligeiramente superior ao do adversário: 53 vitórias, 14 empates e 13 derrotas. A diferença maior estava no desempenho em finais: o Brasil também havia chegado a seis, mas ganhara quatro. Antes da partida decisiva, mais seis vitórias tinham sido acrescentadas aos números.

Juntos, Brasil e Alemanha tinham estado na final de 12 das 16 Copas disputadas. Mas, até o jogo em Yokohama, jamais haviam se enfrentado na competição. Isto se constituía numa grande anomalia, numa exceção notável na essência do futebol. A atração do jogo se constrói sobre sua capacidade de alimentar as crenças que marcam distinções e rivalidades; estas crenças são provadas em disputas diretas, onde os adeptos do vencedor ganham o direito de falar, de contar as vantagens de sua opção por um lado. Se no caso dos clubes essa atração funciona, no caso das disputas entre países é maior ainda: a seleção é identificada diretamente com a Nação, e a vitória com sua pujança. Só que, para funcionar bem, este esquema depende de confrontos organizados: sem disputa, o futebol perde a graça da festa do ganhador — e o luto das lágrimas do perdedor. Em cada batalha efetiva entre times se constrói a trajetória emocional que as estatísticas ignoram em sua objetividade idiota. A estatísticas de Brasil e Alemanha, até o dia do jogo, eram vazias do sentido épico que só um confronto poderia oferecer.

A ausência de luta direta entre as duas potências nas Copas do Mundo havia permitido uma situação platônica. As conversas sobre as virtudes de cada time eram como as de noivas virgens e padres austeros discutindo sexo: muitas palavras e pouca carne. Havia dois mundos que não se tocavam, duas definições fundamentais para futebol praticadas como crenças absolutas, mas que jamais se provavam. O futebol brasileiro era "alegre" ou "ingênuo", apesar de sua eficiência estatística. Coisa praticada por gente de talento, mas incapaz de se organizar — numa referência análoga a algumas análises da economia do país. Já a Alemanha não perdia tempo com fantasias, e construía seu caminho com vistas ao resultado, e não se perdendo em firulas pelo meio do caminho — assim como as fábricas do país e seus construtores. E, tanto quanto os países, as imagens futebolísticas permitiam analogias com as pessoas. Os brasileiros seriam individualistas demais, sem o sentido de equipe que apenas uma sólida disciplina como a alemã permitia montar.

Assim, além da história, havia naquele jogo uma questão de identidade, que não era apenas nacional. O Brasil campeão é também a imagem de uma grande exceção na ordem mundial, onde os esportes costumam refletir fielmente a economia. Somente no futebol, e por causa do Brasil, existe uma subversão desta ordem: uma economia e uma sociedade que não são enquadradas na receita geral do progresso detêm uma possibilidade tecnológica de alcance mundial. Quem era o melhor do mundo em futebol? A sétima final tanto do Brasil como da Alemanha trouxe todas estas construções imaginárias, que de uma maneira ou de outra haviam sido a base de bilhões de horas de discussão metafísica entre aficionados do mundo inteiro (pois as duas seleções funcionavam como modelos para quase todas as outras), para a prova da prática. A vitória brasileira deslocou o sentido da discussão, deu um novo significado à hierarquia do futebol em todo o mundo. Mudou o peso das estatísticas, e o sentido dos argumentos dos torcedores.

Mas a história e a disputa de superioridade eram apenas detalhes a mais naquele momento. Uma final de Copa do Mundo é um momento ritual importante. Em 90 minutos, separa não apenas derrotados de vencedores, mas consagra frente a 2 bilhões de pessoas um novo panteão. Ronaldo, com os dois gols que eram a marca confirmatória de toda uma construção imaginária sobre o futebol brasileiro, estava ganhando uma nova dimensão, uma dimensão mítica. Ele entrara naquela partida como um jogador já admirado, mas saía dela como o Símbolo dos símbolos no universo do futebol. Antes da vitória, era apenas mais um entre as centenas de craques que algum dia ocuparam a posição de ídolo. Depois dela, um forte candidato ao topo da esfera celeste do futebol. Nesta esfera atemporal, onde passado, presente e futuro se misturam, só um mortal havia penetrado: Édson Arantes do Nascimento, o Pelé. O Rei construiu sua majestade disputando quatro Copas do Mundo — e vencendo três. Nenhum dos bilhões de jogadores que um dia chegaram a chutar uma bola conseguira sequer sonhar com tal possibilidade. No dia 30 de junho de 2002, Ronaldo Luís Nazário de Lima tornou-se candidato a chegar lá, e, quem sabe, subir onde nem o Rei conseguiu. Com apenas 25 anos, aquela era a terceira vez que ele estava no time brasileiro. Com o que fez em campo, conseguiu um desempenho ainda melhor que o de Pelé na altura de sua terceira Copa (dois títulos, em 1958 e 1962, e uma eliminação na fase classificatória, em 1966): foi campeão em 1994 e 2002, e vice em 1998. Mais ainda, com os oito gols que marcou na Coréia e no Japão, chegou a 12 em Copas do Mundo, igualando a marca de Pelé. Se disputar e vencer mais uma, vai dividir o Espaço Único.

Futebol, história e glória estavam em jogo no momento em que Ronaldo começou a correr na direção de Kahn — e ele foi capaz de manter o controle de si mesmo o tempo todo, agindo como deveria: focado na partida, sem desperdiçar energia com comemorações, sem deixar-se dominar pela emoção. Mas, principalmente, sem errar. Num jogo que paralisa meio planeta, o peso maior vem das emoções — e mesmo os jogadores mais controlados mostram o quanto elas pesam depois de cumprirem sua sina em campo. Eles sabem que estão sendo implacavelmente julgados enquanto a bola corre, têm que se haver com a sentença definitiva no momento em que ela pára.

O apito final do juiz marca a hora da verdade, a distância abissal entre vitória e derrota. Para Oliver Kahn, foi como se tivesse soado a trombeta do apocalipse. Recebeu calado a medalha pelo segundo lugar na Copa, largou seus companheiros no meio do gramado para cumprirem os gestos formais de reconhecimento da vitória do adversário, e foi chorar sozinho no vestiário. Depois, muito a contragosto, cumpriu a dura obrigação de narrar seu martírio em direção ao fundo numa entrevista: "Fui cruelmente castigado. Cometi um só erro em sete jogos. Não consigo olhar para a frente, é muito difícil para mim". Antes que o tradutor acabasse seu trabalho, ele se levantou e saiu.

Se o ídolo caído chorava, o vencedor enxugava suas lágrimas — e falava como se fosse mesmo o Eleito, como se soubesse que tudo aquilo estava escrito no livro dos tempos, empregando um tom que beirava o prosaico. Enquanto seus companheiros sorviam cada segundo de presença no mundo celeste da glória, vivendo transe e êxtase, ele dava uma entrevista ainda no campo, numa prosódia que lembrava o jargão eterno dos futebolistas, as frases feitas repetidas interminavelmente a cada semana para milhares de jornalistas que fazem sempre as mesmas perguntas. Agradeceu a Deus, o apoio da família, e especialmente a Filé, seu fisioterapeuta — referência que era a única a destoar do modelo.

Mas se ele falava com modéstia, no fundo é porque sabia que poderia ser dispensado da fala apologética, do êxtase explícito de seus companheiros: marcava assim seu lugar especial. Estava alegre, mas quase frio perto daquilo que acontecia. Naquele exato momento, tanto quanto os demais jogadores brasileiros, cronistas de rádio e televisão falavam a linguagem dos pregadores; descreviam Ronaldo como o Homem, reconhecido entre os mortais mas pertencente a outra esfera. As vozes extáticas eram proferidas em todas as línguas, e a nova que portavam era entendida pelos bilhões de seres do futebol. Antes de elas se calarem, as palavras confirmatórias já estavam sendo impressas, para que ninguém se esquecesse das maravilhas presenciadas. "Ronaldo esmaga a Alemanha", era a manchete do *Die Welt* alemão; "Dobradinha de Ronaldo, Brasil campeão", a da *Gazzetta dello Sport* italiano; "Rei dos Reis do Futebol", ungia o *Marca* espanhol.

Até mesmo os deuses do futebol reconheciam o ungido no mesmo tom, portando-se como simples mortais frente a algo vindo do alto. Diego Armando Maradona, que jamais morreu de amores pelo Brasil, foi um dos primeiros: "Ronaldo fez a grande diferença nesta Copa do Mundo". O inglês Alan Shearer empregou a metáfora da vingança daqueles que conhecem o caminho traçado, contra a voz dos falsos profetas: "Ele calou os críticos e acabou com todas as dúvidas sobre quem é o melhor". Já o francês Just Fontaine, maior artilheiro de uma Copa (marcou 13 gols em 1958), tocou num ponto importante: "Seus dois gols significam a Justiça no esporte. Depois de tudo que ele passou, merecia ser recompensado".

Esta última declaração contém algo tão intrigante como essencial. À primeira vista, a idéia de Justiça, da conciliação entre uma disputa esportiva e uma ordem moral, não chega a ser exatamente própria para analisar o futebol. No Brasil, só costuma ser empregada nos momentos de derrota, para explicar o desvio da trajetória imaginada pelos profetas da crônica e os fiéis da torcida — sempre o cume — pelos percalços da realidade. O time perdeu "injustamente" para a Itália em 1982, e foi "Campeão Moral" em 1978...

Este morno apelo do ideal de Justiça, a rigor, poderia ser empregado por Oliver Kahn já algumas horas depois do jogo, quando ganhou algo em torno do que poderia construir um argumento para a "injustiça" da vitória brasileira: uma vitória naquela que deveria ser a consagração oficial do Eleito, a escolha do melhor jogador da Copa. Nela, um grupo de 592 jornalistas, vistos como sacerdotes maiores dos templos futebolísticos, deveria atribuir "tecnicamente" a unção. Da tentativa saiu o nome do goleiro alemão, com 147 votos, contra 126 dados a Ronaldo. Mas o fato é que nem mesmo uma alma atormentada como o goleiro alemão ousou montar um argumento de justiça como compensação de sua dor.

O argumento seria pífio frente ao de Just Fontaine. Como um craque consumado, ele está cansado de saber que vitórias e derrotas em futebol têm muito pouco a ver com justiça. Mas também sabia que a vitória alimentara uma esperança como esta sobre Ronaldo. Era difícil não pensar nela como o reparo de um imenso mal, um prêmio para a fé e a recolocação das coisas deste mundo em seu devido lugar. Ao contrário do que os números mostravam — uma trajetória sempre ascendente do jogador na direção do topo —, o caminho de Ronaldo tinha conhecido um mergulho no abismo. Mergulho tão forte que até ele mesmo chegou um dia a duvidar que pudesse mesmo pisar no campo do estádio de Yokohama. Até aquele dia, nunca um jogador que descera tão fundo voltara a uma posição tão alta. Quatro anos antes, tudo em sua vida parecia uma história de fadas, de bons fados. Ele estava bem diante da porta da glória, e tinha seguido até ali um caminho tão reto que ninguém ousaria duvidar que os umbrais seriam facilmente transpostos.

2.

Paris,
11 de julho de 1998

Jornalistas de todo o planeta vão pingando na pequena sala do Centro de Imprensa da Copa do Mundo, para se deparar com um anacronismo: aquela urna destoava bastante do ambiente de alta tecnologia que a circundava. Esse descompasso seria responsável por um outro, de proporções ainda inimagináveis. A urna estava ali para receber os votos que elegeriam o melhor jogador da competição, antes da realização da partida final. Não seria muito difícil adivinhar o nome que vinha à mente da maioria dos jornalistas, muitos deles atarantados com as circunstâncias de uma decisão que parecia envolver mais do que uma simples escolha técnica. Mas por qualquer critério, Ronaldo era o candidato mais forte para receber os votos que iam para a urna.

O prédio inteiro, na Porte de Versailles, tinha sido construído para alardear a grandeza da tecnologia eletrônica francesa. Nos 30 mil metros quadrados da construção haviam sido embutidos 20 mil metros de cabos de fibra ótica e espalhadas 9 mil tomadas e pontos de ligação para computadores. Quase um para cada um dos 12 mil jornalistas credenciados para a cobertura dos jogos: 840 fotógrafos, 3.200 profissionais de jornais e revistas, 2 mil homens de televisão e outros tantos de rádio, além de um batalhão de 4 mil técnicos — um para cada duas tomadas, num dia cheio. Todos foram concentrados no mesmo espaço para aproveitar melhor aquela que se pretendia a maior de todas as novidades: a primeira transmissão totalmente digital para rádio e televisão.

Na torre de Babel montada para reforçar a impressão de simultaneidade e o aspecto global do evento, a urna não era antiquada apenas por seu aspecto físico. Ela era anacrônica para a missão que lhe haviam confiado: fazer com que a escolha do melhor jogador da Copa fosse divulgada ainda no dia da final, em "tempo real". A eleição acontecia desde a Copa de 1982. Os jornalistas votavam no melhor jogador depois de acabarem seus trabalhos de cobertura da final, com o que o resultado demorava alguns dias para sair. Para anunciar o eleito ainda no dia do jogo, ao invés de se empregar a nova tecnologia eletrônica, via computador, optou-se por manter o sistema da urna e antecipar o final da votação. A forma como as coisas acabaram ficando ilustra muito bem as transformações por que passava o futebol naquele momento: grandes investimentos em tecnologia e esforços fora do campo para enriquecer o espetáculo, mas com a manutenção de aspectos obsoletos que acabavam sacrificando a própria essência das coisas — no caso, a precisão do pleito. No gramado, o jogo continuava o mesmo, com suas evoluções naturais e as velhas regras que vinham do século XIX; mas, fora dele, mudara radicalmente nos últimos quatro anos. A Copa da França marcava a estréia não de novas táticas, mas de um novo mundo tecnológico — e de uma monumental disputa econômica. Todo um conjunto de embates bilionários por mercados globais estava sendo decidido naquela final. Esta era a grande novidade.

Até 1994, apesar de toda a audiência mundial e do fato de ser o esporte mais popular do planeta, a Copa do Mundo tinha ficado em segundo plano na disputa por mercados globais. Isso porque as mudanças extra-campo que marcaram o surgimento do esporte globalizado se concentraram inicialmente em um único país, os Estados Unidos. Mas foram tão importantes que exigem uma incursão pelo tempo e por esportes e negócios pouco conhecidos fora daquele país.

Os norte-americanos foram os primeiros a ter um esporte profissional organizado, e isto num tempo em que o futebol mal começava a engatinhar na Inglaterra. Este esporte foi o beisebol, e a forma de organização encontrada para a profissionalização, no distante ano de 1876, foi a de criar uma Liga, que organizava o campeonato. Por sua vez, os times que participavam desse campeonato eram empresas, e empresas voltadas para o lucro. Assim a função da liga era a de organizar o negócio, de modo a dar a maior rentabilidade possível para cada uma das equipes. A fórmula então encontrada serviu de modelo para todos os esportes profissionais do país. O futebol americano e o basquete foram profissionalizados seguindo o modelo do beisebol.

Com o correr dos anos, foram feitos ajustes no modelo, para adaptá-lo às novidades do tempo. Mesmo com o surgimento da televisão aberta,

PARIS, 11 DE JULHO DE 1998

ele não sofreu grandes alterações. As ligas de beisebol e futebol americano ajustaram suas temporadas de modo a não coincidirem, e dominavam amplamente o mercado. O basquete profissional ficava com o resto — o que significava ter apenas uns poucos jogos transmitidos pela tevê, e uma importância relativamente secundária no mercado. Mas tudo mudou radicalmente em 1978 — mesmo com o responsável inicial pela mudança não tendo quase nenhuma idéia sobre sua dimensão. Era um homem chamado Bill Ramundsen, que não andava exatamente em boa situação: tinha 46 anos, e acabara de ser despedido de seu emprego de assessor de imprensa de um time de hóquei no gelo. Para ganhar a vida, resolveu tentar montar um esquema barato de transmissão de jogos universitários em Connecticut. Pensava apenas no mercado regional — e fez o negócio alugando espaço num satélite porque este era o meio mais barato para suas transmissões. Com o espaço alugado, estava começando uma programação que incluía competições universitárias de luta greco-romana, competições colegiais de atletismo — e tinha como grande atração jogos de futebol americano secundários a ponto de não atraírem qualquer emissora, mesmo local. Seu equipamento se resumia a uma unidade móvel, e velhas portas foram transformadas em mesas de trabalho no escritório.

As coisas ainda não tinham tomado pé quando ele recebeu um telefonema de um funcionário da RCA, a empresa da qual alugava um canal de satélite, dizendo que o governo estava abrindo uma licitação para conceder canais de televisão para cabo, e que o critério de escolha era a antiguidade no uso de satélites. Ramundsen mais que ganhou na loteria. Quando saiu a lista das concessões, ele era o primeiro da lista com a sua Entertainment Sports Programming Network, depois conhecida pela sigla ESPN. Duas horas depois da divulgação, ele recebeu o primeiro telefonema de um investidor de Wall Street propondo uma sociedade. Uma semana depois, vendeu uma parte da empresa por 10 milhões de dólares. Por um acaso que nunca soube explicar, ele tivera a idéia mais certa sobre o que fazer com uma emissora para cabo — enquanto os executivos do ramo tinham passado batidos.

O canal que passava esportes 24 horas por dia logo se transformou num dos mais populares do país, e isto apesar de uma gestão que nunca foi da melhores. Mas isto mudou radicalmente em 1984, quando a rede de televisão ABC comprou o controle do negócio e trouxe tecnologia de ponta para ele. Nesta altura, a fatia do fundador na empresa valia 30 milhões de dólares — e a empresa já transmitia para vários países onde começavam a ser instalados os cabos.

Este alcance mundial da rede determinou uma mudança. Pela primeira vez em um século, os americanos tiveram de ver o que acontecia a seu redor no mundo dos esportes. Até então, a peculiar estrutura do esporte profissional norte-americano era vista pelas lentes panglossianas dos muito ricos. A final do campeonato de beisebol, um mata-mata reunindo os campeões da Liga Americana e da Liga Nacional, ganhou o nome de *World Series* — para eles, o fato de o resto do mundo não se importar a mínima com o enfadonho jogo não importava nada: um dia os outros iriam se acostumar.

Mas o fato é que não se acostumaram. E o descaso com que a programação estava sendo recebida fora dos Estados Unidos fez com que até mesmo os executivos da empresa entendessem que precisavam mudar sua prioridade, caso quisessem ter um faturamento realmente global. No mesmo momento em que a ABC fazia sua entrada na ESPN e tomava contato com o problema, David Stern assumiu a presidência da liga de basquete profissional, a NBA, também pensando em mudar as coisas. As oportunidades na televisão aberta eram cada vez menores, por causa dos baixos índices de audiência e dos grandes escândalos com drogas envolvendo jogadores. Tentou resolver o problema renegociando o contrato com a ESPN — e encontrou executivos pensando que o basquete, jogado para além do Rio Grande, podia ser a saída para o problema da empresa. Este seria o grande esporte global, pensavam. A idéia de investir em futebol jamais passou pela cabeça de ninguém, e por isso ESPN e NBA logo entraram em acordo.

A transmissão diária de jogos de basquete atraiu público fora dos Estados Unidos — e anunciantes globais. Naquele momento de pioneirismo, até os anunciantes faziam vista grossa para o fato de que os ginásios de basquete eram velhos e encardidos, o público formado por gente de baixa renda, os jogadores tinham uma aparência para lá de descuidada, e os escândalos com drogas eram quase diários. A torrente de dinheiro que fluía para os times com os contratos de televisão e os patrocínios que ela atraía mudou as coisas rapidamente. Os times aproveitaram o faturamento aumentado para investir em novos ginásios, mais adequados para a transmissão freqüente pela televisão. Quase todos foram reformados ou substituídos por novos, com plantas também modificadas por causa da televisão. Havia agora empresas interessadas até em pagar por coisas como colocar seu nome no ginásio ou comprar camarotes especiais para atender clientes. Os novos ginásios eram confortáveis o suficiente para fazer famílias de classe média perderem o medo de freqüentá-los — o que aumentava não apenas o faturamento com as entradas, agora vendidas mais caro, como também o das cantinas e das lojas de souvenires.

Todo este conjunto de novidades era importante. Mas quem realmente acabou percebendo a extensão da mudança que viria foi um fabricante de calçados instalado nos cafundós do Oregon. O negócio começou no início dos anos 60, com uma sociedade entre um corredor de meia-distância de fama regional, Phil Knight, e seu treinador durão, Bill Bowerman. Por alguns anos eles venderam tênis japoneses — então uma mercadoria barata e pouco considerada — até conhecerem o suficiente para fazer seus próprios projetos. Depois de alguns anos criaram uma marca própria, a Nike, firmaram algum nome como fornecedores no atletismo, e começaram a se aventurar no tênis. Em 1972 fizeram o primeiro contrato com um jogador de basquete profissional — e em 1982 estavam patrocinando 120 jogadores. Naquela época, um bom contrato rendia 100 mil dólares para um jogador de ponta, e menos da metade disso para o profissional padrão.

Um pouco antes do acordo entre a NBA e a ESPN, no entanto, os homens da Nike tinham chegado à conclusão de que o esquema teria de mudar. Uma coisa era pagar jogadores que expunham o produto no ginásio, em raros closes nas poucas partidas televisionadas e nas páginas do noticiário esportivo; outra, muito diferente, era lidar com gente que estava sendo vista por milhões de pessoas todos os dias. A solução encontrada foi radical: dispensar a massa e concentrar os esforços nuns poucos escolhidos. A idéia era ousada: pagar muito para o atleta, mas comprometê-lo totalmente com a empresa. Do lado da oferta, a empresa entraria com uma linha de produtos especiais, um compromisso de investir na publicidade em torno do atleta, um pagamento fixo garantido e mais uma porcentagem das vendas dos produtos; na ponta das exigências, o contrato entraria no próprio comportamento da pessoa, com cláusulas de proteção da companhia contra atos que iam desde o doping até o modo de falar nas entrevistas.

Depois de dispensar a maior parte de seus patrocinados, a Nike encontrou o homem que procurava: Michael Jordan, que em 1984 estava saindo do basquete universitário para a NBA, colhendo uma medalha olímpica no caminho. O primeiro contrato, com a duração de cinco anos, garantia 2,5 milhões de dólares mínimos para o jogador — cinco vezes mais do que um astro obtinha até então. Tendo um bom prazo e boas garantias, a Nike investiu pesado na publicidade, toda ela focada na plasticidade do jogador, com uma linguagem nova — o diretor dos filmes era o então quase desconhecido Spike Lee. Para resumir o resultado, nos 14 anos que durou a carreira de Jordan, o faturamento da empresa foi multiplicado por 15.

Mais que as finanças, no entanto, estava lançado um caminho: se o esporte tinha conseguido uma nova entrada na vida cotidiana, com a televisão a cabo, a exploração da imagem dos atletas mostrava ser um grande expediente publicitário. Os anúncios pagos eram apenas uma fração mínima do tempo de exposição do garoto-propaganda — multiplicado gratuitamente em cada tomada na transmissão das partidas. Não demorou muito para outros perceberem, e logo Michael Jordan estava faturando 80 milhões de dólares anuais em publicidade para outras 12 empresas. Em sua esteira vieram outros, reforçando ainda mais a onda. Em pouco tempo, o conjunto televisão a cabo-basquete-publicidade passou a fazer parte do cotidiano das pessoas com uma intensidade semelhante à dos artistas de cinema, e isto se refletiu na própria cobertura da imprensa escrita. O confinamento nas revistas especializadas e nas páginas de esporte acabou. Os atletas invadiram as páginas de comportamento e as revistas de fofocas, dividindo espaço com as estrelas de cinema, os milionários e alguns políticos — e tudo isto ajudava a tornar ainda mais rentável o investimento de uma empresa num atleta.

Aqueles que, além de jogar muito bem, conseguiam manejar a mídia para construir uma imagem de simpatia, ganharam uma profissão dupla. As qualidades de jogador continuaram sendo essenciais, mas logo se tornaram a parte menor do faturamento. Os novos ganhos vindos da publicidade obrigavam a uma carreira dupla, que mudou os fundamentos da antiga noção do que seria um esportista. Muitos jogadores passaram a pensar em si mesmos não apenas como atletas, mas como participantes da indústria do entretenimento. Para eles, as figuras típicas desta indústria (empresário, assessor de imprensa, advogados) passaram a ser tão essenciais como o treinador ou o preparador físico. Além de jogar, tinham de tomar decisões importantes sobre imagem — com a mesma seriedade com que uma estrela de cinema avalia um roteiro de filme. Esta segunda parte era muito importante no topo.

PARIS, 11 DE JULHO DE 1998

Menos de um terço do que Michael Jordan ganhava vinha pelos cheques do Chicago Bulls.

Enquanto os negócios cresciam numa base entre 30% e 50% ao ano para todos os participantes do sistema (empresas de televisão a cabo, times, jogadores, patrocinadores), a crença de que a América finalmente tinha imposto ao mundo a única coisa que faltava para os outros entenderem — seus próprios esportes — correu solta como um ingrediente essencial da grande festa. Somente quando o negócio começou a empacar um pouco é que alguns se deram ao trabalho de ver o que estava acontecendo lá fora — e deram de cara com o futebol.

Os empresários que ficaram de fora da onda criada pela ESPN foram tentar a sorte onde podiam — e a auto-suficiência dos americanos deixou inteiramente aberto o espaço para alguns concorrentes espertos. O mais esperto deles foi o australiano Rupert Murdoch, um titã do jornalismo globalizado. Quando viu o tamanho do negócio de esportes a cabo, saiu atrás de uma pechincha. A melhor que conseguiu encontrar estava na Inglaterra, onde a combinação entre a estatal BBC e a ITV jogava para baixo o preço das transmissões do campeonato inglês. Em 1985, elas pagaram 1,8 milhão de dólares para os times — era pegar ou largar. Na primeira tentativa de abocanhar o mercado, ele foi ainda um tanto pão-duro, mas mesmo assim os clubes abocanharam 7,2 milhões de dólares das siamesas, por conta da chegada de um novo concorrente. Na terceira, em 1988, a ITV fechou por 18 milhões de dólares anuais, por quatro anos. Na quarta, em 1992, Murdoch estava desesperado para conseguir assinantes para seu canal, o Sky, e pagou em dobro o que um dia pretendeu economizar: 100 milhões de dólares por ano. Em 1996, achou que fez um bom negócio — e passou a pagar 250 milhões de dólares anuais. Resumindo: em 11 anos, o faturamento dos clubes com televisão tinha sido multiplicado por 139.

Todos os detalhes da revolução, desde a reforma dos estádios e a presença de ricos, até a glamourização dos atletas, se repetiram como na cartilha dos Estados Unidos. Até a chegada da tevê a cabo, o futebol inglês era conhecido em todo o mundo pela selvageria dos *hooligans*, torcedores que haviam transformado os estádios ingleses num bom ponto de encontro para delinqüentes — e no último lugar onde uma família pensaria em entrar. Além disso, sob certo aspecto, a revolução inglesa exigiria um esforço de mudança ainda maior que o dos times de basquete norte-americanos. A organiza-

ção do futebol inglês não tinha a mesma tradição do *big business* ianque —
e esta estrutura era fundamental para processar os contratos e investimentos. É certo que os clubes ingleses eram organizados como empresas desde
a implantação do profissionalismo, em 1882; mas eram um tipo especial de
empresa. Faziam contabilidade, mostravam lucros, mas estavam proibidas
de distribuir dividendos superiores a 7,5% anuais. Esta proibição servia tanto
para tornar o negócio meio amador como para garantir um grande controle da federação sobre os clubes. Este anacronismo foi abolido assim que o
dinheiro começou a entrar nos cofres de enxurrada. Com a norma eliminada, um outro parâmetro se instalou.

Este parâmetro tinha um nome: Manchester United. Embora fosse um
clube bem administrado, que distribuía regularmente o lucro permitido, o
time era mais que sofrível: em 1990, estava completando um jejum de 23 anos
sem títulos, e o maior acionista estava tentando desesperadamente encontrar um comprador para se livrar do pepino. Neste momento, a limitação
para distribuir lucros foi abolida — e Martin Edwards, o acionista, mudou
radicalmente de estratégia. Mandou o técnico Alex Fergunson comprar o que
havia de melhor na praça; para pagar a conta, abriu o capital da empresa e
colocou ações à venda. Em vez de vender sua parte inteira, desfez-se de apenas
um pedaço dela. Com o fluxo de dinheiro, a onda subiu. Na década de 1990
o Manchester United ganharia seis de dez campeonatos ingleses, vários torneios europeus e um título mundial de clubes — conseguido numa vitória
contra o Palmeiras. Mas o desempenho esportivo era apenas parte da história. Os minguados lucros da era do controle (por volta de 170 mil dólares
anuais) chegaram a 46 milhões de dólares, em 1997. O preço das ações se
multiplicou por cinco, o faturamento total bateu na casa dos 200 milhões
de dólares anuais, e o valor de mercado da empresa ultrapassou 1,5 bilhão
de dólares. Com tudo isto, o Manchester United passou a ditar o padrão do
futebol inglês. Neste padrão, os resultados em campo eram bons por causa
da expansão dos negócios.

O fenômeno inglês se repetiu nos principais centros futebolísticos da
Europa. Na Itália, o empresário de tevê responsável pela multiplicação do
dinheiro foi Silvio Berlusconi, que não se contentou em comprar apenas o
time do Milan e arrematou também o campeonato para sua emissora. Ali,
as taxas de crescimento do faturamento só não foram maiores porque a base
anterior já era sólida (os clubes ganhavam um bom dinheiro da loteria).

PARIS, 11 DE JULHO DE 1998

Mesmo assim, o novo padrão, segundo o qual o esporte passou a ser parte importante do entretenimento familiar e do consumo, se instalou. Na França, o Canal Plus fez o mesmo com o campeonato nacional, misturando a compra de direitos de transmissão a cabo com a propriedade de times. Na Alemanha havia uma curiosidade: os donos da Adidas sentiram o baque da Nike arrebatando seu espaço no mercado norte-americano, mas também souberam aprender com a lição. Venderam a empresa de calçados, para capitalizar a ISL, empresa de tevê a cabo que comprou os direitos do campeonato alemão — por um dinheiro suficiente para três clubes abrirem imediatamente seu capital e se tornarem grandes empresas. Na Espanha, a Telefonica, uma empresa estatal, substituiu os agentes privados como motor da mudança; o dinheiro chegou, mas as tradições não foram completamente abaladas.

Este conjunto de mudanças ajuda a entender por que os campeonatos de futebol destes países se tornaram atração em todo o planeta — tanto quanto a popularidade dos campeonatos ajuda a entender o fim do sonho de transformar o basquete num esporte globalizado. Durante os anos 1990, empregando o futebol, as empresas européias de tevê a cabo começaram a equilibrar o jogo global, devolvendo o sonho esportivo norte-americano aos limites do país.

Só uma empresa não se conformou com a situação: a Nike. Ela sabia que a carreira de Michael Jordan estava chegando ao fim — sua última partida aconteceu durante a Copa da França — e que, mesmo que surgisse outro ídolo do mesmo porte, seria difícil fazer algo realmente global com um esporte que era pouco mais que amador em todo o resto do mundo. Se quisesse algo realmente global, era preciso encarar o futebol. Esta seria uma aposta pesada, bem pouco ao gosto de diretores que se orgulhavam de Oregon e dos Estados Unidos — nesta ordem. Além do orgulho nacional, eles precisariam engolir outro remédio amargo: esquecer da cultura da empresa. Tendo um atleta e um técnico de esportes amadores como donos, a Nike cresceu fortemente marcada pelo desprezo aos cartolas. Internamente, difundia o gosto pelo individualismo e uma certa repulsa em tratar com dirigentes amadores, vistos como gente totalmente inapta para entender a grandeza dos atletas e a potencialidade de negócios embutida no esporte. No lugar de atender a isso, os cartolas estariam sempre mais preocupados com vaidades políticas e negócios suspeitos. Não à toa, a empresa sempre se en-

27

tendeu melhor com os dirigentes dos esportes profissionais: tinham em comum a linguagem do *big business*.

Mas, quando foram analisar as possibilidades de entrar no negócio do futebol, os homens da Nike logo descobriram que o melhor espaço não estaria nos clubes profissionais europeus. Ali a concorrência estava bem instalada, tornando cara a entrada, e os mercados eram apenas locais. A grande oportunidade estava num outro lugar, relativamente inexplorado: as competições nacionais de seleções. Havia, no entanto, grandes problemas a superar — que podiam ser resumidos em um único nome: João Havelange.

Brasileiro, presidente da Fifa desde 1974, ele poderia ser considerado o modelo de todos os cartolas do século passado. Filho de pais belgas, nasceu em 1916 no Rio de Janeiro; quando jovem chegou a jogar futebol, mas o pai proibiu alegando que o esporte era demasiadamente proletário — ele obedeceu, e se tornou nadador, competindo nas Olimpíadas de 1936 e 1952 (nesta última, no time de pólo aquático). Virou dirigente na antiga CBD (Confederação Brasileira de Desportos), e empregou as vitórias brasileiras nos mundiais da Era Pelé para derrotar o inglês Stanley Rouss e se tornar o primeiro não-europeu a dirigir o futebol mundial.

Havelange ganhou a eleição com apoio dos sul-americanos e africanos, e transformou esta origem em ferramenta para promover — nos limites da estrutura normativa dos amadores — o futebol no único esporte realmente globalizado do planeta. Fez isso apostando sempre no longo prazo contra o curto. Em 1977 fez o primeiro campeonato mundial para juniores, na Tunísia, um país africano. Deu um jeito de que todas os países possíveis mandassem suas seleções para começar por baixo, e foi vitorioso: Gana logo se tornou uma potência nas categorias inferiores, incentivando a prática do futebol em toda a África.

Ele tinha também uma enorme habilidade política, da qual se valeu para trazer para o manto da Fifa o futebol de todos os países. Para isso, gastou um tempo enorme em conversas com políticos — ao longo de sua presidência acumulou 30 mil horas de vôo, mais que muito comandante de jatos — e encontrou soluções políticas para graves problemas políticos. Em 1975 conseguiu a adesão da China, e isso sem cumprir a exigência básica da diplomacia de Pequim, que era a exclusão de Formosa. Mas seu golpe mais habilidoso aconteceu quando trouxe os israelenses — sem desagradar os árabes. Para evitar problemas e constrangimentos, simplesmente colocou

PARIS, 11 DE JULHO DE 1998

Israel na liga da Oceania — isto mesmo, Oceania. Com tantas manobras, acabou trazendo para a Fifa mais representantes que a ONU: 203, incluindo a Palestina.

Com tudo isso, conseguiu consolidar o futebol como o esporte mais popular do mundo. O número de jogadores filiados em todas as categorias chegava, segundo cálculos apresentados pela entidade em 1998, a 400 milhões de pessoas — ou 6,6% de toda a população do planeta.

João Havelange se revelou também um administrador atento. Quando assumiu a Fifa, as receitas da entidade eram de 78 milhões de dólares; em 1998, elas estavam batendo na casa dos 4 bilhões. O presidente dirigia esta parte com o exato contrário da sua flexibilidade política: controlava os negócios da entidade com mão de ferro, uma cortina pesada de silêncio — com a fidelidade ocupando o lugar da melhor oferta. E fidelidade, no caso, queria dizer duas coisas: Coca-Cola, patrocinadora de eventos internacionais desde o primeiro mundial juvenil, e a família Dassler.

Adi Dassler era um sapateiro nascido num vilarejo perdido da Baviera, que se tornou relativamente conhecido ao fornecer um novo modelo de sapatilhas de atletismo durante as Olimpíadas de 1936. Com o sucesso do modelo, abriu uma fábrica — que começou a crescer no período do pósguerra, na década de 1950. O grande trunfo inicial da empresa eram as chuteiras de futebol: um modelo flexível, leve e eficiente, que firmou a marca Adidas. Dali para os tênis foi um pulo, dos tênis para os uniformes esportivos, outro — e da Alemanha para o mercado mundial, um terceiro.

Ninguém foi tão fiel aos Dassler (o filho de Adi, Horst, trabalhava com o pai e o substituiu no comando depois de sua morte, em 1987) quanto João Havelange. Enquanto ele foi presidente da Fifa, a marca Adidas estava estampada nas bolas da competição, no uniforme dos juízes e nas placas de propaganda do estádio. E quando os Dassler entraram no mercado de direitos de transmissão de eventos, todos os grandes eventos da Fifa ficaram para a empresa da família, a ISL. Em 1998, antes de deixar o poder, Havelange tratou de garantir a continuidade da parceria: vendeu os direitos das Copas de 2002 e 2006 para a empresa — e o modo como fez isso, afastando do negócio todos os concorrentes interessados, gerou protestos de muita gente.

A Fifa tinha, assim, tudo aquilo que os dirigentes da Nike detestavam: muita política, negócios mantidos em segredo, amadorismo em doses cavalares misturado com o profissionalismo, poder autocrático, jogadas de bastidores — para não falar no espaço privilegiado dado a seu grande concorrente. Mas a Copa do Mundo tinha tudo o que a empresa precisava: mercados realmente mundiais, credibilidade, heroísmo e disputa para valer.

Quando decidiu jogar o jogo, a Nike agiu da mesma forma que havia feito com Michael Jordan: foi atrás do que lhe pareceu o melhor. E o melhor, no caso, era uma combinação. Uma pesquisa indicou que havia um jogador de futebol cujo nome era conhecido por 38% de pessoas a mais do que aquelas que sabiam quem era Michael Jordan — então no auge da popularidade. Melhor ainda, este jogador tinha 20 anos. Joaquin Hidalgo, diretor da empresa, não teve dúvidas a respeito: "Ele é o mais global de todos os esportistas do mundo". Assim, não demorou muito para que Ronaldo Luís Nazário de Lima se tornasse o vendedor-chefe da empresa na área de futebol, com um contrato semelhante ao de Jordan: 15 milhões de dólares de garantia, e uma linha de produtos top só dele. Se o futebol tivesse a organização do basquete, talvez a coisa parasse por aí. Mas como não tinha, foi preciso também investir numa seleção que servisse para alavancar mercados em todo o mundo. Neste caso, a escolha evidente era o Brasil, com seus quatro títulos mundiais e simpatia em todo o planeta — no mundo dos ricos, pelo futebol alegre; no dos pobres, porque o futebol brasileiro produzia a única grande vitória esportiva de todo o Terceiro Mundo. Um contrato de 400 milhões de dólares, com uma cláusula tipicamente Nike — a faculdade da empresa para determinar adversários e local de cinco amistosos anuais, nos países onde tivesse maior interesse de mercado — que justificava o maior pagamento.

A reação inicial da Fifa a este jogo pesado foi o de montar uma Comissão de Sindicância para investigar o contrato. Mas antes que ela desse qualquer resultado, a Nike tinha abocanhado contratos com a Itália (líder europeu em mundiais), a Holanda (uma novidade possível no alto, com um toque de irreverência ao gosto do patrocinador), Nigéria (melhor desempenho africano na Copa de 1994), Coréia do Sul (o melhor disponível no mercado asiático) e os Estados Unidos (um resquício de patriotismo, mas afinal o maior mercado da empresa). Com tudo isso, estava pronta para entrar para valer na briga do futebol e do mercado mundial.

Com esta longa volta sobre tudo aquilo que aconteceu fora do campo e transformou o futebol, pode-se agora entender com mais clareza por que os jornalistas estavam um tanto atarantados com o novo mundo por trás dos gramados naquele dia 11 de junho de 1998. A final seria entre o Brasil, quatro vezes campeão e patrocinado pela Nike, e a França, com dois terceiros lugares no currículo e o apoio da Adidas. As televisões tinham programado 5.760 horas de transmissão. O jogo seria visto por 1,7 bilhão de pessoas. Os organizadores da Copa tinham faturado 500 milhões de dólares. O negócio do futebol movimentava 256 bilhões de dólares anuais em todo o planeta. Este conjunto de números pesados e novos indicava algo. O escolhido pelo voto não seria exatamente o melhor jogador apenas tecnicamente, mas sim o homem de um novo tempo, o candidato a montar uma corporação sobre sua pessoa, a ganhar muitos milhões com o sucesso.

Até mesmo a imprensa dos Estados Unidos — pouco capaz de entender o futebol mas sensível a um sucesso esportivo — era capaz de perceber que havia algo mais em torno de um jogador. Numa reportagem publicada antes do início da Copa, o *Washington Post* dizia: "Ronaldo, fenômeno cultural. Ronaldo, o homem do futebol para ícone maior do ubíquo marketing esportivo". Mesmo antes da Copa, sua popularidade era impressionante. Convidado pela ONU para participar de um *chat* beneficente de meia hora, não pôde dar respostas: o servidor caiu, incapaz de dar conta das 6 milhões de mensagens que chegavam ao mesmo tempo (naquela época, o site mais visitado da internet, o Yahoo, recebia 20 milhões de visitas diárias).

Com todo este impacto em mente, os jornalistas tomaram suas decisões. Evidentemente, alguns, cujo julgamento era mais técnico, podiam ainda ter dúvidas sobre a ausência de uma ou outra característica importante no arsenal do jogador — mas o andar rápido da carruagem da época pesava muito para a maioria. Com 21 anos, tinha o primeiro contrato publicitário entre os jogadores de futebol, estava na segunda Copa e já tinha sido artilheiro em três países diferentes. Seria não apenas o maior jogador, mas o homem do tempo, o novo modelo de esportista, o sucessor realmente global de Michael Jordan. Assim Ronaldo foi juntando valor — e ainda nem deixara de ser um adolescente.

3.

Bento Ribeiro

[1976-1986]

A região do Rio de Janeiro onde viviam os pais de Ronaldo tinha duas tradições. A mais forte, sem dúvida, era a influência militar, visível tanto no nome do próprio bairro, Bento Ribeiro (general que ganhou fama por sua defesa do serviço militar obrigatório), como no de alguns vizinhos — Marechal Hermes e Vila Mallet, por exemplo. Estas homenagens se explicam facilmente: todos eles ficam ao redor da Vila Militar, em Realengo, e do Campo dos Afonsos. Em meio a esta área, um pequeno bairro, a Vila Proletária, era o único indicativo de uma outra marca local, mais amena: a presença de músicos ligados ao Partido Comunista.

Na época em que seus avós maternos, os baianos Misael e Pergentina Barata, se instalaram por lá, nos anos 1940, havia uma certa agitação em ambas as áreas. Do lado militar, o fim de um momento. A Escola Militar do Realengo, ali instalada desde 1913, era o centro de formação dos oficiais superiores do Exército, o ponto onde se instruía a elite militar. A grande área ao redor permitiu mais tarde uma divisão, com a construção de um aeroporto, o Campo dos Afonsos, onde eram formados os aviadores militares. Em 1941, com a criação do Ministério da Aeronáutica, anunciou-se a decisão de transferir a escola de aviadores para o interior de São Paulo; dois anos depois a Academia das Agulhas Negras, no interior do Rio de Janeiro, levou os aspirantes ao alto oficialato do Exército. Ficaram quartel e base aérea, mas os movimentos combinados levaram a uma certa depreciação daqueles subúrbios distantes, a cerca de 40 quilômetros do centro, perto dos limites do município.

Na mesma época em que isto acontecia, um sambista ia construindo uma base forte naquela comunidade. Desde 1941, Paulo da Portela era o grande nome da Lira do Amor, a escola de samba de Bento Ribeiro. Não chegava a disputar lugar com as grandes — seu melhor resultado foi um sexto lugar no desfile de 1946 —, mas era muito conhecida, por outro motivo: o ativismo político. Em 15 de novembro de 1946, a escola desfilou no Campo de São Cristóvão, numa homenagem ao recém-eleito senador — pela legenda do então legal Partido Comunista Brasileiro — Luís Carlos Prestes. Ao lado do homenageado, Paulo da Portela fazia coro ao samba de sua autoria, "Cavaleiro da Esperança", cuja letra dizia: "Oh! Carlos Prestes/ foi bem merecida a cadeira de senador/ És o cavaleiro que sonhamos/ de ti tudo esperamos". No chão passava a dançarina Maria Antonietta, que já era uma das maiores bailarinas de gafieira do país — e também secretária da célula do partido em Bento Ribeiro. Também estava por lá o compositor Zé Kéti, que viria a ser o herdeiro político e musical de Paulo da Portela, depois de sua morte em 1948, comandando a sucessora da Lira do Amor, a Paz e Amor.

Os sinais opostos que as forças do bairro emitiam — ordem e revolução — não chegavam a se chocar muito, ajudados pelo fato de que a vasta região era quase uma roça, com algumas pequenas concentrações nuns pontos, especialmente ao lado das estações dos trens da Central, e largos espaços de campos no entremeio. Nos limites de cada aglomeração, até mesmo um remediado podia comprar um bom terreno — e foi o que fez seu Misael com uma área de 3 mil metros quadrados na rua General César Obino. Construiu ali uma casa, e foi plantando no resto do terreno: milho, batata-doce, inhame, um pé de cajá-mirim. Este misto de vida rural e urbana definia a própria transição da família. À medida que os oito filhos iam crescendo e casando, o terreno servia para fundar as raízes de todos, acompanhando o crescimento das pessoas e da cidade: foram surgindo puxadinhos e embriões de novas casas nos espaços do grande terreno.

A vida estava longe de ser fácil: a filha Sônia estudou apenas até o fim do antigo primário. Mas havia um claro sentido de progresso pelo esforço no longo prazo, a esperança de que o amanhã seria melhor. Os filhos não precisariam fazer como os pais, atravessar meio Brasil para tentar um destino melhor. Sônia conseguiu iniciar o seu com um emprego de telefonista, numa empresa com postos cobiçados, a Telerj. A estatal oferecia salários melhores que o mercado, benefícios maiores e segurança. Tudo isso permitia a Sônia fruir seu tempo livre, dividido entre a igreja de Santa Isabel e as rodas de samba do bairro. Às vezes toda a família viajava, fazendo uma romaria até Aparecida do Norte.

No trabalho, um dia, ela conheceu Nélio Nazário de Lima, quando ambos tinham 21 anos. Também era um homem do subúrbio, mas com uma vida menos amena. Filho de índia, teve uma infância sem muita proteção familiar e apoio; como disse anos mais tarde, "quando era criança, a vida era tão dura que nem dava para ter medo. Sempre fui preparado para o pior". Em vez de confiar num grupo, foi educado para depender apenas de si mesmo. Suas vitórias eram solitárias: conseguiu estudar — e continuava pensando em estudar mais. Progredia, mas nunca se esquecia das lições da infância. Uma ou duas vezes por ano, fazia uma visita ao "outro" Rio de Janeiro, a cidade dos ricos e das praias. Andava por elas, achava bonito, mas sentia-se oprimido como um viajante em terra estranha: "Sentia o choque de todo suburbano com a beleza do lugar, e da diferença social grande". Nélio tinha a impressão de que poderia subir na vida o quanto quisesse, sem nunca se livrar do peso da infância dura: "A tendência do homem é ficar nu".

Antes mesmo que os dois se conhecessem muito bem, Sônia ficou grávida. Em 1971, nascia Ione, antes que a situação do casal se definisse inteiramente — pois as expectativas de cada um eram diversas. Sônia tinha a rede de proteção da família, da qual não iria se afastar. Esta rede, que unia o grupo, permitia vários tipos de arranjo. Ela tinha a alternativa de continuar trabalhando, e vendo o filho bem-criado — pois ali, criar filhos não era uma tarefa individual, mas obra coletiva: sempre havia alguém olhando, alguém a quem recorrer, crianças para brincar. Apesar de católicos, e tendo muitas expectativas com relação a um casamento, seus familiares sabiam lidar tranqüilamente com desvios da norma. Como numa tribo, o coletivo estava acima do individual naquele espaço. Para Nélio, no entanto, o casamento tinha outro sentido. Contando apenas consigo mesmo, estava investindo duramente em sua formação, estudando engenharia cartográfica num curso noturno, de olho em promoções dentro da empresa. Casar, para ele, era igual a negar a escola dura da sobrevivência na solidão — se, frente à beleza da praia, ele só pensava na força deste ensinamento, também não se deixava arrebatar pela idéia de dissolver-se num casamento. Ainda mais num casamento que significava aderir a valores familiares onde a individualidade era secundária frente ao grupo.

Entre imperativos opostos, sobreveio um arranjo. Os dois, mais a filha Ione, iriam morar juntos, sem casar. E assim surgiu mais um puxadinho na rua General César Obino: quarto, sala, banheiro e cozinha. Enquanto as paredes subiam, o lar ia sendo criado entre atritos. Para Nélio, a idéia era construí-lo sobre a posse: Sônia deixaria de trabalhar, para ser sua mulher e mãe dos filhos. Para Sônia — que continuava trabalhando — um papel como este só tinha sentido se ganhasse em troca o marido que desejava, o responsável moral pelo grupo familiar, o futuro chefe de um clã. Este período de acertos e desacertos durou três anos; uma nova gravidez apressou as decisões. Sônia concordou em parar de trabalhar, os dois se casaram, e nasceu Nélio. Antes que as coisas se acomodassem na nova situação, outra gravidez.

Esta nova gravidez coincidiu com um novo arranjo do casal: eles decidiram que aquele filho seria o último — ela faria uma cesariana, seguida de uma laqueadura. Tal decisão era comum naquele tempo, especialmente em famílias católicas. Representava uma ruptura com o passado: a família extensa na qual Sônia crescera, onde o grande número de filhos contava mais para a felicidade de um casal que os problemas para criá-los, não se repetiria. Num certo sentido, casava também com a própria realidade do bairro. Bento Ribeiro deixava de ser uma zona de transição entre cidade e campo, com muito espaço vazio a ser conquistado, para se tornar um bairro densamente povoado — e povoado por migrantes que vinham da zona rural, no êxodo que formava as grandes metrópoles de um Brasil urbano. O terreno dos pais era uma espécie de miniatura desta situação: já estava coalhado de casas dos irmãos de Sônia, embora ainda tivesse sobrado um grande quintal nos fundos, uma área de declive acentuado. Não era mais tempo de fundar um novo grupo, mas de formar uma família em outros moldes: família a ser educada para subir na vida da cidade.

Embora nesta altura da vida Nélio já tivesse um cargo como técnico na empresa, estava ainda longe de ter uma situação financeira capaz de cobrir cada etapa do caminho com folga. A cada momento, era preciso buscar uma alternativa dentro das possibilidades. E as possibilidades do parto seguido de operação acabaram surgindo na figura de um médico conhecido, Ronaldo Valente, que podia fazer tudo — desde que fosse no hospital de Itaguaí, um município vizinho, e durante um fim de semana. Na manhã de um sábado, 18 de setembro de 1976, o médico veio com seu fusquinha para embarcar Sônia e Nélio — e trouxe os dois de volta do hospital São Francisco Xavier, com o menino.

Por artes da vida, o pai demorou algum tempo para registrar o filho no cartório de Cascadura. Quando chegou lá, descobriu que teria de pagar uma multa por perder o prazo. Resolveu o problema de maneira simples: no lugar de declarar a data verdadeira, disse que o menino tinha nascido no dia 22. Mas manteve o essencial: registrou o menino com o nome do médico que tinha feito o parto. E assim ficou o nome no registro: Ronaldo Luís Nazário de Lima. Além da homenagem do nome, o doutor Ronaldo Valente foi convidado para ser o padrinho do menino.

O irmão mais velho, ainda aprendendo a falar, logo lhe deu um apelido, Dadado. E duas características logo chamaram a atenção nele. A primeira era a capacidade de movimento: aprendeu a andar relativamente depressa, movendo-se de um lado para outro da pequena casa e xeretando em tudo que via pela frente — o que exigia um acompanhamento especial e permanente de seus passos. Um alerta era freqüente na casa: "Mãe, olha o Dadado mexendo ali". A segunda característica era mais intrigante: ele não falava. Já grande o suficiente para se movimentar pelo quintal e pelas casas dos familiares no terreno comum, entrava mudo e saía calado de todas elas. Somente quando tinha 4 anos — e já preocupava toda a família — é que resolveu abrir a boca, mas sempre com uma certa economia.

Apesar do projeto de família pequena e educada, o pequeno Dadado teve uma infância que ainda guardava muito do Brasil tradicional. Tinha um grupo grande ao redor, e muito espaço para brincar em liberdade. Havia o quintal, havia os muitos primos — e a segurança dos adultos de que sempre alguém estaria por perto, e de que ele podia andar à vontade. Seu espaço incluía também a rua; apesar de todo o aumento de população, Bento Ribeiro mantinha a tranqüilidade: ruas com poucos carros, vizinhos que se conheciam e confiavam uns nos outros. Para um menino que gostava muito de se movimentar e pouco de falar, era quase o paraíso: um dia inteiro para brincadeiras como soltar pipa, jogar bolinha de gude, fazer pequenas excursões — e sobretudo jogar pelada.

Mesmo para os padrões brasileiros, havia ali um envolvimento com o futebol maior que a média. Tio Wilson, que todos chamavam de Pipico, tinha sido um jogador profissional: reserva no Fluminense, acabou se aventurando pela Colômbia e Venezuela antes de encerrar a carreira e voltar para a vida humilde de Bento Ribeiro. Já o tio Hélio nem chegara a tanto: namorou a idéia, até que o avô Misael o obrigou a tomar juízo e ir trabalhar na Light. Ainda assim, os dois apareciam bem nas sagradas peladas de sábado, no campinho da rua Marquês de Sá, paralela da César Obino. O próprio pai de Ronaldo, Nélio, nunca faltava neste programa. Não era o craque da família, mas dava para o gasto. Dadado era presença certa na platéia — e presença salteada no jogo de domingo do time, de nível mais elevado. Era um time de várzea que sediava seus jogos no campo do Oitavo Batalhão de Pára-quedistas, em Deodoro, e ia visitar adversários por vários campos da Zona Norte.

Assim Ronaldo tinha como aprender vendo — e logo mostrou que sabia fazer. Crianças jogando bola eram parte permanente da paisagem do lugar. Dadado jogava em todo tipo de superfície: asfalto, terra batida, cimento, e especialmente nos fundos do quintal, um campo com forte inclinação. Essas peladas eram uma parte importante da educação. Geridas inteiramente pelos meninos, sem nenhuma espécie de interferência dos adultos, faziam deles os responsáveis. Eles criavam as regras, eles seguiam as regras. E, dentro destas regras, um momento era especial: escolher os times. Dois tiravam par-ou-ímpar, e faziam escolhas alternadas. Essas escolhas davam uma noção de hierarquia, do grau de talento de cada um.

Para Ronaldo, esta hierarquia foi muito importante. O irmão Nélio tinha duas vantagens: era mais velho, e falava com mais desembaraço. Não bastasse isso, o mais novo ainda tinha outras desvantagens significativas para o amor-próprio: era sonâmbulo, tinha pânico de dormir no escuro e fazia xixi na cama. Por tudo isso, sentiu-se muito bem a partir do momento em que passou a ser escolhido antes de Nélio com regularidade. Estava declarada a guerra. Por anos a fio, os dois passaram a brigar feito cão e gato; batiam um no outro — e depois apanhavam da mãe, o que só fazia acentuar a rivalidade. Neste clima, quando os dois caíam em times adversários, Ronaldo tinha uma certeza: um dos adversários iria jogar muito duro. Apanhou para valer, a ponto de ficar com o indicador do pé direito defeituoso. Mas se impunha fazendo o irmão de bobo, partindo para cima e ganhando jogos. A cada vitória, sua cotação subia na hierarquia implacável do par-ou-ímpar — e o futebol se tornou seu ponto de apoio para se sentir mais seguro. Em alguma coisa ele era melhor que o irmão mais velho, e essa coisa ainda fazia com que sua cotação na turma subisse.

O futebol era importante no dia-a-dia não apenas como prática, mas também como assunto. No início dos anos 1980, tornou-se não apenas um assunto para os homens e meninos de Bento Ribeiro, mas o assunto de todos no bairro. Tudo por causa de uma menina, a filha do sargento Meneghel. Tinha criado uma certa fama como moleca de rua, brincando com os meninos o dia inteiro. No início da adolescência se tornou uma atleta, capaz de correr dez quilômetros antes de uma caminhada. Ficou bonitinha, mas não a ponto de ser eleita Rainha da Primavera do Colégio Santa Mônica — onde Ione estudava. Ainda assim, conseguiu iniciar uma carreira de modelo, aparecendo na capa de algumas revistas secundárias. Até aí, havia ainda em Bento Ribeiro meninos que a achavam magrela, e se recusavam a ficar com ela nas festas.

Só que, num dia de 1980, a menina de 17 anos foi escalada para uma foto ao lado de Pelé. Saiu da sessão para um jantar com o craque — e no dia seguinte o telefone de sua casa começou a receber chamadas. Primeiro veio um convite para um show de Elis Regina (o irmão a acompanhou). Depois, começaram a chegar flores. E então Bento Ribeiro teve assuntos quase infinitos: a menina Xuxa estava de caso com o rei do futebol. Aparecia na televisão, saía em tudo quanto era jornal. O rei do futebol tornouse uma presença etérea e familiar em Bento Ribeiro — e a menina, a celebridade do bairro.

Mas a celebridade de Xuxa interessava muito pouco a um menino de 4 para 5 anos, especialmente se comparada ao Flamengo. Em 1981, aquele era simplesmente o melhor time do mundo. Raul, Júnior, Adílio, Nunes — e muito especialmente Zico — eram os nomes para conversas de adultos e admiração de moleques, ainda mais numa casa onde havia um flamenguista doente, o peladeiro Nélio. Se as histórias do pai sobre o time já eram suficientes para tornar Ronaldo um flamenguista, o dia que foi com ele ao primeiro jogo no Maracanã — obviamente do Flamengo — forneceu um espetáculo inesquecível para alimentar anos de fantasias. E fantasias possíveis, já que o ídolo máximo do time, Zico, era gente como a gente. Menino do subúrbio de Quintino que chegou lá com esforço e dedicação, numa história que até mesmo as crianças poderiam entender e sonhar.

Claro, havia também a seleção brasileira. A de 1982 era uma espécie de time dos sonhos de todos os brasileiros: jogadores de técnica excepcional como Falcão, Sócrates, Júnior e Zico. Time que jogava para frente o tempo todo; mesmo nas partidas difíceis, os adversários suavam para tentar deixar as coisas ao menos parelhas — mas sempre agiam como se o desastre pudesse acontecer a qualquer momento. Tinham razão em temer, pois as vitórias brasileiras naquela Copa eram quase todas implacáveis. Depois de três gols — fora o baile — até mesmo Maradona entrou em desespero, dando um chute grotesco em Batista e sendo expulso. A cada vitória o bairro ia se preparando para a inevitável vitória final. Até mesmo a jaqueira da esquina da César Obino com a Mathias de Albuquerque, sob cuja sombra os aposentados locais se reuniam para jogar baralho e conversa fora, tinha sido devidamente paramentada de verde e amarelo.

A perspectiva de uma vitória no jogo contra a Itália fez com que Nélio caprichasse no cerimonial. Com a partida marcada para segunda-feira — transformada em feriado informal, já que ninguém iria trabalhar mesmo — ele teve tempo para providenciar um isopor para o estoque de cerveja (não havia geladeira na casa), arrumar o sofá para os convidados da família, colocar bombril na antena da velha televisão branco-e-preto, providenciar foguetes para estourar na hora dos gols. Durante uma hora e meia todos brigaram com a televisão. Briga dura, porque a Itália ficou duas vezes na frente, e o Brasil empatou duas vezes. Bastava isso para passar às semifinais, mas Paulo Rossi fez seu terceiro gol naquele jogo, 15 minutos antes do final. Por mais que todos empurrassem o time, foi isso. Depois do apito final, incrédulos, todos foram se retirando em silêncio, cada um para sua casa. Ninguém falava nada — até que Dadado arriscou: "Pai, não vai ter outro jogo?".

Aquela derrota dura ainda não tinha sido digerida pelo garoto, quando outra logo apareceu pela frente. Futebol era uma parte importante da vida da família, mas uma parte menor. O grande esforço do grupo se concentrava na educação das crianças. A casa era modesta, e a televisão que fornecia os jogos para os homens e as novelas para Sônia era o único eletrodoméstico do lugar. O técnico da companhia telefônica não tinha telefone, nem geladeira, nem máquina de lavar. Os cômodos continuavam limitados como sempre: Ronaldo dormia no quarto com os pais, Nélio e Ione num sofá na sala. Era um padrão espartano para uma família com uma renda próxima a quatro salários-mínimos. Mas havia uma explicação para isso: os filhos estudavam em escolas particulares (Ione, no Santa Mônica; Nélio, no Nossa Senhora de Aparecida), juntamente com os filhos de militares e os mais bem-postos do bairro. O dinheiro maior ia para escola, uniformes e livros. Sônia vigiava com rigor os estudos, controlava os horários de cada dia, tendo a educação como prioridade.

Com sete anos, Ronaldo entrou no mesmo colégio do irmão. Desde o primeiro dia, foi um tormento. Moleque hiperativo, tinha dificuldades enormes para ficar parado, concentrado. Tinha dificuldades para entender as lições. Com os dentes incisivos abertos, falando pouco e de modo confuso, deixou de ser o garoto admirado das ruas para se tornar motivo de piadas na classe. Ganhou logo o apelido de Mônica, a moleca das histórias em quadrinhos que tinha dentes abertos e muita disposição física. Um apelido bem sacado, a não ser por um motivo: Ronaldo era uma pessoa de bom gênio, esforçada e que raramente respondia.

Com isso, acabou encontrando uma fórmula própria para lidar com o assunto: ia para a escola, fazia as lições o mais rápido que podia — e se mandava rapidamente para o espaço onde realmente ficava à vontade. Cada pelada ficava ainda mais gostosa, mais intensa, mais importante. Isso melhorava o lugar na hora da escolha do time, o controle de bola e a potência do chute — que o digam as plantas do tio Iremar atrás do gol no grande quintal, cada vez mais estragadas pelos chutes do garoto, e motivo de broncas cada vez mais duras do cuidadoso jardineiro.

A gangorra entre os deveres escolares e as peladas era equilibrada pela pressão da mãe, que tinha de ser cada vez maior para segurar o garoto na escola, pois nisso ela não contava com uma ajuda constante do marido. Era uma situação um tanto estranha. Na casa, Nélio era de longe o mais culto, com seu curso de formação técnica. Mais do que o estudo, ele tinha a curiosidade para aprender, arriscando leituras de livros cujo sentido a mulher estava longe de poder captar com seus cinco anos de estudo primário. Se alguém ali devia uma situação de vida melhor que a dos pais aos estudos, este alguém era Nélio. Por isso, ele seria o homem ideal para servir de exemplo, o pai que indicava um caminho para os filhos. No entanto, se havia alguém pouco talhado para este papel era ele. Capaz de grandes esforços individuais para progredir, nem seu próprio exemplo o levava a convencer-se de que anos de busca contínua se constituíam num caminho de vida obrigatório para seus filhos. Para ele, o aprendizado das oportunidades da rua, a carga de conhecimentos práticos que trazia, podia ser um modo de formação tão importante quanto uma escola. Por isso, longe de ser um aliado da mulher na luta pelo progresso do caçula em dificuldades na escola, fazia vista grossa para as escapadas de Ronaldo — quando não as incentivava ele mesmo, convidando-o para suas próprias peladas, tão importantes em sua vida.

Com o tempo, Ronaldo foi se tornando um aluno-problema. Sônia tinha não apenas de levá-lo cada dia para a escola, aturando birras, como também fazer um plantão na porta depois que ele entrava na sala — isto porque ele dera para escapar da classe para disputar suas peladas ou sair brincando com a molecada. Começou então um jogo entre mãe e filho, onde Sônia se revelou uma marcadora ainda mais implacável que o irmão mais velho — mau jogador, mas bom aluno. Ela não deixava passar nada, fazia marcação por pressão o dia todo, desarmava com dureza as tentativas que descobria para furar o bloqueio. Assim, aos trancos e barrancos ia conseguindo fazer Ronaldo passar de ano, aprender alguma coisa. Contentava-se com os resultados, apesar de parcos: o menino sempre passava raspando. Tinha dificuldades com a maioria das matérias, não por falta de inteligência, mas por extrema dificuldade de concentração. Ler, para ele, era quase um tormento. Exigia ficar parado, pensar num só assunto — uns poucos minutos daquela tortura bastavam para que ele tivesse uma imperiosa necessidade de tentar escapar.

Enquanto ganhava uma má reputação como estudante, seu conceito entre os moleques peladeiros subia cada vez mais. Por volta dos dez anos, ele já era uma figura quase que indispensável num time que precisasse vencer. Era, ao mesmo tempo, raçudo (desde a competição com o irmão mais velho, na infância, ele aprendera a não ter medo da pressão física) e técnico. Mais que tudo, ia direto ao principal: fazia gols enfeitando o mínimo possível, sempre de olho no resultado final. Era tão eficiente que seu nome passou a circular por todo o bairro — e começou a atrair a atenção de gente que pensava para além dos próprios limites de Bento Ribeiro. No início, as idéias a respeito deste assunto foram apenas conversas vagas, que nunca atravessaram as portas da casa de número 114 da rua General César Obino. Todos em Bento Ribeiro conheciam a qualidade da vigilância de dona Sônia.

Nas ocasiões em que alguém ali aventava qualquer coisa relacionada a levar o futebol a sério, ela sacava rápido o exemplo do tio Pipico: "Futebol não dá camisa a ninguém. Ele correu atrás de bola muitos anos, e agora está aí na pior, correndo atrás da sobrevivência". Ponto final. Mas, em 1987, sua capacidade de segurar a gangorra foi tremendamente diminuída, quando houve a grande reviravolta.

4.

Zona Norte

[1986-1990]

A fama do peladeiro Ronaldo atravessou as fronteiras de Bento Ribeiro e se estendeu ao bairro vizinho de Vila Valqueire quando ele chegou aos 10 anos de idade. Ali, na rua Miosótis, ficava o Valqueire Tênis Clube — um nome adequado para sugerir uma certa aristocracia esportiva, mas pouco próprio para uma agremiação onde não existia nem sombra de uma quadra de tênis. Ali existia apenas um time de futebol de salão, que disputava o campeonato carioca das categorias de base. Não chegava a ser um grande time, e só lhe restava servir-se da garotada do bairro.

Como Ronaldo era do bairro, o convite para ser sócio-atleta do clube — algo que lhe dava o direito de freqüentá-lo sem pagar uma mensalidade — significava o suficiente para ele aceitar sacrifícios. Começou sua primeira temporada na única vaga de titular que havia, a de goleiro. Ela lhe valeu a carteira número 23.132 da Federação Carioca de Futebol de Salão, exibida com orgulho para os amigos de pelada: era um sinal de que o moleque era reconhecido no mundo do futebol.

Mas se a carteirinha tinha alguma influência em certas ruas de Bento Ribeiro, o time e seu goleiro estavam se tornando o contrário de um cartão de visitas. O mirim do Valqueire logo se tornou o lanterninha do campeonato, enchendo de pesadelos as noites do técnico Marquinhos. Numa situação como esta, era preciso ousar — e o goleiro do time acabou transformado em atacante. Então operou-se um pequeno milagre, justamente no dia em que o adversário era o líder do campeonato, o tradicional Vasco da Gama. No primeiro tempo, parecia que nada iria mudar. O Vascão meteu 2 a 0, e foi para o intervalo tranqüilo. Mas então o novo centroavante começou a roubar bolas, entortar marcadores, bater para o gol quando pudesse. Marcou quatro gols, deu o passe para um quinto — e o lanterninha derrotou o líder por 5 a 4. Aquilo tudo impressionou muito a um torcedor do clube (sim, até o Valqueire tinha direito a empolgar torcedores). Seu nome era Fernando dos Santos Carvalho, mas atendia apenas pelo apelido de Fernando Gordo. Além de torcer, ele tinha algum nome como organizador de times de futebol de salão, o que também era importante. Ronaldo passou a fazer parte de seus planos na tarde em que arrebentou o time do Vasco — mas a situação da família do potencial craque fez com que estes planos demorassem um pouco para se realizar.

Se o técnico tinha seus planos, também os tinham o pai de Ronaldo. Ao longo dos anos 1980 ele foi mudando seu comportamento. O sinal mais evidente desta mudança se mostrou no boteco do Júlio, onde ele tomava suas sagradas cervejinhas depois da peladas de sábado e domingo. Desde sempre, a presença de Nélio no lugar era a garantia de animação: "Ele era a alma da festa", lembra o garçom Ronaldo Pires. Com o correr dos anos, a atração de Nélio por este espaço foi aumentando. Ele precisava daquilo a ponto de começar a pagar rodadas para toda a turma — e dinheiro contado era a regra no lugar. Os amigos adoravam o surgimento de alguém que poderia ser considerado quase que um rico na roda; mas depois de algum tempo a coisa chegou a um ponto que Nélio precisava evitar o bar, especialmente quando não tinha o dinheiro para pagar a conta de sua generosidade.

Suas idas ao boteco também lhe criaram problemas em casa. Ali, apesar de sua posição na Telerj, todos os centavos eram contados, e faziam diferença naquilo que se realizava a cada mês. E não se tratava apenas de dinheiro, mas de valores importantes. Como negar pequenas alegrias aos filhos, mostrar a eles o caminho da estrita observância dos objetivos, se o pai é o primeiro a não seguir a regra da contenção? Mas também não havia como negar o fato cada vez mais insofismável de que Nélio Nazário de Lima estava tendo explosões cada vez mais freqüentes, e tinha um incômodo crescente com toda a contenção que a vida exigia dele. Havia naquele momento um chamado à aventura, a um novo modo de vida — e ele era especialmente sensível a este chamado.

Quando se casou, em plena época do milagre brasileiro, o caminho de vida que Sônia e sua família encarnavam era a regra: trabalho contínuo, investimento a longo prazo em estudos, solidez de um grupo familiar extenso servindo como rede de proteção para todos. A ascensão geral transformaria o subúrbio em bairro, os filhos em gente com vida melhor que os pais. Mas tudo isso mudou radicalmente com a recessão e a inflação do início dos anos 1980. Na esteira da combinação de crescimento explosivo da população com menores oportunidades, as idéias foram se alterando. Os subúrbios foram rebatizados como periferia — indicando que a ascensão pretendida estava se transformando em exclusão, que as portas do progresso social estavam se fechando.

Logo havia todo um universo de sinais indicando esta direção, do alto da sociedade até os bolsões mais pobres da cidade. Se nos anos do milagre os emblemas econômicos eram os grandes empresários industriais e seus planos de longo prazo, na recessão apareceram os banqueiros ganhando sobre mudanças cada vez mais tormentosas das regras da economia. Para os mais pobres, guardar dinheiro equivalia a perdê-lo — e até mesmo a poupança se transformou numa forma de descapitalização (nesta realidade, gastar dinheiro no bar era uma opção econômica mais racional que poupar). Até mesmo os heróis esportivos emitiam seus sinais. Émerson Fittipaldi, o grande campeão mundial dos anos 1970, trocou uma equipe de ponta para tentar um projeto de longo prazo, o domínio da tecnologia da Fórmula 1 pela indústria nacional. Tal idéia era uma bobagem para seu sucessor, Nelson Piquet; ainda assim, este era capaz de fidelidade a longo prazo com suas equipes. Já Ayrton Senna — que logo se transformou no grande ídolo do 114 da General César Obino, num momento de baixa do futebol — era o exato contrário do campeão pioneiro. Jogava o mais duro possível para estar no melhor carro, e dava tudo para colocar o carro no melhor lugar. Tudo concebido e reconhecido como obra individual.

Até mesmo em Bento Ribeiro sinais como estes podiam ser vistos o tempo todo. A igreja de Santa Isabel, os terreiros e o centro espírita perderam espaço para as igrejas evangélicas e sua pregação da graça individual, do sucesso individual como sinal de escolha divina. Até mesmo pessoas com bons salários como Nélio, antes as mais bem-sucedidas do bairro, sofriam com a corrosão dos ganhos pela inflação — enquanto biscateiros, microempresários e todos que podiam pedir um pouco mais a cada dia ocupavam seu lugar.

Até mesmo a desordem, a vida fora-da-lei que sempre conviveu com a ordem, dava um forte recado. Por décadas, o jogo do bicho fora o grande negócio ilegal dos subúrbios. Mas era uma ilegalidade regular, organizada, e com certo sentido de coletividade. Por paradoxal que fosse, o jogo do bicho construiu um aparato ilegal que ajudava a manter a ordem. Era regra entre os banqueiros manterem uma espécie de serviço de assistência social, além de financiarem atividades culturais coletivas, especialmente as escolas de samba. Neste tempo, o tráfico de drogas era um negócio quase marginal, oferecendo como principal produto a maconha, droga de produção local. Nos anos 1980 chegou a cocaína, produto sofisticado, multinacional — para usuários de elite, em busca de viagens individuais que incluíam um suposto melhor desempenho no trabalho. Propiciava tamanha rentabilidade com sua dependência que logo os traficantes tomaram o lugar dos bicheiros como grandes empresários do crime. No lugar de apontadores que eram bons pais de família, exigia gente disposta a correr grandes riscos, matar ou morrer na luta por mercados. Não demorou para o tráfico criar uma escola de crimes violentos, montada sobre a promessa de lucros mirabolantes para aqueles que realmente enfrentavam riscos.

Nélio Nazário de Lima era um homem talhado para as duas épocas. Fora inteligente e esforçado para, saindo de muito baixo, estudar e progredir no trabalho. Mas também possuía o estofo para correr riscos, confiar em sua capacidade individual. No momento em que trabalhar duro era a melhor opção, a companhia de Sônia era um fator positivo: encorajava-o a ser responsável, dava tranqüilidade para planos maiores em torno de uma família. Mas quando veio a tentação de mudar os métodos, ele encontrou uma oposição cerrada: sua mulher simplesmente não conseguia acreditar que este deveria ser o caminho preferencial da vida. Nesta situação, as idas cada vez mais freqüentes do marido ao boteco poderiam ser entendidas como um sinal de que uma mudança o atraía. As ausências de casa foram ficando cada vez mais freqüentes, atrapalhando cada vez mais o projeto de vida que unia o casal. Em 1987, veio a ruptura: os dois se separaram.

O efeito econômico sobre a família, medido por aquelas abstrações que os economistas criam, parecia salutar em termos de renda. Como Sônia foi trabalhar, a renda no mesmo número de pessoas aumentou. Mas, vista pela realidade, a coisa era bem outra. O peso recaiu desigualmente na família. Nélio foi tentar seu caminho com menos dinheiro — mas o sonho de uma nova vida compensava as perdas. Sônia recebeu uma imensa carga extra sobre seus ombros. Passou a ser a única responsável pela direção diária da casa, por mostrar diariamente a seus filhos um caminho para a vida. E o caminho que sabia trilhar, no qual acreditava profundamente, se tornou muito mais áspero para ela. Voltou ao mercado de trabalho depois de anos de afastamento, e o melhor que conseguiu foi trabalhar como chapeira de uma lanchonete em Madureira, das três da tarde até perto de meia-noite. Além disso, tentava completar o orçamento fazendo salgados para vender durante as manhãs.

Além de mais trabalho, ela teve que aniquilar seus desejos. O grande sonho dos filhos educados foi duramente sacrificado: os tempos da escola particular acabaram, e os três foram transferidos para escolas públicas. Num piscar de olhos, aquela que era uma casa afluente de Bento Ribeiro se tornou um lar onde a miséria passou a rondar. Os cortes no orçamento atingiram vários itens essenciais. Com muito mais esforço, ela podia cada vez menos para afirmar aquilo que acreditava — mas jamais se entregou.

No caso de Ronaldo, a separação dos pais significou o fim da marcação cerrada da mãe sobre sua presença na escola. Ela já não tinha tempo para funcionar como guarda-costas contra as tentações da rua. Num primeiro momento, manter o menino na escola parecia uma idéia inteiramente condenada — o que abriria para o pequeno Ronaldo uma larga avenida na direção da aventura nas ruas. Mas Sônia conseguiu fazer um arranjo inteligente com a única arma de que dispunha.

Fernando Gordo tinha conseguido o lugar de supervisor do time de salão do Social Ramos — um clube com potencial bem maior que o modesto Valqueire — e tinha mais que certeza de que Ronaldo seria um grande reforço para ele. Dependia agora da aquiescência de Sônia, que no início parecia impossível. Ela não queria saber nem de ver o menino solto pelas ruas, nem longe da escola. Foi preciso um certo tempo até que ele acertasse o "contrato". Somente quando deu garantias pessoais de que acompanharia o menino na ida e na volta para cada treino ou jogo — e especialmente de que ele só continuaria jogando se continuasse na escola e passando de ano — é que ela concordou. Nestas duas matérias, Fernando Gordo seria um pai substituto para Ronaldo.

Assim, aos poucos, um novo cotidiano foi se instalando. Escorada por sua família e pela casa própria, Sônia conseguiu colocar as coisas em novos eixos. Mesmo levando uma vida duríssima, onde a única distração era uma ou outra novela que passava fora do horário nobre, ela deu conta das exigências, conseguindo ajuda para ver realizado o que não podia supervisionar.

Se ela trabalhava fora, havia sempre alguém da família Barata por perto, vigiando a casa com o olhar de adultos; Ione e Nélio, bons alunos, seguiam suas vidas de estudantes, e ajudavam o irmão mais novo em suas eternas dificuldades para sobreviver no ambiente que lhe parecia hostil da escola. Fernando Gordo tinha um papel importante neste quesito. Pontualmente, passava na casa de Ronaldo no final da tarde das terças e das quintas-feiras. Os dois tomavam o ônibus para Madureira, e dali outro para Ramos. No caminho iam falando sobre futebol — exceto quando o dirigente conferia o desempenho escolar do garoto, sempre com o medo de ver seu ala revelação proibido de jogar.

O próprio Ronaldo temia uma reprovação escolar, por outros motivos. A separação dos pais coincidiu com o momento da entrada na adolescência, que tornou ainda maior sua falta de atrativos extra-futebol. Se já era pouco considerado pelas meninas por causa de seus dentes abertos e da dificuldade de falar, ficou ainda mais tímido e reservado quando veio a puberdade e aumentou a pobreza. Tudo isso contrastava com a exuberância do tratamento quando o assunto era futebol. Por causa de sua capacidade de jogar bola, era bem tratado até mesmo por desconhecidos. Tudo isto ajudava muito, ainda mais porque ele realmente adorava jogar bola. Terminava as lições o mais rápido que podia — ou as deixava pelo meio quando vinha o chamado para uma pelada na rua ou no quintal —, pois em Bento Ribeiro todos sabiam que ele fazia uma imensa diferença no time. Tornouse quase duas pessoas, como notou seu primo Fábio: "Não era difícil fazer o Ronaldo chorar de medo ou vergonha, fazendo as provocações certas. Mas na hora do futebol ele era um homem de verdade". Uma observação sábia. Na intimidade, o craque tinha muito de criança: tinha medo de dormir no escuro (e até no claro, se visse um filme de terror), ainda falava muito durante o sono e às vezes fazia xixi na cama.

Nenhuma destas características desfavoráveis aparecia sequer em vislumbre quando ele chegava com Fernando Gordo na sede do Social Ramos. Pelo contrário, o que todos viam era um menino precocemente crescido, maior e mais forte que a imensa maioria dos jogadores de sua idade. Jogava com a força de um touro e a vontade dos desesperados — e além de tudo com classe. Por isso não demorou para espalhar sua fama muito além dos limites de um bairro. Disputou o Campeonato Metropolitano, o que significava enfrentar os melhores jogadores de futebol de salão do Grande Rio.

No primeiro ano, pulverizou todos os recordes possíveis. Marcou nada menos que 166 gols na temporada, incluindo um inesquecível jogo contra o Municipal, onde fez 11 dos 12 gols do time. Firmou o nome não apenas de bom jogador, mas de alguém extraordinário. Alírio Carvalho, diretor do clube, lembra do que viu até hoje: "O que ele tinha de especial era a atitude. Era como se tivesse vindo da lua. Nada o perturbava, nada o impressionava, ninguém tirava o garoto do sério".

O contraste entre esta lembrança do dirigente, que via o jogador pelo seu melhor ângulo, e o primo que o enxergava na intimidade diz tudo sobre o momento que Ronaldo vivia. No campo ele dava conta do desequilíbrio, resolvia seus conflitos de forma madura. Este conflito se expressava bem nas exigências opostas que vinham dos caminhos do pai e da mãe. De Sônia vinha um sentido de disciplina, de bom comportamento, de esforço permanente, de obediência às regras, que o filho transformava lentamente em coisa sua — no futebol. Era um jogador comportado, que raramente reclamava de juízes e nunca discutia com técnicos. Do pai, por outro lado, vinha o impulso para tentar, a força para seguir seu caminho — refletida em campo na garra.

Fora do campo as coisas eram mais complicadas, embora não fossem trágicas. Havia a pobreza criada com a separação, mas ela não significou abandono. Mesmo depois da separação, Nélio continuou vendo os filhos regularmente. Trocou suas peladas de fim de semana por acompanhar o filho nos jogos, dando-lhe um apoio para tentar a carreira e mantendo os laços afetivos com Ronaldo. Por sua vez a mãe, mesmo com a carga extra de trabalho, continuava mantendo como podia seu papel de dar apoio afetivo e formar os valores necessários para enfrentar a vida.

O mais difícil mesmo era aquilo que dependia apenas de Ronaldo. Visto no bairro como uma pessoa tímida e meio boboca, ele não chegava a ser exatamente muito requisitado fora do ambiente das peladas. Assim, a primeira forma de uma expressão social própria, que já não era mais de criança, foi construída nas excursões do time. A fome o ajudou a se safar da timidez. Correndo o dia todo e crescendo, mas sempre com o orçamento apertado, Ronaldo ficou famoso por tentar todos os truques lícitos possíveis para conseguir a comida que pudesse. Pedia dinheiro para os dirigentes, arranjava um jeito de entrar nos pacotes de biscoito daqueles que tinham dinheiro para comprá-los. Sempre fazia isso de um jeito divertido — embora fosse quase obsessivo com o assunto. Também ficava de olho em tênis mais ou menos úteis, uniformes e trocados para a condução. Sem perder os limites, ia aprendendo a se descolar e firmava uma personalidade.

O ano de sucesso no Social Ramos o levou a novos passos. Entre uma vitória e outra, ele elaborou um pensamento que juntava sua vontade de jogar com as exigências da mãe e a situação de pobreza: iria se tornar profissional para tirar a família da queda. Até aí não havia exatamente uma novidade, pois esta idéia, de uma forma ou de outra, está por trás da carreira de todo jogador brasileiro. Em todo o caso, a concepção do futebol como um caminho para a família, e não apenas para si mesmo, juntava um pouco as aspirações do pai e da mãe. Quando firmou a idéia, estava pronto para dar seu primeiro grande passo por sua conta no futebol.

Não era exatamente um passo pequeno. Em seus doze anos de vida, sucesso no futebol tinha para ele um só nome: Zico. Era o craque que veio de baixo, o homem correto, o jogador que procurava imitar o tempo todo. E carreira no futebol tinha também um só caminho: Flamengo. Era o clube do coração, mas também aquele que formava os melhores jogadores juvenis, tinha a maior torcida, pagava melhor. Sendo assim, não havia muito o que pensar: ele seria jogador do Flamengo.

Bom. O problema era como. Tudo que acontecera em sua vida de futebolista tinha vindo de pessoas que o viram jogar — e conheciam o caminho para fazer a carreira progredir. Mas ninguém tinha indicado qualquer nesga relacionada ao Flamengo. Na falta de tudo isto, ele resolveu chegar lá sozinho. Descobriu o horário das peneiras, juntou seus trocados, e partiu para a grande aventura. Iria colocar em prática toda a sua experiência. Na véspera de completar 13 anos, saiu de casa cedo, tomou um ônibus até Madureira, e dali outro até a Gávea. Eram nada menos de 400 garotos com pretensões semelhantes naquele dia — e ninguém ali havia alertado os olheiros de que o garoto era o grande artilheiro de futebol de salão. Com isso, Ronaldo teve de atrair olhares apenas com seu jogo. O treino bastou para que ele fosse aprovado, situação que deixou o garoto radiante. A aprovação dava direito a uma carteirinha de jogador do Flamengo. Para a imensa maioria dos aprovados, aquele pedaço de papel era mais que o suficiente para tempos de alegria e sonhos. Para Ronaldo, aquilo era menos do que o necessário.

Com a carteirinha, recebeu a notícia de que tinha passado pelo primeiro teste, e precisaria voltar no dia seguinte. O comunicado, nessas condições, representava algo acima de suas possibilidades. Tentou como pôde negociar um acordo para receber dinheiro para pagar a condução até o treino. Mas não conseguiu sensibilizar nenhum dos homens do clube, acostumados a negar dezenas de pedidos desta espécie por dia. Ali era apenas mais um, e não o Ronaldo famoso. Alegre com sua carteirinha — que guardou como uma preciosidade por anos a fio — mas preocupado com o futuro, tomou o ônibus de volta. No caminho, foi assaltado por um bando de pivetes, que levaram o objeto mais precioso que portava: um relógio, comprado de um camelô. Neste momento, caiu-lhe a ficha: o grande plano tinha desmoronado. Passou o dia do aniversário arrasado.

Quem sonhava com o Flamengo acabou entrando no futebol de campo no São Cristóvão. O clube era uma espécie de relíquia decadente. Tivera alguns momentos de glória nos anos 1920, com um ápice na conquista do Campeonato Carioca de 1926. Naqueles tempos idos, o bairro que dava nome ao clube ainda tinha moradores de alguma importância, mas nada parecido com os imperadores e nobres que moraram ali por mais de um século. Com isso foi possível construir um estádio, que sobreviveu galhardamente à decadência ao redor — no início dos anos 1990, um imenso viaduto estava sendo construído na rua em frente à sede. O clube disputava a segunda divisão do Campeonato Carioca, sem nenhuma pretensão de um dia chegar à primeira. Se o time principal era precário, o resto era mais ainda. Quem procurasse muito podia ver um aspecto positivo nisso: os dirigentes buscavam sugestões.

E uma dessas sugestões veio exatamente para Alírio Carvalho, o homem que via um garoto vindo da lua. Ele recebeu uma inusitada proposta de Ary de Sá, diretor do São Cristóvão: emprestar os jogadores do time de futebol de salão do Social Ramos, que estava fazendo sensação numa temporada invicta de mais de um ano. Em troca, prometeu algum eventual reforço para o time de quadra. Não havia nada muito claro a ganhar com isso, mas também não havia prejuízos claros. Os garotos passariam a jogar dobrado, mas isso era exatamente aquilo que muitos queriam.

Mesmo com 13 anos, Ronaldo já era realista o suficiente para perceber que era melhor um São Cristóvão na mão que um Flamengo voando. Recebeu a promessa de dinheiro para a passagem, até porque era bem mais barato ir de sua casa até o clube: bastava pegar um trem da Central. Para Ronaldo, a idéia era ainda mais atraente: havia muitos anos ele conhecia o buraco no muro da estação de Bento Ribeiro, com o que podia embolsar o dinheiro da condução. Quanto ao mais, tudo era uma questão de se acostumar.

Dos tempos de glória dos anos 1920, o São Cristóvão mantinha pouca coisa. A velha placa na entrada com o nome: São Cristóvão Futebol e Regatas. Uma camisa de bastante bom gosto, toda branca e com listras pretas na gola. Uma sala de troféus com troféus dos velhos tempos — mas que não recebia uma boa limpeza havia décadas. Este relaxamento era compreensível para um clube que só colecionava resultados recentes de outra espécie, sendo o último deles de 1956: a maior goleada da história do Maracanã, e justamente para o Flamengo, que enfiou 12 a 2. Os vestiários acompanhavam o desempenho recente do clube. As banheiras tinham sido arrancadas, havia apenas uns poucos chuveiros dos quais saía uma água barrenta. A única coisa bem cuidada era uma imagem de Nossa Senhora.

Bastaram uns poucos treinos no São Cristóvão para Ronaldo deixar de ser anônimo. O técnico, Roberto Gaglianone, logo viu que ali estava o grande potencial da equipe. Sendo assim, era preciso tratar a jóia com carinho. Os problemas logo se tornaram evidentes: seu craque costumava atrasar para os treinos. Foi atrás do motivo, e descobriu. Se Ronaldo já não tinha um bom desempenho escolar somente com o futebol de salão, a coisa tinha piorado ainda mais com a dupla jornada de bola. Um problema que tinha de ser resolvido antes do campeonato — e resolvido com Sônia.

Mais uma vez, ela jogou seu jogo. Acabou permitindo que o garoto dormisse na casa do treinador na véspera dos jogos — desde que ele se empenhasse também no papel de defensor dos estudos. Para Ronaldo, aquele acordo abriu as portas de um novo mundo. Gaglianone era um técnico amador, mas rico. Morava num condomínio fechado na Zona Sul, com direito a tudo que Ronaldo só tinha visto até então em novelas: piscina, quadra, telefone, ar condicionado — e videogame. Descobriu também um amigo: Alexandre Calango, que formava com ele a dupla de ataque do time, também fora concentrado. Os dois já se entendiam em campo, e logo se entenderam muito bem fora dele. A primeira a notar o quanto foi Denise, a mulher de Roberto. Quando foi fazer o jantar, descobriu que tudo que havia de comestível na geladeira tinha desaparecido. Educada, perguntou se eles estavam com fome — e a resposta foi um duplo e animado "Sim!". Rindo, o técnico saiu para comprar um jantar, que foi igualmente devorado.

O investimento compensou. No dia 12 de agosto de 1990, Ronaldo fez seu primeiro jogo pelo São Cristóvão, enfrentando o Tomazinho. Marcou três dos cinco gols do time, que venceu por 5 a 3. Era a primeira vez que o artilheiro das quadras jogava num time organizado de futebol de campo. Estava começando um milagre. No velho campo da rua Figueira de Mello, em menos de três anos, um menino de subúrbio jogando no juvenil de um time secundário se transformou num jogador profissional de futebol pronto para encarar com sucesso qualquer time do planeta. Foi um caso totalmente inusitado. Se alguém perguntasse a Ronaldo, no dia de sua primeira vitória, sobre a possibilidade de sair para outro clube, ele talvez dissesse que sim. Naquele dia, com toda certeza, bastaria um aceno de qualquer time grande do Rio de Janeiro para que ele se mudasse dali de armas e bagagens. Ninguém poderia levar a sério a idéia de que o precário time montado fosse o melhor caminho para a glória no futebol. E, para dizer a verdade, quem pensava assim talvez tivesse razão: somente Ronaldo deu certo no time. Mas deu certo empregando de uma maneira bastante peculiar as possibilidades que estavam a seu alcance. Por algum milagre, ele viu uma receita que ninguém enxergou. A bem dizer, era algo que contrariava todas as normas da época. Certas coisas, naquele momento, só podiam acontecer no São Cristóvão — e só Ronaldo levou a sério aquilo que estava acontecendo bem à sua frente.

5.

Rio de Janeiro

[1990-1992]

Ronaldo começou a jogar no São Cristóvão em plena Era Collor, um presidente que prometia mudar tudo. No futebol isso queria dizer uma reforma radical, sob o comando de Zico, indicado para ocupar a Secretaria de Esportes do governo. As primeiras idéias demoraram um pouco para aparecer, até porque 1990 era um ano de Copa do Mundo, a primeira sob o comando de Ricardo Teixeira, recentemente eleito presidente da CBF. Seu primeiro gesto foi típico de quem coloca posições pessoais acima de um planejamento. Para qualquer pessoa que entende minimamente de futebol, uma troca de técnico no time no ano da competição não era um bom presságio. Mas isto foi feito, e a escolha de Teixeira recaiu sobre Sebastião Lazaroni, um mais que sofrível jogador de futevôlei do Leme, conhecido por suas preleções num linguajar estranho — mas não tão estranho como as fórmulas econômicas do tempo. O resultado do time da era do congelamento de bens foi muito modesto: eliminado pela Argentina no primeiro jogo do mata-mata, depois de uma passagem dolorosa pela primeira fase.

A quinta decepção seguida desde 1970 mostrava uma clara tendência ao declínio do futebol brasileiro. Ele ficou entre os quatro semifinalistas em 74 e 78, caiu antes das semifinais em 82, parou nas quartas-de-final em 86, foi embora nas oitavas em 90. Zico tinha um diagnóstico da situação bastante preciso, e compartilhado por aqueles que acompanhavam minimamente o assunto: o problema era de estrutura. Mas tal palavra era, a rigor, muito modesta para descrever a realidade. Obsolescência talvez fosse um termo melhor.

Ao contrário das empresas lucrativas por trás dos esportes profissionais nos Estados Unidos, ou mesmo das empresas com lucros limitados nos países da Europa, os brasileiros haviam interpretado de maneira bastante arcaica uma frase que servia de dístico para a Federação Inglesa nos tempos anteriores ao profissionalismo, e que fora colocada — para não ser muito levada a sério — nos estatutos da Fifa quando esta foi fundada, no distante ano de 1904: "O time não deve ser usado como uma fonte de lucro para seus diretores". Ela poderia ser adequada no Brasil durante os momentos pioneiros, quando o futebol brasileiro buscava ser um esporte para a elite — negros e mulatos eram barrados sumariamente em muitos times. Mas certamente já não teria muito sentido a partir do momento em que o jogo foi profissionalizado, num processo que começou em São Paulo e no Rio de Janeiro na primeira metade da década de 1930.

Se a decisão era cobrar dos torcedores e pagar aos jogadores, nada melhor que organizar tudo isso transformando times em empresas. Mas antes que esta idéia pudesse começar a ser discutida, alguém muito poderoso se intrometeu no assunto. Getúlio Vargas era um ditador com uma mania muito peculiar. Fez sua formação política no Rio Grande do Sul, onde havia uma estranha constituição: ela garantia por lei uma ditadura. Acostumado com a idéia, sempre confundiu qualquer sinal de vida própria para além dos tentáculos estatais como desordem. No poder desde 1930, ele foi muito além da cartilha moderna do tempo (que previa uma maior intervenção do Estado na economia). É certo que estatizou a economia também, mas sua cartilha gaúcha era bem mais ampla que o receituário apenas econômico de intervenção. Botou o Estado no controle de tudo que a vista alcançava: rádios, sindicatos, associações de empresários.

Em 1941, entrou em campo. Com um decreto criou o Conselho Nacional de Desportos, em teoria para cumprir objetivos nobres: "orientar, financiar e encorajar a prática de esportes no Brasil". Na prática, subordinou todas as decisões envolvendo esportes no país a um órgão do Ministério da Educação. E, subordinado a este, havia a Confederação Brasileira de Desportos (CBD), que dirigia o destino de 16 esportes, da esgrima ao futebol profissional. Era uma entidade "privada", mas o CND podia intervir nela quando quisesse para fazer o que bem entendesse.

Para garantir a obediência, o governo fez duas coisas na lei que criou o CND. Em primeiro lugar, garantiu um monopólio legal para a CBD: pela lei, a sociedade não poderia criar outras federações além da existente. E regalou este monopólio com uma renda para gastar com festa. A CBD ganhou o direito de ficar com 5% da renda de todos os jogos interestaduais e internacionais. Este dinheiro, que vinha do futebol, sustentava outros 15 esportes; assim a entidade tirava dinheiro dos pobres que pagavam entrada no futebol para distribuir entre os ricos que praticavam esporte amador. Para melhor rapar os cofres dos clubes, o governo resolveu organizá-los: uma das primeiras decisões da CBD foi a de enquadrar legalmente os clubes como "entidades sem fins lucrativos". Assim amadores ganharam o monopólio da direção dos clubes com jogadores profissionais. Somando-se tudo, o golpe do ditador congelou não apenas o arcaísmo da era amadora, como ainda impôs uma situação onde os próprios dirigentes do futebol eram considerados incapazes para estabelecer as regras da vida fora de campo — nobre atividade que ficou reservada para os políticos.

Esta estranha estrutura funcionava bem por um único motivo: embora disseminado por todo o país, o futebol não tinha de fato uma organização nacional. Tudo nele era regional. O regionalismo não se limitava aos campeonatos. Todo o mundo simbólico que envolvia o futebol — identidade entre torcedores de um clube, rivalidade entre times, assuntos para discutir — era inteiramente montado pela imprensa local. Boa parte do sucesso do futebol no Brasil se devia à imprensa esportiva. Desde a primeira década do século XX, donos de jornal descobriram a importância das notícias sobre futebol no resultado de vendas. Não demorou para que muita gente boa passasse a escrever sobre futebol. Criaram ídolos, alimentaram rivalidades, trabalharam sobre símbolos. Cada clássico merecia uma exploração completa de todas as potencialidades de rivalidade dos times, alimentando as vendas de jornais e ingressos para torcedores dos dois lados. Os próprios times tiveram sua mística trabalhada. Assim, não havia clube de segunda divisão que não tivesse todos os apetrechos simbólicos, já nos anos 1940: uniforme, hino, mascote, apelido. Com as duas primeiras Copas conquistadas, tudo isto cresceu. O futebol era o orgulho dos brasileiros. A coisa chegou ao máximo no início dos anos 1970, com uma onda de construção de grandes estádios por todo o país.

A criação de um campeonato nacional, na estrutura existente, gerou um grande desvio. O ganho da CBD vinha de uma porcentagem alta da renda dos jogos interestaduais, que eram raros. Assim, ela custava relativamente pouco para os clubes. O Campeonato Nacional mudaria isto — com um aumento desproporcional das rendas da CBD feito à custa dos clubes. Neste momento, o futebol brasileiro foi ficando ainda mais para trás em relação ao resto do mundo. Para se entender por quê, é preciso conhecer a curiosa natureza econômica desse esporte. Como dizem os economistas, o produto pelo qual se vende o futebol é um jogo. Para haver tal produto, dois times são necessários. A eficiência econômica básica está em atrair o público dos dois times para o estádio. Um jogo com 30 mil pessoas gera duas vezes mais renda que outro com 15 mil. Assim, a eficiência econômica depende da cooperação dos times para trazer público. Dois times grandes enchem um estádio, dois pequenos jogam com a casa a meia boca — e por isso os grandes são economicamente mais eficientes.

Esta situação em que os competidores colaboram para gerar receita exige uma organização que coloque os times frente a frente — e ela tem seu custo. No esporte empresarial, quanto menor o custo da organização, mais dinheiro sobra para os clubes. Parte essencial do sucesso da receita econômica do esporte nos Estados Unidos teve a ver com a forma como se juntaram os elementos, pensada para produzir a maior eficiência econômica possível. Primeiro, os clubes se organizaram numa liga, paga por eles e dirigida por profissionais; com a liga, todos conseguiam a organização de um campeonato pelo menor preço possível. Assim levavam o máximo de público com o mínimo de custos, cumprindo o objetivo de serem eficientes. A televisão aberta aumentou esta eficiência. Para os clubes profissionais, tratava-se de conseguir um acréscimo de receita, sem perder as existentes, que vinham das bilheterias. Isso significava manter a atração para o torcedor, a casa cheia. Por causa deste objetivo é que se chegou a um tempo de bonança, com a junção de maiores receitas de bilheteria e direitos de televisão.

A estrutura brasileira tinha uma racionalidade econômica completamente diferente. A organização tinha preço tabelado (os tais 5% da renda) e um monopólio. Assim, no lugar dos clubes, o centro econômico do sistema, a partir do momento em que houve um campeonato nacional, era a CBD: ela ditava a regra. E, pela regra que ditava, sua eficiência econômica máxima estava em cobrar 5%. Por esta racionalidade, 11 jogos com 5 mil pessoas eram mais "eficientes" do que um com 50 mil. Isto era assim porque o Estado garantia o monopólio legal da organização (e portanto os clubes não podiam fazer um campeonato gastando pouco com uma liga). Nesta lógica, os clubes se tornavam simples instrumentos para garantir as receitas de intermediação: como entidades "sem fins lucrativos", não tinham o direito legal de pleitear aquilo que os favorecia, isto é, poucos jogos com boas rendas.

RIO DE JANEIRO

Aqui ainda é preciso lembrar uma outra faceta dos negócios esportivos: as ligas norte-americanas têm seus custos reduzidos ao mínimo simplesmente porque não correm nenhum risco econômico; todo ele fica para os times. A organização central do futebol brasileiro era explicitamente montada para tirar dinheiro do futebol e empregar em outras finalidades. Daí a realidade peculiar do futebol brasileiro: cobrar 5% do faturamento global do negócio sem correr nenhum risco é uma possibilidade tão boa que não pode ser garantida pelo mercado — só mesmo o governo para montar uma estrutura destas. Com esta estrutura, a única maneira que os clubes tinham de aproximar-se de alguma eficiência econômica — já que eram obrigados a correr riscos e tinham contas a pagar — era burlar a lei. Passaram a promover evasão de renda: sempre declaravam um público menor que o presente nos estádios.

Fazer benefício com o bolso alheio é a alma do negócio do futebol brasileiro. A partir de 1970, essas possibilidades foram imensamente ampliadas. Todas as inovações surgidas na época tinham o sentido de espoliar ainda mais os clubes. Foi criada uma loteria esportiva, que beneficiava "obras sociais" do governo e deixava uma migalha para os clubes. Em 1977 veio o negócio das placas nos estádios — mas as receitas eram divididas entre os estádios e as federações. A maior de todas as generosidades foi feita com as televisões: o Brasil era um dos únicos países do mundo onde elas não pagavam nada pelo direito de transmitir jogos. A conseqüência inevitável foi que a televisão aberta entrou no negócio associada aos dirigentes, com as quais negociavam o favor de ganhar de graça algo que cobravam de anunciantes para exibir. Em vez de associação para melhores resultados, como na lógica econômica capitalista, houve competição pelo mesmo público entre televisão e clubes, com vantagem para a primeira.

O resultado inexorável da estrutura foi o esvaziamento dos estádios. Para os torcedores que insistiam no hábito, os velhos gigantes de concreto cada vez mais carcomidos, com instalações mais próprias para gado que pessoas, era a parte que lhes cabia do novo latifúndio. Assim o Brasil perdeu o bonde do tempo. O futebol passou a ser como tudo no Brasil de uma ditadura que inaugurava uma empresa estatal por semana: um mecanismo de concentração de renda. Como nos Estados Unidos, todo o faturamento do negócio dependia dos jogos. Mas, ao contrário deste país, o faturamento era distribuído de maneira completamente diferente. A parte do leão ficava com intermediários que tinham a proteção de um monopólio legal de organização e não corriam riscos, além das emissoras de televisão que capturavam o público amante do esporte, em detrimento dos clubes. Era inevitável com esta organização. O controle central do negócio por intermediários cujo poder se assentava na intervenção estatal, e não na eficiência econômica, criava um estranho objetivo econômico. Para estes intermediários a maior "eficiência" estava em aumentar ao máximo a diferença entre o que pagavam para os clubes e suas próprias rendas; em outras palavras, o negócio era tão melhor quanto mais prejudicassem os clubes e torcedores.

Este peculiar sentido do negócio das federações e da CBD funcionou porque era refletido no interior da organização dos clubes. Num clube organizado como empresa, o objetivo central é conseguir a maior receita possível, ter as menores despesas — e isto se espelha como lucro nas contas finais. No clube amador que faz um negócio profissional, as coisas são outras. Como há dinheiro e não deve haver lucro, a saída é gastar muito. Até os anos 1970, parte deste gasto era feito com patrimônio: construção de estádios, sedes sociais etc. Tudo isto se justificava porque havia uma demanda crescente de público. A partir dos anos 1970, com a queda de público, não havia mais nenhum motivo para isto. Assim, como eram proibidos por lei de lucrar, embora atuando num negócio, a saída "racional" passou a ser a de desviar dinheiro para os dirigentes. Em outras palavras, a alma do negócio de um clube era queimar eventuais lucros com os "amadores" que os dirigiam — a única forma de cumprir os objetivos da lei. Por isso os clubes afundavam uns atrás dos outros.

O grande comandante da derrocada do futebol brasileiro foi o mesmo homem que globalizou a Fifa. João Havelange chegou a dirigir o futebol brasileiro através da nomeação política para a antiga CBD. Quando passou para a Fifa, começou uma carreira de dupla face, típica da elite brasileira. No exterior era "moderno", construindo a globalização do futebol. Mas, dentro de casa, detestava quando qualquer coisa parecia estar mudando. Em se tratando do futebol brasileiro, sempre foi um típico coronel. Sustentava com raiva canina seus aliados, a maioria gente de sua idade. Considerava uma completa traição qualquer novidade que se apresentasse. Mas num âmbito em que o governo ditava as coisas, perdeu o poder para um almirante indicado pela ditadura, no momento em que se criou a CBF, que cuidava apenas de futebol. Tornou-se então o maior opositor do Brasil na Fifa. E se opunha com denodo, fazendo questão de mostrar seu rancor. Nunca foi de ajudar a seleção brasileira nem o país nesse tempo. Pelo contrário, vetou a proposta brasileira de sediar a Copa de 1986, quando a Colômbia desistiu nas vésperas da competição.

Só mudou de atitude em 1989, quando conseguiu eleger seu genro — como um velho coronel — para o cargo. O programa do genro era simples: manter as coisas como estavam. Mas elas estavam tão ruins que até mesmo o governo tinha chegado à conclusão de que precisavam mudar. Assim o futebol brasileiro vivia, no ano de 1990 em que Ronaldo entrava para o São Cristóvão, o curioso confronto entre um ministro do governo tentando dar menos poder ao governo, e a estrutura de poder do futebol brasileiro, que não era governo, mas não queria o governo fora da proteção de seu monopólio legal. E havia briga porque havia dirigentes de clubes e jornalistas que percebiam uma situação insustentável. Esta disputa tinha sua história.

A partir de 1970 apareceram diretores de clubes que não gostavam da estrutura do futebol brasileiro. Mas os dirigentes que queriam andar na mesma direção do resto do mundo sempre foram minoria no país — e aqueles que queriam manter as coisas como estavam eram amigos do governo. Quando os murmúrios de mudança se tornaram um pouco maiores, a reação veio forte. Em 1975, o Congresso aprovou uma lei "democrática": tornava o voto dos clubes amadores igual ao dos profissionais na escolha de dirigentes das federações. Com a nova lei, a imensa maioria dos votos — e o controle do poder — ficou para os muitos clubes que não produziam dinheiro, mas recebiam migalhas das federações. Em outras palavras, os eleitos passaram a ser pessoas que encontrassem formas de arrancar ainda mais dinheiro dos "ricos" para dar aos "pobres". Reforçava-se o objetivo de diminuir ainda mais a eficiência econômica do sistema. Surgiram os "eficientes" em prometer redistribuição para dirigir as federações: políticos profissionais treinados para fazer promessas de gastar o dinheiro dos outros. Eles se tornaram donos das federações, em geral a partir de um cargo num clube de nona categoria. Logo o campeonato nacional foi aumentado, para acentuar o botim dos pequenos, em detrimento dos que geravam efetivamente o dinheiro. Chegou a ter 96 clubes, muitos indicados diretamente por políticos.

A reação inicial a esta situação veio dos clubes maiores, os mais prejudicados pela estrutura. Em 1987, eles organizaram o Clube dos 13. Encontraram sua força associando-se à televisão, mas tiveram de pagar um preço:

aceitar a transmissão de jogos ao vivo. Para clubes "capitalistas", aquilo era um anátema: a televisão passa a corroer a receita de bilheteria. Para os desesperados brasileiros, era a única saída — possível apenas porque a lógica econômica da televisão é igual à dos clubes: um jogo entre dois grandes dá mais audiência que outro entre dois pequenos. A coisa estava tão ruim que nem de graça os jogos existentes interessavam à televisão. Mas a coisa parou por aí: simplesmente, os clubes não tinham por onde andar sem nenhum poder legal para organizar campeonatos.

Para resumir: realmente profissionais, no futebol brasileiro, eram apenas os jogadores. Não à toa, a idéia de mudar veio de um deles. Zico conhecia na carne os "resultados" deste modelo. Maior craque do futebol brasileiro, ídolo que lotava o Maracanã, era o maior produtor de receitas do futebol brasileiro dos anos 1980. No entanto, foi vendido para o pífio Udinese, um timinho italiano do rebolo entre a primeira e a segunda divisão, que conheceu seu momento de glória com a presença do Galinho: um quarto lugar no Campeonato Italiano, com a casa sempre lotada. Depois, voltou à realidade e foi rebaixado. A lição da história? Bem, um jogador brasileiro produzia renda em qualquer lugar do mundo — e recebia mais renda onde o dinheiro ficava para quem a gerava. A venda de jogadores para o exterior foi a conseqüência inexorável de uma estrutura arcaica, que premiava intermediários e punia os produtores da mercadoria, os clubes. Os campeonatos montados na lógica dos intermediários eram feitos para gerar o máximo de jogos para a televisão, com fórmulas que lembravam catedrais barrocas. Ninguém mais ia ao estádio para ver jogos que não valiam nada — mas o objetivo era mesmo tirar gente do estádio. Assim o país com a melhor tecnologia do mundo para produzir jogadores de futebol, com clubes tradicionais e adeptos apaixonados, não foi capaz de produzir campeonatos nacionais atraentes para além de suas fronteiras.

A baixa produtividade econômica do futebol brasileiro tornou impossível a competição na televisão com os similares estrangeiros, quando ela veio. Com a abertura do mercado europeu para jogadores estrangeiros, na década de 1980, o Brasil viu o quão secundário era seu negócio. O Campeonato Brasileiro tinha fórmulas tão complicadas e jogos tão extravagantes que nenhuma emissora fora do Brasil perdeu tempo em analisar a possibilidade de transmiti-lo. Enquanto isso, os europeus usaram os jogadores estrangeiros que contratavam para vender campeonatos pela televisão para o mundo (e o campeonato era o produto acabado, com o valor agregado do público nos estádios, televisão e publicidade). O Brasil ficou de fora deste ramo no mercado internacional e passou a vender a tecnologia de ponta dos jogadores a preço de matéria-prima. Os clubes brasileiros passaram a competir com aqueles das ligas inferiores européias, como fornecedores para os grandes. O país se tornou importador de campeonatos bem organizados vendidos para a televisão. O torcedor brasileiro passou a pagar parte do salário de seus craques no exterior via cotas das empresas de televisão pelos direitos de transmiti-los, e ficou impedido de vê-los em casa — num prêmio para a organização mais eficiente.

Era esta a situação que Zico queria mudar. Como ex-jogador, era até compreensível que quisesse começar por onde começou: acabando com o passe. Esta era a instituição que marcava a diferença entre o esporte empresarial norte-americano do esporte profissional europeu. Nos Estados Unidos, o vínculo entre atleta e time era contratual: valia pelo tempo de duração dos contratos; quando estes acabassem, ambos estavam livres para fazer o que quisessem. Na Europa e no futebol, as coisas eram diferentes. Havia contratos, mas os clubes eram senhores do registro federativo que permitia ao jogador entrar nos campeonatos. Este registro, conhecido como passe, era liberado apenas se o clube quisesse. Assim, havia a situação de jogadores sem contrato com um clube, mas que não podiam jogar em outro, pois o clube não liberava o registro. Era, claramente, uma forma de pressão extra-econômica para rebaixar os salários dos jogadores, uma ameaça sempre presente na hora das negociações do contrato.

Nenhum jogador gostava disso, com toda razão. Acabar com o passe, imaginava Zico, era uma forma de trazer o futebol brasileiro para o mundo dos negócios normais, obrigar a uma maior profissionalização. Para João Havelange, no entanto, a tentativa soou como uma blasfêmia. Assim que viu o projeto de mudança, ameaçou simplesmente desfiliar o Brasil da Fifa. Era uma forma de proteger o genro, Ricardo Teixeira, e seu precioso negócio de intermediário-mór do futebol brasileiro. Ganhou apoio dos cartolas de clubes, também intermediários na venda de jogadores. Para eles, aliás, os negócios de venda para o exterior eram muito eficientes para o objetivo de desviar o dinheiro dos clubes (eram comuns as acusações de que parte do dinheiro da venda ficava no exterior, na conta de algum dirigente) e cumprir o objetivo legal de não produzir lucro.

Se a situação do Brasil era ruim, a do São Cristóvão nem se fala. O clube era, naquele momento, pouco eficiente até para os padrões nacionais: havia pouco dinheiro para ser "administrado sem fins lucrativos" por um cartola. Assim, Ronaldo foi jogar num time secundário, dirigido por gente secundária. Mas descobriu ali tudo o que precisava para se tornar o mais global jogador do planeta.

Primeiro, claro, descobriu os segredos do futebol de campo. Seu primeiro treinador não ficou muito no clube, e a alegre concentração se acabou. Para o lugar dele veio Alfredo Sampaio, um veterano bem mais exigente. Encantou-se com as capacidades (bom controle de bola, chute igualmente forte com os dois pés, disposição para buscar o gol), mas não deixou de notar uma lista de problemas a corrigir (dificuldades no cabeceio, pouca propensão a passar, falta de disposição para marcar). Quando tentou começar o trabalho de lapidação, descobriu mais defeitos: a eterna indisposição de jogadores para treinar se aliava a uma quase incapacidade de obedecer instruções. Ronaldo não entendia patavinas de tática, e mal sabia distinguir um zagueiro central de um quarto zagueiro.

Na hora dos treinos, trabalhar com ele era um tormento. Mantinha seu ar simpático ouvindo instruções, mas respondia a elas como um lunático. Esta atitude era um teste constante para a paciência de Alfredo. Nos jogos ele também mantinha o mesmo ar distante — mas aí esta atitude adquiria um outro significado. Na hora do aperto, ele estava sempre com a cabeça fria. Como o time mais perdia que ganhava, havia muitos destes momentos — e aí Alfredo Sampaio saía do sério, mas de um modo diferente. Ficava gritando do banco: "Mete no Ronaldo! Mete no Ronaldo!". E isso resolvia o problema do time, na maior parte das vezes. Desde sempre, a frieza de Ronaldo se estendia ao momento de comemorar o feito — o que provocou outra surpresa para seu emotivo técnico. No dia em que ele fez um gol especialmente importante e reagiu como sempre, Alfredo não agüentou. No vestiário, perguntou: "Por que você não comemora?". Resposta: "Eu não estou aqui para fazer gol?".

Todos acabaram entendo sua linguagem: era escasso com as palavras, fechado nas emoções — mas fazia os gols. Com isso, Ronaldo tornou-se um jogador respeitado pelos colegas. A verdadeira comunicação entre eles não empregava a linguagem verbal que Ronaldo não dominava, e sim a bola — que ele controlava muito bem. Tão bem que o respeito criado no campo se estendia para fora dele. Saindo do gramado, o time se transformava num bando de pivetes, fazendo brincadeiras duras entre si: molhar a roupa alheia, jogar sal na comida, forjar situações constrangedoras eram as mais amenas. O melhor amigo de Ronaldo no time era Alexandre Calango, com quem dividia os sonhos da carreira e a maior parte de seu tempo livre. Juntos, os dois fizeram o programa de lei dos suburbanos: foram conhecer o Rio de Janeiro dos turistas. Tomaram o bondinho do Pão de Açúcar, subiram as escadas do Cristo Redentor, conheceram as praias (e quase acabaram afogados na primeira vez que foram a Copacabana, levados por uma onda). Essas visitas eram entremeadas de conversas sobre o futuro com que sonhavam. Ao contrário de seu pai, que a cada visita à Zona Sul se lembrava que seu lugar era no outro lado da cidade, Ronaldo via ali aquilo que desejava conquistar: aquela beleza era a meta que o dinheiro traria, não o limite.

Com tanto investimento emocional em ser craque e conhecer o mundo que desejava conquistar, sobrava pouca coisa na hora de lidar com a sexualidade. Calango, que ia às festas com ele, resumiu o problema: "Ele só falava de futebol com as meninas, e elas logo se mandavam. Acabava sempre sozinho". O máximo que conseguiu foi ficar amigo de uma menina de Bento Ribeiro, Kelly Cristina. A avaliação dela sobre o namorado é tão curta como o tempo de namoro (ela deu o fora, depois de uns poucos encontros): "Éramos amigos, mas o namoro não funcionou porque ele não era bonito".

Feita a lista do que Ronaldo estava aprendendo, falta aquela do que não estava. Esta lista se compunha de um único item: escola. O sofrível desempenho do aluno só não tinha levado a uma repetência pelos esforços inauditos de sua mãe. Assim que ela deixou de poder controlar o filho com rédea curta, a coisa desandou: ele acabou reprovado na sétima série, e resolveu desistir de estudar. Passou a ter apenas uma chance na vida, o futebol.

Com a junção das idéias de jogar futebol e ganhar dinheiro no primeiro lugar de sua lista de prioridades, não foi de espantar que ele recebesse uma proposta para se profissionalizar. Ao contrário da norma da época, a proposta não veio da direção do clube, mas sim de algumas pessoas que freqüentavam o lugar. O São Cristóvão era um time que andava mal a ponto de nem poder fixar um preço de passe para seus juvenis: isso significaria gastar um dinheiro que certamente iria fazer falta em outro lugar. Mas, para um clube que conseguira montar um time pegando jogadores emprestados no futebol de salão, criar algo sempre era a alternativa.

Quem desenvolveu a idéia, neste caso, foi um ex-jogador muito conhecido: Jairzinho, o Furacão de 1970, autor de seis gols, um em cada partida da campanha do Tri. Ele acumulava as funções de técnico do time principal e supervisor dos times das divisões inferiores. Atacante com um jogo baseado no vigor físico e nas corridas explosivas com a bola (o apelido de Furacão não veio à toa), ele demorou muito pouco tempo para perceber que o novo juvenil tinha algumas características semelhantes às suas — e diagnosticou o nascimento de um craque muito antes de qualquer outro.

Mas no pobre São Cristóvão um craque potencial poderia ser um problema: seria logo descoberto e iria embora. O único modo que o time encontrou para resolver a situação foi montar uma associação com seu técnico. Além de dirigente e treinador, Jairzinho era um investidor: aproveitava as oportunidades possíveis através de uma empresa de promoções. Esta empresa, por sua vez, levava a outros nomes.

Na Furacão Empreendimentos, o homem que lhe dava o nome cuidava apenas da parte futebolística do negócio — como um sócio minoritário. O maior acionista era Reinaldo Pitta, morador da Ilha do Governador. Ele tinha começado na vida como bancário (fora gerente de uma agência com apenas 21 anos), e depois se tornou sócio de uma série de negócios diferentes, que incluíram uma empresa de produtos químicos. A variedade de negócios em que se meteu deu-lhe um perfil generalista: qualquer idéia envolvendo ganhos de dinheiro lhe interessava. Também se interessava por futebol: botafoguense doente, era um grande admirador de Jairzinho. Quando este foi para o São Cristóvão, o cunhado de Pitta apresentou-o ao craque. Os dois repisaram a história de sempre nos clubes pequenos.

Pitta ouviu as histórias de sempre, mas deu uma solução nova: em vez de apostar no tradicional, por que não fazer tudo montando uma empresa? Nesta empresa o clube teria uma parte dos lucros (30%), e nenhuma despesa; os jogadores seriam contratados por ela, e repassados para o São Cristóvão. Era, em resumo, o tipo de parceria que surgiria anos mais tarde no futebol brasileiro: esta era a única forma de introduzir algo de empresarial na velhíssima estrutura do esporte.

Assim Reinaldo Pitta acabou entrando num novo ramo de atividades, como empresário de jogadores. Começou a falar no assunto para seus amigos empresários, e logo achou um parceiro: Alexandre Martins, também ex-gerente de banco que tinha ganhado algum dinheiro como operador no mercado financeiro. E, aos poucos, eles foram descobrindo os segredos do negócio. Do lado bom, não demoraram para ter certeza de que o potencial de lucro era alto. Eles começaram a administrar a carreira do jogador Válber, que estava fazendo algum sucesso — embora nunca parasse em nenhum clube. Graças a ele, no entanto, ganharam dinheiro alto e conheceram a maior parte dos aspectos comerciais do futebol. Do lado ruim, descobriram no São Cristóvão que a lucratividade era o prêmio de um risco: havia muitos jogadores que não davam em nada. Assim, acabaram chegando a um meio termo financeiro: diluíam os riscos do investimento vendendo participações minoritárias em negócios específicos para outros empresários.

Ronaldo apareceu neste momento. Quando veio a indicação de Jairzinho, eles fizeram uma proposta ao jogador. Era algo bastante complexo para explicar ao garoto. A tradicional operação de compra do passe não estava na forma tradicional: no lugar de um clube, seria uma empresa a ficar com o vínculo, e ele seria emprestado ao São Cristóvão. Mas isto não era o fundamental. Além de vender o passe para a empresa, Ronaldo teria que assinar um contrato pessoal, criando vínculos com os dois empresários. Os vínculos mais fortes eram os seguintes: dez anos de duração, com uma cláusula de quebra que obrigava o jogador a pagar uma multa elevadíssima; obrigação do jogador de pagar 10% do valor de todos os contratos que assinasse, mesmo que não intermediados pelos empresários; obrigação do jogador de ressarcir as despesas dos empresários com negociações; cessão a eles do direito de "trabalhar, da forma que acharem mais conveniente, sua imagem pública e privada, seu nome e apelido"; proibição para Ronaldo assinar qualquer contrato sem autorização dos agentes, sob pena de pesadas multas. Não havia qualquer previsão de pagamento pela cessão de tudo isto — só havia o dinheiro para a compra do passe, por um valor equivalente a 7.500 dólares.

A proposta tinha uma série de aspectos ruins. Obrigava muito mais o jogador que os empresários; acabava com sua liberdade no campo pessoal e financeiro; não permitia sequer que ele escolhesse um clube sozinho; não lhe dava um tostão. E, certamente, colocava o jogador completamente fora da rota tradicional das carreiras do futebol brasileiro. Seu passe pertenceria a uma empresa onde o clube tinha uma participação minoritária, e parte dela seria vendida ainda a um investidor para diluir o risco (uma curiosidade: este tipo de operação era comum entre os traficantes de escravos brasileiros no século XIX). Era algo duro de engolir, num tempo em que os empresários de futebol tinham uma péssima fama não apenas entre os dirigentes (o que é normal em todo o mundo, já que ambos competem por recursos), mas também na imprensa. A maioria dos jornalistas os considerava uma espécie de traficantes, e não faltava quem os quisesse banir do futebol.

O que havia de positivo nela não estava no negócio com o passe, mas na estrutura do contrato leonino com os empresários. Em primeiro lugar, tratava-se de uma associação para ganhar dinheiro. Depois, de uma associação que envolvia o conjunto futebol-imagem: os dois pontos eram essenciais na idéia. Os empresários cuidariam das duas coisas, vistas como complementares. Este era o aspecto pioneiro da idéia. Em 1992, o Brasil estava engatinhando na questão do direito de imagem — e 99% dos cartolas brasileiros não sabiam o que queria dizer este termo.

Ronaldo tinha de pesar os prós e os contras da idéia. Para isso, contava com o seguinte currículo: 15 anos de idade, sete anos de maus estudos, 36 gols em 54 partidas pelo São Cristóvão, nenhuma namorada. Para assessorá-lo, contava com os pais. Embora separados, Nélio e Sônia estavam sempre juntos no momento de apoiar os filhos. O problema era sua situação no momento. Sônia andava um tanto desesperançada, e só contava com cinco anos de estudo. Nélio enfrentava um grande problema: estava sendo demitido da empresa onde trabalhara por 27 anos, em meio a uma recessão. Juntando todos, nenhum era capaz de entender o significado exato dos termos do contrato — Ronaldo talvez fosse mesmo incapaz de entender o preâmbulo.

Esta situação, colocada para gente letrada, era de flagrante injustiça: dois empresários bem preparados extorquindo sangue de pobres incultos. Mas como este tipo de julgamento era impossível para a família, talvez valha a pena entender como os Nazário de Lima chegaram a uma conclusão. A sensata Sônia ficou preocupada, temendo que seu filho fosse presa de um ardil; Nélio se mostrou favorável. A discussão foi feita não nos termos jurídicos, mas em torno daquilo que era essencial no espírito do contrato: a capacidade dos contratantes para cumprirem o acordado. E nesta discussão, doutores ou analfabetos funcionais pensam do mesmo modo. Tratava-se de saber se Reinaldo Pitta e Alexandre Martins mereciam confiança, se eram capazes de fornecer de fato aquilo que prometiam: apoio para o jogador numa área que era inteiramente desconhecida para ele. E apoio não apenas para assinar contratos com clubes, mas para administrar todos os aspectos da vida futura do garoto. Mesmo pouco alfabetizados, tanto Sônia como Nélio tinham um grande treino em avaliar o caráter das pessoas — até porque ambos eram pessoas de bom caráter. E, por esta avaliação, concluíram que os dois mereciam respeito e o contrato era bom.

A parte propriamente futebolística do contrato também foi analisada. Neste caso, havia um ponto claramente favorável. Jairzinho conhecia a bola — um tricampeão do mundo é sempre um apoio de muito peso para um juvenil, mesmo fazendo um aceno da arquibancada; como dono do passe, certamente teria muito a ensinar ao garoto. Mas havia também o propósito claro de levar a sociedade ao ponto de explorar direitos de imagem. Mesmo que Ronaldo não soubesse o que isto queria dizer, intuía que eram negócios só acessíveis a jogadores que se dão bem. Quem confiaria num juvenil a ponto de lhe propor uma sociedade que incluísse tal coisa? Por vagas que fossem, estas intuições casavam com aquilo que era um objetivo claro de sua carreira, desde o primeiro dia. Jogaria futebol para melhorar a vida de toda a família. Este era o objetivo, e não apenas as alegrias em campo. Um objetivo claramente expresso por um jogador que não comemorava gols, mesmo aos quinze anos de idade. E ele via este objetivo nas entrelinhas daquele contrato — mesmo que mal distinguisse linhas de entrelinhas.

Assim foi que, no dia 7 de junho de 1992, Ronaldo atrelou seu destino ao de dois empresários. Não era um caminho comum, num país onde o futebol era organizado num imenso coronelato. Seria uma relação capitalista expressa, no lugar onde os clubes não tinham fins lucrativos. Seria um trabalho direto, num mundo dirigido por intermediários. Ah, sim. Como ele não tinha idade legal para assinar o contrato, seu pai assinou por ele. Finalmente, Ronaldo tinha seu próprio dinheiro para gastar.

6.

Rio de Janeiro-Belo Horizonte, via Colômbia

[1992-1993]

Enquanto negociava a venda de seu passe, Ronaldo pensava em como gastar o dinheiro que receberia. Como a imensa maioria dos jovens em sua situação, ele tinha verdadeira fascinação por todos os emblemas brilhantes de consumo que eram proibidos pela falta de dinheiro: relógios, roupas, automóveis. Num país de renda concentrada, esses artigos de consumo significam provas palpáveis de ascensão, permitem aos possuidores sentir-se parte do mundo privilegiado — no Rio de Janeiro, do mundo da Zona Sul.

Mas aquele juvenil sabia conter todos seus sonhos e agir em função de um grupo maior; em outras palavras, sabia limitar seu individualismo. Assim, no lugar de butiques ele percorreu lojas de móveis, com um objetivo bem definido: comprar um sofá para a sala de sua casa. Era uma idéia curiosa, pois o sofá da General César Obino era um objeto ao mesmo tempo pessoal e público. À noite servia de cama para Ronaldo e o irmão Nélio, de dia era usado para ver televisão ou receber visitas. Um presente para ele mesmo, mas também para todos.

Bastaram perguntas em umas poucas visitas a lojas para ele perceber que não teria dinheiro suficiente para comprar um sofá novo. Com muito realismo, partiu para as lojas de tecidos, e escolheu um forro novo para o sofá, num tom claro. No dia em que recebeu o dinheiro, fez a compra e instalou o presente enquanto sua mãe estava no trabalho. Foi um dia de festa, onde todos perceberam claramente o significado da oferta: Ronaldo estava dizendo que a família viria em primeiro lugar nos benefícios que conseguisse. Tornar-se profissional significava mudar sua posição na família: deixaria de ser apenas o filho, para fazer também o papel reservado aos adultos, de trazer dinheiro para casa. Sua nova posição de profissional significava uma nova posição na família.

Sônia entendeu perfeitamente o recado. Ela jamais se satisfizera com o projeto do filho de se tornar profissional, sempre insistira que os estudos eram o único caminho que levavam a uma vida melhor. Mas nunca levou esta crença profunda ao ponto de transformá-la em questão de princípio. Estudar era um valor para ela, seria sempre um valor fundamental na vida. Mas a individualidade do filho era um valor maior ainda: se ele havia decidido seguir o caminho contrário daquele que ela traçara, ela respeitaria a decisão e lhe daria todo o apoio que pudesse. Sônia era um exemplo de firmeza e tolerância, capaz de lidar tranqüilamente com toda espécie de contradição na vida. Continuava católica — mas tinha um novo companheiro depois da separação.

Algo semelhante movia Nélio. Mesmo separado e novamente casado, ele continuava sendo o pai daquela família. Estava presente nos momentos em que o grupo tinha de tomar decisões importantes, sua voz era ouvida da mesma forma como sempre fora. Este respeito pela figura paterna não foi perdido nem mesmo quando ele começou a se abater. Como tantos homens de sua geração, fizera muitos sacrifícios para se manter no caminho da fidelidade a um trabalho — e fora sumariamente dispensado dele num momento da vida em que as dificuldades para arrumar outro emprego semelhante eram quase intransponíveis em função da idade. Dali para frente, ele sabia, precisava encontrar um caminho próprio para ganhar dinheiro. Uma coisa era ficar num emprego, reclamando dele, outra muito diferente depender apenas de si mesmo para o sustento. O tempo vazio, a tensão da espera entre um e outro trabalho, o dinheiro incerto serviam como desculpas para mais tempo nos bares, e logo para coisa pior: cocaína, por um curto período.

Perdida a disciplina forçada do emprego — que não era uma disciplina interior, como a da mulher —, apareceu seu lado mais instável. Seus planos de vida foram se tornando cada vez mais mirabolantes, incluindo uma tentativa de ficar milionário fazendo negócios com garimpeiros na Amazônia, o que tomou seis meses de sua vida com resultados nulos. Mas, em nenhum momento, ele ouviu qualquer recriminação definitiva da ex-mulher ou dos filhos. Pelo contrário, continuou sendo tratado com respeito, e jamais deixou de ser convocado nos momentos importantes, quando sua voz sempre era ouvida.

Esta forma de comportamento tolerante, a bem dizer, era a regra não apenas da família restrita, mas da família ampla, espalhada no grande terreno de seu Misael e dona Perciliana. Os chefes do clã também tinham seus valores e a disciplina que todos conheciam — tanto quanto a capacidade de entender perfeitamente que as regras tinham exceções. Cada filho arranjava a vida a seu modo, havia idas e vindas, casamentos e recasamentos, temporadas em outros bairros seguidas de uma volta a Bento Ribeiro. Esta combinação de fixidez e mobilidade lembrava mais uma tribo brasileira que uma família nos moldes católicos — embora todos na casa fossem católicos. Nas tribos, todas as definições têm a ver com a família, mas os casamentos não são permanentes. A contradição é resolvida por uma série de arranjos simbólicos, onde os papéis como o de pai e mãe são preservados mesmo quando os dois não estão mais casados. Não há qualquer confusão entre "pai" e "marido da mãe".

E a família Barata não se constituía numa exceção em Bento Ribeiro. Eram aceitos no bairro com todo o respeito, independentemente do parceiro, até porque quase todos ali agiam da mesma forma, portavam a mesma herança. Esta herança, a rigor, é o que fazia de Bento Ribeiro um bairro onde estar em casa ou andar na rua era quase a mesma coisa — outra situação que lembra uma tribo, onde tal distinção simplesmente não existe. Por todo lado, a notícia de que Ronaldo tinha se tornado jogador de futebol profissional foi bem recebida. À sombra da jaqueira da esquina, foi assunto no jogo de baralho que marcava a passagem do dia dos aposentados, e onde, nas conversas que atualizavam os julgamentos sobre a vida local, Pedro Caboclo foi consultado a respeito. Ele era, digamos assim, o mais respeitado cronista esportivo do lugar, o mais sábio conhecedor das coisas do futebol. Revelouse otimista com o futuro de Ronaldo — mas tal opinião poderia ser considerada suspeita. Todos ali sabiam que o otimismo talvez se referisse à possibilidade de receber de volta os muitos trocados para o ônibus que adiantava para o garoto chegar a treinos e jogos, nos dias mais bicudos. Como ele, quase todos em Bento Ribeiro haviam dado suas pequenas contribuições para que Ronaldo fosse quem era.

Em todo caso, era inegável que ele teria mais estima no bairro como profissional. Continuava jogando suas peladas. Não mais na rua, mas no campinho onde seu pai jogava com os adultos. Não mais como um qualquer, mas já sendo tratado com o respeito devido ao grande craque do bairro, alguém que poderia servir de modelo para a garotada, alguém de quem já se podia contar histórias, em torno de quem se podia construir uma lenda.

Em Bento Ribeiro, Ronaldo aprendeu a ser um homem e um ídolo, a fazer sua parte para si mesmo e para os outros.

Mas havia chegado a hora de partir. Afinal das contas, ele se tornara um jogador profissional de futebol, e o lugar de jogadores profissionais não era exatamente aquele campinho. Como profissional precoce, ele se tornara senhor de seu tempo cotidiano, do alto de seus 15 anos. E isto significava uma montanha de horas para preencher — nem todas seriam ocupadas pelo clube. Ali, continuou gastando o mesmo tempo de quando era estudante, e do mesmo modo. Se houve algo que a nova situação não alterou foi a disposição do jogador para treinar. Ronaldo continuava se escondendo atrás da árvore na hora das corridas de aquecimento, muito desinteressado das conversas sobre tática de seu técnico, pouco disponível para aprimorar os detalhes que faltavam em seu jogo (jamais aprendeu a cabecear direito).

Aquele que mais influência teria para mudar a atitude era Jairzinho. Mas ele mesmo não achava exatamente interessantes os treinamentos formais. Chegou até onde chegou aprendendo em outra escola, e se orgulhava dela: "Jogava tanto no asfalto, no paralelepípedo, nas praças, no campo, em terreno baldio como em areia. Todo esse apanhado é que foi me dando a facilidade dos fundamentos". Como Jairzinho, a imensa maioria dos grandes craques brasileiros tiveram esta formação — e se orgulhavam dela. Rivelino, colega de Jairzinho na seleção de 1970, era outro que se formou assim: "A frase que eu mais ouvi na minha infância foi: 'Sai da rua, menino'. Mas a rua me formou como jogador e como homem".

Esta idéia de que o jogador de futebol se faz na rua, não apenas no domínio da bola mas na personalidade, estava no centro da formação de Ronaldo — e teve um papel central num país onde a cultura escrita é limitada (quando existe, espelha pouco a vida cotidiana da maioria das pessoas); para ser brasileiro, é preciso não apenas freqüentar a escola, mas também a escola da vida. Para ser jogador de futebol, este axioma é ainda mais importante. Daí por que Jairzinho aceitava tranqüilamente o comportamento do jovem jogador em quem investia, vendo positivamente seus atos nos treinos. Para ele, Ronaldo seria um melhor jogador se tivesse mais experiência nas ruas.

Quem não gostava muito do andar da carruagem eram os empresários do jogador. Nem Reinaldo Pitta nem Alexandre Martins desconheciam o valor da escola das ruas. Embora ambos tivessem uma boa formação escolar — e fossem peritos em contas e contratos —, acumulavam também muita experiência de vida, trato com gente diferente. Mas enquanto Jairzinho via as coisas pelo lado do campo, eles tinham preocupações mais amplas. Ronaldo não lhes interessava apenas como jogador de futebol, mas também como alguém capaz de projetar uma imagem pública. Para esta segunda função, a sabedoria das ruas era um pouco apimentada demais.

Para resolver o problema, encontraram uma solução engenhosa: arrumaram um emprego para Sônia em São Cristóvão, e alugaram uma casa no bairro. Era uma oferta irrecusável para uma mãe que se esfalfava muitas horas no trabalho e tinha angústias imensas com a possibilidade de o futebol desviar o filho do bom caminho. Como a proposta também era positiva para os irmãos mais velhos — especialmente Nélio, já terminando o colegial —, não havia por que recusar. Assim Ronaldo se tornou o centro da família, o homem que fornecia a casa. A mãe aceitou tranqüilamente a função de tomar conta de um jogador de futebol, mesmo que continuasse achando que este não era exatamente o melhor caminho de uma vida.

Foi uma ótima idéia. Ronaldo podia continuar circulando pelas ruas como sempre fizera, mas também passou a ficar em casa. A mãe logo o convenceu a preencher parte de seu tempo livre com os trabalhos que conseguisse, e ele aceitou tranqüilamente a idéia. Afinal das contas, mesmo circulando nas ruas, nunca chegou a se destacar em brincadeiras mais violentas nem em aventuras amorosas. Era mesmo um moleque caseiro, ligado a uma família e com uma grande disposição para progredir. Acabou se empregando numa farmácia de um sócio do clube; era meio desajeitado para colocar remédios nas prateleiras em ordem alfabética, pelo que acabou fazendo apenas serviços ligeiros.

Assim ele foi preenchendo sem grandes problemas um tempo que costuma gerar muita angústia em juvenis. Tanto ele como os donos de seu passe sabiam que seu futuro não estava na rua Figueira de Mello. O problema era encontrar o caminho que o levaria dali para um lugar à altura dos planos implícitos no contrato que assinara com os empresários. Para isto, o São Cristóvão não era exatamente uma boa vitrine: mesmo com seu artilheiro, o time sequer sonhava com a conquista de algum título.

Mas se havia algo de positivo na fórmula que escolheu para sua carreira, era a possibilidade de se encontrar uma solução apenas para um jogador, e não uma solução que dependesse do sucesso coletivo do time. Desde o dia em que compraram o passe do jogador, seus proprietários se tornaram divulgadores da mercadoria de que dispunham na prateleira. E, no futebol, falar bem de um jogador é quase tão importante como jogar. A experiência fracassada no Flamengo fora definitiva neste aspecto para Ronaldo: ali ele era um entre 400, e assim captava apenas uma fração do olhar de um treinador analisando anônimos. Com sua limitada capacidade de expressão, chegou à conclusão de que era um mau vendedor de si mesmo — e sempre deixou isto para os outros.

Enquanto Reinaldo Pitta e Alexandre Martins ofereciam seu juvenil para todos os clubes do Brasil, Jairzinho foi mais eficiente para encontrar um jeito de fazer o jogador ser notado. Com grande prestígio entre jogadores e técnicos, aproximou-se de Jairo Leal, o mais famoso olheiro da CBF. Entre suas funções, estava a de descobrir talentos para a seleção brasileira sub-17, que deveria participar de um campeonato sul-americano. Graças aos comentários positivos de Jairzinho, ele foi observar o garoto em alguns jogos. Vejam bem: ele não foi observar apenas os jogos, mas foi especificamente observar um jogador, o que é coisa bastante diferente. Jairzinho conseguiu fazer o que Ronaldo não conseguira no Flamengo: colocá-lo numa posição proeminente antes mesmo que ele tocasse na bola.

Esta situação foi crucial, ainda mais porque o São Cristóvão teve um desempenho desastroso neste dia: tomou uma sonora goleada de 4 a 0 do Vasco da Gama. Se Jairo estivesse vendo o jogo, provavelmente teria se impressionado com algum jogador do time vencedor. Mas como tinha um alvo em mira, ficou satisfeito com o que viu, mesmo num dia ruim. E assim foi que Humberto Redes — o técnico da seleção sub-17 — acabou se interessando pelo jogador. Foi ver um jogo no velho estádio da rua Figueira de Mello, onde o adversário era o fraco Goitacás. Nem ficou muito tempo: na primeira bola que pegou, o centroavante deu uma de suas famosas arrancadas, driblando quem viesse pela frente e carimbando a trave. Redes achou que já tinha visto o suficiente, virou as costas e foi embora. Dois meses depois Ronaldo estava na lista dos convocados para disputar uma vaga na seleção brasileira.

A notícia foi o que bastou para colocar o garoto no centro da família — e ele só tinha quatro meses de contrato. Era tão importante que Sônia e Nélio deixaram suas vidas de lado para dar todo o apoio ao filho durante a temporada de treinos em Teresópolis. Ali ficava a granja Comary, um centro de treinamento da CBF onde o time principal faz sua preparação. Para Ronaldo, apenas pisar neste gramado já era um sonho. Mas havia também tudo o que marca a diferença entre o topo e a base: alojamentos limpos, banheiras impecáveis, comida à vontade, médicos e preparadores físicos.

Seleção era seleção — e Ronaldo sabia disso. Se algum de seus colegas de time o visse em Teresópolis, não iria acreditar. Ele estava sempre pronto para os treinos, corria mais que os outros em volta do campo, não pulava um exercício — e escutava atentamente tanto as instruções como as broncas do técnico. Sabia muito bem que aquela oportunidade significava muito mais para ele que para os companheiros de times famosos, e não largaria o osso de jeito nenhum. Só deixou o lugar com uma certa relutância para jogar pelo São Cristóvão contra o Barra Mansa; aquela seria sua última partida no time, onde jogou 73 vezes e marcou 44 gols.

Voltou logo, e ganhou a vaga. No dia 17 de janeiro de 1993, Ronaldo estreou com a camisa da seleção brasileira num amistoso contra a Nigéria, na Granja Comary. O time perdeu por 2 a 1. Logo em seguida participou de outro jogo-treino em Piraí, contra o time do Lajes — e o placar da estréia se repetiu.

Feita a preparação, veio o grande momento. O garoto de Bento Ribeiro, cujo conhecimento do mundo se resumia ao Rio de Janeiro e umas poucas cidades próximas, teria sua prova de fogo na Colômbia. Seria a primeira vez que viajaria de avião, a primeira vez que não teria nenhum amigo por perto. Disfarçou como pôde seu desconhecimento de aeroportos e aviões, não pregou o olho durante toda a noite da viagem. Viu Bogotá apenas da janela do ônibus que levava o time até a pequena cidade de Tuluá. Todo o tempo, ele manteve o olhar curioso dos que não estão acostumados a viajar.

Mas este detalhe logo se tornou irrelevante. Ronaldo tinha ido até ali para jogar futebol. E, neste caso, tinha uma boa experiência em enfrentar times desconhecidos, descobrir depressa o caminho para o gol. Logo na primeira partida, contra o Chile, ele marcou os três gols brasileiros na vitória por 3 a 2. A seleção continuou em sua boa trajetória, com vitórias contra a Bolívia, o Uruguai e o Paraguai. Depois caiu um pouco, perdendo da Argentina e empatando num segundo jogo com o Chile. Mesmo assim, entrou na última rodada com possibilidades de vencer o torneio e se classificar para o mundial da categoria. Mas o último jogo, contra a Colômbia, não passou de um empate. Apesar da desolação coletiva, Ronaldo obteve um bom resultado individual: foi o artilheiro do torneio, com 8 gols.

Se não foram suficientes para classificar o Brasil, seus gols foram mais do que importantes para sua carreira. A artilharia no campeonato se transformou num bom argumento de vendas para Reinaldo Pitta e Alexandre Martins. E já que era para vender, por que não começar pelo melhor? O melhor, no caso, era o São Paulo de Telê Santana e Raí, time que estava ganhando tudo no início dos anos 1990 — inclusive dois mundiais interclubes. Os empresários tinham boas relações com o clube, para onde tinham levado seu grande astro daquele momento, Válber. Ofereceram metade do passe do promissor juvenil pelo equivalente a 25 mil dólares. Mas as coisas não eram assim tão simples num dos poucos times do país que mantinha uma sólida estrutura financeira e um programa forte de formação de jogadores. Para resumir a situação, o técnico Telê Santana estava de férias na Europa, de forma que os empresários sequer conseguiram que alguém no clube mandasse um olheiro examinar o desempenho de Ronaldo.

Os dois não desanimaram. Um jogador com o passe preso a empresários, se tem desvantagem na hora de firmar raízes num clube, leva a vantagem de poder ser negociado com qualquer um. E o artilheiro do sul-americano sub-17 acabou sendo contratado pelo Cruzeiro, de Belo Horizonte. Pitta e Martins mostraram sua sagacidade na transação. Ofereceram ao clube a possibilidade de ficar com o jogador comprando apenas 55% do passe — oferta aceita pelo fato de diminuir os riscos de perda do investimento. Em outras palavras, o clube não tinha tanta certeza assim sobre o futuro do garoto, e resolveu ser prudente. Pagou o equivalente a pouco mais de 20 mil dólares por Ronaldo, em fevereiro de 1993.

Para o jogador, aquele era um negócio bastante vultoso. Sua porcentagem no passe, mais o salário que receberia em Minas Gerais, lhe deram uma certeza. Pediu para Sônia deixar de trabalhar, e garantiu que, dali em diante, ele seria o responsável pelo sustento da família. A mãe não levou isso totalmente a sério, ficou preocupada como sempre. A transação implicava que seu filho iria morar sozinho numa cidade distante, exposto a muita coisa que ela considerava perigosa. Mas engoliu suas preocupações e aceitou a situação.

Ronaldo desembarcou em Belo Horizonte no início de março de 1993. Foi levado diretamente para a Toquinha, onde treinavam os jogadores das categorias inferiores. Como vinha de fora, o alojamento seria também sua casa a partir daquele momento. Para seus padrões de juvenil, foi um desembarque marcado por uma novidade: mereceu registro na imprensa. No dia 3 de março apareceu, no *Diário da Tarde*, uma pequena nota sobre a chegada do jogador. Dois dias depois, nova informação: ele estrearia contra a seleção da cidade de Paracatu — mas a edição seguinte nem informou sobre o resultado do jogo. Por duas semanas, Ronaldo treinou para se entrosar com o novo time. Foi o bastante.

Em seu primeiro jogo pelo campeonato mineiro, marcou quatro gols na goleada de 7 a 0 sobre o Oliveira. Na partida seguinte, fez mais dois contra o Matozinhos. Neste ponto, teve sua "carreira" interrompida por uma nova convocação para a seleção juvenil, para disputar um torneio em San Marino. Desta vez, as coisas se inverteram em relação à Colômbia: Ronaldo não foi o artilheiro da competição, mas o Brasil chegou ao título depois de uma campanha invicta contra Romênia, Noruega, San Marino, Espanha e Itália. Foi seu primeiro título no futebol. Assim que chegou a Belo Horizonte, soube de outra novidade: bastaram apenas as duas participações no juvenil para os dirigentes do time chegarem à conclusão de que seria um desperdício deixar o novo centroavante exposto às pernadas dos becões de fazenda do interior. Com um mês de clube, Ronaldo foi promovido ao time de juniores, para enfrentar gente mais velha. E, para não haver dúvidas sobre a decisão, foi logo escalado para estrear contra o Atlético — o eterno rival do Cruzeiro na disputa de todos os títulos. Em seu primeiro clássico, Ronaldo fez o único gol da vitória por 1 a 0. Em Minas Gerais, isso queria dizer muita coisa.

Ronaldo não teve tempo de saber exatamente o que valia uma vitória sobre o Atlético. Recebeu uma nova convocação para defender a seleção, desta vez num torneio em Saint-Brieuc, na Bretanha. Mal viu os subúrbios de Paris pela janela do ônibus que levava a seleção — que estreou contra a Liga da Bretanha, vencendo por 2 a 0. Dali em diante, aquele seria um torneio para Ronaldo esquecer. Comeu alguma coisa que lhe fez mal, e passou o tempo todo sofrendo de cólicas. Ainda conseguiu se arrastar em campo nas vitórias contra os times das Ilhas Maurício e da Bélgica — e no empate na final com a Rússia, que levou o título nos pênaltis.

Três quilos mais magro e ainda sofrendo, ele tomou o avião de volta para o Brasil. Na sala de espera do aeroporto de Cumbica, enquanto esperava a conexão, ele viu seu ídolo, o homem que vencia, o brasileiro correto, aquele que não tinha medo de nada. Ayrton Senna estava desembarcando. Naquele momento, agiu exatamente como o que era: um garoto perplexo pela proximidade da grandeza, e treinado por anos de tentativas de descolar o que quer que fosse das pessoas mais ou menos ricas e famosas (em seu caso, dirigentes de clubes amadores ou semi-profissionais como o São Cristóvão) que visse pela frente. Imediatamente convenceu um colega mais tímido a servir de fotógrafo, e partiu na direção de Senna na velocidade de um fórmula um. Num curto pit stop, arrancou uma imagem ao lado do ídolo.

A foto fez algum sucesso na curta passagem por Bento Ribeiro e entre os colegas da Toquinha — onde ele estava sendo esperado com uma certa ansiedade. Depois de sua boa estréia contra o Atlético, já era uma esperança do time de juniores, e precisava voltar logo à equipe. Retornou na partida contra o Vila Nova, no dia 16 de maio, marcando dois gols na vitória por 3 a 1. Oito dias e quatro partidas depois, o time estava na liderança e ele já era o artilheiro do campeonato, com sete gols.

Parte do sucesso dos juniores do Cruzeiro podia ser creditada ao técnico do time principal. Pinheiro conhecia futebol: jogara pelo Fluminense, defendera o Brasil na Copa de 1954 — e tinha uma queda especial para observar jogadores das categorias de base. Sempre que podia, ele fazia o time principal treinar contra a molecada. Era tanto um modo de providenciar um adversário mais esperto, exigindo dos titulares, quanto uma oportunidade de observar garotos enfrentando homens.

E Pinheiro observou o garoto Ronaldo. A carreira do centroavante no Cruzeiro podia ser resumida em duas linhas. Três jogos como juvenil, com seis gols, e cinco jogos no campeonato de juniores, com sete gols. Tinha dois meses de Cruzeiro. Esses poucos números entraram na conta de Pinheiro quando se viu às voltas com um velho problema do futebol brasileiro. O calendário maluco sacrificava especialmente os times bem-sucedidos. Como presente por seu bom desempenho, as equipes de ponta ganhavam o direito de participar de mais de um campeonato, com datas que se superpunham. E o Cruzeiro, naquele momento, precisava se esfalfar em jogos pela Copa do Brasil, enquanto disputava o Campeonato Mineiro. Com isso, Pinheiro precisava fazer o time que jogara domingo viajar até Poços de Caldas para um jogo na terça-feira (o Campeonato Mineiro tinha rodada no meio de semana), depois enfrentar o Vasco, no Rio de Janeiro, na quinta, e voltar para o jogo de fim de semana em Belo Horizonte.

Pesando tudo isso, ele foi até a diretoria. Propôs que o recém-contratado juvenil fosse promovido imediatamente para o grupo dos profissionais — e "imediatamente" queria dizer colocá-lo em campo como titular no jogo contra a Caldense. A reação dos dirigentes foi cautelosa: expor um jovem de 16 anos, ainda mal acostumado a jogar entre os juniores, para enfrentar as feras profissionais — ainda que de um time secundário — poderia ser a forma mais curta de acabar com sua carreira. Mas, no fim, os argumentos práticos de Pinheiro acabaram valendo.

No dia 25 de maio de 1993, Pinheiro passou na Toquinha e mandou Ronaldo pegar seu material para viajar com a delegação até Poços de Caldas. Foi uma boa notícia para o entusiasmado juvenil, que nunca tinha sequer treinado no time principal. E a boa notícia se transformou em surpresa durante a viagem. Pinheiro veio sentar a seu lado, e depois de alguns minutos de conversa, soltou a bomba: "Te prepara, porque você vai entrar como titular". Enquanto Ronaldo assimilava a surpresa, Pinheiro se levantou e mudou de lugar. Foi falar com Éder, o mais experiente jogador do time principal a participar daquela partida. Titular da seleção brasileira na Copa de 1982 — aquela que Ronaldo assistiu em casa, do alto de seus 5 anos de idade —, ele era também uma pessoa afável, com paciência para aturar juvenis (logo em seguida a este dia ele teria toda a paciência do mundo para ensinar o jovem Roberto Carlos, então no União São João de Araras, todos os segredos de seu chute fortíssimo). Por isso, Pinheiro foi lhe pedir para acalmar o garoto, aplaudir erros — e lançar tantas bolas como pudesse para ele.

Quando o ônibus do time chegou a Poços de Caldas, Pinheiro havia completado toda a "preparação" para o jogo. E Ronaldo se saiu bem do desafio. O time ganhou por 1 a 0, com um gol de Ramon. Mas os elogios maiores dos jornalistas ficaram para o estreante, que se portou como gente grande: manteve a tranqüilidade, não se impressionou, lutou — e até passou a bola, coisa que não era muito característica. Apenas para marcar as datas, Ronaldo estreou no futebol profissional com 16 anos e oito meses de idade, depois de 83 dias de Cruzeiro. Tudo na vida de Ronaldo iria adquirir um ritmo alucinante.

7.

Belo Horizonte

[1993-1994]

Depois de estrear na equipe profissional, Ronaldo teve tempo apenas para mais duas partidas no time de juniores, e foi convocado outra vez para a seleção brasileira sub-17. Desta vez, havia um motivo especial de alegria: o último jogo-treino seria no Maracanã, de casa cheia. Os juvenis brasileiros jogariam contra os do Fluminense, na preliminar da decisão do Campeonato Carioca, entre Vasco e Fluminense. Pela primeira vez na vida, Ronaldo atravessou o túnel do mítico estádio de sua cidade, e encarou a multidão. Demorou um pouco para se acostumar — o time saiu para o intervalo perdendo por 1 a 0. Na volta para o vestiário, ouviu alguém gritando seu nome: era Fernando Gordo, que o levou para o Social Ramos. Reconheceu-o na geral, e fez um sinal de positivo. No segundo tempo, mais calmo, marcou o gol de empate — e não decepcionou o amigo. E o domingo, 8 de junho, foi um dia duplamente alegre. Enquanto jogava no Maracanã, o Cruzeiro ganhava o Campeonato Mineiro de juniores. Foi seu primeiro título no time; com os nove gols que marcou, tornou-se o artilheiro da competição.

No dia seguinte ao jogo, Ronaldo embarcou para Richmond, no estado da Virgínia. Já era peça obrigatória no time, e correspondia ao que se esperava dele. Marcou dois gols na vitória contra o Chile, fez mais um quando o Brasil ganhou da Espanha por 3 a 1, e outros dois gols na vitória contra os Estados Unidos por 3 a 0. Foi o artilheiro do torneio — e fez nada menos de cinco dos oito gols do time. Quando voltou a Belo Horizonte, encontrou tudo mudado. O técnico Pinheiro tinha sido demitido do time principal do Cruzeiro — a diretoria queria renovar ainda mais as coisas; depois de resistir à idéia de lançar o juvenil entre os profissionais, agora anunciava que Ronaldo era a principal promessa do time. Para trabalhar a promessa, havia um novo técnico: o experiente Carlos Alberto Silva. E, para a promessa progredir, havia agora uma proposta de contrato no time profissional, com luvas e salários de gente grande.

A proposta incluía outra mudança: no lugar do alojamento da Toquinha, Ronaldo foi instalado num flat, bem na frente da sede do clube. Ele juntou suas roupas numa sacola — era esta sua mudança — e se instalou como pôde. Com seu velho jeito de pidão, conseguiu talheres e louças com o dono do boteco ao lado, que era torcedor do Cruzeiro. Foi tudo o que acrescentou a sua casa — mesmo porque não tinha muito tempo para cuidar das coisas que estavam acontecendo. Seis dias depois de voltar dos Estados Unidos, e cinco dias depois de assinar seu contrato, jogaria pela primeira vez no Mineirão. Era seu segundo jogo na equipe profissional, e uma partida duplamente importante: jogo contra o Atlético, decidindo o título do segundo turno do campeonato mineiro. Entrou no segundo tempo, não fez gols — mas ganhou seu lugar no time. No dia seguinte, foi convocado para jogar um torneio em Portugal. Não fez gol contra o Benfica (entrou no segundo tempo), mas marcou o primeiro na vitória contra o Belenenses e também o primeiro na vitória contra o Peñarol do Uruguai. Na decisão, o time perdeu por 3 a 1 do Porto. No fim da partida, os dirigentes do clube campeão ofereceram 500 mil dólares pelo passe do jovem centroavante; o Cruzeiro pediu 750 mil e a conversa parou por aí.

A partir deste torneio, Ronaldo passou a receber uma marcação mais dura não dos adversários, mas do técnico de seu time. Carlos Alberto Silva era veterano o suficiente para perceber o risco que corria: tinha um craque nas mãos, mas precisava manter sua cabeça no lugar. Empregou a fórmula tradicional: no desembarque da delegação em Belo Horizonte, declarou que o time precisava de um atacante mais experiente, porque Ronaldo corria o risco de se perder. A resposta do atacante não demorou: no amistoso contra o Guarani de Divinópolis, ele marcou os dois gols do time. Carlos Alberto Silva replicou: colocou Ronaldo em campo na estréia do time no Campeonato Brasileiro contra o Corinthians — e Ronaldo não fez nada frente a um time superior, que venceu por 2 a 0. No primeiro treino depois do jogo, o técnico convocou a imprensa para fotografar uma longa aula de cabeceio para sua jovem revelação. A luta durou um mês, enquanto o time ia tropeçando no torneio. Dos quatro primeiros jogos, o time perdeu três — a exceção foi a vitória sobre o Bahia por 3 a 1; neste jogo, Ronaldo fez seu primeiro gol num Campeonato Brasileiro, aos 44 do segundo tempo.

Mas uma mudança improvável foi se configurando: mesmo sem grandes atuações, a torcida e a imprensa cada vez mais se rendiam ao novo jogador. Não era apenas uma questão técnica: deste ponto de vista, Ronaldo tinha seis meses de clube, sendo dois como profissional de um time que não andava lá muito bem das pernas. Mas estava assimilando muito depressa não apenas o que acontecia em campo, mas todo o mundo de diferenças que existem entre um juvenil e um jogador profissional. E fazia isto de um modo próprio, empregando velhos truques de seu arsenal — e se deliciando com alguns novos.

Ele se integrou ao grupo rapidamente, como uma espécie de mascote. Empregou para isso a possibilidade de continuar se portando como um garoto levado, na convivência com jogadores aos quais podia, ainda há pouco, pedir um autógrafo. Até mesmo seus defeitos valeram para isso: péssimo cantor, fazia questão de cantar os pagodes que ouvia em Bento Ribeiro — e todo mundo se divertia com suas desafinações. Na concentração, ficava atrás do grupo que assistia televisão, e ia jogando pedrinhas tiradas do vaso na cabeça dos colegas. Também empregou seu conhecido arsenal de pidão: conseguia celulares emprestados, apenas para ligar para algum jogador do time, para vê-lo atender enquanto desligava e ria. Também vivia pedindo a chave do carro de todos eles, com a desculpa de colocar numa vaga melhor; assim acabou cavando aulas completas de direção. Nesta altura, já tinha um lugar no grupo — e um lugar simpático.

Não demorou para estender este tratamento à imprensa. Desta vez, sua própria limitação o ajudou. Como tantos outros jogadores, Ronaldo falava pouco. Mas, em seu caso, era uma limitação um tanto diferente: ele estudou português o suficiente para não falar errado — mas falava sempre pouco. A língua, para ele, jamais tinha sido um instrumento para expressar emoções pessoais. Ele falava normalmente sobre futebol, sobre sua carreira, sobre as expectativas profissionais, e quase nada de sua vida afetiva. Mas adorava dar entrevistas, e sempre tratava os jornalistas com muita simpatia. Isto funcionava extraordinariamente bem — e não era uma estratégia deliberada. Afinal das contas, ele também falava sobre futebol para tentar conquistar namoradas nas festas que ia com Alexandre Calango, nos tempos do São Cristóvão. Mas agora a mesma conversa tinha outro resultado: parecia um garoto humilde e otimista, um filho para os mais velhos, um amigo para os mais novos. Ronaldo logo se tornou uma espécie de xodó dos jornalistas mineiros, e passou a receber uma cobertura muito simpática: todos pareciam querer que ele desse certo.

A onda se estendeu para a torcida. Se os jornalistas refletiam o ambiente no clube e a simpatia pessoal de Ronaldo em suas reportagens, elas ajudavam os torcedores a olhar com simpatia para o garoto, sempre que ele estava em campo. Ele não era um qualquer, mas a promessa de futuro: os torcedores perdoavam seus erros e aplaudiam seus acertos. E este tratamento benévolo tinha um reforço pessoal no próprio Ronaldo. Meses antes, ele estava pedindo uma pose de Ayrton Senna porque gostava de um ídolo esportivo; agora, revelava uma imensa paciência e simpatia para tratar aqueles que o procuravam depois de um jogo, e ficava feliz quando era reconhecido nas ruas. No clube, não demorou para ficar amigo dos freqüentadores constantes, gente que tinha uma ligação especial com o futebol. Também não perdia oportunidades: se alguns lhe pediam coisas, ele era mestre em conseguir algo em troca.

O melhor desses favores ele conseguiu com Eustáquio Araújo. Dentista com pós-graduação nos Estados Unidos, era fanático por futebol a ponto de ter se tornado o técnico da seleção brasileira de futebol de salão. Cruzeirense doente, ele passou a gostar de Ronaldo desde o dia em que fez seu primeiro gol contra o Atlético. Dentista sério, ele demorou muito pouco tempo para descobrir uma coisa importante: os dentes separados não eram apenas um problema estético, mas também funcional. Faziam o atacante respirar pela boca, e isto gerava fôlego curto. Estava explicada a perda de desempenho no final das partidas. Assim que ouviu o diagnóstico, Ronaldo agradeceu e disse que andava meio duro. O torcedor fanático despertou em Takão: ele colocou como preço do pagamento marcar um certo número de gols no Atlético. Feito o trato, colocou um aparelho nos dentes de Ronaldo. O apelido de Mônica que o acompanhava desde criança — e que ele odiava — iria desaparecer para sempre.

O dinheiro economizado com o aparelho serviu para outra coisa: um automóvel, primeiro sonho de consumo de qualquer jogador que se preze. Em seu caso, um sonho com um significado todo especial: o grande pesadelo de Nélio, o fantasma que o atormentava, era o de nunca ter tido um carro — e imaginar que seus filhos nunca teriam um. Ronaldo afastou este fantasma comprando um reluzente Gol vermelho. E, neste caso, aprendeu também a empregar a fundo sua condição de jovem ídolo. Ele simplesmente não tinha idade suficiente para tirar carta, mas isso nunca foi problema. Passeava por toda a Belo Horizonte — e volta e meia era parado pela polícia. Quase nunca tinha problemas: a condição de craque estava acima da lei para a imensa maioria dos homens da lei que o paravam. Safar-se era mais que um alívio: era também pensar-se como parte da elite brasileira — pois o primeiro mandamento de alguém desta elite é de agir sempre como quem está acima da lei. Era a prova quase palpável que ele tinha chegado lá (o "quase" fica por conta de um guarda atleticano que o levou para uma delegacia, onde passou quatro horas até que uma autoridade maior cruzeirense providenciasse a liberdade).

Profissional com carro e fama ele já era. Para ser adulto, faltava uma mulher. Também neste caso, o aparato de imagem caiu como uma luva. Ele não tinha melhorado especialmente seu arsenal de conquista — mas precisava de muito menos armas para chegar lá. Os tempos bicudos do Rio de Janeiro, onde era considerado feio ou insosso, tinham acabado. O desempenho em campo e as imagens nos jornais e televisão projetavam a parte mais agradável e segura de sua personalidade, servindo como um poderoso cartão de visitas. No lugar de abordar as mulheres, elas vinham agora começar as conversas — e obviamente não se importavam com o fato de que o futebol fizesse parte delas. Carro, dinheiro e casa também faziam diferença depois, na hora da paquera. E foi assim que a jovem revelação teve enfim a revelação do sexo: a primeira mulher de sua vida foi Luciana, filha de um industrial e torcedora do Cruzeiro.

Tudo ia acontecendo ao mesmo tempo. Esta passagem rápida da obscuridade para a luz, da pobreza para a riqueza, da feiúra para a atratividade, da adolescência para a vida adulta, em geral causa problemas aos jovens. A história do futebol brasileiro está lotada de exemplos de jovens promessas que se perderam neste caminho. Com Ronaldo, as coisas funcionaram de modo muito diferente. Foi como se as peças se encaixassem, como se tudo precisasse acontecer para ele crescer. A estrutura básica permaneceu o tempo todo, e as coisas adquiriam um significado mais preciso. Ronaldo continuou o tempo todo interpretando sua profissionalização como um modo de arranjar dinheiro para a família: melhorou a vida de Sônia e Nélio, passou a pagar a faculdade para Nelinho. Esta finalidade não se esgotava neste conforto: ele a interpretava em escala grande, imaginando que nem todo o dinheiro do mundo seria suficiente para a tarefa. Por isso, era relativamente prudente nos gastos pessoais: reservava primeiro o dinheiro da família, e não se deixava levar pelas atrações maiores do consumo.

O mesmo acontecia com o aparato da fama. Ele servia mais para encobrir sua reserva emocional, sua quase incapacidade de comunicar sentimentos mais complicados. Facilitava a vida, em vez de atrapalhar; trazia alegrias, e não problemas. Com isto se manteve intacta aquela que era sua principal característica de jogador: a capacidade de manter a cabeça fria, de não alimentar fantasmas na hora de jogar. Fazer gols, para ele, não envolvia a expressão de sentimentos íntimos, explosões de alegria; perder jogos, por outro lado, nunca era motivo para perder a cabeça, se deixar levar pelo pessimismo. Este extraordinário realismo — para alguém com a vida em revolução — era uma força que não demoraria a ser percebida.

Carlos Alberto Silva levou pouco mais de um mês para descobrir isso. Quando descobriu, deixou de ter motivos para ser prudente e passou a elogiar o jogador, mesmo quando o time perdia. E teve com a diretoria a mesma atitude de Pinheiro: convenceu seus chefes não só a deixarem de lado a conversa de contratar um jogador mais experiente para evitar problemas para o garoto, mas também a declarar em público que Ronaldo era a grande revelação do time e seria a peça fundamental da equipe. A substituição da política de diluir o peso da responsabilidade sobre o jovem pela atitude inversa de aumentar a pressão sobre ele, jogando em seus ombros o destino do time, veio num momento difícil. Não só o Cruzeiro andava perdendo, como tinha jogos internacionais pela frente. Ao empurrar o problema para o jogador, os cartolas livravam a cara em caso de fracasso.

O primeiro teste depois das declarações foi um jogo contra o São Paulo, pela Recopa. E o que os diretores viram os deixou muito preocupados. Depois de um empate no tempo normal, a decisão foi para os pênaltis. Ronaldo perdeu o seu, e o Cruzeiro foi derrotado. Parecia que não iria agüentar o peso de comandar o time. Mas, seis dias depois, no Mineirão, a impressão mudou completamente. Estreando na Supercopa dos Campeões da Libertadores, o Cruzeiro massacrou o Colo-Colo, do Chile, por 6 a 1 — com três gols de Ronaldo. No jogo seguinte, dia 9 de outubro, o Cruzeiro começou a reagir no Campeonato Brasileiro, ganhando do Botafogo por 3 a 1 — Ronaldo fez o primeiro e deu o passe para o terceiro. Mais três dias, o centroavante garantiu o empate no jogo da volta contra o Colo-Colo, fazendo dois dos três gols do time. No fim de semana seguinte, fez o gol da vitória por 1 a 0 contra o Botafogo. No meio da semana, o único gol do time na derrota por 2 a 1 contra o Nacional de Montevidéu, no Mineirão. Na semana seguinte, dois gols na vitória por 3 a 2 em Montevidéu — o time foi de novo eliminado nos pênaltis, mas ele fez o seu. Mais uma vez, foi o artilheiro do torneio, com oito gols em quatro jogos.

A essa altura, as opiniões sobre Ronaldo — profissional havia apenas quatro meses — tinham mudado bastante. Na imprensa mineira ele já era tratado como o grande centroavante que o Cruzeiro jamais tinha encontrado. Era o matador, o homem-gol, a garantia de espetáculo. Na diretoria, antes mesmo do fim do Campeonato Brasileiro foi anunciado um plano de reformulação para o ano seguinte, com uma pedra angular: "Ronaldo é inegociável". Era uma posição sensata. O grande problema da passagem das categorias inferiores para o time profissional sempre foi o tamanho da pressão sobre o jogador. Todo o universo de novidades extra-campo precisa ser absorvido ao mesmo tempo em que aumenta a cobrança sobre ele. Em geral, esta é uma passagem complicada, um labirinto no qual muitos se perdem. Mas com Ronaldo era diferente: as novidades funcionavam como prazer esperado há tempo, como se ele estivesse esperando por tudo aquilo. Mais ainda, nada disso alterava o fundamental: seu comportamento em campo. Ele absorveu as doses de responsabilidade — que aterrorizam tanta gente — como se fossem jujubas. A pressão funcionava como incentivo, não como problema. Esta era a marca do craque, reconhecível por todos. Ele podia ser um típico adolescente em muitas coisas — mas em campo se portava como um homem experiente.

A nova posição do jogador na hierarquia do time, a do homem de quem se espera tudo, se refletiu diretamente em campo. Numa partida contra o Bahia, na Fonte Nova, ele meteu cinco gols em ninguém menos que Rodolfo Rodriguez, veterano goleiro da seleção uruguaia. Num deles, aproveitou um átimo de distração do goleiro para lhe roubar uma bola dominada. Ainda assim, o uruguaio soube se portar com distinção: no fim do jogo, declarou que nunca alguém tomara tantos gols de um mesmo jogador numa única partida — e disse que isto aconteceu porque Ronaldo era realmente um jogador excepcional.

O lance, mostrado em rede nacional pela televisão, firmou a fama do jogador por todo o país. Seus gols foram repetidos incansavelmente, e decantados por todos os cronistas importantes dos grandes centros. E isto num momento de certo otimismo, porque o Brasil tinha acabado de se classificar para a Copa do Mundo dos Estados Unidos, vencendo o Uruguai por 2 a 0 com dois gols de Romário. Quando viram os gols de Ronaldo, os críticos não demoraram para imaginar que ele talvez fizesse uma boa dupla com o atacante. Não foram os únicos. O técnico da seleção brasileira, Carlos Alberto Parreira, também pensou a mesma coisa — e convocou Ronaldo para a Seleção Brasileira. Ele tinha jogado apenas 23 partidas como profissional, mas já marcara 21 gols pelo Cruzeiro. Mais uma vez, a aposta em torno dele se multiplicava; teria sobre ele os olhos não apenas dos cruzeirenses, mas de todos os brasileiros.

A notícia foi manchete garrafal em Minas Gerais, destaque por todo o país — e nem assim Ronaldo saiu dos trilhos. Passou em Bento Ribeiro antes do embarque, festejou com a família. No aeroporto, conheceu a multidão de jornalistas que acompanham o time, e os veteranos que eram seus ídolos ainda há pouco. Estar naquele grupo era a oportunidade sonhada pelos milhões de jogadores de futebol de todo o país, dos milhares de jogadores profissionais — e só 22 chegavam lá. Ronaldo sabia perfeitamente que só entraria no time em caso de problemas sérios com outros convocados, mas não ligava a mínima. Era mais importante conhecer pessoalmente quem pudesse no grupo. Esta oportunidade era imensa se comparada ao fato de assistir toda a partida contra a Alemanha do banco de reservas. E continuou sendo muito maior que a de repetir a posição no jogo seguinte, contra o México. Ele sabia que, depois de passar a seleção, sua vida seria outra.

Estava certo. Quando voltou, o Cruzeiro já tinha um contrato novo prontinho, com o salário mais alto do clube. Nada mais razoável para o artilheiro do clube nos dois campeonatos que disputara. Assim se encerrou a primeira temporada no Cruzeiro. Quando voltou para Bento Ribeiro, para as festas de fim de ano, era outra pessoa. Todos o cumprimentavam com respeito. Na hora das peladas — que ele ainda jogava — ninguém entrava duro. Apareciam mulheres para conversar, agora dizendo que ele era lindo. Mais ainda, alguns repórteres tinham de aprender como chegar na rua General César Obino. Eram recebidos com simpatia, e recebiam respostas claras — que mostravam o quanto ele estava em mutação. Numa mesma entrevista, era capaz de dizer que "sonho em apertar a mão do Bebeto e do Romário, ídolos que não conheci na seleção" e que "Meu contrato com o Cruzeiro vai até julho, mas acho que não fico um dia a mais que isso, por causa das propostas vindas do exterior". E ligava a frase do jovem deslumbrado com a do homem de negócios realista com uma outra: "Vivo a realidade, sonhando com o sucesso". Nada mal para alguém que tropeçou para estudar até a sétima série. A combinação de maturidade futebolística com a visão infantil do mundo em que estava se tornou uma atração para os leitores: era uma voz madura e sincera, embora adolescente.

Ronaldo tinha toda razão. Um jogador da seleção brasileira, ainda mais com 17 anos, era assunto não apenas nacional, mas internacional. Depois da tímida proposta inicial do Porto, o Cruzeiro passou a receber regularmente ofertas vindas de todo lado. O Porto — que perdeu a chance de fechar por 750 mil dólares — estava oferecendo 3 milhões de dólares pelo passe. O Milan lançou alguns balões de ensaio. Vieram emissários da Alemanha. Em vez de receber tanta gente com negativas, o Cruzeiro resolveu fixar o preço do passe em 10 milhões de dólares, no que seria a maior transação da história do futebol brasileiro. A medida freou momentaneamente as tentativas por este lado — mas abriu uma porta por outro. Tanto quanto Ronaldo, o presidente do clube, César Masci, falava coisas contraditórias na entrevista: ao mesmo tempo em que fixava o preço do passe, ele reclamava de que os jogadores estavam custando caro demais no mercado, com "preços absurdos". E, ao contrário de seu jovem astro, ele não tinha uma boa frase para ligar as duas idéias opostas que expressava. Como típico amador, para ele preço bom era o da venda, e ruim o da compra.

Assim não é de se estranhar que a temporada de 1994 começasse com uma certa tensão nos negócios entre as duas partes. Era um fator a mais para Ronaldo absorver — e, mais uma vez, ele deu mostras de que essas coisas não o abalavam em campo. Desta vez, o Cruzeiro tinha apenas dois campeonatos para disputar no primeiro semestre: o Mineiro e a Taça Libertadores da América. Havia tempo para a pré-temporada, que foi montada com um par de amistosos no Japão. Na primeira partida, contra o Yomiuri Verdi, Ronaldo entrou em campo como um sonâmbulo — a bem dizer, todo o time, inadaptado ao fuso horário — e o time não passou de um empate em 1 a 1. Mas dois dias depois, contra o Jubilo Iwata, as coisas voltaram ao normal: Ronaldo marcou os três gols na vitória por 3 a 1, e no vestiário mesmo o presidente do Cruzeiro recebeu mais duas ofertas pelo garoto para a sua coleção, enquanto Ronaldo era fotografado como um ser fenomenal.

Para quem estava cada vez mais acostumado com esta idéia, o Campeonato Mineiro foi um verdadeiro passeio. O time simplesmente foi campeão invicto, com 16 vitórias e quatro empates. Marcou 57 gols e levou 15. Ronaldo, não é preciso dizer, foi o artilheiro do time com 22 gols em 18 partidas. Seu grande dia foi no primeiro jogo com o Atlético, quando marcou os três gols da vitória de seu time — apenas o atleticano Reinaldo tinha sido capaz desta façanha em toda a história do clássico. Foi seu primeiro título como profissional. Já na Libertadores as coisas não foram tão bem, com o time sendo eliminado ainda na primeira fase — mas Ronaldo conseguiu transformar o fracasso num detalhe. No jogo contra o Boca Juniors ele fez um gol extraordinário, pegando a bola perto do meio de campo, driblando toda a defesa e tirando do goleiro. Este é o tipo de gol reservado aos grandes craques — e Maradona foi o grande nome do Boca, pelo que Ronaldo conseguiu evocações fortes com sua obra.

Nesta altura, repetia-se em escala nacional a discussão mineira do ano anterior. Carlos Alberto Parreira, o técnico brasileiro, confessava publicamente seu temor de convocar um jogador jovem e inexperiente, alegando o medo de que a excessiva responsabilidade o estragasse. Ainda assim, pressionado por todo lado, resolveu convocá-lo para o amistoso contra a Argentina, no dia 23 de março em Recife. Ronaldo mais uma vez esquentou o banco durante oitenta longos minutos, enquanto Bebeto construía a vitória brasileira. Só então, com 2 a 0 no placar, ele mandou o reserva se aquecer. Com 17 anos, seis meses e um dia, Ronaldo pisou pela primeira vez num gramado com a camisa da seleção brasileira. Fez o que se esperava: correu enquanto os outros economizavam energia administrando o resultado, e conseguiu ganhar uma oportunidade melhor no último jogo da fase de preparação no Brasil.

A sorte esteve a seu lado. O Barcelona e o La Coruña, onde jogavam Romário e Bebeto, recusaram-se a liberar os jogadores para o amistoso. O furioso técnico brasileiro não teve outra alternativa senão escalar dois atacantes que deveriam estar no banco: Ronaldo e Viola, os dois querendo agarrar a oportunidade. Para completar a sorte o adversário era a Islândia — quer dizer, um inimigo inexistente. No acanhado estádio da Ressacada, em Florianópolis, Ronaldo teve o prazer de ouvir o Hino Nacional de dentro de campo. Assim que a bola rolou, ele começou a mostrar a que veio. Aos 31 minutos do primeiro tempo deu um passe para Mazinho e correu para um eventual rebote — que aconteceu: 1 a 0, e seu primeiro gol pela seleção brasileira. Aos 42 minutos, saiu driblando e foi derrubado na área; Zinho converteu o pênalti. No segundo tempo, acertou uma bola na trave logo no início. Aos 39 minutos, driblou novamente a defesa e dividiu a bola com o goleiro; a sobra ficou para Viola, que completou o placar de 3 a 0. Ronaldo saiu de campo com a certeza de que seria convocado para a Copa do Mundo.

Cinco dias depois, Carlos Alberto Parreira anunciou seu nome entre os 22 que disputariam a Copa. Mais uma vez, ficara patente que maiores responsabilidades em campo, no caso de Ronaldo, não eram exatamente um fator a temer, mas antes um estímulo para um melhor desempenho. Por todo o Brasil, não havia quem não defendesse a convocação — e isto incluía alguém muito especial: Pelé. Seu argumento tinha muito peso: se ele enfrentou esta responsabilidade, Ronaldo também poderia, porque atravessava uma fase excepcional. O argumento de Pelé era tão especial neste caso porque foi o primeiro jogador brasileiro a disputar uma Copa com 17 anos de idade. E antes de Ronaldo a situação tinha se repetido apenas uma única vez: em 1966, Edu foi convocado com apenas 16 anos — mas o completo desastre do time na Inglaterra impediu que esta convocação ficasse na memória de todos.

Assim, as inevitáveis comparações eram de Ronaldo com o maior jogador de todos os tempos. Ele já tinha respondido milhares de vezes a jornalistas que queriam uma comparação entre os dois, dizendo sempre que estava começando, enquanto Pelé já tinha feito. Mas a questão mudou um pouco de figura quando a *Folha de S. Paulo* entrou no terreno dos números. Descobriu que Pelé havia disputado 50 partidas como profissional antes de sua estréia na Copa, marcando 41 gols — o que dava uma média de 0,82 gols por partida. Ronaldo, por sua vez, disputara exatas 50 partidas, marcando 49 gols. Sua média era de 0,96. Além de um desempenho maior, era preciso levar em consideração um outro detalhe: Pelé tinha jogado praticamente todos os jogos no Campeonato Paulista, onde havia adversários fracos e boas oportunidades de marcar. Ronaldo teve esta possibilidade também, mas tinha em seu currículo uma série de jogos internacionais e pelo Campeonato Brasileiro, mais forte e equilibrado.

Esta avaliação trazia o problema para terrenos comparáveis, e a comparação favorável a Ronaldo tornava ainda mais atraente o ponto de partida: antes mesmo de entrar em campo, todos sabiam que aquele garoto teria um ponto de partida para um dia ser comparado ao maior de todos. Para quem pensa que isto é pouco, basta lembrar que ele era o terceiro na lista dos jogadores brasileiros que tiveram tal oportunidade, e o segundo entre aqueles que poderiam aproveitá-la. Mas havia uma questão: se o desempenho em campo o aproximava de Pelé, aquilo que acontecia fora dele no momento da convocação não lembrava em nada os idos de 1958.

8.

Aldeia global,
via Los Angeles

[1994]

Parte do encanto de Pelé em sua primeira Copa tinha a ver com a surpresa: um jogador que nunca fora visto fora de São Paulo se tornava a grande figura do torneio fazendo gols magníficos. E passada a Copa, ele voltou para Santos, onde ocupava seu tempo com treinos, jogos e descanso. Toda a sua vida girava em torno disso — e o máximo de situações profissionais extra-futebol que conseguiu em sua careira brasileira foram gravações de disco, participações como ator em filmes e contratos esporádicos de publicidade. Mesmo a administração de seus negócios era altamente amadora; ele entregava a gestão de seu dinheiro a amigos, que se encarregavam de dissipá-lo. Chegou a assinar contratos em branco com o clube, pelos quais o Santos lhe pagava o que bem entendia (e isto era considerado um comportamento profissional exemplar na época).

Nada disso aconteceu com Ronaldo. Enquanto expandia seu nome de jogador em campo, fazia crescer na mesma proporção uma rede de negócios fora dele. Desde que assinou o contrato com Reinaldo Pitta e Alexandre Martins, ainda no São Cristóvão, ele estava se preparando para isso. Em pouco mais de um ano foi capaz de assumir pesadas responsabilidades dentro de campo, apesar de todas as dúvidas de técnicos e dirigentes. Mas foi também capaz de assumir muitas responsabilidades fora de campo — neste caso, apoiado num trabalho constante de seus empresários.

A primeira etapa deste trabalho foi a de negociar sua situação no clube. Ronaldo teve dois aumentos importantes de salário: o primeiro, quando passou para a equipe principal do Cruzeiro; o segundo, no momento em que seu nome se consolidou como a figura-chave na montagem do time. Até aí, as negociações seguiam o padrão do futebol brasileiro. Mas o passo seguinte foi mais complicado. Ronaldo começou a jogar na era do futebol global, um tempo em que já não era mais possível que o mundo desconhecesse algum talento, ainda que iniciante. Desde a excursão do Cruzeiro por Portugal, cada boa partida era seguida por uma chuva de ofertas pelo passe do jogador. E o interesse não se limitava a isso. No dia em que o jogador foi convocado para a Copa, havia no meio do usual batalhão de jornalistas uma equipe da televisão sueca, filmando um programa sobre sua carreira — e ele nunca tinha jogado na Suécia. No mundo globalizado, uma promessa futebolística passava a ser analisada praticamente desde o dia em que surgia.

Reinaldo Pitta e Alexandre Martins sabiam exatamente que contas estavam sendo feitas pelos interessados — e agiam em função disso. A carreira de um jogador como Ronaldo era um negócio global, para o qual estavam preparados. Mais ainda, tinham um preparo que nem era entendido pela maioria dos que estavam a seu lado — por isso, eles davam passos que muita gente não sabia o que significavam. O primeiro passo desta espécie foi dado no dia 8 de abril de 1994, duas semanas depois de Ronaldo vestir pela primeira vez a amarelinha em campo. Numa transação com a diretoria do Cruzeiro, eles venderam os 45% restantes do passe do jogador para o clube, pelo equivalente a 1 milhão de dólares. Era uma transação aparentemente sem sentido econômico: se eles tinham um bom negócio com o exterior em vista, era melhor ficar com o domínio do passe e embolsar o dinheiro. Mais estranho ainda, o negócio foi feito em duas parcelas; uma paga no ato da assinatura, e a outra para vencer em dezembro — seis meses depois do final do contrato do jogador com o clube.

Mas a aparente falta de sentido desaparece quando se pensa no destino do dinheiro recebido. Ele serviu para pagar as partes de Léo Rabello e Jairzinho — e assim liquidar todo o relacionamento do jogador com a Furacão Participações. Não chegava a ser um mau negócio: o investimento de 7.500 dólares em junho de 1992 teve um retorno parcial de 50 mil dólares, em março de 1993, e outro de 1 milhão de dólares em abril de 1994. Rabello, que sabia fazer contas, ficou satisfeito com sua parte. Jairzinho, por outro lado, não gostou nada de ver encerrada sua relação com a carreira do jogador neste momento. Este entendimento, claro, não guardava muita relação com os papéis que assinou: como muita gente no futebol brasileiro, ele havia investido na tradição, no passe. Ficou de fora do gerenciamento da carreira — que, aliás, não era seu negócio — e guardou a mágoa. A rigor, seu trabalho tinha se encerrado na rua Figueira de Mello, e ele não tinha sequer idéia daquilo que seria necessário para tocar para a frente a carreira de um jogador na era que se afirmava.

Pitta e Martins sabiam — e Ronaldo também. Três semanas depois do acerto do passe, e três dias antes do jogo contra a Islândia, quando ainda ninguém sabia se Ronaldo seria convocado para a Copa, o presidente do Cruzeiro, César Masci, anunciava que o clube tinha recebido uma proposta do PSV: Ronaldo seria vendido por 5 milhões de dólares, caso não fosse convocado, ou por 6 milhões, se fosse para os Estados Unidos. É certo que uma notícia como esta era um forte motivo de contrariedade para Jairzinho, que recebeu sua parte sobre um milhão de dólares, mas também era certo que as negociações seriam muito mais difíceis se ele desse palpite naquilo que vinha pela frente. Não se trataria de um contrato à moda antiga, no qual o clube pagava apenas para ter um jogador em campo. Havia uma série de negociações complicadas envolvendo o uso da imagem do atleta: não apenas se estruturava a carreira de um futebolista, mas também a de uma figura pública capaz de fazer negócios com sua imagem.

Tanto quanto jogar, Ronaldo precisava aprender a manejar esta sua imagem, fazer o que no jargão do ramo se chama "agregação de valor" sobre ela, transformando-a num negócio. No Brasil dos cartolas, a possibilidade de explorar os benefícios trazidos pela fama era geralmente vista como um direito subsidiário para "amadores": banqueiros de bicho posavam como "patronos" de clubes, ajudando a melhorar a imagem de seu "negócio"; presidentes de clubes se tornavam deputados. E, claro, dirigentes acostumados a pensar nos jogadores como "patrimônio do clube" jamais iriam gostar de que o mundo de favores que exploravam se transformasse num negócio privado destes mesmos jogadores. Chamavam a tudo isto — com apoio da imprensa — de "mercantilização" do futebol. E chamavam os empresários de futebol que pensavam em tudo isto de "mercenários". Assim, a construção do negócio sobre a imagem de Ronaldo, no Brasil, era algo estigmatizado, mal-visto.

Ainda assim, Pitta e Martins foram abrindo rapidamente o caminho. Havia uma montanha de oportunidades para lapidar a imagem do jogador naquele momento. A primeira aproveitável surgiu no dia seguinte de sua convocação para a Copa, quando duas entidades completamente diferentes se manifestaram a favor de uma mesma idéia. Tanto o sisudo Tribunal Superior Eleitoral quanto a irrequieta União Nacional dos Estudantes acharam que o jogador seria a pessoa ideal para divulgar o voto opcional para jovens com idade entre 16 e 18 anos. No dia 13 de maio de 1994, ele fez sua estréia como participante de campanhas institucionais. Ainda nervoso, teve de repetir várias vezes o texto até acertar: "Sou Ronaldo, do Cruzeiro e da Seleção Brasileira. Tenho 17 anos. Minha responsabilidade é fazer muitos gols pelo Brasil, com garra, seriedade e decisão. Mas acho que minha responsabilidade é maior ainda. Ser cidadão, votar, escolher bem. Eu já tirei meu título. E você?".

A bem dizer, no dia da gravação Ronaldo ainda não tinha tirado seu título de eleitor. Somente no dia 23 de maio ele o receberia. A demora foi porque o presidente da UNE, Fernando Gusmão, fez questão de sair na foto ao lado do jogador recebendo o documento (e ninguém considerou este gesto interesseiro, já que vinha de um "amador"). A cerimônia foi marcada para o Rio de Janeiro — e a própria agenda do jogador naquele dia acabou gerando seu primeiro problema com imagem: ele atrasou para a foto na UNE porque estava gravando um comercial para a cervejaria Brahma. Por acaso, as duas informações saíram na mesma matéria. Um dos leitores foi um juiz de menores, que ficou indignado ao ver um menor de idade — e portanto proibido legalmente de comprar bebidas alcoólicas — fazendo propaganda de cerveja, e entrou com uma representação contra o anúncio antes mesmo de ele ir para o ar.

Esta não era, certamente, a estréia que Ronaldo esperava para seu primeiro grande contrato de vendedor de imagem — bem como não era exatamente uma boa idéia da empresa fazer um comercial sem pensar neste problema. A favor da relação, no entanto, havia uma questão importante. A Brahma era, naquele momento, a empresa brasileira que tinha ido mais longe nos contratos de imagem. Eles estavam sendo importantes para resolver uma questão estratégica fundamental: a empresa lutava duramente pela liderança do mercado com a Antarctica, e tinha perdido a guerra pela compra do patrocínio na Rede Globo durante a Copa. Para compensar o desastre, passou a investir maciçamente em alternativas heterodoxas. Num dos jogos preparatórios, ofereceu entradas de graça para torcedores que usassem uma camiseta promocional e agitassem cartazes — e conseguiu, com pouco dinheiro, uma exposição muito maior que a concorrente, cuja marca só aparecia nos anúncios do intervalo. O passo seguinte foi o de fazer contratos individuais com os jogadores.

Ronaldo foi um dos primeiros escolhidos, logo depois de sua primeira convocação, em outubro de 1993. O resultado das primeiras conversas foi animador para Pitta e Martins. O padrão dos empresários de jogadores era arrancar um contrato de curto prazo pelo maior valor possível; os empresários ofereceram a idéia de um contrato de longo prazo, no qual se estabelecesse uma relação permanente entre o jogador e a empresa. Era, tipicamente, um contrato na mesma forma daqueles negociados pelos ídolos norteamericanos — uma forma quase inexistente no Brasil. As conversas prosperaram rapidamente, e o acordo foi assinado em dezembro. Assim, ainda antes de ter uma carreira internacional, Ronaldo já tinha um contrato de imagem de padrão internacional.

E já tinha, também, um início de estratégia para gerir sua imagem. Quando o problema da representação contra o comercial se revelou, ele não apareceu diretamente para responder. Foi convocada uma entrevista no escritório de Reinaldo Pitta, onde ele explicou que o jogador só venderia refrigerantes enquanto fosse menor. Depois passou a palavra para dona Sônia, que defendeu o filho: "No contrato tem até uma cláusula que proíbe a exibição de copos ou garrafas, por exigência da família". A presença dos dois revelava tanto uma boa estratégia de defesa quanto uma estrutura.

Uma comparação inusitada ajuda a entender o quanto isto era importante. Michael Jordan, o grande astro do basquete norte-americano e da arte de vender sua imagem, tinha a seguinte estrutura a seu redor naquele momento: um empresário com seu escritório para negociar contratos; preparador físico pessoal; assessoria de imprensa; um técnico que funcionava como consultor pessoal; um segundo escritório para cuidar de sua agenda e do atendimento das empresas com quem tinha contrato — e, até o final de 1993, seu pai como conselheiro principal. Pois bem. No Brasil de 1994, Reinaldo Pitta, Alexandre Martins, Sônia Barata e Nélio Nazário de Lima formavam o time mais próximo disto em torno de um atleta. Uniram-se no momento da assinatura do primeiro contrato de Ronaldo, e conseguiam ir cumprindo o objetivo de administrar a imagem dele como um negócio. Nenhum dos quatro tinha formação técnica no assunto, ou sequer algo próximo disto. Mas conseguiam intuir e realizar tudo que havia de importante na tarefa. A entrevista mostrava um azeitado time em ação — time curioso, onde talvez ninguém pudesse discorrer sobre o assunto que tratavam em linguagem técnica. Mas mostravam capacidade de administrar uma crise de imagem.

E a equipe fazia mais que defender o atleta naquele dia. Uma semana antes de gravar o comercial que ofendeu o juiz de menores, Ronaldo tinha se reunido ao grupo de 22 jogadores que iria disputar a Copa. Teve finalmente a possibilidade de apertar a mão de seu ídolo, Romário. Mais do que isso, tinha uma desesperada necessidade de falar com ele. Romário era o homem que precisava para ter informações do PSV — onde jogara por quatro anos, entre 1988 e 1992. Naquele momento, dirigentes do clube estavam no Brasil, e eram dos mais assíduos no esforço de convencer o jogador a trocar de clube.

A conversa entre os dois foi de ídolo para fã — mas havia muito na vida de Romário que lembrava a de Ronaldo. Ele começou num time muito pequeno, o Olaria; tinha personalidade forte: resistiu a vida inteira aos técnicos que queriam escalá-lo no meio de campo (porque seria muito baixo para jogar no ataque). Era mau aluno, matava aulas para jogar bola, e desistiu de estudar na sétima série, quando repetiu de ano. Passou do Olaria para o Vasco porque gastava menos dinheiro com condução. Era artilheiro por onde passava. Gostava muito de ganhar jogos — e de ganhar dinheiro jogando futebol. Do lado dos contrastes, havia uma questão de época: Romário surgiu para o futebol antes da época da globalização, e jamais pensou em negociar sua imagem. Pelo contrário, fazia questão de ter uma imagem pouco recomendável para quem se interessava por mensagens familiares. Falava o que pensava, não dava a mínima para técnicos e muito menos para dirigentes, dormia tarde, adorava mulheres variadas e detestava treinar. Seu imenso talento para marcar gols apagava todas estas contrariedades, mesmo entre dirigentes. Ficou de fora da seleção durante todas as eliminatórias, com o argumento de que era péssimo exemplo para o grupo de jogadores. Sem ele, no entanto, o Brasil derrapou, empatando com o Equador e perdendo para a Bolívia. Chegou ao último jogo das eliminatórias precisando ganhar. Nesta hora, os dirigentes chegaram à conclusão de que precisavam deixar de lado questões secundárias de moral e fazer o que era preciso. Romário fez os dois gols que classificaram o Brasil para a Copa — e o Maracanã lotado cantou seu nome por duas horas. Tornou-se tanto o líder do grupo como o ídolo da torcida — Ronaldo incluído.

Com este perfil, Romário não parecia ser exatamente o melhor conselheiro. Mas conhecia o clube holandês como ninguém, e deu a Ronaldo todas as indicações possíveis. Do que ouviu do ídolo, Ronaldo só não seguiu

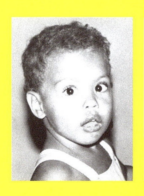

 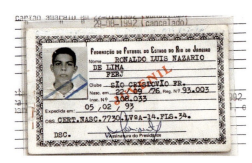

Ronaldo na infância, no Rio, e a carteirinha de juvenil do São Cristóvão.

Na seleção e no Cruzeiro, clube onde despontou como grande artilheiro.

O craque no modesto São Cristóvão e, vitorioso, na seleção sub-17.

O menino do Cruzeiro foi com 17 anos para a Copa do Mundo, em 1994.

O beijo protetor da mãe, em Eindhoven, Holanda, quando foi jogar pelo PSV.

Na companhia do ursinho de pelúcia e do amigo Vampeta, em sua casa na Holanda.

ditos: LANCEPRESS! - Julio Cesar Guimarães (I, IV), Nelson Almeida (II, III), Sergio Moraes (V), Simone Marinho (XVI), rcio Rodrigues (XVI) // AG. GLOBO - Zeca Fonseca (IV, V), Ivo Gonzales (IV) // AP - X, XI, XIV, XV // AFP - XII, XIII // RIL IMAGEM - Pisco Del Gaiso (VI, VII, VIII, IX) // ESTADO DE MINAS - Jorge Gontijo (IV)

Ronaldo com a namorada Suzana Werner, de família da classe média carioca, que apostava em sua própria carreira de modelo e atriz.

uma indicação: a de não ligar muito para o preparo físico. Bom menino iniciante, resolveu fazer o que lhe mandavam os superiores. Dedicou-se com afinco à bateria de exercícios físicos. Até aquele momento, ele nunca tinha enfrentado nada semelhante àquilo que os preparadores da seleção prepararam. Como todo novato, ele preferiu enfrentar a contrariedade calado e com boa vontade — o que lhe rendeu uma espécie de primeiro lugar na lista das gozações dos companheiros, liderados por Romário. Em vez de encarar a pedreira, ele alegou cansaço, pediu dispensa — e foi jogar futevôlei na praia de São Conrado com seus amigos. Na volta, deu ao novato o apelido de "Lombriga"; como era líder do time, o tratamento funcionou como uma senha. No segundo dia de treinos, Viola — seu companheiro de quarto — deixou escapar para os jornalistas que ele roncava tão alto que não dava para dormir. Pior foi Bebeto, que deixou escapar uma frase infeliz: "Não ponham muita fé neste garoto".

Com este currículo na primeira semana, ele foi para o Rio de Janeiro em seu único dia de folga, para receber o título de eleitor, gravar o comercial — e discutir negócios com sua equipe. Naquele momento havia ofertas de clubes de todo o mundo — e a mais alta era de um time italiano, que oferecia quase 10 milhões de dólares pelo passe. Compreensivelmente, Pitta e Martins pensavam com muito carinho nela. Mas Ronaldo desfiou os argumentos que Romário tinha lhe dado a favor do PSV: era um clube bem estruturado, num país com um campeonato de pouca dificuldade, capaz de se tornar a melhor plataforma para uma careira européia. Não era o melhor no dinheiro a curto prazo, mas certamente mais razoável no longo. Dona Sônia, que nunca tinha saído do Rio de Janeiro, acabou sendo fundamental na decisão coletiva: apoiou a idéia do PSV e aceitou ir morar na Holanda. O pequeno grupo era realmente capaz de tomar boas decisões de negócios globais.

Decidido o assunto, no dia seguinte Ronaldo embarcou para a Copa. No longo vôo para Los Angeles, ele conheceu o tamanho da estrutura da seleção brasileira. Num país onde a Confederação era rica e os clubes pobres, a Seleção Brasileira oferecia um tratamento muito diferente dos clubes. Havia uma comissão técnica estruturada e uma intendência bem organizada (foram embarcados 150 quilos de feijão, paio, lingüiça e farinha para as feijoadas dos jogadores). Mas existia também toda uma parte "política", cujo peso podia ser visto claramente apenas no momento do embarque.

Jogadores, comissão técnica e pessoal de apoio eram menos da metade dos 95 passageiros embarcados naquele vôo. Havia um grupo grande de dirigentes, muitos deles sem qualquer função específica além de posar como gente importante. Mas a maior parte do grupo era formada por "convidados" — entre eles seis desembargadores que estavam julgando causas nas quais a CBF era ré, com as respectivas mulheres. Obviamente, toda esta gente "importante" ocupava os melhores lugares a bordo.

Assim que o grupo desembarcou, a confusão se desfez. Os jogadores e a comissão técnica foram para a concentração de Los Gatos, os turistas para seu turismo. E ali o massacre da preparação física continuou. A primeira folga só aconteceu cinco dias depois do desembarque — e Ronaldo aproveitou a seu modo. Aceitou o convite da Globo para passar o dia num parque de diversões de São Francisco — e não se acanhou de revelar o motivo: "Adoro trem-fantasma. E não tenho saudades do tempo em que eu adorava parque de diversões, porque não faz muito tempo que eu era uma criança". Na saída do passeio, ele aproveitou para comprar 62 CDs numa loja — mas aí já começava a imitar Romário, que tinha 1.400 na concentração.

Depois do passeio infantil, vieram as reuniões do homem de negócios. Ronaldo se encontrou com Frank Arnesen, diretor do PSV. Como ele próprio confessou mais tarde, estava surpreso com o fato de ter sido o vencedor na disputa: "Certamente nossa oferta financeira não era a melhor. Por isso disse ao Ronaldo que ele nunca se arrependeria de nos ter escolhido". Com as informações de Romário, ele negociou os últimos detalhes de seu contrato com o clube holandês. E, em seguida, foi a vez de Cees van Nieuwenhuizen, um diretor da Nike, receber sua surpresa. Aqui, oferta e demanda tinham sinais trocados: Reinaldo Pitta e Alexandre Martins tomaram a iniciativa de procurar a empresa. Apesar de tudo que falaram de seu jogador, Nieuwenhuizen não se deixou convencer pela idéia de que ali estava o grande jogador para um contrato de imagem de longo prazo — fez apenas uma oferta baixa. Até aquele momento, Ronaldo tinha um contrato com a Mizuno, muito interessada em renovar, e recebera ofertas da Diadora. As duas eram financeiramente melhores para ele. Assim se montou o quadro de uma decisão crucial: no jargão dos compradores de imagem, um jogador fica "sujo" caso se torne famoso usando uma marca concorrente. Pensando nisso, mesmo perdendo no curto prazo a decisão foi de aceitar a oferta de 150 mil dólares anuais da Nike — menos pelo dinheiro (era o padrão para jogadores importantes, mas sem apelo para campanhas maiores) que pela associação que se criaria.

A maturidade do homem de negócios, no entanto, não estava sendo a mesma do jogador. Até ali, o time não havia feito um único treino coletivo. Agora chegava a hora de trabalhar com a bola — e de Ronaldo ver os resultados de não seguir todos os conselhos de um jogador veterano. Muller, que seguia a linha Romário de fugir dos treinamentos físicos, acertou 96% dos passes no primeiro coletivo. Romário, aprimorando a forma no futevôlei, veio em seguida, com 86% de acertos. No extremo oposto, Ronaldo errou 10 dos 13 passes que tentou. Pior ainda: só recebeu 14 bolas, só tentou uma jogada pessoal — e errou. O homem das arrancadas parecia estar treinando com meias de chumbo. Não conseguia correr com a bola, não conseguia fugir da marcação dos zagueiros — enquanto seus companheiros enfiavam oito gols. Só conseguiu um desempenho semelhante ao dos colegas no treino de cobrança de pênaltis, onde foi um dos únicos a acertar todas as tentativas.

Este mau desempenho foi fatal para as mínimas esperanças de Ronaldo. Parreira atribuiu corretamente o mau desempenho do jogador ao preparo físico — mas deixou-o de lado num momento crucial, em que ele poderia ter sua chance. Ao contrário dos técnicos das Copas anteriores, ele tinha uma filosofia definida para conquistar a vitória. Major do Exército desviado da carreira por imposição, num tempo em que havia uma ditadura militar no país, foi ser preparador físico da seleção brasileira em 1970. Gostou, pediu baixa, e começou sua carreira de técnico de futebol como enviado do governo brasileiro para estruturar o esporte em Gana — que se tornou um dos destaques africanos na década seguinte. Voltou para o Brasil dirigindo times pequenos, até chegar a um grande: foi campeão carioca com o Fluminense, em 1975. Depois passou longas temporadas na Arábia Saudita e nos Emirados Árabes, conseguindo o milagre de levar as duas seleções para uma Copa, respectivamente em 1982 e 1990. Num intervalo entre uma coisa e outra, conseguiu seu título mais importante, o Campeonato Brasileiro de 1984, novamente com o Fluminense.

Quando foi convidado para dirigir a seleção, houve uma reação contrária. Era pouco querido num Brasil onde Telê Santana tinha montado duas seleções muito ofensivas — e onde o São Paulo dirigido por ele se tornou bi-campeão mundial de clubes. O fraco desempenho nas eliminatórias ajudou a caracterizar sua fama de homem mais ligado aos dirigentes que aos torcedores. Para completar o quadro, ele tinha uma idéia fixa na cabeça: teria uma seleção com uma defesa extremamente sólida, montada como os times pequenos que defendeu pela vida afora. Toda a diferença de desempenho ficaria por conta da qualidade técnica dos dois atacantes titulares, Romário e Bebeto. Assim, fez questão de treinar o time de acordo com esta idéia — que desagradava profundamente a imprensa. No primeiro jogo-treino, o time não foi além de um empate em 1 a 1 com o Canadá. Ali começou uma jornada de desentendimentos com a imprensa, à qual ele reagiu com firmeza, afirmando cada vez mais as vantagens de seu esquema rígido. A única oportunidade que Ronaldo teve de entrar neste esquema foi a de substituir Bebeto no segundo tempo do jogo contra Honduras, numa partida já liquidada, que acabou com uma goleada de 8 a 2.

Num clima como este, os músculos duros de Ronaldo impediram qualquer chance de conseguir ao menos uma esperança. Ele ficou no último lugar da lista de possíveis substitutos. Só teria uma oportunidade se acontecesse uma tragédia semelhante à de Ricardo Gomes, que se machucou a seis dias da estréia. Para seu lugar foi chamado o zagueiro Ronaldo, que estava atuando no Japão. Viola, oportunista, aproveitou a chance para se livrar do companheiro roncador, mudando para o quarto do dispensado — e marcando o lugar como uma espécie de final de lista.

A presença de dois Ronaldos no mesmo quarto provocou uma mudança definitiva. A partir de sua chegada, jogadores e imprensa adotaram a mesma forma de tratamento. O recém-chegado, depois de dez anos de carreira, teve seu nome mudado para "Ronaldão"; seu colega de quarto passou a ser tratado de "Ronaldinho" — e a mudança provisória se tornou definitiva no Brasil.

Não houve como mudar mais nada. O primeiro coletivo em que conseguiu mostrar algo que lembrava seu futebol, fazendo arrancadas e batendo forte para o gol, só aconteceu no dia 16 de junho, três dias antes da estréia contra a Rússia. Nesta altura, Parreira já tinha na cabeça não apenas o esquema e os titulares, mas também todas as alternativas que empregaria. Na primeira partida, contra a Rússia, só fez substituições na zaga e no meio, enquanto Romário e Raí garantiram os gols. No segundo jogo, contra Camarões, começou as trocas assim que o time garantiu o resultado de 3 a 0. Colocou dois atacantes: Paulo Sérgio no lugar de Zinho, e Muller no de Raí.

No terceiro jogo, num improvável estádio coberto com grama artificial (uma má adaptação de um campo de futebol americano), Ronaldo tinha tudo para entrar. O time já estava classificado; a Suécia saiu na frente, e o time precisou atacar; a torcida estava gritando o nome de Ronaldinho, que era seu xodó. Mas Parreira resolveu primeiro avançar o meio de campo (trocou o defensivo Mauro Silva por Mazinho), e depois colocou Paulo Sérgio no lugar de Raí. Neste momento, os torcedores começaram o tradicional coro: "Burro! Burro!". Parreira nem piscou.

Naquela altura, sua decisão não contrariava apenas a torcida. O presidente da Fifa, João Havelange, já tinha dito que queria ver Ronaldo jogando. O presidente da República, Itamar Franco, idem. Para a imensa maioria dos jornalistas, ele era o jogador que faltava para dar à equipe o poder ofensivo que viam faltando. Depois do jogo, Ronaldo aderiu ao coro. Disse que estava decepcionado em ficar na reserva naquela situação, e que "o técnico já veio com tudo definido na cabeça e não deve mudar". Bem. Que Parreira tinha muita coisa definida, todos sabiam. Mas depois daquela entrevista, definiu mais uma. Disse que a torcida era apenas uma caixa de ressonância, e que ele escalava o time. Ronaldo seria apenas um a mais a ressoar numa caixa distante, não um jogador para entrar em campo.

A declaração aumentou protestos e chiadeiras — e o time continuou em seu caminho. Ganhou suado de 1 a 0 dos Estados Unidos. Na única vez em que o ataque abriu uma boa vantagem, fazendo dois na Holanda, a defesa relaxou e tomou dois gols; foi preciso uma falta de Branco para a seleção seguir adiante. Contra a Suécia a defesa foi firme como uma rocha; Romário, na frente, fez de novo diferença. Mesmo sem muita ajuda, e marcado duramente, arrancou o gol necessário para seguir adiante. Pela primeira vez desde 1970, o Brasil estava na final de uma Copa do Mundo.

Antes de começar o jogo da final contra a Itália, uma imagem disse tudo sobre a situação de Ronaldo. Enquanto Whitney Houston entrava em campo de mãos dadas com Pelé, para cantar uma música em homenagem às crianças, o centroavante filmava a cena com uma câmera de vídeo — como se fosse um turista na festa. Viu, do banco, um jogo sofrido. A Itália sempre foi a grande especialista mundial em futebol defensivo, e por isso a partida se arrastou por duas horas com raríssimas oportunidades de gol. No segundo tempo da prorrogação, Parreira finalmente tentou ser um pouco mais ofensivo — mas colocou Viola para compor um trio atacante com

Romário e Bebeto. Assim Ronaldo foi campeão do mundo sem sair do banco de reservas. Mas, ainda nesta posição, ele tinha conhecido a pressão e os segredos de uma Copa do Mundo, o que era enfrentar o topo do futebol — e, sobretudo, como um jogador podia ser o responsável por levar um time à vitória, além de pensar que o lugar poderia ser seu. Aquela era a Copa de Romário, mas no dia da final ele disse: "Ronaldo vai estar no meu lugar em 98".

Ronaldo voltou dos Estados Unidos não apenas com uma experiência importante, mas com o futuro definido: um contrato com o PSV, outro com a Nike. O primeiro garantia o jogador, o segundo era uma oportunidade para o homem de negócios de sua imagem. O vôo da volta, por sua vez, faria com que ele eventualmente não tivesse saudades do futebol brasileiro. A bordo vinham dez toneladas de produtos reluzentes de toda espécie. Muitos eram levados pelos jogadores (Branco trouxe microondas, máquina de lavar pratos, geladeira, dois aparelhos de ginástica e dois televisores), mas a maior bagagem era dos turistas de luxo. Na hora do desembarque, houve uma pequena surpresa: a Alfândega quis tratar a todos como cidadãos, verificando a bagagem. Para proteger seus amigos, Ricardo Teixeira empregou como ameaça a suspensão do desfile dos jogadores para os milhões de torcedores que os esperavam. Em minutos, a discussão chegou aos mais altos escalões, com o ministro da Fazenda, Rubens Ricupero, defendendo os cartolas e o Secretário da Receita, Ozires Lopes, os seus funcionários. A rigor, tratava-se de uma disputa entre o velho Brasil das elites e um país de cidadãos. Ganhou o velho, e Ozires se demitiu na hora. Enquanto os jogadores iam para o desfile, os desembargadores passavam suas malas sem serem incomodados.

O lado bom das coisas, aquilo que iria perder indo para a Europa, estava do lado de fora do aeroporto. Milhões de pessoas apaixonadas por futebol, milhões de pessoas encantadas com seu futebol. Uma alegria insana com a vitória — a mesma alegria que esperavam do time. Gente que quebrara até mesmo o protocolo do Palácio do Planalto, onde o time passara para receber os cumprimentos do presidente. Ronaldo era também um deles, poderia estar na rua em 1982, 86 ou 90, se o time chegasse lá. Sabia falar com todos, entendia sua linguagem. Mas era um profissional. Jogava futebol para melhorar a situação da família — seu pai e sua mãe já tinham ganho casa nova, inteirinha decorada, os irmãos recebiam ajuda. Tinha planos que não podia realizar em sociedade com dirigentes amadores, e iria embora sem dúvidas ou remorsos.

Os últimos gestos no Brasil foram festas. Na primeira delas, ainda com o time inteiro, cada jogador foi notado por uma peculiaridade pela cronista social Joyce Pascowitch. Viola mereceu uma nota por seu desempenho no surdo, Marcio Santos e Cafu pela qualidade dos vocais. Romário, pela atenção dada a uma certa Karina, e Leonardo pela elegância com que se esquivava das mulheres que se atiravam nele. Ronaldo acabou ganhando destaque pela companhia de "uma loira para mais de 400 talheres". Era Nádia França, a quem ele estava tentando convencer a abandonar o curso de Pedagogia por uma estada na Holanda.

Nos dias seguintes, enquanto as conversas progrediam, ele passou por Belo Horizonte. Foi uma cerimônia estranha, organizada pela Secretaria de Esportes sem consultar o Cruzeiro — num sinal evidente de que a diretoria estava tendo dificuldades para anunciar com clareza o que ela já sabia: o xodó da torcida estava vendido. No lugar disso, os dirigentes deram típicos golpes de amador: anunciaram que o jogador teria de cumprir mais 65 dias de contrato, e ouvir uma oferta que eles fariam. Por conta disso, Ronaldo ficou apenas seis horas na cidade, e disse que seu futuro dependia inteiramente dos empresários, para resumir: "Não vou me desgastar com este assunto".

Mas havia um outro assunto em Belo Horizonte que ele mesmo precisaria tratar. Ali estava Luciana, a primeira mulher de sua vida, e que ainda era oficialmente sua namorada. Procurada pela imprensa, ela dava entrevistas dizendo que estava com saudades, que tinha ciúmes das mulheres que davam em cima do namorado. Ronaldo a tratou desta forma: trouxe de presente dois pares de tênis, muitas roupas — tudo distribuído na frente dos jornalistas. E ainda declarou que "Se eu for para o exterior, ela vai comigo". Uma semana depois, no dia 3 de agosto de 1994, a realidade começou a se impor. O Cruzeiro anunciou a venda de Ronaldo por 6 milhões de dólares. O jogador voltou a Belo Horizonte para os últimos atos: tirou o aparelho dos dentes, fez uma pequena operação para diminuir os problemas de respiração. Despediu-se de Luciana. O último gesto foi para com a torcida: jogou 22 minutos num amistoso contra o Botafogo do Rio, não deixando de fazer um gol com sua tradicional arrancada que demole defesas.

Depois foi a vez do Rio de Janeiro. Numa festa no restaurante Royal Grill, na Barra da Tijuca, ele reuniu 30 amigos mais próximos para uma despedida. Estavam lá os parentes de Bento Ribeiro, Alexandre Calango, Jairzinho. A mãe, Sônia, que iria embarcar com o filho, não se cansava de repetir, até para ela mesma acreditar, que o clube pagaria não apenas as despesas da casa, como ainda forneceria *dois* carros. Reinaldo Pitta e Alexandre Martins deram para Ronaldo uma medalhão de São Cristóvão de ouro. Sem aparelho e já definitivamente careca — um visual que incorporou na Copa — Ronaldo parecia mais adulto que adolescente. No dia seguinte, ele embarcava para seu destino.

9.

Eindhoven,
com sombra e luzes

[1994-1995]

Ronaldo e sua equipe tomaram a decisão de mudar para a Holanda baseados em informações que, de certa forma, lembravam folhetos de agência de viagem: mostravam o melhor lado das coisas. Bom salário, boa estrutura, possibilidades de uma carreira. Mas ela também era acertada do ponto de vista daquilo que ninguém contava a respeito da carreira de um jogador de futebol no velho continente. Naquele momento, o futebol resumia um grande problema europeu, o dos imigrantes. Ao contrário da sociedade brasileira, extremamente aberta para estrangeiros, as várias nações européias foram construídas em torno de uma identidade nacional dada por um critério de exclusão: um país era o país dos iguais — e alguém levemente diferente estava fora desta identidade nacional. Antes de ser alguém interessante, um estrangeiro é um grande problema na Europa. Mas os imigrantes estavam sendo cada vez mais necessários por todo lado, e isto gerava conflitos, que o futebol exprimia agudamente.

Por lidar muito com identidades — um torcedor é, por definição, alguém que adota a identidade de seu time —, o futebol se tornou um campo farto para que todos os problemas com estrangeiros aparecessem. A coisa começava nos times de garotos das periferias (como no Brasil, o grande celeiro dos craques europeus). Nesses clubes, as exigências para alguém ser aceito eram menores, e ali os filhos de imigrantes disputavam espaço diretamente com os orgulhosos nativos — muitas vezes levando vantagem. Não por acaso, esses clubes se tornaram também o maior celeiro para aliciamento de jovens para partidos neonazistas ou ultranacionalistas, cujos programas se baseiam no ódio ao estrangeiro, no discurso de superioridade dos nacionais, na defesa de oportunidades exclusivas para os nativos. Ali era fácil encontrar alguém com ódio a estrangeiros.

Este aliciamento se estendia às torcidas. Nos clubes em que a identidade se liga à elite local, tornou-se comum a montagem de torcidas organizadas que ecoavam este tipo de pensamento das arquibancadas. Havia neonazistas atuando entre os *hooligans* ingleses, em muitas torcidas de clubes alemães, entre os chamados "ultras" nos países mediterrâneos. Além de gritos de guerra contra estrangeiros, estes torcedores muitas vezes atacavam imigrantes — os casos de morte não eram incomuns — e se encarregavam de xingar o quanto pudessem jogadores adversários.

De um modo geral, a situação era tanto pior quanto menores os direitos dos imigrantes nos vários países europeus. No momento em que Ronaldo chegou à Europa, um dos países com mais problemas era a Alemanha. Ali, entre os 81 milhões de pessoas nascidas no país, 7 milhões não tinham direito a passaporte — e a cada ano mais 600 mil entravam nesta lista. Essas pessoas eram filhos de imigrantes, nascidos no país, estudando ali, sem conhecer outro lugar — e sem ganhar cidadania. Na Alemanha, só a terceira geração de nascidos no país sem serem filhos de alemães vira cidadão. Enquanto isso ficam sem alguns direitos humanos fundamentais: liberdade de reunião, liberdade de associação, liberdade de movimento, liberdade de procurar trabalho e montar empresas — e não podem ser funcionários públicos. Afora isso, ainda estão sujeitos a uma série de regulamentos federais e locais, alguns dos quais especificamente aplicados a cada etnia. Além de todas estas imensas restrições legais, estes imigrantes enfrentavam uma onda racista de monta. O número de atentados contra imigrantes multiplicou-se por seis entre 1990 e 1992 — foram 2,7 mil casos neste último ano.

Tudo isto se refletia nos níveis mais altos do futebol, aqueles onde entram a maioria dos jogadores brasileiros. No caso da Alemanha, os grandes clubes adotaram uma política de trazer jogadores cada vez mais jovens do exterior — a maioria ainda juvenil. Estes jogadores, sobretudo os africanos, recebiam um tratamento especialmente duro: "Os negros africanos enfrentam uma recepção fria e hostil, da qual muitas vezes fazem parte xingamentos racistas, e são freqüentemente tratados como modernos escravos pelos dirigentes e técnicos", aponta o livro de Udo Merkel e Walter Tokarski. A torcida replicava este comportamento. Era uma cena absolutamente comum durante os jogos que torcedores atirassem bananas no campo cada vez que um jogador negro tocava na bola — e nada raras as agressões físicas diretas a eles, nos estádios e nas ruas. O padrão alemão era duro. Um dos grandes jogadores brasileiros negros a enfrentá-lo diretamente foi o zagueiro Júlio César — que tomou suas precauções. O contrato com o Borussia Dortmund tinha uma cláusula pela qual o jogador poderia anulá-lo em caso de ataques racistas, uma realidade freqüente entre os torcedores.

Embora houvesse matizes importantes, a realidade do racismo e da xenofobia era a regra na Europa. A rigor, a realidade européia tinha uma curiosa inversão com relação ao Brasil: se a estrutura econômica do futebol europeu era algo com que os brasileiros sonhavam, o comportamento social em torno do esporte era, para os brasileiros, uma versão piorada daquilo que aconteceu no princípio do século XX, quando negros e mulatos tinham dificuldades para se integrar nos times. Desde os anos 1930, com a profissionalização, este problema foi diminuindo no Brasil, até desaparecer completamente dos gramados, depois da conquista da primeira Copa do Mundo. Todos os times brasileiros são multirraciais, multiculturais — e nenhum torcedor brasileiro é louco a ponto de sugerir qualquer mudança nesta realidade.

Mas na Europa, a idéia de uma sociedade multirracial era mais uma preocupação das elites que um comportamento disseminado entre a população. A realidade da integração através da Comunidade Européia estava ainda engatinhando, e alimentava toda espécie de medo ao diferente. Os imigrantes estrangeiros pagavam o preço deste susto — e os jogadores de futebol mais ainda. Eles lidavam, ao mesmo tempo, com a paixão popular e sua identidade, e com o medo de ver esta identidade perdida para alguém de fora. Este medo dava asas ao racismo, tomado de maneira ampla. Para muitos escritores racistas, a palavra "negro" adquiria um significado bastante diferente daquele do Brasil. O escritor racista inglês John Entine definia Ronaldo — um branco no Brasil — como um típico negro, no livro *Tabu*, escrito para provar as limitações inerentes à raça e assim explicar que este tipo de gente somente se destacava nos esportes em posições que exigiam força animal e pouca atividade mental.

Neste ambiente, mesmo nas versões menos ruins, e mesmo entre grandes craques contratados a peso de ouro, a adaptação de um estrangeiro não era coisa fácil. Na elite dos futebolistas, os problemas se revelam em formas mais sutis. A regra de recepção de alguém de fora num clube europeu era a de que cabia ao recém-chegado todo o peso da adaptação à nova cultura, até que se mostrasse digno de alguma forma de aceitação. Um estrangeiro deveria, antes de ser aceito, seguir os seguintes procedimentos: aprender a língua, buscar por conta própria a inserção em grupos sociais na cidade, tomar a iniciativa de fazer convites para contatos dentro das regras locais (ou seja, o estrangeiro fica com a obrigação de convidar, não o local). No caso das relações do jogador com o pessoal técnico, todas estas dificuldades são agravadas pelo fato de que estes se sentem ainda responsáveis por manter a disciplina, colocar o recém-chegado na linha. Na definição de um técnico austríaco, isto se pratica da seguinte maneira: "Você tem que ter certeza de que os estrangeiros não vão mandar no clube. Se você dá corda, eles se portam como mafiosos". Assim, nem mesmo a solidariedade entre jogadores de um mesmo país é bem vista.

O quanto estes comportamentos pesam foi medido certa vez na Áustria. Uma pesquisa sobre o tratamento dispensado a jogadores estrangeiros na primeira divisão local, feita pela federação nacional, revelou que apenas 13% dos jogadores nativos tinham algum tipo de contato com os estrangeiros de seu time fora de campo. O principal motivo alegado era que estes não sabiam falar direito a língua, e só mereceriam uma conversa quando aprendessem. Quando perguntados se ensinavam algo da língua, mais da metade dos jogadores simplesmente não respondeu à pergunta. Quanto a quem deveria solucionar o problema, 40% diziam que este era assunto para a diretoria, não para os jogadores. Com relação aos ataques racistas, 40% dos jogadores diziam não ter a menor possibilidade de tentar resolver o problema.

Nesta realidade continental, a escolha da Holanda era mais que boa. O país foi um dos primeiros a considerar fundamental a adequação das pessoas a uma realidade multicultural. O sistema de ensino foi adaptado para contatos com culturas diferentes, incentivando viagens e o conhecimento de línguas estrangeiras. Assim se criou um espaço para a tolerância, claramente refletido nos campos de futebol. Praticamente não havia registros de atos de xenofobia ou racismo entre os torcedores. A adaptação de um jogador estrangeiro seguia estes mesmos moldes. O PSV tinha uma política de recepção, cuidava para que Ronaldo tivesse seus problemas de adaptação reduzidos ao mínimo. Mas, ainda assim, houve muitos.

Certamente estes problemas não estavam no campo. Ronaldo mostrou rapidamente que dominava a linguagem da bola. Chegou a Eindhoven no dia 18 de agosto de 1994; dez dias depois estreou pelo time, enfrentando o Vitesse; com apenas dez minutos de jogo, fez seu primeiro gol — e o time ganhou o jogo por 4 a 2. Duas semanas depois, ele entrava em campo para seu primeiro jogo internacional, contra o Bayern Leverkussen, na casa do adversário. O PSV perdeu, mas ficou claro que tinha um jogador extraordinário. Ronaldo marcou três gols na derrota por 5 a 4. No final do jogo o atacante Rudi Voeller (futuro técnico da seleção alemã) resumiu sua impressão: "Nunca em minha vida vi um jogador de 18 anos jogar desse jeito".

Mas, por trás do noticiário, as coisas não eram assim tão simples. Eindhoven é uma cidade de 250 mil habitantes, de corte marcadamente fabril. Ela é, sobretudo, a sede da Philips — em torno da qual gira a maior parte da economia local. A presença da empresa pode ser sentida por todo lado. A maior atração da cidade é a primeira fábrica de luz incandescente da empresa (de 1891), transformada em museu; a segunda, outro museu onde os quadros têm como tema a iluminação artificial. A maior escola da cidade é uma faculdade de design — que funciona num prédio da empresa. O estádio de futebol tem o nome de Philips Stadium. Ah, sim. A sigla PSV indica Philips Sport Vereninging — Associação Esportiva Philips. Assim se entende melhor o logotipo da empresa na camisa do clube.

Com tudo isso, não é de estranhar que muitos dos 250 mil habitantes de Eindhoven cultivem valores tipicamente fabris, como a pontualidade, o esforço e a discrição. Embora afáveis, as pessoas ali não eram muito chegadas a coisas que fugissem da rotina — Romário era um nome que não podia ser lembrado em certos bares, por sua insistência em ficar até mais tarde com os amigos. Um jornalista brasileiro desembarcou ali para fazer uma reportagem sobre a vida do jogador, logo após sua chegada; a primeira opinião que ouviu sobre Ronaldo foi a de um taxista: "Gostamos de gente que cala a boca e faz seu trabalho, como Ronaldo. Romário estava sempre atrasado".

Assim, se não era frio para os padrões europeus, o tratamento recebido por Ronaldo estava longe de ser caloroso. Ele foi bem recebido porque tinha seu lado disciplinado e caseiro, podia ser simpático a alguém com este perfil. A recepção, neste espírito, visava sobretudo o trabalho. O maior apoio que recebia era para trabalhar: tinha um intérprete a seu lado quando estava no clube. Mas o trabalho dele cessava quando acabava a jornada de treinos e entrevistas — que ocupava, em geral, apenas a parte da manhã. Daí em diante, o apoio se resumia a um professor contratado para lhe ensinar holandês, um ex-missionário evangélico. Era até uma pessoa bem intencionada, e imaginava que Ronaldo poderia aprender a língua lendo livros.

Quando viu que a coisa não funcionava bem, achou que o problema era do jogador, e não dele. Jamais lhe passou pela cabeça que seu pupilo tivesse ojeriza aos livros, e não chegasse perto deles mesmo em sua terra.

E, acabada a tortura da aula, havia um longo dia pela frente, que Ronaldo tinha de enfrentar sem nenhuma espécie de ajuda. Depois de uns poucos dias com ele, Sônia voltou ao Brasil, e ele ficou sozinho por um tempo. Incapaz de cozinhar, foi jantar num restaurante. Empregou os conhecimentos possíveis para quem não falava uma palavra de holandês: deu aquela sapeada no cardápio, meteu o dedo sobre o amontoado de letras que lhe pareceu menos feio. Quando o garçom baixou o pedido, ele comentou em bom português: "Tomates? Eu detesto isso". Nessa base tentou ir se virando como podia. O clube tinha alugado uma casa tranqüila de subúrbio, adequada para um holandês com família, mas muito pouco prática para um adolescente brasileiro perdido. Exemplo: ele tinha um carro na garagem, mas não podia guiar sem carta (que só saía para quem lia em holandês). Como em Eindhoven os guardas não eram tolerantes mesmo com o craque do time local, o dito só servia para juntar pó. De útil, a casa tinha as últimas versões de todos os produtos da Philips, de televisão a computador, passando por equipamento de som e videogames. Eles se constituíram no lazer possível de um jogador solitário. Era alguma diversão, exceto quando passava um filme de terror — que ele não conseguia deixar de ver, mas depois ficava com muito medo e não dormia. Mulheres, nem pensar. Mesmo o contato com fãs era difícil. O clube tinha uma política explícita para impedir a tietagem feminina, limitando os contatos a uma área restrita e vigiada, apenas na saída dos jogos — não daria nem para pedir o telefone, se ele soubesse dizer isso.

Este regime de vida isolada, para um menino que cresceu nas ruas, sempre amigo de toda gente a seu redor, teve efeitos rápidos sobre seu ânimo: a qualidade do jogo caiu, os gols desapareceram, vieram as primeiras críticas. Seu grande consolo, naquele momento, estava no telefone. Sônia ligava diariamente, cada vez mais preocupada. Até que um dia, seis semanas depois da mudança, ela perguntou se ele estava bem. A resposta foram soluços — e ela tomou o primeiro avião para a Holanda. No dia seguinte, as coisas começaram a mudar. Sônia também não falava uma palavra de holandês, mas demorou muito pouco para achar na cidade todas as comidas que seu garoto gostava. Tornou-se interlocutora, cozinheira, arrumadeira e confidente. Arranjou um apartamento no centro da cidade, bem mais movimentado que o subúrbio onde estavam encalhados. Demorou muito pouco para descobrir que a mudança não era tudo. Havia algo fundamental que uma mãe não podia fazer por seu filho de 18 anos — embora ela pudesse ajudar. Com algumas gestões, logo Nádia França, a tal loura de 400 talheres, desembarcava em Eindhoven. A partir daí, passou a ver muito menos o filho, mesmo com ele não saindo de casa — simplesmente não podia entrar no quarto para onde os dois fugiam várias vezes por dia.

As coisas melhoraram ainda mais quando o PSV contratou o jovem Vampeta junto ao Vitória da Bahia, e começou a testar um meio-campista brasileiro chamado Renato. Logo havia uma turma, que encontrou um local adequado para se reunir: o restaurante italiano Grota Azzurra. Além de uma comida suportável para o paladar brasileiro, havia música e festa — um pagode, nos dias de vitória, com Ronaldo no tamborim e Renato atacando no bongô. Como a turma nunca ficava até muito tarde, não deixou as mesmas lembranças dos tempos de Romário; pelo contrário, o dono do restaurante adorava um chamariz certo para a freguesia.

A alegria contagiou, tanto quanto possível, o mundo frio que o cercava. O pastor holandês agora dava aulas em grupo, e foi adaptando seus métodos para as possibilidades de leitura de seus alunos. No lugar de livros, passou a pregar adesivos nos objetos da casa, com seu nome em holandês. "De Taffel", na mesa; "De Lamp" no abajur — e assim por diante. O domínio da língua também progrediu nos treinamentos. Ronaldo aprendeu o básico para se entender com seus companheiros: "bola", "passe", "gol", e todos os palavrões do holandês. Também conseguiu romper o gelo inicial, aproximando-se de dois jogadores. O zagueiro Valckx tinha jogado uma temporada em Portugal; dominava um pouco de português, e assim era possível conversar ou jogar uma partida de tênis. Havia também o meia Vink, nascido no Suriname, que falava algo parecido com um espanhol.

A mudança veio num momento providencial. Depois das duas primeiras grandes partidas, o jogo de Ronaldo andou tão desaparecido quanto sua alegria, e o time sentiu. Foi desclassificado na Copa da Uefa e começou a derrapar no campeonato local. Mesmo para um time sem grandes pretensões — o campeonato holandês é uma espécie de disputa particular entre o Ajax, de Amsterdã, e o Feyernoord, de Roterdã, com o PSV fazendo o papel de zebra (uma espécie de América mineiro ou Juventude, no Rio Grande do Sul) — as seguidas derrotas eram demais. A solução foi a de sempre: o técnico Aad de Moss foi demitido, e para seu lugar veio Kees Rijvert. Ele assumiu o time num momento em que a imprensa holandesa estava voltando os olhos para um outro jovem centroavante; era tão jovem como Ronaldo, mas tinha as grandes vantagens de jogar no líder Ajax e, principalmente, de ser holandês. Seu nome era Patrick Kluivert.

Rijvert viu logo o que importava: com Ronaldo jogando bem, o time incomodava; sem ele, sofria para arrancar pontos até dos figurantes. No momento em que assumiu, o PSV já estava oito pontos atrás do líder. Por isso, deu o melhor trato possível para seu craque. A partir daí as coisas entraram nos trilhos. Ronaldo voltou a fazer gols e seu time voltou a ganhar. Como marca da boa fase, o jogador fez a última mudança importante em seu visual, completando os elementos de sua imagem. A primeira tinha sido o tratamento nos dentes, que lhe deram uma cara mais apresentável; a segunda, a cabeça careca, moda na seleção de 1994. A terceira foi um brinco na orelha esquerda, colocado quando voltou a fazer gols e chamar a atenção da imprensa holandesa, que já o estava tratando como figura secundária. De brinco, ele passou a aparecer em muitas fotos como o adversário de Kluivert na luta pela artilharia do campeonato. Os dois se alternavam na liderança a partir do final de outubro. Era alguma coisa, mas não o suficiente para os diretores; um novo técnico foi contratado para a segunda metade da temporada, no ano seguinte: Dick Advocaat, que tinha dirigido a seleção holandesa nos Estados Unidos. Quando Rijvert saiu, no final do ano, o time estava em terceiro lugar no campeonato e Ronaldo tinha marcado 11 gols no primeiro turno.

A boa fase pessoal, no entanto, se completou com um presente de final de ano: Ronaldo foi convocado para um amistoso da seleção brasileira contra a Iugoslávia. E foi convocado não na condição de reserva, mas de peça fundamental do time titular. Quem o colocou nesta posição foi o novo técnico da seleção, Zagallo. Duas vezes campeão do mundo como jogador, campeão como técnico em 1970 e auxiliar de Parreira em 1994, ele era, talvez, a figura mais ligada à cúpula da CBF e a João Havelange que se poderia encontrar. Trouxe com ele para o time vários amigos de velhíssimas datas; o mais fiel deles era o médico Lídio Toledo. Ele veio para a seleção com Zagallo em 1970, ficou até 1978, esteve de fora no período em que Havelange perdeu o controle do futebol brasileiro, e voltou com Ricardo Teixeira em 1990: em suma, era o representante máximo da antiga. As relações do grupo foram assim descritas por Silvio Lancellotti: "Dura quase três décadas a relação entre Zagallo e Lídio Toledo, médico pessoal de João Havelange e outros membros de sua família, como Ricardo Teixeira. Uma ligação de sintonia finérrima, que parece inabalável (...). Nunca se soube de desentendimentos". Este conjunto coeso de figuras da velha guarda do futebol brasileiro tinha um plano: renovar a seleção, pensando nas Olimpíadas de 1996, e com o novo grupo disputar a Copa de 1998. O amistoso seria o primeiro passo deste projeto.

Para marcar sua chegada à seleção, Zagallo tinha um curioso esquema tático em mente, um tal de 4-3-1-2. O tal "1" rapidamente se tornou um mistério — um jogador sempre procurado, mas nunca encontrado. Mesmo assim, o técnico fazia questão de obrigar todos a agir em função deste esquema. No caso de Ronaldo, segundo a teoria, a nova tática implicaria a necessidade de não apenas fazer gols, mas também de marcar. O jogador se portou frente a isso como fazia desde os tempos do São Cristóvão: ouviu atentamente as instruções, disse "sim, professor" — e foi tentar fazer o que sabia. Em campo, foi um jogo morno, com os jogadores em ritmo de Natal. Ele teve poucas oportunidades, e não estava exatamente num bom dia. O Brasil ganhou por 2 a 0, com gols de Viola e Branco. Ronaldo foi substituído na metade do segundo tempo.

Depois da partida, Zagallo foi implacável com o jogador: "Ele me decepcionou. Se não melhorar e repetir os erros do jogo de hoje, pode ir para a reserva ou até ficar de fora da Copa América. Ronaldo não cumpriu minhas determinações, participou pouco da partida. Em vez de voltar para marcar, ficou parado lá na frente, esperando a bola. Quem ele pensa que é? O Romário pode jogar assim porque mete gol". Ronaldo foi educado na resposta. Disse que no PSV jogava isolado na frente, e por isso precisava de um tempo para se adaptar ao esquema do novo técnico. Também falou o tradicional: "Eu me esforcei, mas no final estava cansado. Espero ter novas oportunidades na seleção". Assim começou, com um certo tumulto, a relação do jogador com o novo técnico da seleção.

Acabada a partida, finalmente estava de férias para saborear o Rio de Janeiro e sua fama. Foi a Bento Ribeiro visitar velhos amigos — e acabou jogando uma pelada na pracinha. Nunca o "estádio" esteve tão cheio. A simples notícia da presença do craque local atraiu uma multidão de 4 mil pessoas para assistir à brincadeira. Passeou pelo Rio de Janeiro com Alexandre

Calango, rememorando velhas histórias e atualizando as novidades. Freqüentou boates e restaurantes, festejado onde quer que passasse. Jogou um campeonato de peladas na areia, atraindo platéias ainda maiores que a de Bento Ribeiro. Tudo isto era uma espécie de tônico contra a relativa solidão de Eindhoven.

Com o ânimo renovado, ele encontrou um time renovado. O novo técnico, Dick Advocaat, fez o grupo jogar ainda mais em função de Ronaldo, e as coisas deram logo certo. O PSV ganhou cinco das seis primeiras partidas. A única derrota, para o Ajax, foi injusta: depois de duas bolas na trave, dominando a partida, perdeu com um gol de pênalti. A coisa estava tão bem no campeonato holandês que Ronaldo nem se incomodou por não ter sido chamado por Zagallo para o jogo contra a Eslovênia, em março. O time seguia firme no terceiro lugar. Mas o melhor de tudo era que a guerra pela artilharia estava sendo ganha; enquanto sua média se aproximava de um gol por partida, o concorrente começou a alternar bons e maus momentos, e acabou esquentando o banco.

No final de abril, com 25 gols e já líder isolado da artilharia, ganhou uma folga — que utilizou com um misto de lazer e trabalho. Foi para Milão, conhecer o empresário Giovani Branchini. Era uma recomendação de Reinaldo Pitta e Alexandre Martins; como eles não podiam sair muito do Brasil, concluíram que seu contratado deveria ter um apoio permanente na Europa. E Branchini fez tudo o que sabia para encantar um grande cliente. Instalou Ronaldo e Nádia no melhor hotel da cidade, levou-os para conhecer o teatro Scala e a catedral — que eles viram sem se impressionar muito. Sensível, Branchini levou-os para a Via Condotti, e começou a acertar. Ronaldo e Nadia entraram em todas as butiques famosas, compraram roupas de todas as etiquetas possíveis e voltaram felizes para o hotel. De noite, desfilaram os primeiros modelos num jantar à luz de velas, no qual o convidado era o presidente da Inter de Milão, Massimo Moratti. Ele fez o que pôde para impressionar o jogador, de quem tentava arrancar uma opção para seu clube. Conseguiu que ele fosse visitar a sede no dia seguinte.

Branchini se mostrou sagaz. Conseguiu fazer uma programação de visitas curtas, alternadas com passagens pelo hotel. Em cada uma dessas passagens, ele esperava no saguão enquanto o casal subia para uma sessão de sexo, banho e troca de roupas. Enquanto os dois se divertiam na cidade, Moratti agia: vendeu quase de graça o passe de Jonk para o PSV, e arrancou do clube uma carta de prioridade para a compra do passe do jogador em 1997. Branchini também teve sucesso, e acabou se aproximando muito de um cliente de primeira linha.

Ronaldo voltou para Eindhoven animado. Continuou fazendo gols, até chegar a 30 no final do campeonato. Era a melhor marca de um jogador do PSV na competição desde 1960, quando Coen Dillen havia marcado 31. Romário, em seu melhor ano no clube, fizera 25.

Mas nem tudo era festa. Os dois primeiros semestres de Ronaldo na Holanda mostraram uma inversão. No primeiro, resolveu melhor os problemas de casa que os de campo; no segundo, foi o contrário. Em setembro de 1994, a chegada quase simultânea de Sônia e Nádia não mostrou problemas: as duas estavam tentando se entender com o novo lugar, e tinham boas expectativas de um futuro convivendo com Ronaldo. Mas assim que os papéis no grupo foram se assentando, as coisas começaram a ficar mais complicadas para Nádia. Ela tinha 21 anos, era bonita, gostava de usar minissaias e sapatos altos. Ronaldo gostava bastante de vê-la assim — mas não gostava que os outros a vissem assim. Ciumento, começou a proibir que ela fosse aos treinamentos, para evitar "elogios" dos jogadores. Depois, implicou com as roupas que usava para sair. Em casa, a marcação dura vinha de outro lado. Sônia fazia reparos às suas qualidades de dona-de-casa, e esperava dela um papel semelhante ao seu: economia, prudência e trabalho duro. Nada mais distante disso para uma menina que não cresceu em lugar pobre e que não tinha um namorado pobre.

Não demorou para que Nádia começasse a se sentir muito infeliz ali. Ela não tinha nada para fazer o dia inteiro, não tinha amigas de sua idade para conversar. No comum dos dias, assistia vídeos com o namorado, e cama. A saída eventual seria um casamento, sobre o qual não tinha certeza — embora tivesse a certeza de que, para Ronaldo, as coisas pareciam bem como estavam. No primeiro semestre de 1995, Nádia começou a ter claros sintomas de depressão, e a tomar calmantes. Por isso, foi com um certo alívio que voltou para o Brasil no final da temporada. Iria para casa, enquanto Ronaldo ainda tinha um compromisso profissional: amistosos da seleção na Europa e a Copa América, que seria disputada no Uruguai.

Os amistosos foram disputados na Inglaterra, em junho. O Brasil ganhou da Suécia, por 1 a 0; do Japão, por 3 a 0 — e foi para a final com a Inglaterra, que vencemos por 3 a 1 em Wembley, com Ronaldo fazendo um dos gols, antes de ser substituído. Dali para frente, perderia o lugar de titular no time, durante os treinamentos em Teresópolis. Ficou no banco na partida contra a Polônia em Salvador, e não saiu mais dali. Zagallo passou a revezar Edmundo, Sávio e Túlio no ataque, deixando-o como última opção. Não se esquecia também de dar suas alfinetadas, dizendo que ele ainda precisaria provar seu valor.

No início de julho a seleção se transferiu para a gelada Santana do Livramento, lugar mais do que improvável para uma boa estadia. Ali, num hotelzinho secundário, o amargurado Ronaldo recebeu um telefonema de Nádia, avisando que estava grávida. Enquanto o Brasil ia aos trancos e barrancos pelo torneio, com o time jogando mal e sendo vaiado, ele assistia aos jogos do banco. Entre um jogo e outro, falava com a namorada pelo telefone — e recebeu a notícia de que ela tinha sofrido um aborto espontâneo, provavelmente causado pelos calmantes que tomava na Holanda. Deprimida, ela não queria mais saber de voltar para outro ano de sufoco. Triste, do banco Ronaldo viu o Brasil passar para a final do torneio, ganhando da Argentina nos pênaltis, depois de empatar o jogo com um gol de mão de Túlio — que Zagallo teve a deselegância de elogiar no final. Na final, depois de um novo empate com o Uruguai, o Brasil perdeu nos pênaltis.

De volta ao Rio de Janeiro, pôde finalmente se encontrar com Nádia. Depois de um ano, ela tinha chegado à conclusão de que aquela não era exatamente a vida que desejava — e os dois terminaram o namoro.

10.

Eindhoven,
com luzes e a sombra

[1995-1996]

Quando voltou para a Holanda, Ronaldo levou junto uma nova namorada, que tinha conhecido no Rio de Janeiro. Viviane Brunieri era loura como Nádia, mas tinha uma formação bem diferente. Nascida em Jundiaí, no interior de São Paulo, teve uma vida cheia de percalços. Quando tinha 10 anos os pais se separaram, e a mãe foi para o Japão. Aos 12 arranjou o primeiro caso. Com 15 foi para o Japão, encontrar a mãe e seu padrasto japonês. Ali conheceu todas as dificuldades para se adaptar a uma cultura que não era sua: aprendeu a tapar a boca quando ria, a usar roupas adequadas para pessoas que estranhavam os biquínis brasileiros, a falar japonês. Ficou cinco anos, e conheceu Ronaldo de passagem pelo Rio de Janeiro. Tinha confiança em si mesma e espírito de aventura suficiente para encarar uma mudança imediata de planos e um embarque para a Holanda.

Para quem já tinha passado pelo que ela passou, adaptar-se a Eindhoven era quase uma brincadeira. Ela convivia facilmente com Sônia, não se importava muito de ficar em casa, estava acostumada com as dificuldades de relacionamento em território estranho. Gostava da vida caseira, como o namorado. Com Viviane, o apartamento do jogador ganhou um novo ritmo, bem mais calmo. Ronaldo passava muitos dias em casa, vivendo como o adolescente que quase nunca pôde ser. Comprava aranhas ou baratas de plástico para assustar as mulheres. Tinha seu inseparável ursinho de pelúcia, que alternava entre a cama e o banheiro. Andava de bicicleta na sala-de-estar, cantando as músicas que ouvia no fone. Jogava as roupas em cima da mesa de jantar quando chegava do treino. O tempo que sobrava de suas muitas brincadeiras passou a ser preenchido com duas atividades mais sérias.

Ronaldo passou a responder pessoalmente a correspondência com seus admiradores brasileiros — toda semana chegava uma mala postal cheia de cartas para ele. Esta era uma oportunidade tanto de se manter em contato com seu país quanto para treinar a escrita, fantasma com o qual lidava pouco desde os tempos em que deixou a escola. E o renovado interesse por escrever o levou a uma outra atividade: navegar pela internet. Para quem abandonou o estudo formal cedo, um mundo novo se abriu. Sem o temor do desempenho medido por professores, Ronaldo pôde, talvez pela primeira vez na vida, usar a palavra escrita para aprender. Consultando sites ele foi arrancando, por sua conta, informações que iam da gestão de seu dinheiro até sobre o jogo de adversários. Entrando em grupos de *chat*, ele podia falar o que pensava sem o peso da palavra de uma celebridade; podia deixar fluir por escrito suas emoções, que jamais apareciam nas conversas fora da intimidade.

A vida mais calma em casa tornou-se importante num momento em que ele já arriscava frases inteiras em holandês. Passou a receber jornalistas e alguns colegas do time no apartamento. Nessas ocasiões, enquanto a mãe ia mostrando algumas fotos de seu guri na infância, Viviane fazia sala e ele se arriscava como barman. Finalmente conseguiu sua carta de motorista, e passou a mostrar suas habilidades no volante de seu jipe Cherokee a quem se habilitasse a fazer companhia. Dirigia compenetrado, caprichando em cada manobra; no fim do passeio, se não recebia elogios, encarregava-se ele mesmo de fazer os seus. No carro havia uma parte de seu estoque de CDs, especialmente de samba e reggae; quase o tempo todo, havia música tocando.

Mas, no início da temporada de 1995, seu desempenho em campo não estava mais refletindo o ritmo de sua adaptação na vida da cidade. Além de marcar menos gols que sua média histórica de um tento por partida, Ronaldo estava passando por algo que quase nunca conhecera: contusões. Desde os tempos de juvenil, ele quase nunca ficava de fora de um jogo por problemas físicos. Tinha uma saúde de ferro, e um corpo forte o suficiente para absorver as muitas pancadas que recebia durante as partidas. Depois de três anos de profissionalismo, ele começou a ter os primeiros problemas. Com isto, passou a ter uma temporada irregular. Nem mesmo quando o time ganhava ele escapava das críticas do técnico Dick Advocaat.

Sua grande alegria, naquele momento, acabou sendo um amistoso contra o Uruguai pela seleção brasileira, disputado em outubro na cidade de

Salvador. Pela segunda vez sob o comando de Zagallo, ele começaria jogando. Aproveitou a oportunidade, ainda mais porque o presidente da Internazionale de Milão estava nas tribunas, interessado em seu futebol. Marcou o primeiro gol aos 17 minutos, depois de driblar um zagueiro e bater cruzado; aos 33 recebeu de César Sampaio pela direita, e quase repetiu a cena: entortou um defensor e tocou por cima do goleiro. No fim do primeiro tempo, levou uma forte solada — as faltas eram a única maneira de pará-lo naquele dia. Por precaução, foi substituído no intervalo — e o desempenho do time caiu visivelmente. Caiu tanto, que até Zagallo foi obrigado a reconhecer o óbvio: "O jogo teve duas histórias, com e sem Ronaldinho. Ele mostrou personalidade e confiança. Quando saiu, ninguém conseguiu ameaçar na área".

Os elogios de Zagallo foram uma notícia confortadora. De volta à Holanda, seu desempenho continuou ruim. Não que estivesse fora de seus padrões. Em 11 jogos pelo campeonato holandês no segundo semestre de 1995 ele marcou dez gols, mantendo sua média de quase um gol por partida. Mas alguma coisa estava acontecendo. Desta vez, nem as férias de final de ano trouxeram alívio. Em janeiro, quando recomeçou a treinar, ele simplesmente não conseguia correr: tinha fortes dores no joelho direito. Examinado pelos médicos, veio o diagnóstico: doença de Osgood Schlatter.

O nome complicado indicava um problema também complicado. Ronaldo era um jogador jovem, com o corpo em crescimento — com os ossos ainda crescendo. Este processo estava afetado. Os ossos crescem a partir de algumas placas em suas pontas, chamadas epífises. Estas placas se misturam com tecido cartilaginoso e, num processo que depende fundamentalmente da alimentação sangüínea, todo o conjunto vai se transformando em tecido ósseo. Num lugar em especial, este processo é mais complicado. A extremidade da tíbia é o local onde se encaixa o tendão patelar — o ponto onde toda a força exercida pelo grande conjunto de músculos do quadríceps (aquele que fica na frente da coxa) se transfere para o esqueleto, via rótula. A repetição constante do emprego desta força acaba provocando pressões maiores que as delicadas epífises são capazes de suportar; a partir de um certo momento, a contração do tendão simplesmente arranca fora alguns pedaços da ponta do osso. Logo surge uma inflamação, e as dores realmente começam a incomodar no momento em que o quadríceps se contrai — e ele se contrai ao máximo quando um jogador levanta a perna para chutar a bola.

Constatada a lesão, duas perguntas ficavam no ar. Primeiro, a causa da doença; segundo, o que fazer com ela. A resposta à primeira pergunta foi dada pelo médico do clube: possivelmente a lesão se devia aos pisos duros do futebol de salão. Uma resposta plausível, uma vez que Ronaldo crescera no salão. Mas também uma resposta um tanto estranha, caso se considere que ele não jogava mais no salão desde os 13 anos. No campo das hipóteses, uma outra é a mais admitida pelos médicos: a doença se deve, em geral, a uma importante diferença de desenvolvimento nas partes anterior e posterior da perna. Os músculos ísquios tibiais (na parte posterior da coxa) costumam se desenvolver em ritmo um pouco menor que o quadríceps. Esta diferença de desenvolvimento exige um acompanhamento constante em jogadores na fase de crescimento: todo um conjunto de exercícios extras de alongamento deve ser feito para compensar ao máximo as diferenças. A diferença entre a explicação do futebol de salão e a da falta de acompanhamento devido está na responsabilidade: no primeiro caso, da infância desregrada no Brasil; no segundo, um problema na preparação física do clube.

Na época em que chegou ao PSV, Ronaldo tinha 1,79 metro de altura e pesava 75 quilos; quando a doença foi descoberta, ele crescera quatro centímetros e tinha sete quilos de peso a mais. A maior parte deste peso eram músculos, fruto de uma preparação física que privilegiava a potência. Além da carga de exercícios específicos para o esporte, Ronaldo enfrentou um programa de desenvolvimento muscular com pesos. Tais exercícios produzem todos os seus resultados com a aplicação de força sobre grandes músculos como o quadríceps; eles aumentam sua massa e potência em proporção maior que as delicadas articulações, para as quais não se faz praticamente nenhum exercício específico. Ao mesmo tempo, a preparação européia, feita especialmente para criar jogadores fortes, leva muito pouco em conta a flexibilidade — justamente a característica mais marcante do futebol brasileiro, com a qual todos os preparadores tomam muito cuidado na hora de montar suas baterias de exercícios.

Fosse qual fosse a causa, no entanto, mais importante era saber o que fazer com o jogador. De um modo geral, o tratamento recomendado para a Osgood Schlatter se resume a afastar o doente da atividade física; com a diminuição da pressão sobre a epífise, as pequenas fraturas tendem a se consolidar enquanto o osso completa seu processo de crescimento. A inflamação diminui, e as coisas acabam voltando ao normal. O único problema deste tratamento é que ele pode durar meses — e neste tempo o grande investimento do clube iria ficar parado. Por isso, a decisão foi de operar o jogador, o que ocorreu no início de março de 1996.

A grave contusão no joelho, seguida de uma má fase, parecia indicar um período complicado na carreira do jogador — tanto assim que a Inter de Milão declarou que já não tinha mais tanto interesse por ele. Enquanto isso, no Brasil, Ronaldo era descartado dos planos do técnico brasileiro para a seleção nacional que disputaria as Olimpíadas. Mas exatamente naquele momento, longe dos campos e dos holofotes da imprensa, uma nova fase de sua carreira estava sendo construída — a mais importante das quais por um elemento que viria a ser fundamental em sua vida.

Enquanto ainda estava no hospital em Eindhoven, Ronaldo recebeu a primeira visita de um tipo à primeira vista estranho para aquele ambiente: ele apareceu no quarto com uma estranha maleta, lotada dos cacarecos mais díspares: esponjas, lixas, bolas de borracha, algodão em chumaços. Era um tipo elétrico, falante e cordial, que tinha sido contratado pelo PSV para acompanhar a recuperação de seu centroavante. Ele tinha uma história, mas não exatamente ortodoxa para a função que desempenharia.

Nilton Petrone, que todos chamavam de Filé, podia ser considerado naquele momento uma invenção de Romário. Carioca da Tijuca, aproveitou o tempo livre durante seus estudos de fisioterapia para fazer tai-chi-chuan com um velho chinês que dava aulas numa obscura academia na praça Tiradentes. Encantou-se com o velho não apenas pelas aulas que dava, mas também pelas aplicações de acupuntura que fazia. Como um quase hippie, interessou-se tanto pela filosofia quanto pela medicina oriental, num tempo em que tal interesse era visto como uma especulação filosófica esotérica. Mas ali aprendeu a ver cada paciente como um todo individual, e cada tratamento como algo que envolvia uma relação espiritual entre duas pessoas.

Este tipo de abordagem deu-lhe uma fama de exotismo, embora todos os seus professores notassem que ele realmente tinha o dom para a coisa. Entre aqueles que realmente o levavam a sério estava um grande craque de futebol: Romário. Além de não gostar de seguir as instruções de preparadores físicos, ele também não costumava levar muito a sério médicos de clubes. Capaz de pagar temporadas européias para seus amigos do futevôlei da barraca Viajandão (era seu lugar preferido no Rio de Janeiro), apenas para ter com quem fazer seu treinamento preferido, também montou sua estrutura própria de apoio físico, na qual Filé era a peça-chave.

Evidentemente, o fisioterapeuta era visto com um certo desprezo nos clubes por onde Romário passava. Mas de Filé vinham tanto os tratamentos nas contusões como as recomendações dos exercícios físicos mais adequados para manter a forma do craque — passadas sempre em sua casa, longe dos olhares de médicos e preparadores físicos dos clubes. Romário seguia estas recomendações, sempre mostrando um olímpico desprezo pelo saber científico dos profissionais do time. Poucos atletas, naquela época, tinham tamanha disposição para cuidar de si mesmos; mais raros ainda eram aqueles que levavam até o fim as conseqüências desta crença.

Pois Romário fazia tudo isto — mesmo que fosse para comprar uma grande briga. Ela aconteceu em 1990: pouco antes da Copa, ele sofreu uma grave fratura na perna, jogando pelo PSV. Assim que os médicos o engessaram, ele trouxe Filé para seu lado. Convocado para a seleção brasileira, não teve dúvidas: levou junto seu fisioterapeuta. Mal chegou lá, encontrou uma resistência inesperada. Lídio Toledo estava de volta, e a seleção brasileira, com seus craques, era mais que uma boa vitrine para o consultório de um médico afastado há oito anos por ser considerado um tanto obsoleto. Do alto de sua autoridade de professor-doutor da Universidade Federal do Rio de Janeiro, ele vaticinou: Romário seguiria o tratamento que determinasse, e não o de um fisioterapeuta sem formação adequada. O que não estava em seu plano era a resposta do craque: ou ficariam os dois, com ele seguindo o tratamento de Filé, ou iriam embora os dois. Criou-se uma crise na seleção, e a escassez de craques para substituir Romário falou mais alto. Filé ficou, mas ganhou um inimigo rancoroso, sempre pronto para fazer declarações à imprensa contra o trabalho do "colega". Romário também ficou, seguiu as instruções de Filé — e recuperou-se da fratura em tempo recorde, contra todos os prognósticos do douto Toledo. É certo que levou seu castigo, jogando apenas 45 minutos na Copa. Azar do Brasil, que voltou para casa mais cedo.

No PSV, o milagre do fisioterapeuta repercutiu de maneira mais favorável. Menos interessados no prestígio de seus médicos que em ter jogadores em campo à disposição — e Romário realmente voltou a campo, completamente curado —, eles passaram a dar uma certa atenção ao elétrico homem da estranha malinha. Quando Ronaldo foi operado, pediram a Romário para emprestar seu fisioterapeuta, o que ele fez com algum carinho. Ainda no hospital de Eindhoven, Filé começou a trabalhar na recuperação de Ronaldo, com exercícios destinados a melhorar a sensibilidade na perna que ainda não podia tocar no chão. E quando o jogador pôde finalmente usar muletas, embarcou na companhia de seu fisioterapeuta para uma temporada de tratamento no Rio de Janeiro.

Duas coisas em Ronaldo logo chamaram a atenção de Filé. Ao contrário de Romário, o homem do bote, seu novo cliente tinha uma musculatura da perna excepcionalmente desenvolvida. E, também ao contrário de Romário, tinha também uma enorme disposição para fazer exercícios, sem nunca se cansar. Ronaldo passou a ficar oito horas por dia na academia de Filé na Barra da Tijuca; não apenas fazia as infindáveis séries determinadas, como ainda pedia mais. Sua dose diária incluía algo como dois mil movimentos para cada perna por dia, além de 640 saltos em cama elástica. Enquanto tratava de Ronaldo, Filé realizava todo tipo de controle e ia chegando a suas conclusões. Não demorou muito para notar uma diferença de potência de cerca de 20% entre a musculatura anterior e posterior da coxa. Era uma diferença importante, porque significava uma sobrecarga permanente sobre o tendão patelar — e porque nesta sobrecarga estava um dos segredos do jogo de Ronaldo, baseado na explosão muscular inigualável.

Vendo isso, ele criou uma série de exercícios para o fortalecimento da musculatura posterior, e instruiu o jogador a repeti-los diariamente, independentemente daquilo que fosse recomendado pelos preparadores físicos de seu clube. Explicou que aqueles exercícios seriam fundamentais para que ele não tivesse contusões posteriores. Nunca soube se seu cliente realmente ouviu aquilo que falou — até porque Ronaldo tinha mais coisas com que se preocupar além da recuperação.

O desinteresse da Inter pelo jogador machucado poderia indicar que o tempo das propostas por seu passe havia passado. Mas o período complicado em campo coincidia com uma revolução no futebol europeu — cuja estrutura favorecia enormemente o tipo de carreira que ele vinha construindo. Em 1990, na mesma época em que Zico falava em acabar com o passe no Brasil, recebendo pesadas ameaças de João Havelange, um jogador de um time secundário da Bélgica entrou na Justiça com uma questão ligada ao passe. Jean Marc Bosman era um jogador sofrível do Liège — tão sofrível que, no final da temporada de 1989, recebeu uma proposta de renovação do contrato por um quarto do salário que ganhava. Insatisfeito, ele conseguiu uma proposta do Dunquerque, clube da segunda divisão francesa: receberia o mesmo salário que ganhava no ano anterior, mais luvas. Inicialmente o detentor do passe aceitou a oferta, mas depois voltou atrás. Bosman ficou sem clube para jogar.

Entrou com uma ação na Justiça, questionando o poder de seu clube de impedir a transferência — em outras palavras, de se valer do passe, que era a capacidade de liberar a seu gosto o registro na federação belga. Bosman estava fazendo exatamente aquilo que os estatutos da Fifa proibiam: resolvendo uma causa esportiva na Justiça comum. Por causa desta cláusula, João Havelange havia ameaçado desfiliar o Brasil da Fifa em 1990, caso Zico acabasse com o passe através de uma lei. Pois bem. A corte de Justiça da União Européia declarou na sentença do caso que o instituto do passe violava as leis da Comunidade Européia — e que, dali em diante, os clubes do continente não tinham mais o direito legal de impedir transferências de jogadores entre um país e outro. Ao contrário da arrogância no *front* interno, João Havelange não tugiu nem mugiu: apenas engoliu a sentença legal que contrariava os estatutos da Fifa.

De uma penada só, desabava toda a estrutura institucional por trás dos contratos dos jogadores de futebol do continente, suas garantias e preceitos. As transferências internacionais passavam a ser regidas pelo livre mercado, e tornava-se incerta a posição dos clubes para administrar estas transferências. O poder que estes clubes perdiam era transferido diretamente para os jogadores, que passaram a ter o controle sobre o destino de suas carreiras. Frente a tanta mudança, a maioria dos clubes não sabia exatamente como reagir. Mas, na outra ponta, havia um tipo de gente para quem a nova realidade foi uma bênção: os empresários. E, entre os empresários em atuação em todo o planeta naquele momento, poucos foram mais capazes de tirar tanto proveito da nova situação quanto Reinaldo Pitta e Alexandre Martins.

Eles perceberam imediatamente todo o impacto da mudança. Viram não apenas que teriam muito mais possibilidades de agir, mas também que finalmente tinha chegado a hora de montar a estrutura de contratos que vinham imaginando há tempos para seu jogador mais importante. A primeira coisa que fizeram na nova era foi aproveitar a liberdade de movimentos que lhes fora dada. Saíram no mercado oferecendo o jogador — e encontraram interesse do Barcelona. Fizeram uma proposta complexa, mas perfeitamente adequada à nova realidade. Assim, enquanto fazia tratamento no Rio de Janeiro, começaram os primeiros movimentos do bailado que inauguraria uma nova era no futebol.

As primeiras sondagens do Barcelona começaram em maio de 1996, no exato momento em que Ronaldo se apresentava ao time — a recuperação com Filé levou dois meses, em lugar dos quatro previstos pelos médicos do clube. Para seu azar, tomou uma pancada e deslocou o ombro logo na primeira partida, e teve de ficar três semanas de molho. Enquanto se tratava no clube, percebeu que a diretoria do PSV não tinha ficado nada satisfeita em saber que seus empresários estavam ligados aos movimentos do clube espanhol. A ira contra os empresários, no entanto, revelava apenas que a diretoria do clube não tinha entendido exatamente o teor das mudanças trazidas com o caso Bosman: ela estava tratando do caso pensando numa época já passada, na qual a posição de um clube detentor de um passe era inabalável. E, com tal visão, eles aplicaram o remédio usual: declararam que o jogador cumpriria o contrato até 1999 e ponto final.

Quando viram que este discurso, ao contrário de espantar Ronaldo, apenas o fez defender o negócio, o clube foi mais tradicional ainda: aplicou ao jogador um castigo público exemplar. Na partida em que voltou ao time, ele foi colocado no banco. No início do segundo tempo, Advocaat mandou o jogador se aquecer. E deixou Ronaldo fazendo ginástica por meia hora na frente de toda a torcida, para mostrar quem é que mandava ali. Ronaldo engoliu a ofensa, entrou sem reclamar, jogou seu futebol. No dia seguinte, viu ainda umas tantas reclamações dos dirigentes, jogando-o contra a torcida. Aceitou tudo calado, até porque precisava pegar um avião para o Rio de Janeiro, onde se apresentaria à seleção brasileira que iria disputar as Olimpíadas. Assim que desembarcou no Rio de Janeiro, declarou aos jornalistas que o esperavam que não jogaria mais no PSV — e que faria o mesmo no Barcelona "até de graça".

Até aquele momento, Ronaldo havia jogado 56 partidas pelo PSV. Marcara nada menos que 55 gols nestes jogos. A conta estava fechada.

Só então a ficha caiu em Eindhoven: havia ali um negócio sério, e o clube não estava exatamente na melhor posição do mundo para manter seu craque. Enquanto Ronaldo parava de falar no assunto no Rio de Janeiro, o presidente do Barcelona, Joan Gaspart, começa a colocar as cartas na mesa, com um lance de 10 milhões de dólares pelo passe do jogador. A diretoria do PSV, embora assustada, recusa a oferta e mantém o discurso de que Ronaldo não vai sair do clube. Gaspart oferece 15 milhões de dólares, e o tom muda: o PSV pede 22 milhões. Nesta altura, Massimo Moratti, o presidente da Inter, percebeu que tinha feito uma grande besteira ao dizer que não queria um jogador machucado, e tenta entrar na parada cobrindo a oferta. Mas Gaspart é mais rápido, e fecha o negócio por 20 milhões de dólares. Era a transferência internacional mais cara da história do futebol — e um prenúncio daquilo que estava por vir.

Em meio a este jogo pesado, uma cena constrangedora. Acertado o negócio, ele passava a depender de um exame médico. Eufórico com a contratação, Gaspart vai com o médico e mais quatro diretores do clube ao encontro de seu craque em Miami, onde ele está com a seleção brasileira. Com a alegação de que um exame médico seria uma afronta à equipe médica brasileira, e em meio a declarações de Zagallo dizendo que o jogador só pensava em dinheiro, e não no time, cria-se um clima constrangedor para a delegação do Barcelona. Para evitar contatos no hotel onde a delegação está hospedada, a CBF manda dois seguranças vigiarem o jogador. Os empresários são proibidos de falar com ele. No fim, faz-se um arranjo pelo qual se permite ao médico do clube tocar levemente o joelho do jogador, sem a presença dos diretores. O contrato é assinado. Na saída, Gaspart faz uma curta declaração: "Nos humilharam".

A humilhação tirou um pouco do brilho de sua vitória. O tempo todo ele precisou enfrentar uma forte oposição caseira com relação ao negócio. A imprensa espanhola dizia que o preço era uma loucura, que o jogador levaria o clube à falência. Era, obviamente, uma opinião fundada na realidade pré-Bosman. Reinaldo Pitta e Alexandre Martins levaram para o Barcelona uma proposta perfeitamente adaptada à nova era — no fundo, era isto que se constituía no fundamento de toda a transferência. Uma parte razoável dos 2 milhões de dólares que Ronaldo iria ganhar anualmente não viria do salário, mas de um contrato paralelo de cessão de direitos de imagem, pelo qual o clube e o jogador seriam sócios numa série de negócios, como a venda de camisas. Somente na semana em que foi anunciada a contratação, mais de 10 mil camisas foram vendidas — num sinal bastante evidente de que a fórmula montada pelos empresários era mais do que razoável. Em poucos dias, o Barcelona conquistou ainda 3.000 novos sócios, todos também compradores de entradas para todos os jogos do time em casa;

só não vendeu mais porque simplesmente não tinha lugares para oferecer: a lotação estava esgotada. Antes mesmo de pisar em Barcelona, Ronaldo já estava se pagando.

E, enquanto se pagava, tinha de aturar toda a sobranceria de um técnico que se mostrava cada vez mais agressivo com ele, criticando duramente sua posição "mercantilista". Como Zagallo, ele estava ali para ganhar o ouro olímpico, e não porque iria ganhar dinheiro com isso. Como os homens do PSV, o técnico empregou a técnica da punição: colocou Ronaldo no banco na estréia contra o Japão. Do banco do estádio Orange Bowl, em Miami, ele assistiu a partida de um time que não se encontrava — e que logo estava perdendo, numa das maiores zebras de toda a história do futebol brasileiro.

No jogo seguinte, não houve mais orgulho. Ronaldo entrou jogando desde o começo, e fez sua parte na vitória por 3 a 1 contra a Hungria. Dois dias depois, foi a peça fundamental para classificar o país para as quartas-de-final, fazendo o único gol na partida contra a Nigéria. O adversário agora era Gana, e Ronaldo marcou dois na goleada de 4 a 2. Veio então a semifinal, novamente contra a Nigéria. O jogo ia bem, com o time ganhando por 3 a 1 aos 30 minutos do segundo tempo. Parecia apenas uma questão de esperar pelo apito final, e Zagallo substituiu seu goleador. Então um pequeno milagre se operou: os nigerianos passaram a atacar como nunca, e arrancaram dois gols em dez minutos, levando a partida para a prorrogação. E ainda no primeiro tempo, um gol de Kanu decretou a vitória africana. O Brasil ainda ficaria com a medalha de bronze, enfiando 5 a 0 em Portugal, com um gol de Ronaldo, outro de Flávio Conceição e três de Bebeto — que ultrapassou Ronaldo e se tornou o artilheiro da competição.

O vexame, entretanto, ainda não estava completado com a derrota para a Nigéria. Apesar de todas as suas palavras em defesa da honra esportiva e dos altos ideais, os dirigentes brasileiros simplesmente não levaram o time para a cerimônia de entrega de medalhas. Escafederam-se, deixando um pódio vazio para bilhões de espectadores refletirem sobre a qualidade do espírito olímpico brasileiro, especialmente a frase que o resumia: "O importante é competir com lisura, não vencer".

Ronaldo escapou incólume do vexame: todos que o conheciam sabiam que ele era incapaz de uma grosseria como esta. Foi bem recebido no Rio de Janeiro. Em dez dias de férias, ele conferiu pessoalmente o cumprimento daquele que era o objetivo fundamental de sua vida de futebolista: dar uma vida melhor para sua família. Este objetivo estava presente na vida de cada um em sua família. A irmã Ione ganhara de presente de casamento um apartamento de cobertura, e desfilava pela cidade no Gol lilás recebido de Ronaldo. Nélio, que morava com a mãe, ia para a faculdade (paga pelo irmão) no Corsa preto que ganhara.

O pai, Nélio, era um caso à parte em meio à euforia geral. Encarava filosoficamente seu medo da Zona Sul num apartamento em Copacabana; ainda continuava receoso: tinha na garagem um Gol branco — o carro que teve pavor de nunca ter —, mas não se animava a aprender a dirigir. Ao contrário de todos na família, ele andava numa fase de grandes interrogações: estava lendo pela terceira vez *O processo*, de Franz Kafka, ainda sem entender do quê, afinal, o personagem era acusado. Quando Ronaldo veio visitá-lo, perguntou o que tinha achado do livro *Estrela solitária: um brasileiro chamado Garrincha*, que tinha dado de presente ao filho numa tentativa de alertá-lo para os altos e baixos da vida de jogador de futebol e da efemeridade da glória. Ronaldo foi sincero: bem que tinha feito um grande esforço para ler; o diabo é que, antes de chegar ao final da página vinha-lhe um sono poderoso. Depois de vinte dias de árduas tentativas — e apenas vinte páginas lidas —, passou o presente ao companheiro de quarto, Sávio, que o devorou num par de noites, e fez um resumo para o sonado leitor.

Quanto à mãe, Sônia, estava confortavelmente instalada numa casa num condomínio fechado de Jacarepaguá. Ela ficava a uma distância conveniente de Bento Ribeiro, que freqüentava assiduamente a bordo de sua Blazer. Ia visitar parentes, não perdia os pagodes, continuava assistindo às missas na igreja de Santa Isabel.

Depois de conferir tudo, Ronaldo voltava para seu novo apartamento, num condomínio da Barra da Tijuca. Conferia pessoalmente os detalhes da decoração que imaginou: uma grande história em quadrinhos pintada nas paredes por um desenhista francês. Parecia um sonho — mas tudo era ainda muito menor do que aquilo que estava por vir.

11.

Barcelona,
e o Caminho de Santiago

[1996]

Na noite de 16 de agosto de 1996, depois de dez dias de férias, Ronaldo embarcou para a Espanha. Em um mês completaria 20 anos de idade; podia ser considerado ainda um adolescente, não fosse o fato de que muita coisa girava a seu redor — e depressa. Dois anos antes, ele tinha embarcado num avião, para tentar se adaptar a um mundo desconhecido. Precisou do apoio da mãe, lutou para se acostumar. Agora embarcava sozinho (o namoro com Viviane havia terminado); contava ainda com o apoio da família e dos empresários, mas para uma outra coisa. Não estava mais preocupado com a adaptação. Em dois anos de carreira, tinha chegado a uma posição em que os outros é que precisavam se adaptar a ele. O desafio era outro: mostrar um novo topo no mundo do futebol.

A primeira evidência desta nova situação se mostrou ainda antes de completar seu desembarque. Assim que apresentou o passaporte na alfândega, recebeu do guarda de fronteira o primeiro pedido de autógrafo em território espanhol; "para a filha", explicou a autoridade. Quando atravessou o portão, a evidência se multiplicou. Nada menos que três mil fanáticos torcedores do Barcelona estavam ali esperando, e gritaram seu nome enquanto se esfalfavam para chegar mais perto do ídolo. Até mesmo os jornalistas se impressionaram: nunca tinham visto uma cena como aquela. Em meio à confusão houve portas quebradas, empurra-empurra, susto para os passageiros que desembarcavam.

No dia seguinte, mais confusão. O treino do time está para começar, mas nada do craque. Só então alguém na diretoria se lembrou que ninguém fora buscar o jogador no hotel. Um carro é enviado rapidamente. Ao final do treino, a tradicional saudação problemática do técnico, o inglês Bobby Robson. Ele reclama que o time foi muito condescendente com o jogador, dando-lhe dez dias de férias naquele ano. Achava que cinco eram mais que suficientes. Diplomático, Ronaldo replica que está pronto para defender o time. Vem o terceiro dia, quando Ronaldo é apresentado oficialmente como jogador do Barcelona — e com isto se completa o período de sua adaptação ao time.

No quarto dia, ele entra em campo, num amistoso contra o San Lorenzo, da Argentina. Joga 24 minutos, e o time vence por 2 a 0, classificando-se para disputar com a Inter de Milão a final do troféu Joan Gamper (homenagem ao fundador do time). Os jornalistas italianos não perdoam, e perguntam se ele não preferia estar do outro lado. Mais uma vez, a resposta com palavras é diplomática: "Estou bem aqui". Mais dois dias, e vem a resposta em campo. Ronaldo entra no lugar de Figo, num jogo que o time da casa ganha por 2 a 1. Os jornalistas italianos não perguntam nada sobre sua escolha.

No dia em que completou uma semana de Espanha, entrou num jogo para valer. O Barcelona disputava a final da Supercopa, enfrentando o Atlético de Bilbao. Ronaldo começa jogando, e faz seus dois primeiros gols pelo time. Na entrevista depois do jogo, é claro, simples e direto: "Estou aqui para ser o melhor do mundo". Naquele momento, poderia parecer apenas uma declaração arrogante, ainda mais vinda de um jogador que vinha de uma grave contusão. Mas a torcida sentiu firmeza. Se o Barcelona era *um* clube forte, poderia agora ser *o* clube forte. Havia potência e ambição em campo.

A ebulição foi momentaneamente suspensa. No sétimo dia, Ronaldo partiu, a serviço da seleção brasileira. Fez um gol em Moscou, no empate de 2 a 2 com a Rússia. Voou para a Holanda, para o jogo onde o Brasil empatou de novo por 2 a 2 com a seleção local. Nem teve tempo para ouvir dos jornalistas perguntas sobre sua partida: havia um avião fretado pelo Barcelona esperando no aeroporto, para levá-lo a Oviedo a tempo de disputar sua primeira partida pelo Campeonato Espanhol. Desta vez, ele não marcou gols.

De volta para Barcelona, um novo espetáculo o espera. Os treinos do time ganharam um novo colorido. Milhares de torcedores batem ponto para conferir o desempenho do craque — e ficam impressionados com aquilo que assistem. No primeiro treino, ele faz um golaço, que deixa tonto o goleiro Vítor Baia. Depois, não contente, diz que está louco para estrear no lendário Nou Camp (na época dos primeiros jogos, o campo estava fechado para reformas). "Vou incendiar", promete. A promessa calou fundo nos torcedores da cidade. A primeira partida em casa seria exatamente contra o Espanyol, o grande adversário local do clube. Com a casa lotada, Ronaldo entrega a mercadoria que prometeu. O jogo foi uma pedreira. O Espanyol saiu na frente num contra-ataque, fechou-se todo na defesa e conseguiu manter a vantagem até os 39 do segundo tempo, quando o brasileiro Giovanni empatou. Aos 47, depois de apanhar duramente dos beques por uma hora e meia, Ronaldo recebe uma bola na intermediária — e parte num de seus famosos piques. O primeiro defensor fica no meio do caminho, ele evita o segundo e manda uma bomba. O goleirão consegue rebater, mas a bola cai nos pés de Pizzi, que toca para o gol vazio. A multidão delira enquanto todo o time corre para comemorar na bandeira de escanteio. Depois do jogo, Bobby Robson já não fala exatamente como o responsável pela disciplina no time: "Ele é fantástico tanto jogando em pequenos espaços como atravessando o campo todo. Sabe exatamente o que fazer com cada bola. Vai ser o jogador-chave do campeonato este ano. Deve ser um dos melhores jogadores do mundo. E só tem 19 anos!".

O jogo seguinte foi contra o Racing Santander. Novamente, as coisas não parecem tão bem. Mas, aos 31 do primeiro tempo, Ronaldo mata no peito uma bola lançada por Guardiola, deixa dois zagueiros para trás e faz seu primeiro gol no Campeonato Espanhol. O problema foi que, depois disso, simplesmente não recebeu mais a bola de seus companheiros de time. No dia seguinte, os jornais fazem suas primeiras críticas ao time: o Barcelona estaria sofrendo de "Ronaldodependência", incapaz de fazer qualquer coisa sem seu astro de 20 milhões de dólares. Na mesma segunda-feira, o técnico faz ecos às críticas: "Se ele custou tanto, tem de fazer mais que os outros em campo". E o assistente José Mourinho completa: "Ele não pode fazer um gol e passar os outros 89 minutos do jogo dormindo na sombra deste gol. Tem de correr mais". Ronaldo mostrou que tinha aprendido a jogar este jogo. Em vez de agüentar calado, como sempre fez, agora estava disposto a participar também da partida jogada fora de campo: "Acho mais educado que as críticas sejam feitas na minha cara, em vez de mandar recados pela imprensa. Seria mais profissional. Eu joguei mal, mas o time também. Estou no grupo para seguir as instruções do treinador, e vou me esforçar para isso".

Para tornar um pouco mais claro seu recado, ele alegou uma dor no quadril para não entrar em campo contra o fraco AEK de Chipre, no jogo como visitante pela Recopa. O time penou para empatar em 0 a 0, e o técnico resolveu enfiar a viola no saco. Era melhor contar com a boa vontade — e os gols — de seu craque, caso quisesse construir um bom futuro.

Assim, no domingo, dia do aniversário de 20 anos, Ronaldo entrou como titular no jogo contra o Real Sociedad. Toda a família e alguns amigos queridos estavam na tribuna, de modo que aquela era uma boa ocasião para dar alguma alegria. Logo no primeiro minuto, ele acertou uma bomba no canto, fazendo seu primeiro gol no Nou Camp lotado. A partida ficou dura, e o visitante conseguia ir mantendo um empate por 2 a 2. Então, aos 44 do segundo tempo, Ronaldo marcou de novo. A galera delirava e Sônia chorava copiosamente, mostrada em close pela tevê. Ronaldo agradeceu à torcida: "No PSV eu também marcava muito, mas nada melhor que fazer gols para uma torcida apaixonada".

Depois do jogo, ele reuniu toda a família e a equipe numa festa no restaurante Planet Hollywood, o mais badalado da cidade. Estavam lá Sônia e Nélio, com os respectivos companheiros; Ione, com o marido e a filha; o irmão Nelinho; Reinaldo Pitta e Alexandre Martins. Depois vieram Giovanni e Ivan de la Peña, seu companheiro de ataque. Como ali era a cosmopolita e boêmia Barcelona, e não a fabril Eindhoven, a festa durou a noite inteira, com direito a muito samba. Ninguém no restaurante reclamou, os próprios torcedores gostaram de saber pelos jornais que tinham um ídolo com algo que lembrava a cara da cidade.

Os tempos do pequeno apartamento tinham ficado para trás. Desta vez quem se encarregou das instalações foi Alexandre Martins, que descobriu uma mansão em Castelldefels, um bairro nobre no litoral, a vinte quilômetros do centro da cidade. Ali havia espaço suficiente para hospedar família e amigos, instalar todos os *gadgets* tecnológicos de que Ronaldo gostava. Se ele queria ser o melhor jogador do mundo, teria instalações que dissessem isto aos moradores da cidade. E os moradores queriam isto mesmo. Ronaldo já era uma grande celebridade local, e não falava apenas com os admiradores de esporte. Sua vida era esquadrinhada diariamente pela imprensa de fofocas, que logo assentou suas primeiras observações: rico, bonito, solteiro, namorador e disponível — um convite e tanto para as meninas de Barcelona, que passaram a se apresentar em bando.

Tudo isto gerava um novo tipo de agenda. Ronaldo era convidado de honra para o sorteio das chaves do campeonato mundial de futebol de salão, mas também para programas de televisão tão inusitados como o "*Surpresa*", da apresentadora *fake* Cilla Black. O quadro foi curioso: depois de realizar o sonho de um garoto doente, batendo uma bola na frente das câmeras, Ronaldo se finge de machucado; entra uma loira cheia de curvas para lhe fazer uma massagem toda sensual. Mais um dia, e ele está doando 10 mil dólares para uma instituição de caridade local. No próximo, mostra seu lado moleque. Na saída do treino, ainda de uniforme, vê o time juvenil treinando. Entra em campo, e bate bola com os garotos por 20 minutos. Cada vez mais confiante, recebe um convite para a inauguração de um restaurante, onde vai estar presente a modelo Cindy Crawford, a mais bem paga do mundo. Uma emissora de televisão o entrevista ao vivo, e o repórter faz uma oferta de alguns milhares de dólares para ele posar ao lado da modelo. Ronaldo recusa: "Ela que deveria receber para posar comigo". Realmente, estava sabendo se portar como uma grande estrela.

Nada disso prejudicava seu desempenho em campo. Antes de completar o segundo mês na Espanha, já era o artilheiro do Campeonato Espanhol. Os jogadores dos outros times começavam a se dar conta de que as coisas seriam complicadas com ele em campo. "É preciso marcar o homem desde o segundo em que ele sai do vestiário", disse Ojeda, goleiro do Tenerife, depois da partida. "Todos os meios que eu imagino para parar Ronaldo podem me levar para a cadeia", constata o técnico do Valencia. Enquanto isso, em Madri, a imprensa se delicia com a revelação de que o time mandara um olheiro para analisar o jogador ainda em seus tempos de Cruzeiro, e que este fizera um relatório muito favorável — arquivado porque o clube não estava disposto a desembolsar dois milhões de dólares por um moleque de 16 anos.

As coisas estavam neste pé, com alguma eletricidade no ar, quando veio o dia 12 de outubro. Dia de Nossa Senhora Aparecida, protetora do Brasil e santa de devoção de dona Sônia. Dia de jogar em Compostela, cidade onde termina o mítico Caminho de Santiago, percorrido anualmente por milhares de pessoas em busca de revelação espiritual. Ali aconteceu. Com 30 segundos de jogo, Ronaldo driblou meia defesa do time; só não fez o gol porque o desesperado zagueiro chegou primeiro para jogar a bola contra as próprias redes. Aos 15 minutos, ele faz uma grande jogada pela esquerda e entrega a bola para Giovanni marcar. Aos 30, deixa a torcida de pé com outra arrancada. No banco, o técnico Bobby Robson coloca as mãos na cabeça num gesto de admiração, e sorri para a pequena platéia de 12 mil pessoas.

Então ele recebe uma bola em seu próprio campo. O primeiro homem vem duro: no momento em que é driblado, agarra a camisa em desespero; Ronaldo se desvencilha, meio desequilibrado. Vem o segundo, que passa lotado. Ele já está na intermediária, acelerando. O terceiro adversário se atira para cima do jogador com os dois braços — e fica estatelado no chão. Depois ainda viriam mais dois, igualmente batidos, e o chute rasteiro no canto. Quando se pôde reduzir aquele momento a números, ele foram os seguintes: 14 segundos com a bola no pé, 16 toques na bola, 5 adversários driblados, 34 passos, 46 metros percorridos com a bola.

Mas os números não foram exatamente a melhor tradução do que havia acontecido. À noite, todos os programas esportivos repetiram a jogada dezenas de vezes, enquanto os locutores tentavam desfiar os melhores adjetivos de suas respectivas algibeiras. Ao mesmo tempo, os homens de jornal iam tentando resumir tudo numa única manchete. Ei-las: "Ronaldo deixa todo mundo para trás" (*La Vanguardia*); "Um recital de futebol" (*El Periódico*); "Um extraterrestre em Santiago" (*El País*); "Um gênio" (*Marca*); "Pelé voltou" (*Ás*); "O craque do século XXI" (*Sport*).

Enquanto isso, as imagens corriam o mundo e tocavam a todos os deuses da bola. De suas bocas, vistas as imagens, saíam palavras confirmatórias do milagre: "Pode ser rapidamente o melhor do mundo" (Di Stefano); "É o melhor do momento" (Pelé); "Não o pressionem mais" (Cruyff); "Indiscutivelmente, ele é hoje o melhor atacante do mundo" (Tostão); "Está num nível muito superior aos outros jogadores" (Telê Santana); "O estilo de Ronaldinho não é humano. Ele tem mais o jeito de um extraterrestre. É uma motoniveladora com o motor de uma Ferrari que leva o gol incorporado ao chassi. É frio, demolidor, desconcertante" (Valdano). Além dos deuses da bola, falaram os mortais: "Eu jogo futebol. O que o Ronaldo faz é uma outra coisa" (Pizzi, seu companheiro de Barcelona). As imagens do gol, o frenesi que se seguiu, abalaram até mesmo aqueles que eram pagos justamente para conter os lampejos de Ronaldo: "Um novo Pelé? Sim, ele é", disse o técnico Bobby Robson. Até mesmo Zagallo, que antes de técnico foi bi-campeão mundial jogando bola, rendeu-se à evidência do milagre: "Eu sempre falei que ele prende demais a bola. Mas, depois de ver o gol que fez contra o Compostela, o que eu posso dizer? Fico com cara de bobo".

A cara de Zagallo era a cara do mundo. Em Compostela, a revelação tinha sido feita. Um gol como aquele, no qual um jogador demole um time inteiro, vem a ser exatamente a marca que separa os craques dos gênios. Podem ser contados nos dedos na história do futebol — e a contagem quase que se resume a uns poucos nomes. Pelé fez o seu no dia 5 de março de 1961, num Maracanã lotado de torcedores do Fluminense. Pegou a bola em sua própria área, driblou todos os que apareceram pela frente e guardou. Para seu azar, o milagre se deu antes da chegada do primeiro aparelho de videoteipe ao Brasil. Mesmo assim, a evidência do milagre foi tão forte que o jovem repórter Joelmir Betting, que cobria o jogo para *O Esporte*, juntou um grupo e mandou confeccionar uma placa com os dizeres: "Em comemoração do mais lindo gol jamais marcado no Maracanã". A notícia do feito viajou de boca em boca por todo o mundo, ajudando a construir o nome do Rei.

Diego Maradona teve mais sorte. No dia em que conseguiu operar o milagre, todos os olhos do mundo estavam pregados na tela. Foi no jogo contra a Inglaterra, na Copa de 1986 — depois de ele ter marcado o primeiro com a mão. Ninguém se esqueceu, e quinze anos mais tarde aquele gol foi eleito o mais bonito de toda a história das Copas do Mundo.

Para não esquecer que toda a regra tem exceção, vale mencionar que um certo Owarian, jogando pela modestíssima seleção da Arábia Saudita, um dia perpetrou milagre semelhante, driblando nada menos que meia seleção da Bélgica antes de tocar para a rede. O jogo aconteceu na Copa de 1994, e o atacante voltou imediatamente para o anonimato cáustico do deserto, jogando para agradar camelos e príncipes.

Mas Ronaldo lidava com a regra, não com a exceção. Depois de seu gol contra o Compostela, o que se viu foi puro delírio — e não apenas na Espanha. Enquanto o gol era repetido incessantemente, sem nunca esgotar os adjetivos dos torcedores nem a vontade de ver de novo, ele deixava a Espanha para jogar contra a Lituânia em Teresina, Piauí. Logo ao desembarcar no aeroporto local, foi literalmente abalroado por uma legião de mulheres gritando histericamente (só no tempo dos Beatles se via cena como esta), agarrando-o onde pudessem, tentando tirar um pedaço. "Nunca apanhei tanto em minha vida", disse o assustado jogador depois de ser resgatado pela polícia. Mal refeito do susto, entrou em campo, marcando nada menos que os três gols do time na vitória por 3 a 1. Pegou o avião de volta para Barcelona, e estava em campo novamente no domingo.

O adversário era o fraco Logroñes — e o que se viu foi um massacre em pleno Nou Camp. Ronaldo fez dois, Giovanni mais dois, o búlgaro

Stoichkov outros tantos. Até o humano Pizzi guardou o seu, e um zaguei-ro desesperado completou o placar de 8 a 0. Foram tantos gols que acabou o espaço de anotação no placar eletrônico do estádio — só havia espaço para seis anotadores. No dia seguinte, os jornais abriram uma campanha para o clube comprar um placar especial para Ronaldo. Até ali, em sete jo-gos do campeonato, ele tinha marcado nove gols. Era o líder na artilharia — os adversários que mais marcaram tinham feito cinco gols.

Nesta altura, a reação em todo o mundo era de total encantamento. Em sete dias o novo Deus do futebol havia feito sete gols — e seus seguidores apareceram em massa. Na saída dos treinos do Barcelona, levava horas aten-dendo aos pedidos das multidões que o esperavam. Quando finalmente con-seguia entrar no carro, havia uma dezena de motoristas que o seguiam em cortejo. Assim que colocava o pé fora de casa, estavam lá os fotógrafos de máquinas prontas. Levava meia hora para ir da porta de um restaurante até a mesa, porque todo mundo se levantava e tentava tocá-lo. Naquele momen-to de delírio, o gênio era a única pessoa que proferia palavras sensatas: "O Ronaldo de Barcelona é o mesmo Ronaldo de Bento Ribeiro. Sou cabeça fei-ta. Sei o que faço", disse a um jornalista brasileiro. As palavras foram regis-tradas, mas não pensadas em toda sua extensão. Ronaldo não se deslumbra-va. Era como se tudo aquilo já estivesse escrito.

Só se ouviam as vozes extasiadas. Uma rádio de Barcelona fez uma en-quete: qual o melhor codinome para Ronaldo? Respostas, em ordem de vo-tação: "Extraterrestre", "Pequeno Buda", Cibernético", "Galáctico". "Poesia em forma de gol". A mais curiosa: "Filme de Hitchcock. Mistério, tensão, um assassinato e um grande final".

Finalmente chega o domingo, com jogo em casa. Nou Camp lotado e um Valencia afiado. No final, 3 a 2 para o time da casa. Três gols de Ronal-do. Num deles, deixou meia defesa para trás e colocou ao lado do goleiro da seleção espanhola, o veterano Zubizarreta.

Então chega novembro, e o delírio se acalma um pouco. Uma contu-são afasta Ronaldo das partidas por duas semanas. Sem ele, o Barcelona re-vela-se um time normal: empata as duas partidas, e fica ameaçada a lide-rança do campeonato. A tese da "Ronaldodependência" volta a circular. No retorno do craque, o Barcelona despacha o Valladolid por 6 a 1. Mas daí em diante, o mundo volta à normalidade. Sim, tanto Ronaldo como o time eram capazes de ter momentos normais no futebol. Uma derrota contra o

Atlético de Bilbao, a primeira com o jogador atuando pelo time, custa a liderança do campeonato. Ronaldo está tranqüilo como sempre: afinal, sabia que as coisas eram mesmo assim. Recomeça a trabalhar nos treinos, buscando uma solução. Ela aparece com a fixação de Ivan de la Peña como titular no ataque. Mesmo assim, é uma hora difícil, o momento de jogar contra o Real Madrid na casa do adversário, valendo a liderança. Roberto Carlos, do outro lado, resolve peitar. Propõe uma aposta com Ronaldo: quem perder o jogo, doa 6 mil dólares para uma instituição de caridade. Parada aceita, o jogo se torna mais disputado que o habitual. E, no fim das contas, a vantagem é dos merengues: 2 a 0. No dia seguinte, Ronaldo vai pagar sua aposta, enquanto Roberto Carlos sorri.

Mais uma vez, ele tem de viajar para o Brasil. Na abafada Manaus, o adversário é a Bósnia. Mais uma vez, ele faz um gol — o único da partida.

O ano se aproximava do fim. Pouca gente agora achava exagerada a promessa de Ronaldo de se tornar o melhor jogador do mundo. A confirmação veio no dia seguinte ao jogo do Brasil, quando a Fifa anunciou o nome dos concorrentes ao título de Jogador do Ano. O de Ronaldo estava lá, ao lado do inglês Alan Shearer e de George Weah, que atuava no Milan. A resposta seria dada no dia 20 de janeiro, em Lisboa, quando os envelopes com os votos seriam abertos — embora todos desconfiassem que a escolha tinha realmente um único grande candidato. Seria um mês de suspense, se Ronaldo tivesse tido um segundo para pensar no assunto.

No mesmo dia em que deu a notícia da escolha, a *Folha de S. Paulo* publicou uma reportagem com Suzana Werner, em que a atriz dizia que estava namorando Ronaldo. Até aí, nada demais. Naquele momento, raro era o dia em que um jornal não publicava uma notícia de uma mulher dizendo que saía com o jogador. Novidade mesmo, neste caso, era o fato de a mesma reportagem trazer um comentário da irmã do jogador, Ione: "Se ela pensa que é a namorada oficial por ter sido apresentada à família, pode estar enganada. Já foram tantas namoradas que a gente nem se empolga". Com esta dura disputa de território, todos os jornalistas perceberam que a coisa era séria. Melhor ainda, Suzana já era famosa o suficiente para atrair seu próprio time de jornalistas amigos.

Com 19 anos de idade e modelo desde os 10, era figura carimbada no circuito das beldades que prometem. Filha de um professor universitário de economia, cresceu na Barra da Tijuca, fazendo tudo a que tinha direito uma brasileira privilegiada. Estudava em escolas particulares, morava num condomínio fechado, e aproveitava seu tempo: nadava, praticava surfe, era ciclista, freqüentava compulsivamente shopping centers, e tinha uma carreira profissional relativamente promissora. Convidada regularmente para desfiles e sessões, conseguiu um papel num seriado da Globo, *Malhação*, e passou a aparecer regularmente em reportagens do tipo "A garota que encanta a cidade". Como ponto extra em seu currículo, jogava pelo time de futebol feminino do Fluminense.

Os dois haviam se conhecido numa discoteca da Barra da Tijuca. Logo na primeira noite dançaram agarrados, contaram histórias um para o outro. Ficaram, enfim. Mas na hora de algo mais, ela se esquivou. Ronaldo pediu seu telefone. Ela respondeu que não dava o número para pessoas que acabou de conhecer, e foi embora. Bingo. Deixou um coração tremendo como geléia e um olhar perdido.

Ronaldo movimentou sua rede de amigos para conseguir o número. Tremeu com ele, com medo de uma recusa. Só tomou coragem quando foi informado de que o namorado dela morrera, num acidente de motocicleta. Nas seis primeiras vezes que ligou para dar os pêsames, ela avaliou a possibilidade de um trote e desligou. Enfim começou a achar que podia ser verdade, e pediu uma descrição do encontro. O quase sempre econômico em palavras Ronaldo desfiou uma detalhada descrição, minuto a minuto.

A partir daí, os telefonemas passaram a ser quase diários. Para Ronaldo, era um exercício novo. Até então, ele nunca tinha precisado lutar para conquistar nenhuma mulher — não sabia bem como fazer isso. Todas suas namoradas que conseguira já vinham pré-conquistadas por sua fama.

Desta vez, teve de suar a camisa. Suzana estava anos-luz na sua frente neste campo. Recebia propostas de muita gente, e sabia como dizer não sem ofender — e a não dizer sim se realmente não quisesse. Naquele momento doído, realmente não queria. Ronaldo soube ser paciente, conquistando primeiro uma posição de amigo. Depois de um bom tempo de telefonemas diários, finalmente conseguiu marcar um encontro. Quando? Na semana mágica de outubro, entre o jogo em Teresina e o embarque para Madri.

Tudo foi arranjado com cuidado. Numa esquina escura do Leblon, Suzana esperava de óculos escuros — à noite. Assim que veio o carro de Ronaldo ela pulou no banco de trás, enquanto o motorista chispava para um lugar ermo. Assim que o carro parou, os dois se beijaram. No dia seguinte

Ronaldo foi embora, mas os presentes passaram a chegar regularmente na casa de Suzana.

Foram notados pela família, e aconteceu o primeiro problema. "Minha mãe chorou quando soube que eu estava namorando um jogador de futebol e meu pai simplesmente parou de falar comigo." Para os padrões da família, aquela não era uma profissão decente, independentemente de quanto o tal jogador ganhasse. O máximo que Suzana conseguiu foi arrancar a promessa de que o namorado merecia uma chance. Foi marcado um jantar. Ronaldo apareceu em seu melhor Armani, vendendo charme. Depois do jantar, o pai de Suzana se trancou com o pretendente no escritório. Duas horas depois, o veredicto: saiu sorrindo, abraçado com o possível genro.

O passo seguinte foi oficializar as coisas do outro lado. Ronaldo viajou para a Espanha na sexta-feira após a partida com a Bósnia e voltou na segunda, dia 22 de dezembro. À noite, passou em casa de Suzana e foi até o jantar com a família, na casa de Sônia. Os dois estavam alegres na festa de Natal. Ronaldo ganhou um ursinho de pelúcia (estava triste porque tinha perdido o seu preferido na mudança para a Espanha) e deu um relógio para Suzana. Imediatamente, a família reclamou que ele não tinha trazido presentes para todos. Deu a desculpa de que não conseguira comprá-los porque aglomerou muita gente quando entrou no shopping.

A paixão deu um ritmo ainda mais elétrico em sua vida. Nos 12 dias entre 20 de dezembro e 1º de janeiro, ele ainda tentou equilibrar seus compromissos na Espanha com seu amor carioca na base do Boeing: cruzou o Atlântico nada menos que seis vezes, numa média de uma travessia a cada dois dias. O coração andava mole, mas o jogo estava duro.

12.

Barcelona, amor e cifrões

[1997]

A paixão pelo futebol na Espanha é diferente do resto do mundo. As palavras "identidade" e "rivalidade" têm um sentido bem mais profundo. Não identificam apenas a escolha de um time e a disputa com os diferentes, mas também escolhas em política e história. A coisa começou na década de 1920, quando a monarquia passou a empregar o futebol como uma arma de identificação com o regime. Para os clubes mais simpáticos à causa, era permitido o emprego do nome "Real"; foi assim que o Madri Futebol Clube se tornou Real Madrid, em 1920. Na esteira vieram outros, como o Real Betis. O próprio Campeonato Espanhol era chamado de Copa do Rei.

Nestes tempos, o Barcelona era uma espécie de delícia dos opositores do regime: popular, anti-centralista, anti-castelhano (a língua do clube era o catalão) — e vencedor. Ganhou praticamente todos os campeonatos dos anos 1920, pagando um preço alto por seu orgulho. Na final da Copa de 1925, os torcedores vaiaram o hino nacional; o time foi simplesmente fechado. Mas o tiro saiu pela culatra: um banco catalão iniciou uma campanha de arrecadação para manter o time, os sócios continuaram pagando mensalidades, os funcionários passaram a trabalhar de graça — e a identificação entre o clube e a autonomia catalã se tornou total. O governo voltou atrás, e o time ganhou a Copa do Rei no ano seguinte.

Com o começo do Campeonato Nacional, em 1929, as diferenças entre os clubes se tornaram ainda maiores. Não se jogavam apenas partidas de futebol: cada vitória merecia hinos, homenagens poéticas, desfiles de cunho político — e tudo isso num clima político que ficava cada vez mais tenso. Com a derrubada da monarquia, em 1936, as relações de poder se inverteram. O Real Madrid, visto como o clube do poder, foi praticamente obrigado a fechar; a suprema humilhação veio quando o clube da capital teve de pedir licença para disputar o campeonato catalão — e viu seu pedido negado pelo Barcelona. A vingança foi forte: o grosso dos madrilenhos se uniu às tropas franquistas. Quando elas tomaram Barcelona, o presidente do clube, Josef Sunyol, foi morto, jogadores e dirigentes presos; no meio da tropa invasora estava Santiago Bernabeu, ex-jogador e futuro presidente do Real Madrid.

No regime franquista, o clube não foi fechado, mas comeu o pão que o diabo amassou. Seu nome em catalão foi trocado por outro em castelhano, as manifestações de autonomia proibidas, as intervenções constantes. Nesta altura, as cores do clube substituíram as da bandeira catalã, oficialmente proibida.

Assim se entende por que o futebol da Espanha não se organizou em clubes com a forma de empresa. Havia por todo lado uma carga de identidades regionais e coletivas fortes demais para serem geridas como simples negócio. Um clube era patrimônio da coletividade, impossível de ser eliminado mesmo por uma ditadura. Além disso, era uma fachada adequada para manter vivos sentimentos que o regime lutava para reprimir. Os clubes espanhóis canalizaram para dentro de si todas estas tensões: o campo de futebol se tornou o lugar onde passaram a ser resolvidas as duras questões de identidade nacional e regional do país. Toda a coletividade sustentava seus clubes, para afirmar seus valores.

Enquanto o Real Madrid se beneficiava de sua forma "nacional" (estava na capital, era a representação de Castela, tinha laços com o poder), o Barcelona se tornou o clube que portava os valores opostos (clube de uma província rica e que prezava sua autonomia, perseguido pelo poder central). Ambos tinham sócios aguerridos, sempre dispostos a investir mais — além de torcedores de uma fidelidade desconhecida no resto do planeta: quase toda a renda dos jogos vinha da venda de bilhetes para a temporada inteira.

Assim, a Espanha se tornou a grande exceção no cenário mundial do futebol. Tinha um campeonato muito atraente, público fiel, dinheiro grosso — mesmo com clubes sem fins lucrativos. Criou-se em torno deles uma fortaleza econômica tão grande que permitia exceções impensáveis em outros lugares. O Barcelona, por exemplo, jamais permitiu publicidade em sua camisa. Não que faltassem ofertas. Mas o clube podia se dar a este luxo porque encarava de frente as grandes potências econômicas do futebol europeu apenas com aquilo que arrecadava com seus sócios.

Esta grande peculiaridade histórica deu muita coisa a Ronaldo: a possibilidade de ser contratado ao PSV, espaço para mostrar seu futebol ao mundo (o Campeonato Espanhol era retransmitido para vários países), um bom salário. Ele conquistou o resto: a paixão da torcida local, a admiração dos amantes do futebol em todo o mundo, um lugar proeminente na sociedade local. Mas, ao mesmo tempo, tornou-se logo um problema. O Barcelona foi o primeiro clube a dar um grande bote na era pós-passe, arrebanhando um craque e mostrando ao mundo uma nova possibilidade. O contrato de Ronaldo logo começou a ser analisado pelos concorrentes internacionais do clube, juntamente com alguns números que o próprio clube divulgava com orgulho.

Um dos números que chamava especialmente a atenção era o resultado das vendas de produtos na loja do Barcelona — um colosso com três mil itens em estoque, e muito freqüentada por sócios que faziam questão de comprar produtos oficiais para ajudar seu time. Logo depois da chegada de Ronaldo, o clube divulgou a informação de que nada menos de 54% do faturamento total da loja se devia a produtos ligados ao centroavante. O item mais vendido nem tinha o emblema do clube: era o boné que o ídolo usava. Os analistas econômicos dos concorrentes somaram este número ao dos ingressos para toda a temporada vendidos, e chegaram rapidamente a uma conclusão: um jogador como Ronaldo não era fonte de despesas, mas antes de lucro. Ele gerava receitas suficientes não apenas para pagar seus altos salários e direitos de imagem, mas ainda para fazer entrar algum nos cofres.

Esta conta foi logo confrontada com as condições contratuais da nova realidade do mercado aberto. No lugar do passe, os clubes passaram a proteger os contratos colocando neles uma cláusula com uma multa rescisória muito alta. Faziam isto porque a operação de investir contra um jogador contratado por outro clube se tornara muito simples sem o passe: bastava depositar o dinheiro na conta do clube e levar o jogador. Com tudo isto, logo descobriu-se o calcanhar de Aquiles do Barcelona: a multa rescisória era de 32 milhões de dólares. O número, que parecia altíssimo no momento da assinatura do contrato, tornou-se uma pechincha depois que se descobriu que o próprio jogador gerava facilmente o dinheiro para pagar a conta.

Menos de um mês depois da chegada de Ronaldo ao clube, veio a primeira oferta para ele sair de lá, feita pelo Milan. Em duas semanas vieram outras de clubes italianos: Juventus, Fiorentina, e a arrependida Inter de

Milão. Quando viram que havia uma lógica na oferta, os clubes ingleses entraram na fila. O Arsenal falou em pagar até mais que os 30 milhões, o Manchester United entrou no jogo. Essas ofertas iam diretamente para o escritório de Reinaldo Pitta e Alexandre Martins, e deram o que pensar. Eles não estavam exatamente interessados em transformar Ronaldo num turista futebolístico, mas sentiram que as coisas precisavam ser rapidamente acertadas com o clube para evitar as tentações — e havia tentação suficiente para fazer qualquer santo cair em pecado.

O próprio presidente do clube, José Luiz Nuñez, sentiu que precisava renegociar o contrato. Não era exatamente de seu agrado refazer aquilo que acabara de fazer, mas ele concordou em conversar com Pitta e Martins. No dia 7 de novembro de 1996 fizeram a primeira reunião. Demoraram muito pouco para concluir que deveriam fazer um novo contrato com prazos maiores, salários melhores — e uma multa alta o suficiente para espantar os pretendentes. Em seguidas reuniões posteriores, chegaram a um primeiro desenho: 60 milhões de dólares seria o tamanho da barreira anti-aventureiros. Mas, à medida que as reuniões foram se sucedendo, Martins notou que não havia nenhuma disposição efetiva do clube para assinar um novo contrato. Nuñez simplesmente concordava em princípio e discordava dos detalhes, marcando uma nova conversa. Antes mesmo do final de novembro, Alexandre Martins já estava dando sinais de exasperação. Numa entrevista para jornalistas espanhóis na saída da conversa do dia 28 de novembro, foi claro: "Se o Barcelona quer jogar pôquer com Ronaldo, um dia vai ver suas cartas". Naquele momento, a idéia foi tratada como um gesto de arrogância.

Mas bastaria um mínimo de sagacidade para se notar que o lado do jogador estava recebendo um estoque de fichas cada vez mais pesado. O primeiro dia de 1997 tornou visível parte delas. Depois de enterrar seu sonho de ver o mundo admirando basquete, o relatório anual da Nike que mostrava a virada de metas tinha o seguinte título: "É o produto, estúpido!". E o produto que realmente permitiria uma nova arrancada da empresa era o futebol. Assim o gigante assestou as baterias para onde mais interessava. Pagou nada menos que 400 milhões de dólares em dez anos para vestir a seleção brasileira de futebol. O contrato, anunciado no final de 1996, entraria em vigor no primeiro dia de 1997.

Havia mais. Camisas de futebol eram um item importante no faturamento da empresa, mas o fundamental estava nos calçados. Para atacar pe-

BARCELONA, AMOR E CIFRÕES

sado neste mercado, a empresa do Oregon já tinha uma tática comprovada: investir num jogador bom o suficiente para ser visto por todo o mundo como o símbolo de excelência naquele esporte, o homem que fazia a diferença. Naquele momento foi realizada uma pesquisa que comprovou o óbvio. Este homem se chamava Ronaldo Luís Nazário de Lima, conhecido naquele momento por 20% mais gente em todo o mundo que o astro Michael Jordan. Melhor ainda, ele usava chuteiras da própria Nike.

Finalmente tinha chegado a hora que Reinaldo Pitta e Alexandre Martins esperavam desde a Copa de 1994, quando decidiram apostar na empresa. Quando a Nike veio procurá-los novamente, eles não eram mais iniciantes em busca de oportunidades, mas sólidos conhecedores de todos os meandros de contratos de imagem. Pediram garantias fortes de venda mínima, mas sobretudo tempo: queriam um contrato de longuíssimo prazo, muito além da previsível duração de uma carreira. Como definiu Alexandre Martins, "um contrato desses é como um seguro de vida para o atleta". Não havia momento melhor para a exigência. Enquanto discutiam os últimos detalhes do contrato, foi divulgada a notícia de que Ronaldo tinha sido escolhido o melhor jogador do mundo no ano anterior. Deveria receber o prêmio numa cerimônia que se realizaria em Lisboa, no dia 20 de janeiro.

Toda esta movimentação de bastidores coincidiu com a divulgação do romance de Ronaldo e Suzana Werner. Não demorou quase nada para ela afetar não apenas o jogador, mas todo o time do Barcelona. Para a maioria dos jogadores, as contas econômicas que envolviam a carreira do centroavante pareciam um mundo de ficção. De tudo que acontecia a seu redor, extraíam apenas a idéia de que se tratava de um privilegiado ganhando favores da diretoria, com um contrato tratado a pão-de-ló enquanto eles amargavam a falta de oportunidades para mexer nos seus. A justa inveja logo gerou seus inevitáveis murmúrios. Ninguém ali sabia o que significava a agenda de um jogador que servia à seleção brasileira.

A agenda de Ronaldo na penúltima semana do ano foi a seguinte: embarcou em Manaus logo após o jogo contra a Bósnia, no dia 19, viajando cinco horas durante a noite. Embarcou no mesmo dia para Madri e fez a conexão para Barcelona, voando mais 12 horas (sem contar a espera no aeroporto). Assim que chegou ao clube, soube que seus companheiros de time tinham feito uma reunião com o técnico, para reclamar dos privilégios concedidos ao jogador. Neste clima pesado, o time entrou em campo no dia seguinte, para jogar contra o Celta. Ronaldo não recebeu bolas, o time perdeu por 1 a 0 e as vaias ficaram para ele. Não teve tempo de reclamar muito, pois saiu do estádio direto para o aeroporto. Cruzou novamente o Atlântico para passar o Natal em casa com a família e a namorada. Estava tão cansado que se distraiu na direção e teve um pequeno acidente de automóvel, em plena noite de Natal.

Ainda assim, embarcou de volta na noite do dia 27, para mais doze horas de vôo. Enquanto esteve no Brasil, os jornais esportivos espanhóis comentavam que havia sido organizado um verdadeiro boicote contra Ronaldo e Giovanni, em protesto contra os altos salários e favores que recebiam. As matérias eram reforçadas por estatísticas mostrando que o número de passes que ele recebia num jogo tinha caído para menos da metade desde a partida com o Real Madrid. O zagueiro Sergi fez uma declaração dúbia: "Ninguém vai perseguir os estrangeiros só porque eles são mais bem tratados que nós". Outra evidência foi levantada: pela primeira vez desde que chegara ao Barcelona, ele ficou quatro jogos sem marcar gols.

Quando desembarcou em Barcelona no dia 27, Ronaldo estava tão cansado que não se lembrava onde tinha estacionado seu carro. Enquanto zanzava pelo estacionamento do aeroporto, era inquirido sobre a crise no elenco — que ia negando enquanto andava. Finalmente achou seu carro, e disparou direto para o clube, perseguido pelos jornalistas enquanto avançava sinais. Ainda assim, chegou atrasado ao treino. Os demais jogadores protestaram contra a falta de pontualidade, e o treinador o puniu obrigando-o a um treino extra no dia 2 de janeiro.

Só então Ronaldo protestou. Disse que estava sendo tratado não como um jogador importante para o time e, por isso mesmo, com uma agenda sobrecarregada, mas como um moleque irresponsável. Apesar da queixa, teve de pagar uma multa de 2 mil dólares pelo atraso na chegada ao treino. Fez o treino extra, e saiu dele direto para o aeroporto. Voou novamente para o Rio, passou o Réveillon com Suzana, voltou para o aeroporto e embarcou de volta para Barcelona. Na volta se queixou: "Aqui todo mundo está do lado de casa, e pode aproveitar tranqüilamente as folgas com a família". O técnico Bobby Robson simplesmente retrucou que tinha sido má idéia passar a folga no Rio de Janeiro. Robson dirigiu um estranho treino. Apenas três jogadores, os três estrangeiros, estavam no campo: Ronaldo, Giovanni e Amunike. Na beira do gramado, 13 jornalistas cobriam o estranho evento. Quando Robson chamou Ronaldo para correr, ele deu o sorriso mais cínico que conseguia antes de obedecer a ordem.

A guerra estava declarada. Ronaldo tinha um motivo muito especial para estar no Rio de Janeiro: Suzana Werner estava começando a contemplar a hipótese de largar sua carreira de atriz e modelo, que lutara tanto para construir, e acompanhar o namorado na Espanha. Mas como nada disso interessava a companheiros ressentidos, o técnico foi colocado entre a cruz e a caldeirinha. Condenava seu craque em público, enquanto tentava um arranjo por baixo do pano para acertar as coisas. Enquanto isso não aconteceu, Ronaldo passou a acrescentar 24 horas de vôo a seus dias de folga.

A resposta dos companheiros foi ainda mais dura. No dia 7 de janeiro, Ronaldo teve um dia cheio: recebeu a notícia de que tinha sido eleito o melhor jogador do ano pela Fifa — o que significava dar dezenas de entrevistas para a imprensa. No meio da correria, Ronaldo perguntou ao búlgaro Stoichkov sobre o horário do treino do dia seguinte. Ele deu a hora. Quando chegou no clube, percebeu que tinha sido vítima de um trote: estava uma hora atrasado. Era o presente dos companheiros para o craque do ano.

Se a raiva quanto aos privilégios era grande, tornou-se ainda maior no dia 15 de janeiro, quando a Nike anunciou a assinatura de um contrato que garantia um mínimo de 1,5 milhão de dólares anuais para o jogador por toda a sua carreira e mais dez anos. Além disso mostrou o primeiro par da chuteira Mercurial, que seria o produto top da empresa em futebol. Era, simplesmente, o melhor contrato de imagem de todo o mundo do futebol. Para todos os jogadores, tinha um significado bem maior que o dos números: mostrava quem estabelecia o padrão, quem tinha o objetivo a ser alcançado.

Até aquele dia, o Brasil tinha produzido alguns dos melhores jogadores de futebol do planeta. Mas jamais tinha permitido que um deles se tornasse não apenas o homem a ser um modelo em campo, mas também fora dele. A única breve exceção tinha sido Pelé, quando foi jogar no Cosmos de Nova York; ele chegou a ter um excelente contrato — era um dos melhores do mundo, mas não podia ser imitado onde se levava o profissionalismo a sério. Nos anos 1980, nem mesmo os maiores craques brasileiros conseguiram ter contratos sequer próximos aos das estrelas locais. Quase todos jogaram em times pequenos. Mesmo os que escapavam à regra como Romário — também eleito jogador do ano — recebiam menos que os astros locais. Num futebol em que a tensão com estrangeiros era permanente, Ronaldo conseguiu se transformar na grande exceção. Em menos de dois anos, ele chegou ao topo profissional no mundo. Era não apenas o melhor em campo, mas o modelo fora dele. Devia isso a ele mesmo, mas certamente não chegaria aonde chegou se não tivesse a seu lado a família e os dois empresários. O contrato assinado aos 13 anos, que indicava seu caminho, não era apenas uma promessa vazia. Era também um prenúncio, uma obra adequada à realidade dos anos 1990.

No dia 21 de janeiro de 1997, Ronaldo estava na capa de todas as revistas esportivas do planeta, recebendo seu prêmio. Uma semana depois, o peso da escolha e do contrato com a Nike parecia ter dissolvido os problemas do time. O Barcelona enfiou 6 a 0 no Rayo Vallecano, com três gols de Ronaldo. Continuou marcando nos próximos dois jogos. Então o problema voltou, com toda força.

O Barcelona não tinha jogo no final de semana do carnaval. Ronaldo tinha folga, e aproveitou para viajar de novo ao Rio de Janeiro. Desfilou pela Beija-Flor, e viu um pedaço do desfile no camarote da Brahma, seu patrocinador. Estava feliz ao lado de Suzana Werner, e mais feliz ainda pelos aplausos das arquibancadas, dos fãs de sua cidade que só podiam ver seus jogos na televisão. Mas as fotos da dupla no desfile foram publicadas com textos para lá de agressivos. No *Sport* se lia: "As fotos são um insulto para qualquer pessoa ligada ao Barcelona. O clube está em meio a uma crise, enquanto o jogador desfila. É inimaginável que ele tenha recebido uma permissão para ir ao Brasil quando na próxima semana há um jogo importante. Como ficam a disciplina e a imagem do clube? O que as pessoas vão pensar da noitada?".

Obviamente, tratava-se de puro preconceito. Para começar, uma visão estereotipada do carnaval brasileiro como uma festa devassa, algo que faz alguém perder o controle — como se Ronaldo tivesse participado de uma orgia ou algo do gênero. Por que um desfile romperia a disciplina e a imagem do clube? Unicamente considerando-se o carnaval como uma imoralidade, da qual o jogador faria parte. Os próprios colegas de time se encarregaram de amplificar a idéia, condenando a direção do clube. O zagueiro Amor falou ainda que ele não deveria ficar quatro dias sem treinar. Nenhum deles, claro, aceitaria qualquer espécie de reparo moral ou pergunta sobre aquilo que faziam em seu tempo de folga, as festas aonde iam, os namoros que tinham. Ronaldo tinha viajado com permissão do técnico e da diretoria — que roeram a corda e criticaram o jogador.

BARCELONA, AMOR E CIFRÕES

Quando desembarcou em Barcelona, havia uma turba de jornalistas esperando para repercutir as críticas. Ronaldo os enfrentou: "É perfeitamente normal para um jogador viajar para seu país. Quanto ao carnaval, por que perderia a chance de desfilar? Sou um trabalhador como outro qualquer no clube, e não tenho por que comentar a decisão da diretoria de me dar uma folga".

Toda aquela confusão podia ser entendida. Ronaldo estava ditando o padrão profissional, mas também pagando o preço de ser um pioneiro. A rigor, ele tinha um jornada de trabalho muito maior que a de seus colegas de time. Treinava e jogava com eles. Mas gastava muito mais tempo atendendo a imprensa — não apenas nas saídas de treino, como os outros, mas tendo de manejar pedidos de entrevista e reportagens vindas do mundo inteiro. Afora isso, tinha problemas de negócios futebolísticos que os outros jogadores mal imaginavam naquele momento: analisar propostas de clubes, acertar detalhes contratuais com o próprio Barcelona. Mais ainda, tinha uma outra agenda de trabalho derivada de seus contratos de venda de imagem. No dia em que desfilou, estava também trabalhando, ao passar pelo camarote da Brahma. Precisava analisar roteiros de campanhas publicitárias, estar à disposição para fotos e filmagens. Para completar, havia toda a carga social ligada ao próprio clube — que sugeria a presença do jogador em cerimônias que iam de competições esportivas à inauguração do restaurante do amigo do diretor.

A própria novidade de sua situação, na qual além de jogador e relações-públicas de empresa era sócio nos negócios do clube, não era ainda um fenômeno bem compreendido pela própria diretoria do Barcelona. Certamente os dirigentes estavam muito satisfeitos com as vendas de material na loja, com o estádio lotado — e com a montanha de dinheiro que Ronaldo ajudava a despejar no caixa. Mas, contraditoriamente, vendiam para os demais jogadores do time a idéia de que tratariam seu tesouro como qualquer um no plantel. O Barcelona tinha muito de profissionalismo — mas também alguma coisa de um clube amador. Seus dirigentes acreditavam que o sucesso de Ronaldo se devia mais ao clube que ao próprio jogador. E a prova maior de que pensavam assim estava na maneira como tratavam os empresários que renegociavam o contrato. No fundo, achavam que havia ali apenas exagero e ganância, não um problema de fundo. Arrastavam as coisas com a barriga, enquanto pressionavam Ronaldo para aturar sozinho todas as exigências extras de sua posição nos negócios do Barcelona. Não pensavam que realmente os tempos tinham mudado após o caso Bosman — confiavam que tudo se ajeitaria sem custos extras por causa da posição do clube.

Nem mesmo os gols pareciam mais suficientes para este plano. Na primeira partida depois do carnaval, Ronaldo fez três gols no Zaragoza. Dois dias depois, Alexandre Martins deu uma entrevista dizendo, pela primeira vez, que Ronaldo poderia deixar o clube ao final da temporada, já que estavam há quatro meses sem obter avanços nas conversas sobre o novo contrato. A resposta da diretoria foi direta: um aviso para os empresários "deixarem de brincar com o clube". Nesta altura, mais três times entraram na lista dos pretendentes pelo passe. O Tottenham inglês, o Paris Saint-Germain e o Bayern de Munique. Todos faziam propostas em público — e era preciso ser quase um cego para não ver que havia razões para tanto interesse de tanta gente.

Quando menos, bastava olhar para o campo. Ronaldo fez três gols contra o Atlético de Madri na semifinal da Copa do Rei. O time, que estava perdendo por 3 a 0, virou no final para um sensacional 5 a 4. Mais uma semana, e faz o único gol na partida contra o AIK da Suécia, levando o time para a semifinal da competição. Em meados de março ele tinha feito 23 gols no Campeonato Espanhol (era o artilheiro isolado), 3 na Recopa, 4 na Copa do Rei, 3 na Supercopa européia. Ao todo, 33 gols em 33 partidas, com a exata média de um por jogo.

E, se não fosse o campo espanhol, havia ainda o brasileiro. Depois de três anos longe da seleção, o grande Romário aceitou voltar a jogar — depois de 1994, achou que sua época deveria acabar com o título —, para formar uma dupla de ataque com Ronaldo. No primeiro jogo dos dois, contra a Polônia, eles fizeram tabelas, deram passe de calcanhar, dribles de todo tipo. A galera delirou como há muito não se via, na vitória por 4 a 2 sobre a Polônia. Dois de Ronaldo, dois de Giovanni. No jogo seguinte, contra o Chile, foram dois de Ronaldo e dois de Romário, na goleada por 4 a 0 em Brasília.

Não era de se espantar que, neste momento, surgisse mais um interessado, a Lazio, cujo presidente dava entrevistas dizendo que providenciaria para o jogador tudo o que o Barcelona lhe negava. Ronaldo era entrevistado sobre todas as propostas — e não podia deixar de dizer que era profissional e tinha de pensar no futuro. Nesta altura, o presidente José Nuñez mandou um recado duro: se algum clube viesse com dinheiro, levava o jo-

BARCELONA, AMOR E CIFRÕES

gador. E o técnico Bobby Robson completou a tabela, dizendo que toda a confusão se devia apenas à ganância excessiva dos empresários.

A partir daí, Ronaldo combinou uma nova estratégia com Pitta e Martins. Iria cuidar apenas do futebol e dos problemas com os companheiros, e deixar o assunto do contrato nas mãos deles. Disse e fez. Passou a oferecer churrascos em sua casa para os jogadores, tentando recriar o clima de união que a diretoria não conseguia obter. O time tinha momentos importantes pela frente, com as finais da Copa do Rei e dos torneios europeus. Tinha ainda remotas chances de recuperar a liderança perdida para o Real Madrid no campeonato nacional.

Ele fez tudo que foi possível, e conseguiu muita coisa. Mesmo em meio a uma tensão cada vez mais evidente entre seus empresários e o clube, passou a arrancar vitórias importantes em campo. No Campeonato Espanhol, fazia gol atrás de gol; mesmo antes do final da temporada, já tinha batido o recorde absoluto de um goleador do time na competição, que perdurava desde 1943. Fez o único gol da partida contra o Real Madrid em Barcelona, mantendo vivas as chances do time no campeonato. Ajudou o time a eliminar a Fiorentina fora de casa e se classificar para a final da Recopa. Na partida decisiva, contra o Paris Saint-Germain, fez o gol que deu o título ao time. Barcelona foi ao delírio, e ele carregou a taça no desfile que parou a cidade.

Só então, no final de abril, o clube resolveu se dar ao trabalho de apresentar uma proposta efetiva para manter o jogador. Nesta altura, já circulavam por todo lado informações de que clubes da Itália estavam muito mais avançados nos contatos. Lazio e Inter de Milão disputavam duramente a atenção dos empresários que o Barcelona espezinhava o tempo todo. Não apenas ofereciam mais dinheiro, como queriam colocar em contrato todo o necessário para que Ronaldo pudesse desempenhar sua dupla função de jogador e administrador de sua imagem. Ofereciam dias livres para contatos de negócio, parcerias mais vantajosas na venda de produtos. Também admitiam incluir patrocinadores do jogador no negócio — leia-se, flertavam com a Nike (um outro assunto que o Barcelona se recusava a pensar como importante).

Quando Nuñez se mostrou disposto a um acordo efetivo, tanto Pitta como Martins já estavam saturados dele. Foi preciso que Ronaldo interviesse no assunto, exigindo que os dois fizessem todo o possível para ele ficar. Gostava da cidade, gostava da torcida espanhola, gostava do clube. Tinha tudo para fazer uma carreira ali. Pitta e Martins, ainda que a contragosto, entraram numa nova rodada de conversações. Partiram exatamente do ponto que tinham acertado cinco meses antes: elevação da multa contratual para 80 milhões de dólares e aumento dos salários para algo em torno dos 3 milhões de dólares. Mas agora as conversas eram diferentes, porque os empresários de Ronaldo já tinham muitos pontos acertados tanto com a Lazio como com a Inter de Milão. Foi só então que o presidente do Barcelona percebeu que as centenas de notícias sobre a venda tinham significado real — não eram simples blefes.

A esta altura, sua proposta era bastante amadora. Não porque fosse ruim, mas simplesmente porque os concorrentes não ficaram parados durante um ano. Em meados de 1996, o Barcelona parecia o clube a melhor aproveitar a situação criada pelo caso Bosman. Um ano depois, no entanto, tinha pouquíssimo tempo para correr atrás do prejuízo. Nuñez tinha acordado tarde demais. Simplesmente, não tinha respostas para as muitas questões colocadas por Pitta e Martins. Depois de desdenhá-los por um ano, descobriu que eles eram realmente profissionais.

Vendo-se meio perdido, resolveu apelar diretamente para Ronaldo. No dia 8 de maio, nas vésperas da decisão da Supercopa, fez uma longa reunião com o jogador. Mas, a rigor, tinha pouco de substantivo a oferecer. Na saída, só tinha argumentos paternalistas para fornecer à imprensa. Falou coisas do tipo "Todo jogador que sai do Barcelona se arrepende" ou "Aqui ele não vai ter problemas como Maradona com drogas". Mas idéias como estas eram, naquele momento, absolutamente frágeis para convencer o jogador a não se mudar para a Itália.

No dia 25 de maio de 1996 ele jogaria contra o Deportivo La Coruña. A própria imprensa espanhola já dizia com todas as letras que aquela seria, possivelmente, a última partida do jogador no time. O campeonato ainda teria mais três rodadas, mas ele tinha sido convocado para a seleção brasileira. Ali, para o Nou Camp lotado, ele exibiu mais uma vez sua marca: no último minuto, deu uma arrancada, driblou três zagueiros e fez o único gol da partida. Depois partiu para Oslo, onde o Brasil jogaria contra a Noruega.

Estava visivelmente agoniado. Pelo telefone (com Zagallo reclamando o tempo todo), ele instruía Pitta e Martins para ainda insistirem num acordo. Mas era tarde demais. A proposta do Barcelona envolvia riscos fiscais de todo tipo (basicamente, o clube só conseguia pagar em paraísos fiscais, deixando para o jogador a grande chance de ser autuado pelo fisco espanhol). Na noite do dia 29, Ronaldo jogou a toalha. Autorizou Pitta e Martins a dizerem "sim" à Inter de Milão, que tinha caminhado enquanto o Barcelona ficava parado.

A partir deste momento, foi só tristeza. Ronaldo chorou a noite inteira. Adorava Barcelona e o futebol espanhol. No dia seguinte jogou mal, e o Brasil perdeu da Noruega por 4 a 2. Enquanto isso, o simples depósito de um cheque confirmava o fim de sua carreira espanhola. Nesta altura, toda a imensa torcida do time, que confiava na direção do clube, percebeu o tamanho da besteira dos dirigentes. Na antepenúltima rodada do campeonato, com o jogador de futebol Pizzi no lugar de Ronaldo, o time perdeu por 2 a 1 do Hércules, antepenúltimo colocado, e deu adeus ao título. Para desviar a atenção do erro, o presidente do clube fez o de sempre: chamou o jogador profissional de mercenário (um mercenário que colocou 10 milhões de dólares nos cofres do clube apenas com o dinheiro da venda, na qual o Barcelona teve um lucro de 50% em um ano), e disse que ia tentar anular a contratação na Fifa. Eram palavras vãs. Para ver Ronaldo brilhar, os espanhóis teriam de ir a Milão.

13.

Milão,
concentração e liderança

[1997-1998]

O contrato com a Inter tinha tudo aquilo que realmente caracterizava um jogador como o melhor do mundo. Ronaldo passava a receber o maior salário do planeta: 5 milhões de dólares anuais. Ganhava o direito contratual de empregar a situação de melhor jogador do mundo fora de campo: havia a previsão de dias de folga no time que pudessem ser dedicados ao trabalho de explorar sua imagem. Isto permitiu que o jogador logo assinasse mais dois contratos importantes: um com a Pirelli, que era patrocinadora e acionista do próprio time, e outro com a Parmalat. Com esses contratos, mais os da Brahma e da Nike, os salários se tornavam a parte menor de seus rendimentos. O jogador passou a aparecer em campanhas publicitárias globais que, além do dinheiro, ajudavam a tornar seu nome ainda mais conhecido em todo o mundo.

Era um bom negócio tanto para o clube como para o jogador. Antes de comprar Ronaldo e aceitar a exigência de lhe dar uma situação especial para trabalhar com publicidade, a Inter havia feito algumas contas cuidadosas. Ao todo, os gastos com a contratação atingiriam a monumental cifra de 101 milhões de dólares em nove anos. Mas havia o lado das receitas para pagar tudo isto. Só o anúncio da chegada de Ronaldo gerou um aumento na venda de carnês para toda a temporada do clube nunca visto antes. Para a temporada de 1996, o time tinha vendido 16 mil pacotes. Antes do primeiro jogo da temporada de 1997, os torcedores compraram 51 mil carnês; ao todo, eram 867 mil lugares a mais pagos no estádio, antes do jogador chutar a primeira bola. Este aumento de público atraiu patrocinadores: em pouco tempo, a Inter fechou contratos publicitários extras no valor de 66,5 milhões de dólares. Na semana da chegada do jogador, 35 mil pessoas foram comprar a camisa 9 na loja do clube — e o movimento continuou na base das 5 mil camisas semanais ao longo do tempo. Para resumir, a conta indicava uma receita de 222 milhões de dólares com o jogador ao final do contrato. A expectativa, portanto, era de um retorno de 119% sobre o dinheiro investido.

Esta era a nua e crua realidade do futebol globalizado: tudo se media em números. Ronaldo tornou-se o jogador mais valorizado do mundo porque entendia não apenas a linguagem da bola, mas também esta linguagem de números. Ele tinha apenas sete anos de estudos formais, mas estava sendo capaz de se colocar numa situação que até mesmo dirigentes do futebol europeu tinham dificuldade de entender. Colocou para si mesmo um desafio até então reservado apenas aos esportistas profissionais dos Estados Unidos: fazer coincidir a melhor avaliação técnica com os melhores resultados financeiros. Mais ainda, tinha tal desafio pela frente com apenas 20 anos de idade. O exemplo mais próximo que podia encontrar era do golfista Tiger Woods, que chegou a esta situação aos 21 anos. Mas, obviamente, sua tarefa era bem mais complexa que a de um praticante de esporte individual. A lista das habilidades necessárias para lidar com a situação e o tipo de pressão que encontraria eram muito maiores.

Em primeiro lugar, havia uma diferença de *background* cultural. A distância percorrida de Bento Ribeiro ao topo tinha sido muito maior que a de qualquer outro esportista. Todo o instrumental que ele teve a seu dispor foi a família e seus empresários. Ronaldo não era fruto de um programa cuidadoso de preparação para a profissão — como foi, por exemplo, o caso de Michael Jordan na universidade da Carolina do Norte, onde contava com apoio para desenvolver suas habilidades e conselhos para a vida profissional que viria. Não tinha pais bem informados sobre a realidade do esporte profissional, como Tiger Woods. Não trabalhava num ambiente altamente profissionalizado como o dos Estados Unidos — nem mesmo a diretoria do Barcelona sabia lidar com esta situação, quanto mais os jogadores e a imprensa. Vinha de um país onde o amadorismo era considerado o padrão, e as condenações à "mercantilização do esporte" ou à "ganância dos empresários" eram a regra.

Este foi um poderoso conjunto de obstáculos extras a serem vencidos na corrida até o topo — e tais obstáculos seriam muito mais difíceis de vencer depois que ele chegou lá. Na realidade dos esportes profissionais dos Estados Unidos, a junção entre desempenho esportivo e receitas pessoais era vista como algo natural e corriqueiro. Mesmo no mundo do futebol europeu as coisas não eram bem assim: não havia quem achasse a situação do jogador não apenas uma loucura econômica sem nexo, como também uma realidade a ser moralmente condenada. No Brasil, então, esta era a norma.

Assim, aos 20 anos, Ronaldo tinha de provar ao mundo não apenas que era o maior jogador de futebol do planeta, mas ainda que o fato de ganhar dinheiro com isto não significava uma aberração moral. Centenas de vezes teve de responder uma pergunta: tanto dinheiro não viraria sua cabeça? Sua resposta era invariável: "Dinheiro não tem nada a ver com felicidade. Quando eu era pobre, era feliz". Trata-se de um chavão, obviamente: frase típica de quem tem dinheiro. Naquele momento, Ronaldo tinha bem mais dinheiro do que aquele com que podia sonhar havia apenas quatro anos, quando ainda era um juvenil do São Cristóvão. Certamente, gastava com prazer parte do que ganhava. Mas o chavão tinha também algo de verdadeiro: ao contrário da imensa maioria dos jogadores jovens que viviam algo parecido, jamais a fruição dos prazeres do dinheiro dominou sua vida.

Desde a compra do forro para o sofá da sala de sua casa em Bento Ribeiro, ele mostrou uma real capacidade de separar ganhos de gastos. Num primeiro momento, porque tinha um objetivo coletivo na frente de seus desejos individuais: jogar futebol para melhorar a vida da família. Desde a transferência para o PSV, no entanto, seus ganhos estavam acima das exigências para cumprir tal objetivo — e nem assim sua relação com o dinheiro mudou. A partir de então, ele passou a empregar um outro chavão, este bem mais refinado. Quando perguntado sobre a diferença entre ser rico e pobre, às vezes respondia: "Quatro milhões de dólares é melhor que dois milhões, porque garante mais futuro". A concordância gramatical precária não esconde o essencial: não se tratava de ganhar mais dinheiro para gastar, mas para guardar.

Esta dose de realismo no trato com o dinheiro era uma marca distintiva importante. Ela separou Ronaldo do universo daqueles que viam o dinheiro ganho no futebol como uma realidade imediata, a ser transformada rapidamente em tudo o que a imaginação pudesse desejar. E não houve quantidade de dinheiro capaz de modificar este modo de pensar. Ele não fazia loucuras com dinheiro, não perdia de vista outros objetivos por causa dele. Está bem: nada disso convencia alguém que não acreditasse na possibilidade. Se era assim, afinal, por que então lutar tão duramente para ganhar mais dinheiro?

Duas respostas óbvias. Primeiro, porque ele gerava dinheiro. Na verdade, o que Ronaldo estava fazendo era absorver para si mesmo a maior parte possível do dinheiro que chegava aos cofres de muita gente por sua causa. Ele teve a imensa sorte de explodir exatamente no momento em que os negócios em torno do futebol conheciam uma expansão absolutamente incomum — mas teve o mérito de construir o caminho pelo qual parte deste dinheiro chegou a seus bolsos. Aqui estamos falando de mérito empresarial, não esportivo. Fora dos Estados Unidos, raramente as duas coisas coincidiam. Mas, desde cedo, Ronaldo e seus empresários estavam enxergando o alvo que tinham atingido. Esta era uma das características mais intrigantes de sua carreira: como este alvo tinha sido enxergado por um ex-operador de mesa de câmbio, um ex-dono de indústria química, um pai que tinha medo de ter um carro, uma mãe com cinco anos de estudo — e um garoto de 14 anos? Como se vislumbrou tudo isto na rua Figueira de Mello, num estádio decadente? A resposta é difícil — mas o fato é que o grupo tinha chegado lá.

A segunda resposta é mais sutil. A rara posição de jogador mais bem pago do mundo era fundamental para que Ronaldo pudesse atingir a posição de melhor jogador dentro de um clube europeu. Em outras palavras, dinheiro era uma forma de respeito para sua qualidade de jogador. Neste ponto, os exemplos do Barcelona e do PSV eram claríssimos. No clube holandês, ele era tratado como um estrangeiro qualquer: alguém necessário, mas que não devia apitar em assuntos que não lhe dissessem respeito. Jamais teve o direito a palpitar sobre tática, nem o tratamento futebolístico adequado a seu papel de jogador que carregava o time nas costas. No Barcelona, toda a disputa com os demais jogadores e a diretoria dizia respeito exatamente a isto. Tanto uns como outros, além da imprensa, esperavam que ele fizesse a diferença em campo. Mas ninguém queria admitir diferenças fora dele. As brigas dos jogadores contra seus "privilégios", o descaso da diretoria com relação ao contrato eram formas de expressar a idéia de que ali Ronaldo seria apenas mais um.

Na Inter não haveria nada disso. Desde o primeiro dia, Ronaldo foi posto na situação da pessoa capaz de não apenas ter um desempenho individual importante, mas de alguém que iria levar o time a um outro patamar. Se no PSV era apenas mais um jogador, e no Barcelona se julgava que o clube não precisava de um jogador especial, em Milão ele era a peça fundamental para transformar um time apenas mediano num campeão. A imensa distância entre uma coisa e outra foi claramente definida na época por Dunga, experiente capitão da seleção brasileira: "Ronaldo sabe jogar para si mesmo, mas ainda não sabe fazer todo o time jogar. Todos fazem festa para quem marca gols, mas se esquecem de que a bola só chega lá porque todo o time colabora para isso". Em Milão, Ronaldo iria enfrentar pela primeira vez o desafio de ser não apenas o melhor, mas aquele que faz todos ao redor melhorarem.

Esta é a maior diferença entre um esporte individual e outro coletivo. No primeiro caso, basta o primeiro estágio para o estrelato completo. Quem chega ao topo por sua conta já começa a competir com a história, a firmar suas lendas — e tudo depende apenas de si mesmo. No futebol ou no basquete as coisas são diferentes. Quem chega ao topo precisa trazer mais gente atrás de si, ou nada feito. Nada mais claro a este respeito do que Michael Jordan. Assim que chegou ao Chicago Bulls, em 1984, tornou-se o cestinha do time — e eventualmente de toda a liga. Mas só começou a ganhar respeito, de fato, sete anos depois, quando seu time ganhou o primeiro campeonato. Entre uma coisa e outra, Jordan teve de batalhar duramente para ir formando o time campeão. Neste tempo todo ele participava de seleções — mas as atenções maiores ficavam voltadas para os times que ganhavam.

Fazer um time jogar é uma tarefa que não depende apenas de desempenho, mas de uma liderança que só se adquire com o tempo. Pelé foi considerado o melhor jogador do mundo desde muito cedo. Mas no Santos, o líder incontestável em campo era Zito — e depois dele, Carlos Alberto. Somente no final de sua carreira assumiu o comando da situação. Na seleção brasileira, quem mandava no time, até 1962, eram Didi e Nilton Santos, veteranos da Copa de 1954. Pelé só se tornou uma das vozes de liderança — espaço dividido com Gérson e Carlos Alberto — no México, em 1970.

Por isso, o desafio era imenso para um jogador de apenas 20 anos. Ronaldo tinha plena consciência disto, e estava disposto a fazer todos os esforços em campo. No lugar do jogador que precisava enfrentar técnico e time em busca de espaço, como em Barcelona, logo se viu um outro comportamento. Desde o primeiro momento, ele estava focado no essencial: encontrar o caminho para um título. Não era exatamente um caminho fácil, como viu no dia em que pisou pela primeira vez na cidade. Mal conseguiu chegar à sede do clube, tal o congestionamento provocado por torcedores que se dirigiram para lá, em busca de um simples aceno do ídolo. Mas depois de aparecer numa janela e ser ovacionado pela torcida, ele foi direto ao ponto na entrevista à imprensa: "A torcida da Inter é alegre, mas exigente. Vou tratar de dar títulos a ela".

Bastaram os primeiros amistosos da pré-temporada para ele perceber o tamanho da dificuldade que teria pela frente. Na primeira partida em que jogou o tempo inteiro, contra o Pisa, fez o único gol do time na vitória por 1 a 0. No dia seguinte, viu nos jornais uma série de críticas negativas à atuação da equipe — a maioria delas sensata. Diziam que ele jogou bem, mas que o time não mostrava ainda qualidades para ganhar um campeonato. Perguntado sobre o assunto, respondeu com sensatez: "Aqui na Itália realmente se respira futebol".

Mas logo descobriu que seu problema seria respirar em campo. Fazer gols na Holanda e na Espanha era quase uma brincadeira de criança se comparado com a Itália. A grande contribuição dos italianos para o futebol foi a invenção do *catenachio*, o cadeado: uma defesa fechada e eficiente, com marcadores agindo em coordenação. Receber uma bola livre já exigia algum esforço; driblar o primeiro marcador não significava nada, pois sempre havia um outro em seguida — no caso de Ronaldo, mais dois ou três. Nenhum deles se importava em ser violento. O próprio Ronaldo descreveu o processo das defesas italianas numa entrevista: "Eles começam cercando, depois grudam, e se puder esmagam. Todo o tempo de todos os jogos há pelo menos três jogadores de olho em mim. Como sou rápido, às vezes consigo escapar. Mas, na maioria das vezes, um deles fica com a bola". Ele se esqueceu apenas de um detalhe: isto era assim quando as coisas davam certo para os defensores. Quando não, havia ainda o recurso da falta, aplicado com denodo.

Na primeira partida que jogou fora de casa — e era um simples amistoso de pré-temporada contra a Roma —, Ronaldo teve o primeiro contato direto com a força defensiva italiana. Dominou uma bola, com Aldair na sua cola; driblou-o e recebeu um carrinho por trás. No fim do jogo, fez uma declaração pensando no campeonato: "Espero que os juízes aqui saibam conter o jogo violento quando os jogos forem para valer". Não bastasse isso, falou aos torcedores como o responsável pelo destino da partida: "Quero pedir desculpas aos torcedores da Inter por meus erros de finalização. Perdi oportunidades que não podia, e espero não perdê-las no campeonato".

MILÃO, CONCENTRAÇÃO E LIDERANÇA

Se ele queria pressão, ela vinha. No primeiro jogo para valer, com a casa lotada, a Inter suou para ganhar do Brescia por 2 a 1, dois de Recoba. Os jornais disseram que ele não mostrou ser o melhor do mundo — e o próprio presidente do clube falou que tudo precisava melhorar, se é que havia alguma ambição ali. A bronca valeu. Na segunda partida, fora de casa, a Inter ganhou do Bolonha por 4 a 2, e Ronaldo fez o seu primeiro gol no torneio, o terceiro do time. Nesta altura, o argentino Batistuta já tinha feito 5 e liderava a artilharia. Na partida seguinte, os dois se encontraram frente a frente, e cada um fez o seu — mas a Inter ganhou por 3 a 2, assumindo a liderança isolada do campeonato, coisa que não acontecia havia muitos anos. Isto era o que se esperava de Ronaldo. A confiança aumentou no jogo seguinte, quando ele fez dois na goleada de 5 a 1 contra o Foggia, para delírio do San Siro lotado. Como prêmio, o técnico do próximo adversário, a Lazio, prometeu ao menos dois marcadores colados nele o tempo todo — e conseguiu arrancar um empate, que não ameaçou a liderança do time.

Além de ficar na frente no campeonato nacional, a Inter estava progredindo na Copa da Itália. Nesta disputa, num jogo contra o Piacenza, Ronaldo fez, pela primeira vez na Itália, três gols numa única partida. No segundo deles, mostrou seu estilo: foi buscar uma bola no meio do campo, depois driblou os cinco beques adversários, tocando no canto esquerdo do goleiro. Depois de ver um gol assim na Itália, onde tudo se faz para evitar tal obra, não apenas as críticas diminuíram como a imprensa já começou a se comportar como a espanhola no ano anterior: promovia os primeiros concursos para leitores apontarem o melhor apelido para o craque. Datam de outubro os primeiros registros da expressão "Il Fenomeno".

O emprego da alcunha foi se multiplicando numa realidade em que o desempenho do time era superior ao resultado individual do jogador: a Inter seguia líder, mas andava difícil para Ronaldo vencer as duras defesas que encontrava pela frente — todas preparadas para pará-lo de qualquer maneira. Na falta de espaço para os gols normais, ele começou a tentar os difíceis. No dia 2 de novembro, garantiu a vitória contra o Parma batendo uma falta, coisa que não era sua especialidade. Mas passou a assumir a responsabilidade e manteve acesa a chama da liderança e sete rodadas de invencibilidade. Nesta altura, o time começava também a progredir na Copa da Uefa, eliminando quem aparecia pela frente; nesses jogos, Ronaldo era caçado com uma violência ainda maior que na Itália; contra o Strasbourg, saiu de campo na maca, depois da pancada de um zagueiro exatamente sobre o seu joelho direito — e isso com a Inter perdendo por 2 a 0.

Como era o esteio do time, estava de volta no domingo, para enfrentar o Milan no clássico da cidade. Fez um gol no empate por 2 a 2, e no fim de um jogo tumultuado falou o que todos estavam pensando — mas jamais falam na Itália: "Estamos sendo prejudicados pela arbitragem". Pelo que disse, foi ameaçado de suspensão; naquele momento, muitos acharam que era uma acusação desabusada, ainda mais partindo de um jogador do time líder e invicto. Ronaldo foi aconselhado a ficar quieto e tratar de fazer sua parte — o que fez na quarta-feira com um dos gols que garantiram a passagem para uma nova fase da Copa da Uefa.

A maior prova de que ele estava carregando o time nas costas veio em seguida. Convocado para a seleção brasileira, desfalcou a Inter na décima-terceira rodada e o time perdeu a invencibilidade no jogo contra a Udinese, ficando apenas um ponto na frente da Juventus de Turim. Um colega de time, Aron Winter, notou o quanto fazia falta a todos o novo líder da equipe: "Jogar com Ronaldo no time é outra coisa. Você entra em campo, e já dá para ver a cara assustada dos adversários. Ele encosta na bola, e todos sentem o perigo no ar. E olha que dá para jogar a bola para ele com ou sem espaço, que o perigo é o mesmo. Enquanto todos se preocupam com ele, sobra espaço para os outros. Uma coisa que pouca gente tem notado é o quanto ele consegue de chances para todo o resto do time". Ronaldo estava conseguindo se tornar a peça fundamental da Inter.

Isso acontecia numa época especial: os últimos jogos do ano, época da definição dos títulos de melhor jogador do ano. E no ano de 1997, toda a Europa foi unânime com relação a Ronaldo. Ele foi o primeiro estrangeiro a ganhar a Bola de Ouro, escolhido pelos jornalistas esportivos com quatro vezes mais votos que o segundo colocado. Era de novo o mais cotado para receber o título da Fifa de melhor jogador. Com apenas 21 anos, se vencesse seria o primeiro a ser agraciado com o prêmio máximo do esporte por duas vezes seguidas.

Mas, ao contrário do ano anterior, nada disso apareceu muito. Desta vez teve um final de ano discreto. Voltou da Arábia, onde estava com a seleção, para dois dias de Rio de Janeiro — e embarcou de volta para treinar antes do Réveillon. O primeiro jogo do ano seria decisivo: encarar a Juventus. Tão decisivo quanto o jogo foi o que Ronaldo fez. O único gol da partida aconteceu aos 2 minutos do primeiro tempo, quando ele driblou dois zagueiros e serviu a Djorkaeff. A liderança isolada valia mais que um gol. Naquela altura do campeonato, era apenas o sexto colocado na lista dos artilheiros.

Este comportamento deu um novo sentido à vitória do dia seguinte. Com 480 pontos, contra apenas 65 do segundo colocado — o também brasileiro Roberto Carlos —, ele foi eleito o melhor jogador do ano em todo o mundo. Perdeu o menor tempo possível com o assunto. Vestiu seu Armani preto, tomou um jato alugado para ir até a cerimônia em Paris, ofereceu o prêmio aos pais (que tinham ido no mesmo avião) e embarcou de volta. No domingo estava de volta ao campo, para enfrentar o Bari. E desta vez jogou mal, perdendo as poucas oportunidades de gol da partida. Resultado: derrota por 1 a 0, a primeira que conheceu no campeonato italiano, na décima-quinta rodada. Pior: a Juventus ganhou e ficou a um ponto novamente. Foi criticado pela imprensa e pela diretoria. Todos notaram que ele não marcava gols "há dois meses" — embora só tivesse jogado duas vezes neste período. Ainda assim, consertou as coisas na rodada seguinte, fazendo o único gol do time contra o Brescia. Aliás, um gol de cabeça, outra raridade em sua carreira.

Veio um novo domingo, e nova derrota, desta vez para o Torino, em casa. Esta custou a liderança no campeonato, e uma enxurrada de críticas. As festas para o melhor jogador do mundo se tornaram coisa do passado. A imprensa italiana já falava abertamente que o jogador era um fracasso — a paixão interfere nas análises italianas tanto quanto nas brasileiras. A prova: nesta altura, ele tinha apenas 10 gols, contra 16 de Bierhoff (Udinese) e 14 de Batistuta (Fiorentina). Mas, desta vez, a defesa veio do presidente do clube: "O problema é que não passam a bola para ele". A declaração anunciava uma possibilidade de se repetir ali a crise do Barcelona, com o elenco brigando contra o craque. Bastou uma semana para se descobrir que não: no jogo contra o Lecce, todos jogavam a bola para Ronaldo. Ele fez três dos cinco do time na goleada por 5 a 0. Estava claro o caminho: se a Inter quisesse ter esperanças de recuperar os quatro pontos que a separavam do líder, bola para Ronaldo. A receita valia também para a Copa da Uefa: na primeira partida das quartas-de-final, 1 a 0 contra o Schalke, mais um dele.

Com um mês desta receita, a situação se reverteu completamente. No final de abril, a Inter estava de novo colada, a um ponto atrás da Juventus

— e Ronaldo era o líder na artilharia do campeonato com 22 gols. Para completar, o time chegou na final da Copa da Uefa, coisa que não acontecia havia um bom tempo. A imprensa era só elogios, a torcida só confiança. O clima certo para a hora decisiva: o jogo contra a Juventus, em Turim, que praticamente decidiria o título. Faltavam quatro rodadas para o final do campeonato. A Juventus tinha 66 pontos, a Inter 65. Compreensivelmente, o jogo parou o país.

Foi um jogo típico do Campeonato Italiano, com as defesas se sobressaindo. Também um jogo duro, com 55 faltas. Foi, sobretudo, um jogo decidido em detalhes. A Juventus saiu na frente, com um gol de Del Piero aos 21 minutos. Na única oportunidade que teve em todo o primeiro tempo, Ronaldo chutou para fora. No segundo tempo as coisas continuaram mais ou menos do mesmo jeito. Então Ronaldo conseguiu dominar uma bola na área — e foi derrubado. Pênalti claro para a televisão, mas inexistente para o juiz. Enquanto os jogadores da Inter reclamavam, a bola é lançada em sua área e um atacante da Juventus se atira no chão. Lance normal para a televisão, pênalti para Sua Senhoria. Pagliucca ainda consegue o milagre da defesa. O jogo fica mais nervoso — e o árbitro expulsa Zé Elias, da Inter, que fez uma falta igual a tantas outras na partida. Final de jogo. Agora se podiam entender melhor as palavras de Ronaldo sobre arbitragem.

Só restava o consolo da Copa da Uefa. Na final, em Paris, Ronaldo fez de tudo. Marcou o último dos três gols na vitória por 3 a 0 contra a Lazio. Recebeu uma bola na intermediária, driblou dois zagueiros e o goleiros antes de tocar para o gol vazio. Depois fez festas para compensar o muito que havia apanhado no início: dribles sem bola, toques no meio das pernas dos adversários. Almeyda perdeu a cabeça e foi expulso depois de dar um pontapé no atacante que o humilhava com mais um drible.

O troféu foi exibido com glória em Milão. Era uma grande conquista, que os torcedores souberam apreciar apesar das amarguras do campeonato nacional. Tanto o esforço como a capacidade de liderança de Ronaldo, trazendo o time para muito perto da liderança depois de anos de resultados intermediários, estavam sendo reconhecidos. No mais duro campeonato do planeta para um atacante, ele marcou 25 gols em 32 jogos (uma média de 0,79 por jogo, abaixo do rendimento obtido no Brasil, Holanda e Espanha, mas ainda assim excepcional para o futebol italiano). Ao todo, foram 44 partidas com a camisa do time e 34 gols (média de 0,79).

Pela primeira vez em três anos, ele não foi o artilheiro do campeonato (o alemão Bierhoff levou a glória). E, desta vez, não importava muito: ele tinha feito algo reservado aos grandes que nunca conseguira fazer: ser o ponto de referência, o homem da responsabilidade, aquele cujo desempenho instiga os companheiros a fazerem o que nem imaginavam possível. Enfim, Ronaldo continuava evoluindo em sua carreira, agora para transformar a posição individual de reconhecimento — dada pelos títulos de melhor jogador do mundo e seus ganhos — em capacidade de impor um padrão de excelência a um grupo.

A perseguição deste objetivo exigiu seriedade, concentração e firmeza. Tudo isto já seria o bastante se ele tivesse jogado apenas o Campeonato Italiano durante o ano. O mais intrigante é que Ronaldo tinha feito tudo isto enquanto sua agenda extra-futebol tinha crescido extraordinariamente — e, acima de tudo, enquanto enfrentava os problemas explosivos de seu crescimento emocional.

14.

Corpo, corporação

[1997-1998]

O esforço de Ronaldo para elevar o time da Inter a um padrão de campeão teve resultados louváveis. Poucos jogadores no mundo seriam capazes de executar a proeza. O jogador fez o que podia em campo e junto a seus companheiros, mas nem sempre isso basta para ganhar um campeonato. Aliás, mesmo antes da disputa italiana começar, houve um curioso palpite sobre seu desfecho. Gianni Agnelli, dono da Fiat, manda-chuva da Juventus, o homem mais poderoso da Itália, resolveu comentar a contratação do time rival: "Ronaldo é ume excelente jogador, um dos melhores do momento, e certamente o melhor atacante. Mas não estou inteiramente convencido de que foi um bom negócio, porque não creio que a Inter vá ganhar tudo". Possivelmente o signor Piero Ceccarini, o juiz que não viu o pênalti da partida decisiva, talvez tivesse algo a comentar sobre a sábia observação.

Embora sem o resultado que esperava, o esforço para conduzir o time dissipou muita energia. Para a imensa maioria dos jogadores, obter estas reservas de energia e concentrá-las em torno do objetivo é uma tarefa considerada suficiente para um ano inteiro. No caso de Ronaldo, isto era simplesmente uma impossibilidade naquele momento. Enfrentar os duros zagueiros italianos 32 vezes foi um trabalho que consumiu apenas uma parte de sua agenda. Além de jogar futebol, Ronaldo era uma corporação com negócios em forte expansão, que exigiam bastante de sua atenção. E isto era assim porque toda esta corporação tinha sede e faturamento em seu próprio corpo. Ronaldo era pessoa física e instituição.

Um simples detalhe pode mostrar o quanto de atenção os assuntos extra-campo exigiam. No momento da assinatura de seu contrato com a Inter — e enquanto acertava alguns detalhes de contratos publicitários novos, em junho de 1997 —, o jogador estava concentrado com a seleção brasileira na distante Santa Cruz de la Sierra, na Bolívia. Depois de 18 dias dando as entrevistas de sempre aos jornalistas brasileiros, os assuntos normais estavam esgotados. Foi então que um deles — no momento em que Ronaldo interrompia outra vez a entrevista para uma rápida conversa no celular — perguntou quanto tempo ele falava no telefone por dia. O jogador acionou a memória do aparelho e respondeu: "Desde que cheguei aqui, 1.966 minutos". Ao todo, quase 33 horas em 18 dias, ou uma hora e cinqüenta minutos diariamente.

Boa parte deste tempo podia ser creditado a conversas pessoais. Tanto quanto era conhecido por seu controle lingüístico nas entrevistas para a imprensa, o jogador era famoso entre seus colegas pela incrível capacidade de tagarelar pelo celular com todos os seus parentes. Ele investigava cada detalhe da vida da família pelo telefone — uma forma tanto de matar as saudades de casa como de se manter atualizado sobre o dia a dia em sua terra natal. Mesmo dando um imenso desconto para esta atividade, no entanto, o que sobrava era uma carga considerável de conversas profissionais. Enquanto a maioria dos jogadores em volta fazia a vida girar em torno da próxima partida (coisa que Ronaldo também fazia), ele tinha uma razoável carga extra de trabalho como administrador de empresas. Não se tratava apenas do telefone. Naquela altura, Ronaldo já havia se tornado um exímio operador de computadores; através de e-mails, ele fazia parte da administração de seus negócios e investimentos.

Estes negócios não tomavam tempo apenas nas concentrações. Em 1997, tudo o que conseguiu foram cinco dias de férias. Ele passou ainda uma semana no Rio de Janeiro antes de embarcar para a Itália — mas nesta semana, apenas os compromissos públicos que manteve seriam suficientes para preencher a agenda de um executivo. Vale a pena acompanhá-los em detalhe.

Na quinta-feira, dia 3 de julho, ele gravou uma longa entrevista para a televisão. Foi um encontro entre dois moradores de Bento Ribeiro que haviam se tornado personalidades conhecidas em todo o país: Ronaldo e Xuxa. Era gente do pedaço — ou comunidade, como preferem os críticos de escola de samba — e isso permitia uma conversa mais solta. Ronaldo falou de uma porção de banalidades da vida que nunca se permitia revelar, mesmo em entrevistas. Disse que às vezes tomava cerveja, para espantar a timidez e ganhar coragem para convidar uma menina para dançar. Falou que era realmente ciumento, e não agüentava ver atores beijando sua namorada em cenas de novela — quando viu uma vez, telefonou para a namorada e pediu para Suzana nunca mais "fazer aquilo de novo". Explicou uma das maiores mancadas de sua carreira (nas Olimpíadas de Atlanta, foi flagrado por uma câmera de televisão fazendo xixi durante uma partida, em cena exibida para 800 milhões de espectadores): "Bem, eu às vezes ainda faço pipi na cama". Falou de algumas fantasias eróticas que praticava com a namorada, coisas como "imaginar que estamos numa banheira". Aproveitou para contar como foi "a primeira vez", embora diminuindo em dois anos a idade que tinha quando isto aconteceu.

No dia seguinte voltou à televisão, desta vez para trabalhar como ator. Gravou 15 cenas para um seriado — e surpreendeu a todos. A expectativa geral era de um longo dia de trabalho, com um ator amador cheio de dificuldades para decorar suas falas. Mas o que se viu foi exatamente o contrário. Ronaldo invariavelmente acertava seus textos de primeira, e os dizia de maneira convincente. Causou tanta surpresa que alguns dos atores se atrapalharam com suas próprias falas — a ponto de o diretor dizer ser melhor trabalhar com ele que com muitos atores profissionais que conhecia. Depois fez ainda outra gravação, desta vez para uma campanha institucional do Ministério da Saúde sobre vacinação infantil.

Mais um pouco e estava em São Paulo, desta vez para uma apresentação de negócios. Foi anunciar seu contrato de cinco anos com a Parmalat, a multinacional de laticínios que estava investindo fortemente no esporte para conquistar o mercado brasileiro. A idéia era empregar o jogador como garoto-propaganda não apenas no Brasil, mas em todos os países onde a empresa atuava. Não contente com o contrato, aproveitou a oportunidade para anunciar que estava lançando um CD com suas músicas preferidas. Bemhumorado, ele considerou este último negócio "um biscate para guardar uns trocados para meu filho".

No dia seguinte a este anúncio, embarcou para a Itália — onde também sua agenda extra-futebol seria grande. No dia da apresentação ao clube, foi a um almoço na casa do presidente da Inter, Massimo Moratti. Juntamente com Suzana Werner e Alexandre Martins, atacou um prato de nhoque tricolor (verde, branco e vermelho, as cores da bandeira da Itália), que segundo uma tradição da Lombardia trazia boa sorte.

E assim começou uma vida cotidiana que era o contrário daquela das pessoas comuns. Como definiu uma vez, "Estou mais tempo no meio da confusão, da mídia, do que fora dela. No pouco tempo livre que tenho, a confusão vai atrás de mim". Prova disso teve no dia seguinte, quando resolveu sair do hotel para abrir uma conta no banco. Mal pisou na rua, foi reconhecido e a aglomeração começou. Nos poucos metros até a porta do banco, já tinha se formado uma multidão compacta, que incluía um batalhão de jornalistas. Mesmo quando atravessou a porta do banco, o tumulto continuou: agora eram os funcionários da agência que queriam seus autógrafos — até mesmo o gerente lhe apresentou um papel para "uma lembrança para o filho", no lugar do formulário. No meio da bagunça, começou a ouvir pedidos despropositados — e não teve como deixar de atender um: uma mãe dizendo que seu filho estava fazendo greve de fome em casa porque não podia ver o jogador. Ronaldo prometeu almoçar com o teimoso.

A fama cobrava preços irônicos. Ronaldo ganhou um presente para lá de especial de seu novo patrão: uma reluzente Ferrari, brinquedo preferido de todos os milionários que gostam de carros. Ele adorava seu novo brinquedo, mas em geral apenas polia sua jóia na garagem do hotel onde morava. Sair com ela na rua era sempre um problema. Primeiro, havia *paparazzi* de plantão na porta, além dos usuais fãs. Cada vez que o bico vermelho apontava na rua, todo mundo se ouriçava. Mesmo quando conseguia escapar, havia um problema: o carro altamente conspícuo era um sinal da localização de seu dono, onde quer que o estacionasse. Em um minuto, juntava gente. Depois de algumas tentativas frustradas, ele acabou reservando o bólido apenas para os momentos em que precisava viajar numa auto-estrada. Como nas *autostrade* não há limite de velocidade, uma boa pisada no acelerador bastava para espantar os seguidores. Uma boa estratégia, não fosse tão raras essas oportunidades.

Nos primeiros meses de Itália, ele se esmerou para lidar com a pressão. Visitou vítimas de um terremoto, juntou-se à FAO, uma organização da ONU que trabalha contra a fome em todo o mundo, freqüentou os pontos turísticos do país na companhia da família. Conseguiu assim preencher rapidamente um espaço na imprensa de fofocas com notícias positivas para criar uma boa imagem. Ronaldo sempre teve uma capacidade instintiva para lidar com a imprensa, falando platitudes e mostrando coisas que considerava positivas. Conseguia se sair bem, mesmo com sua eterna dificuldade para aprender línguas; nesta altura, misturava espanhol e português com as poucas palavras de italiano que tinha aprendido num daqueles cursos em cassete e livro (que ele abandonou logo, tomado pelo eterno cansaço que lhe dava a simples visão de palavras impressas em papel). Tinha uma explicação para sua estratégia de lidar com a imprensa que era típica da sabedoria de Bento Ribeiro (se ele não era bom de leitura, era extraordinariamente bom em captar idéias a partir de palavras ditas por uma pessoa de confiança): "Sei que tudo que falo tem um peso. Por isso penso numa criança ouvindo o que estou falando. Procuro não falar nada que possa parecer ruim para uma criança". Para os teóricos da mídia, uma das características mais marcantes da crescente cobertura de celebridades é justamente a infantilização da linguagem. Ronaldo seria totalmente incapaz de ler uma frase de um livro de semiótica — mas era perfeitamente capaz de produzir uma linguagem adaptada ao que a teoria recomendaria a uma celebridade, empregando a sabedoria de senso comum que aprendera na infância.

Com isso, tornou-se uma figura mais que conhecida no país. Ganhou a simpatia popular e não demorou a receber demandas vindas mais de cima. Na primeira delas, conheceu o lado pior da elite italiana. Piero Niebolo, 74 na época, era presidente da Federação Italiana de Atletismo e membro do comitê que tentava trazer as Olimpíadas de 2004 para Roma. Assim que viu um esportista famoso no país, "convidou-o" para gravar uma declaração a favor do projeto. Ronaldo recusou com muita educação — mas o impertinente interlocutor não aceitou a escusa. Convocou uma entrevista e disse que a recusa era compreensível, já que partia de alguém que "tem pouca cultura, chegou outro dia de Copacabana e não sabe bem o que é o nosso país". Niebolo, um militante nacionalista, expressava o ressentimento que havia por trás do sucesso de qualquer estrangeiro em terras européias. Não chegava a ser tão radical como os "ultra" da Lazio, que volta e meia perpetravam atentados contra imigrantes e jogadores estrangeiros. Mas a época para um craque como ele temer este tipo de manifestação tinha passado. Ronaldo ganhou a simpatia de quase toda a imprensa italiana, que caiu matando sobre as declarações do cartola — chamando-o, entre outras coisas, de corrupto. Seu bom senso o protegia de situações difíceis.

Assim ele progredia com sua imagem. Boas, banais ou ruins, todo dia havia notícias de Ronaldo sendo distribuídas na imprensa de todo o mundo. Quase todo dia, mesmo que não houvesse jogo ou treino, havia uma foto, um assunto. Este conjunto alimentava a imagem do atleta: um simples boné de um patrocinador podia ganhar mais espaço nos jornais do mundo que toda a propaganda que ele fosse capaz de pagar — e por isso pagam tanto ao jogar para usar seus produtos. Obviamente só isto não bastava, e Ronaldo também precisava gastar alguns dias filmando comerciais para estas empresas. Na temporada 1997/98 ele participou de pelo menos quatro grandes campanhas publicitárias — sendo que algumas delas acabaram se tornando, por si mesmas, notícia.

Seu primeiro comercial para a Nike da temporada foi filmado especialmente para ser exibido no mercado norte-americano. Mostrava o jogador correndo ao lado de outros contratados da empresa, como o velocista Michael Johnson, os astros do basquete David Robinson e Lisa Leslie — todos nus. A empresa o considerava ousado, e resolveu experimentar a reação do público europeu exibindo a peça no intervalo de uma partida em San Siro. A reação da platéia foram gargalhadas, e a dos jornais, pilhéria: "Nota 5. Deixa ver menos do que aquilo que se pode notar quando ele corre de calção", anotou um colunista. Para contrastar com a ousadia, como bom garoto-propaganda, ele filmou um comercial para a Parmalat contracenando com uma criança fantasiada de onça e tomando seu leitinho. Esta peça fez algum sucesso no mercado.

Na mesma época, ele estava filmando um outro comercial para a Nike. Desta vez era uma peça pesada, para ser mostrada em todo o mundo durante a Copa de 1998. A empresa reuniu meio time do Brasil no aeroporto do Rio de Janeiro, sob a direção do cineasta John Woo — somente na produção estavam sendo gastos 3 milhões de dólares. Foi um dia difícil. Woo não era exatamente um conhecedor de futebol — estava mais para a personagem da grã-fina de nariz de cadáver de Nelson Rodrigues, aquela senhora que entrava no estádio e perguntava ao freguês do lado: "Quem é a bola?". Tentava falar com Denílson, Roberto Carlos e Romário como se fossem atores consumados; para seu azar, nenhum deles entendia uma palavra de inglês.

Assim as coisas foram ficando complicadas. As horas passavam, e nada de terminar a filmagem. Enquanto a produção discutia, os jogadores encontraram um passatempo. Sua função no anúncio era fazer embaixadas vestidos com terno e sapato; logo aproveitaram a situação para se divertir. Começou uma movimentada rodada de apostas para ver quem fazia mais embaixadas naqueles trajes. Como havia intervalos cada vez maiores a coisa foi num crescendo, até que as apostas chegarem na casa dos milhares de dólares — embolsados afinal por Roberto Carlos. Já era tarde, e os perdedores irritados simplesmente deixaram o *set* de filmagem antes que o atarantado diretor desse por terminado seu trabalho. Para filmar toda a participação de Ronaldo, foi necessário reproduzir um balcão de embarque num estúdio em Milão.

A última campanha foi a mais polêmica de todas. Ronaldo posou para uma foto do calendário da Pirelli. Vestido com a camisa da Inter (onde o logotipo da empresa tinha grande destaque), ele aparecia se equilibrando de pé em cima de um pneu, com os braços abertos e os indicadores apontados; no fundo, uma deslumbrante imagem noturna da Baía de Guanabara. A alusão ao Cristo Redentor foi imediatamente criticada. O cardeal de Ravena, Ersilio Tonini, classificou a peça de "indecente", comentário logo ecoado pelo cardeal do Rio de Janeiro, dom Eugênio Salles, para quem "o fato de ele ser católico tornava as coisas ainda piores".

Mas, naquela altura da vida, Ronaldo já tinha acesso a meios mais eficazes de dirimir esta espécie de polêmica. Logo ficou sabendo que o papa João Paulo II não tinha se importado muito — pois afinal tinha sido jogador de futebol na juventude. Para não deixar dúvidas a respeito do assunto, aceitou receber o jogador e dona Sônia numa audiência. Ganhou uma camisa de Ronaldo, elogiou a juventude de sua mãe (que repetiu o elogio milhares de vezes a todo mundo que encontrou, até conseguir acreditar naquilo que seus ouvidos tinham escutado), e depois se confundiu um pouco, perguntando ao jogador se ele era mesmo brasileiro.

Somada a imensa variedade de atividades comerciais e sociais de Ronaldo ao tempo que ele gastava em treinos, concentrações e jogos, já se pode perceber com clareza que não sobrava muito tempo para a chamada vida privada. Ronaldo, como a imensa maioria dos jogadores de futebol, dava uma imensa importância a isso. As razões para a valorização da família entre jogadores de futebol é forte: a rigor, é um dos poucos espaços em que podem escapar da pressão por resultados, a cobrança por gols, o jogo duro com a imprensa. Zé Roberto, ex-jogador da Portuguesa e colega de seleção brasileira na época, explicou claramente as razões num artigo que escreveu para um jornal: "Uma das coisas mais difíceis de lidar é a pressão por resultados. A torcida quer ganhar sempre, e o jogador é pressionado para jogar bem todo dia. Em cada jogo, é como se estivesse começando do zero. Se não for bem, a imprensa e a torcida pegam no pé. (...) Além da pressão, não é fácil para um jogador ir morar num país estrangeiro, deixando o Brasil. Às vezes você pode se sentir muito sozinho. É por isso que a maioria dos jogadores casa cedo e, quando se muda para o exterior, leva irmãos, primos e amigos. Estando com eles, você se sente um pouco mais em casa e tem com quem desabafar e dividir as pressões".

Até o embarque para a Itália, Ronaldo havia seguido quase toda a cartilha. Ficou de fora um ponto importante: casar. Neste ponto, empregava uma complexa separação conceitual, comum no pensamento de Bento Ribeiro, aquela que distingue as definições de "ter um caso" (relação sexual sem nenhuma espécie de compromisso), "namorar" (relação que inclui envolvimento emocional e sexo, mas de caráter transitório) e "casar" (onde se acrescenta o importante objetivo de montar uma família). Este conjunto de conceitos era ainda temperado pela consideração de um ideal de casamento. Como se pôde ver em suas declarações a Xuxa, o envolvimento emocional com uma mulher se confundia, para ele, com a posse absoluta — até mesmo um beijo fabricado na televisão era para ele uma visão intolerável. Para completar a equação, havia ainda uma outra noção importante sobre o papel da mulher na vida de um homem. Para ele, esta noção se confundia com o desempenho de sua própria mãe, capaz de sacrificar sua vida profissional para cuidar dos filhos — um pacote que incluía o desempenho de tarefas típicas como fazer comida, cuidar da roupa e ser conselheira do filho na idade adulta.

Por toda a temporada 1997/98, Ronaldo gastou uma imensa energia emocional confrontando este conjunto de idéias com a figura de Suzana Werner. Certamente, ela preenchia o mais essencial dos requisitos. Ronaldo gostava dela, e ela gostava dele. Mais ainda, Ronaldo gostava dela a ponto de berrar isto em público. No dia em que Suzana fez 20 anos, o namorado pediu para ela fazer um programa diferente: vestir-se com elegância, para ir a um jantar íntimo. Ela queria festejar com os amigos, mas aquiesceu. Ronaldo passou para apanhá-la, e dirigiu até uma mansão isolada, que estava às escuras. Assim que os dois desceram do carro as luzes se acenderam. Estavam lá 300 convidados, a imensa maioria amigos de Suzana. Havia uma orquestra tocando e um banquete sendo servido. No meio da animação, o jogador tomou o microfone e anunciou: "Esta festa é para tornar nosso amor oficial na frente de todos vocês".

Como sempre, foi cuidadoso com as palavras — bem mais cuidadoso que a imprensa, que publicou o vocábulo "casamento" no lugar de "nosso amor". Mas era uma mensagem com significado difícil de entender. Até mesmo Suzana Werner fez confusão, passando a falar numa cerimônia na igreja de Santo Agostinho e em filhos para alguns jornalistas. Até que conhecesse o significado exato do termo, tomou algumas importantes decisões: decidiu abandonar sua carreira de atriz, pela qual tanto lutara, e acompanhar Ronaldo no embarque para Milão.

A dubiedade do termo "amor oficial", a rigor, refletia um problema real de Ronaldo. Em seis meses de namoro, ele descobriu que os valores de Suzana Werner a respeito de casamento não eram exatamente os seus. Ela fora educada de uma maneira bastante diferente. Ensinada a ganhar a vida com seu próprio trabalho, a manter sua independência financeira e de opinião mesmo frente a um marido, e a não se pensar como a figura subalterna numa relação amorosa. Com seus anos de trabalho como modelo, tinha transformado todo este conjunto de valores em afirmações que fazia para jornais e revistas — e numa forma de comportamento própria. Para Suzana Werner, casamento implicava sobretudo respeito mútuo, incluído nisto o direito de realização própria. Traduzindo em miúdos, a última coisa que ela desejava na vida era ficar parada em casa esperando o marido chegar.

Se essas coisas já são complicadas para pessoas comuns, naquele casal tinham um tempero especial. Ambos eram figuras públicas. Certamente, encaravam este fato de uma maneira muito diferente. Para Ronaldo, o contato permanente com o público era tanto um negócio como um fardo diário. Desde sempre, fora extremamente cuidadoso em controlar a presença da imprensa em torno de sua vida pessoal. Para chegar a falar com seus parentes ou arrancar dele declarações pessoais, o interessado precisava atravessar uma série de barreiras — e tudo que poderia oferecer risco era cortado.

Para Suzana, no entanto, as coisas eram bastante diferentes. Ela aprendeu a lidar com imprensa no meio da moda e da televisão, onde a exposição de detalhes da vida pessoal é algo fundamental. Ela certamente não expunha coisas que considerava particulares, mas sua linha de corte ficava num ponto bem além daquele do namorado. E, como não era famosa a ponto de ter centenas de pedido de entrevista diários, também não tinha como ser tão seletiva nos contatos. Para completar, jornalistas faziam parte de seu próprio meio social — encontrava-se com muitos deles em jantares e festas. Esta imensa desproporção no mundo das figuras públicas tinha suas conseqüências inevitáveis. O nome "Suzana Werner" só era associado a uma pessoa singular por um grupo relativamente pequeno de jornalistas; para a imensa maioria, era um sinônimo de "namorada do Ronaldinho".

A própria Suzana não era ingênua em relação ao assunto. Ao aceitar acompanhar Ronaldo para a Itália, sabia que estava deixando de lado tanto as oportunidades profissionais que construíra por si mesma quanto a imensa maioria dos jornalistas que a conheciam. Como queria manter sua carreira de modelo e atriz, iria depender fundamentalmente de transformar a idéia de namorada de um jogador conhecido em oportunidades reais de trabalho. Não era exatamente o melhor lado da história. Para a imensa maioria das pessoas, seu gesto foi interpretado como uma tentativa de aparecer à custa do namorado. Ela realmente aparecia por causa do jogador — mas apenas retirava disto as duas oportunidades profissionais que desejava: convites para desfilar como modelo, e um lugar para jogar num time feminino de futebol. Eram essas as atividades com as quais esperava ganhar seu próprio dinheiro.

Elas não demoraram para aparecer. Milão é uma das capitais da moda européia, e seus desfiles de moda atraem gente do mundo inteiro. E um desfile não é apenas um acontecimento técnico, mas também espetáculo — por excelência, um espaço por onde desfilam as tais celebridades. E esta é uma categoria difusa o suficiente para que Suzana Werner fosse rapidamente incluída. Com pouco mais de um mês de Itália, recebeu seu primeiro convite. Ela iria desfilar ao lado de algumas das modelos mais famosas do mundo — o que tornava mais evidentes algumas diferenças com relação a elas. Suzana era mais baixa e mais musculosa, não tinha o corpo-padrão da profissão — nem o andar treinado para movimentar as roupas. Isso tornou ainda mais inevitável o comentário ferino de um locutor espanhol, que explorava a disjuntiva entre a condição de celebridade e o profissionalismo: "Quando as outras modelos entraram na passarela, ela voltou a ser só a noiva de Ronaldo".

Era, de fato, a noiva de Ronaldo. Agüentava milhares de comentários ferinos, quase todos eles criticando sua tentativa de ser alguém com vida independente, sua negativa em se tornar apenas "a namorada do Ronaldo". Se falava que estava estudando o convite para apresentar um programa de televisão, era inevitavelmente perguntada sobre a qualidade de seu domínio do italiano; se noticiava uma proposta de um time de futebol feminino, vinha logo a afirmação de que Ronaldo tinha conseguido a oportunidade;

se comentava que tinha recebido um convite para desfilar, perguntavam-lhe qual sua altura.

Enfim: Suzana Werner estava pagando um preço relativamente alto para manter seus valores de mulher independente na Itália. Mas essa idéia, para ela, era quase tão importante como o futebol para seu namorado. Sem o ideal da vida independente, ela teria muito pouco o que fazer em Milão. O clube tinha instalado Ronaldo e Suzana numa suíte do luxuoso Hotel Savoy. Não era exatamente uma casa, e muitas vezes Ronaldo não estava lá. Tinha de viajar com freqüência, tanto por causa do futebol como dos contratos publicitários. Assim, na falta de trabalho, a vida de Suzana Werner se resumia a passear pelas ruas da cidade, esperando a volta do namorado. Para a maioria das mulheres ou namoradas de jogadores de futebol, ficar em casa com filhos ou sozinha vem a ser a rotina de suas vidas. Para Suzana, acostumada a sair com amigos, trabalhar o dia inteiro, negociar seus contratos, mesmo a estadia num hotel de luxo milanês era uma perspectiva sombria.

Não demorou muito tempo para ela começar a entrar em depressão. Esta não era uma reação incomum entre jogadores homens, mesmo quando levavam a família: a decisão de desistir do sonho europeu e voltar para o conforto brasileiro. Muitos desistiam nos primeiros meses, quando toda a rudeza com que imigrantes eram tratados na Europa se mostrava. Em seu caso, as coisas eram pioradas pelo fato de que aquilo tudo não era exatamente um projeto seu, mas antes do namorado. Assim, quando a depressão pintou, ela simplesmente arrumou as malas e tomou um avião para o Rio de Janeiro.

Foi preciso um certo tempo até as coisas se acomodarem. Ronaldo entendeu que o hotel era muito prático para ele, mas não exatamente o lugar dos sonhos da namorada. Comprou um apartamento de quatro quartos, importou seu decorador favorito do Rio de Janeiro e mandou pintar todas as paredes em tons de azul, instalou seus computadores, celulares e videogames — e conseguiu trazer Suzana de volta no final de novembro. A estadia carioca da namorada serviu não apenas para ela recarregar as baterias, como também para ver acertadas algumas propostas de trabalho. Como 1998 seria ano de Copa do Mundo, ela acabou recebendo alguns convites para trabalhar em televisão, fazendo parte das equipes de cobertura do evento. As primeiras conversas foram com o SporTV, canal a cabo da Globo.

Esta perspectiva ajudou a recompor as coisas. A rigor, a relação dos dois sustentava-se sobre um sentimento que ela descreveu da seguinte maneira numa entrevista: "O importante é que nos amamos e ficamos muito felizes quando estamos juntos". Mais uma frase feita, é certo, mas uma frase feita indicativa. Ronaldo e Suzana estavam conseguindo momentos de felicidade — mas tinham ainda muito o que avançar até descobrir um jeito de transformar estes "momentos" em algo que satisfizesse ambos a longo prazo. Não era exatamente uma tarefa fácil, porque nenhum dos dois tinha a menor disposição para ceder naquilo que lhes parecia fundamental — e havia enormes áreas de atrito para encaixar as peças grandes do quebra-cabeças de transformar um "momento" numa "união para sempre". Ronaldo não pronunciava a palavra "casamento"; Suzana repetia a palavra "independência".

Eram assim as coisas, mas elas tinham suas conseqüências. Bem ou mal, o rapaz de 21 anos que despendia muita energia tentando levar um time de futebol ao topo e tomando conta de seus negócios também gastava massa cinzenta para ter uma vida afetiva satisfatória. Pior, as três coisas somadas logo estavam requerendo muito menos esforço que uma quarta: ser o centro da esperança emocional de 160 milhões de pessoas.

15.

Amarelinha

[1997-1998]

Enquanto a carreira de Ronaldo viajava na velocidade de um foguete, no ritmo alucinante dos negócios globalizados da época, o futebol brasileiro evoluía com a lentidão de uma tartaruga. Num país onde duas dúzias de diretores de clubes dependiam da decisão de congressistas e do presidente da República para ter o poder de organizarem um campeonato de futebol, as coisas não poderiam ser de outra forma. O diagnóstico das mazelas era já bastante claro nos anos 1980 — mas uma década depois continuava quase tudo do mesmo modo. Se para o ditador Getúlio Vargas bastou um decreto para enquadrar o futebol na esfera do governo, a saída deste labirinto era a coisa mais complicada do mundo.

As mudanças propostas por Zico foram apresentadas em 1991. Por dois anos, o projeto de lei ficou tramitando no Congresso, onde havia muitos políticos que eram também dirigentes. Quase nenhum dirigente de clube importante, é claro, mas muitos daquela categoria especial de dirigente de clube pequeno e grande acesso ao dinheiro que o futebol juntava nas entidades centralizadas. Para estes homens, impedir qualquer mudança era fácil: como ela dependia de uma lei aprovada no Congresso, bastava fazer o tempo correr com a apresentação de emendas, convocação de comissões e coisas do tipo. Eram senhores do tempo, e empregavam esta situação para arrancar concessões, fazer composições, adiar. Com isso acabaram aprovando um projeto completamente desfigurado em relação ao original.

Mantinha-se assim a combinação de ganhos para os "amadores", campeonatos esdrúxulos — e um atraso cada vez maior da organização brasileira do futebol em relação a seus concorrentes diretos. A grande característica da organização brasileira era a imensa ineficiência econômica que gerava. Para relembrar, a idéia "normal" de eficiência econômica em esportes é a de juntar muita gente em poucas partidas. No Brasil, a de tirar o máximo de dinheiro pelo monopólio de organização garantido por lei. O resultado numérico desta diferença podia ser facilmente medido. No ano de 1996, os times da primeira divisão da Alemanha, Inglaterra, Itália e Espanha jogaram uma média de 46 partidas oficiais por ano (com um mínimo de 44 na Alemanha e um máximo de 51 na Espanha). Enquanto isso, os clubes da primeira divisão brasileira jogaram 71 partidas oficiais naquele mesmo ano — ou seja, jogaram 55% a mais. Quanto às receitas, a situação se invertia completamente. Os times ingleses receberam 9,2 vezes mais dinheiro da televisão, mesmo jogando menos.

É importante notar que neste caso não se aplica o surrado argumento de que as monumentais diferenças se devem ao óbvio abismo entre as economias do Brasil e da Europa. Naquele mesmo ano de 1996, os clubes argentinos — uma economia com metade do tamanho da brasileira — disputaram apenas 40 partidas oficiais ao longo do ano. Ainda assim, os direitos de transmissão do campeonato haviam sido vendidos por 40 milhões de dólares. Enquanto isso, a televisão brasileira pagava o equivalente a 12 milhões de dólares para transmitir o similar nacional. Assim, um time argentino gerava 1 milhão de dólares em direitos de televisão cada vez que entrava em campo; um clube brasileiro, apenas 169 mil dólares. O futebol argentino tinha uma eficiência econômica 5,9 vezes maior que o brasileiro neste quesito.

Neste cenário, os eventuais progressos passaram a vir das pessoas que tinham um mínimo de conhecimento do que se passava no mundo. Além dos antigos críticos, um novo grupo veio a se juntar aos descontentes. Era simplesmente inconcebível para alguns executivos de grandes empresas, acostumados a empregar o futebol como instrumento de marketing, que esta possibilidade fosse inexeqüível no cipoal da legislação brasileira. Este impedimento derivava da imposição legal de se organizar os clubes como entidades não-lucrativas; no Brasil, entendia-se isto como proibição para firmar contratos de marketing com empresas.

Foi preciso o interesse de uma multinacional para encontrar uma solução. A Parmalat tinha acabado de se instalar no Brasil. Trazia dinheiro — e também uma estratégia que incluía o futebol para crescer depressa. Para realizar seu objetivo, os executivos recorreram ao ex-técnico de vôlei (a organização do vôlei no Brasil era muito mais moderna que a do futebol) José

Carlos Brunoro. Ele estudou a legislação com advogados — e não deixa de ser curioso que um investidor assumisse esta responsabilidade — até encontrar a fórmula da co-gestão. Em abril de 1992, a Parmalat assinou um contrato com o Palmeiras. Finalmente o cerco se rompeu. Nos anos seguintes, o time ganhou todos os títulos possíveis; enquanto isso as vendas dos produtos da empresa explodiam — em pouco tempo, tornava-se a líder de cada mercado em que entrava.

A partir daí o futebol brasileiro começou a progredir. Mas era um tipo de progresso curioso: ele progredia contra a resistência expressa dos dirigentes de federações e da CBF, aliados à malta de seus eleitores de clubes sem expressão. Na ponta institucional, a entidade central comandava a luta contra o aumento de eficiência proposto pelo ministro dos Esportes. E, neste posto, Pelé substituiu Zico, tentando completar o que o primeiro não tinha terminado. Pouco depois de assumir o posto, em 1995, ele enviou ao Congresso um novo projeto de lei. Desta vez, além de acabar com o passe, obrigava todos os clubes que praticavam futebol profissional a se organizarem como empresas. Obviamente, na liderança da oposição ao progresso estava o presidente da CBF, Ricardo Teixeira, com apoio do presidente da Fifa, João Havelange.

Não que eles fossem contra as novidades do tempo; João Havelange tinha globalizado o futebol no mundo. Apenas eram inteiramente contra o fato de que tais oportunidades fossem aproveitadas pelos "outros" — e nisso estavam incluídos os clubes brasileiros. Quando estas oportunidades apareciam nos lugares certos — isto é, em suas mãos —, as coisas eram bem diferentes. No futebol brasileiro, havia uma outra coisa além de extrair altas comissões do faturamento do negócio sem correr riscos que era monopólio da CBF: a seleção brasileira. Assim, enquanto os investidores que queriam se meter com clubes tinham de se virar para encontrar brechas na lei para gastar seu dinheiro, aqueles que vinham direto ao aprisco familiar tinham bem mais sorte.

A Nike tinha necessidades globais no mercado futebolístico. Isto, certamente, poderia significar o patrocínio para uma grande equipe brasileira, nos moldes de seus contratos europeus. Esta era uma possibilidade mesmo que se levasse em consideração o fato de que o patrocínio deveria ter um valor tão baixo como as cotas de televisão brasileira, conseqüência inevitável do provincianismo de sua organização, que impedia exposição internacional.

Mas os executivos não dependiam tanto assim do mercado interno para torrar sua paciência. Foram direto ao que mais interessava, a própria seleção brasileira. Teriam ali a camisa mais admirada do planeta, para ser vestida por um apanhado dos melhores jogadores.

No caso da CBF, a Nike não teve muitas dificuldades para chegar a um acordo altamente proveitoso. Tudo aquilo que era impossível fazer nos clubes e no futebol europeu foi possível fazer com a seleção brasileira. A Nike conseguiu inclusive algo que nenhuma federação do mundo daria: o direito de organizar cinco jogos do time nos lugares onde tivesse maior interesse mercadológico. Por que só no Brasil isto era possível? Porque em qualquer lugar do mundo uma federação de futebol existe para organizar um campeonato para os clubes, e depende inteiramente deles. Qualquer dirigente temeria por seu cargo se simplesmente escutasse uma proposta como esta. Já no Brasil, onde a CBF tem o monopólio estatal de esfolar os clubes, a proposta se encaixava numa outra lógica, já conhecida: tornaria a entidade central ainda mais rica, à custa de tirar jogadores dos clubes. No pátio dos milagres que era a CBF, mais um se realizou: o país onde os clubes ganhavam menos dinheiro com direitos no futebol tinha a seleção que ganhava mais — porque entregava mais que as federações concorrentes.

O contrato da CBF com a Nike aumentou ainda mais o paroxismo da estrutura do futebol brasileiro. Tornou os ricos ainda mais ricos, e os pobres clubes que corriam riscos de mercado ainda mais pobres. E esta situação gerava ambivalência por todo lado. Num país de campeonatos miseráveis, havia uma seleção altamente organizada, com dinheiro para tudo. Os sinais simbólicos se invertiam. A aura dos grandes contratos de marketing não recobria o capitalismo, mas antes pessoas que lutavam com todas as forças contra ele, defendendo monopólios legais. A modernização da seleção servia para manter vivas as forças do atraso: fazia aparecer mais aquelas pessoas que iam todos os dias aos jornais fazer qualquer coisa para não perder seus privilégios.

O modo como Ronaldo foi se encaixando nesta realidade mostrava sua típica ambivalência. Nos clubes do exterior, ele estava sendo tratado de uma maneira cada vez mais próxima daquela que almejava: como o profissional merecedor da posição de padrão contratual para todos seus colegas de profissão. O dinheiro que ganhava era resultado de sua capacidade — e ele era cobrado por isso. Justificava seus ganhos apresentando um jogo forte em campo, trabalhando sobre sua imagem, e negociando duramente fora das quatro linhas. Mais dinheiro, mais responsabilidade e mais desempenho: esta era a fórmula.

O técnico brasileiro, Zagallo, dava-lhe um tratamento muito diferente. Com muita freqüência se referia ao centroavante como um "garoto", um "jovem que ainda tinha muito a aprender". Quando fazia isso, definia a si mesmo como um "pai" que poderia orientar a criança para o bom caminho, evitando que ela corresse "perigos". Agia como se Ronaldo não fosse o responsável por seu brilho, alguém que dependia de orientação para ser quem era. Ao mesmo tempo, esperava daquele "menino" que ele fosse o fator decisivo nas partidas, o homem que resolvia, o astro do time — enfim, o responsável pela maior parte dos resultados em campo.

O lado mais autoritário deste tratamento ambivalente acontecia quando o "garoto" desagradava o "papai", isto é, quando Ronaldo agia por sua conta. E o que o "papai" queria era um filhinho obediente. Nada mais típico desta face autoritária do tratamento que a maneira como Zagallo encarava o fisioterapeuta Nilton Petrone, o Filé. Ele era "inimigo" de um grande "amigo do papai", o velho doutor Lídio Toledo. No início de 1997, Ronaldo fez uma consulta a Filé. Era parte do acompanhamento da cirurgia de joelho que tinha realizado no início do ano anterior. Ao examiná-lo, o fisioterapeuta ficou bastante preocupado com aquilo que encontrou. A diferença de potência entre a musculatura anterior e posterior da coxa tinha aumentado com a preparação física do Barcelona. Para ele, aquele era um indicador claro de futuros problemas no joelho.

Filé chegou ao ponto, inclusive, de criticar pela imprensa a qualidade da preparação física do clube catalão. Foi duro ao apontar o problema, e atingiu seu objetivo: os preparadores do Barcelona responderam, mas acabaram mudando o tipo de exercícios que aplicaram. No meio desta briga, "papai" resolveu dar seu palpite, com as seguintes palavras: "O Filé não tem nada que estar falando no Ronaldinho. Por que não fala do Joaquim? Se quer aparecer, por que não fica pendurado numa jaca? O Filé é da seleção para falar? Ele não tem que meter o bedelho. É um aproveitador, um brincalhão. Filé bom é o mignon, que eu como em casa. Ele está atravessado em mim não é de hoje".

Enfim: o que Zagallo queria de Ronaldo era obediência. Por isso insistia sempre em criar situações em que o jogador fosse visto como criança dependente de seus cuidados e orientações. Obviamente, havia uma dificuldade para este enquadramento. Ronaldo era o jogador mais bem pago do mundo, dono de seu nariz e seus negócios. Neste ponto, o processo que Zagallo empregava para remendar a situação era também ilustrativo. Quando jogava futebol, Zagallo tinha sido também um dos mais duros negociadores de seu tempo. Era dono de seu próprio passe — uma raridade nos anos 1960. Tornou-se famoso como argentário e sovina, num tempo onde os jogadores não ganhavam tanto dinheiro. Ficou mais rico ainda como técnico, preferindo contratos milionários nos países árabes às glórias possíveis no futebol brasileiro. Mas como técnico da seleção brasileira, passou a dizer que os negócios atrapalhavam o futebol — e Ronaldo se tornou o alvo preferido de suas investidas.

Vivia dizendo que o dinheiro prejudicava a carreira do jogador. Construía situações para demonstrar a sua tese. A mais constrangedora delas tinha sido o tratamento inqualificável aos diretores do Barcelona que estavam pagando 20 milhões de dólares pelo passe e foram impedidos de realizar um simples exame médico em Ronaldo. Toda a encenação ganhou a justificativa de que isto atrapalharia o desempenho de seu centroavante durante as Olimpíadas; seus atos serviriam para proteger o menino deste perigo. Se dependesse de Zagallo, Ronaldo talvez não tivesse o salto técnico como jogador que teve no Barcelona, exatamente porque era desafiado a jogar mais futebol quando ganhava mais dinheiro — afinal, não é isso que se espera de um jogador profissional? As possibilidades econômicas ligadas a uma vitória na Copa não estavam fora dos cálculos do jogador. Mas, longe de atrapalhar, elas certamente serviam como um estímulo poderoso para ele apresentar melhor desempenho. Toda sua carreira tinha sido construída assim: quanto maior o prêmio, maior o resultado.

Esta simplicidade nunca foi possível para Ronaldo na seleção brasileira. Ronaldo acreditava que era capaz. A torcida e a imprensa européia, que o acompanhavam em campo, acreditavam ser aquele o melhor jogador de futebol do mundo no momento — e as seguidas eleições não deixavam margens para dúvida. Os torcedores brasileiros acreditavam nele. Mas Zagallo o tratou em campo como um juvenil em início de carreira. Durante os dois primeiros anos em que foi técnico da seleção brasileira, jamais garantiu um lugar no time para Ronaldo, jamais lhe mostrou que acreditava mesmo em seu potencial. Houve um revezamento na camisa 9, com testes constantes de jogadores. Em geral, Ronaldo ficava no banco ou entrava apenas no segundo tempo.

Foi preciso a volta de Romário à seleção para que a fixação acontecesse. E, assim que os dois se juntaram, as coisas mudaram. Nos seis primeiros jogos em que compuseram a dupla de ataque do time, os dois marcaram 13 dos 19 gols brasileiros (cinco de Ronaldo, oito de Romário). Com esta retrospectiva, começaram a disputa da Copa América na Bolívia. O Brasil foi campeão invicto — era a primeira vez que ganhava o torneio fora de casa — e Ronaldo o artilheiro brasileiro, com cinco gols. Uma análise dos números antes das semifinais revelava o quanto a equipe dependia de sua dupla de ataque. Até ali, Ronaldo e Romário haviam marcado cinco dos 12 gols do time, todos eles em jogadas individuais. Além disso, o Brasil tinha feito mais três gols de bola parada e houve um gol contra. Apenas dois gols tinham surgido de jogadas coletivas, com envolvimento de jogadores de meio-campo. Em outras palavras, os números mostravam uma equipe desentrosada, que conseguia bom desempenho por ter atacantes excepcionais.

Evidentemente, não era o que pensava o técnico. No dia da final, ele proferiu a frase que seria seu lema daí em diante: "Vocês vão ter de me engolir". Frase curiosa, esta. Não lembra nada lugares-comuns do tipo "Vamos ganhar a Copa". Ao contrário de um pensamento montado sobre a idéia de união, era um lema baseado numa divisão fundamental. "Vocês" se opõe ao "Eu" de maneira radical. Entre um e outros existe uma relação de guerra — um vai acabar sendo engolido ao final da luta. Zagallo não preparava um grupo para uma competição esportiva, mas partia para uma guerra. Guerra não contra os adversários, mas contra os próprios brasileiros. A conquista tinha, para ele, o caráter de uma lição de moral; lição peculiar, que ele pessoalmente daria nos tais "vocês". Quem seriam estes? Se havia certeza sobre quem Zagallo considerava o vencedor — Eu —, este ponto podia ser preenchido de acordo com a imaginação do receptor da mensagem. O time, os críticos, os brasileiros, o mundo inteiro — qualquer grupo poderia ser associado aos tais "vocês".

Um outro modo de considerar a frase seria ver o "Eu" como uma metáfora de um certo conjunto de valores que Zagallo professava. Vista a primeira pessoa como metáfora destes valores, a quem a carapuça da frase servia? Uma simbologia óbvia era a da própria situação do futebol brasileiro naquele momento. "Vocês vão ter de me engolir" não era exatamente o que os cartolas falavam a seus críticos naquele momento? O Brasil tinha de engolir seus cartolas, embora não gostasse deles. O futebol tinha de ser atrasado economicamente, mais atrasado que a economia brasileira como um todo — e seria sempre assim. Nada de importante iria mudar. A vitória não seria de todos, mas somente de alguns. Não seria fruto de um grupo coletivo grande, mas de uma crença imposta pelos poucos que a professavam contra a vontade de muitos "vocês". Afirmaria a eternidade dos poucos que desagradam muitos.

Depois da vitória na Copa América, o time ainda voltaria a disputar um torneio, a Copa das Confederações da Fifa. Ali, mais uma vez, Zagallo voltou a sua tática de criar tensões. O atacante Bebeto desembarcou em Riad, na Arábia Saudita, se escalando como titular para a imprensa. Parecia saber do que estava falando. O técnico fez eco, dizendo que tinha dúvidas no ataque, e que iria experimentar as várias combinações entre Bebeto, Romário e Ronaldo para ver quais seriam os titulares. Sem a dupla da Copa América em campo, o time foi se arrastando para passar pelos primeiros adversários. Naquela altura, Ronaldo demonstrava o desagrado a seu modo: em vez de se meter em polêmicas, ficou na sua. Não adiantou: o próprio Zagallo se encarregou de levar a polêmica até ele.

Membros da comissão técnica começaram a espalhar para a imprensa que o atacante estava em crise. Diziam que estava deprimido, não queria sair do quarto. Como Ronaldo não quis ir com o grupo comer uma feijoada (em pleno meio-dia, numa cidade que fica no meio de um deserto), apareceu a "prova" que faltava. Na volta da festa, devidamente municiados pelos dirigentes, os jornalistas fizeram suas matérias. Ronaldo explicou sua ausência com a normalidade de sempre: "Preferi ficar descansando". Mas suas palavras foram publicadas junto com todos os indícios fornecidos: Ronaldo daria pouca atenção à imprensa saudita, pelo que seria "arredio e mascarado"; havia as declarações de Zagallo: "Ele está enfrentando problemas com sua transferência para a Itália, porque a imprensa cobra demais"; já o médico Lídio Toledo "negou que o jogador tenha sido afastado por causa de uma contusão no ombro". Assim, com apenas uma frase perfeitamente normal do jogador se construiu uma situação inteira na qual ele aparecia como um problema.

No dia seguinte houve a semifinal contra a República Tcheca. Zagallo anunciou que escalaria Ronaldo "para não prejudicá-lo ainda mais". A justificativa era a de sempre: "Tive uma conversa particular com o jogador, de pai para filho, e mostrei a situação que estava sendo criada. Fiz isso porque notei sua apatia fora de campo. Um técnico tem de ser psicólogo algumas vezes. Ele é jovem, e quando não se sai bem, como nos primeiros jogos, sua imagem fica abalada e ele angustiado". Em resumo: quem "criou a situação" foi a própria direção técnica do time; o que havia de novo não era a disposição de Ronaldo, mas a volta da dupla de ataque que carregava o time nas costas; a imprensa engoliu o que interessava: se os dois jogassem bem, o resultado não se deveria a suas capacidades, mas aos tais "conselhos de pai para filho" — uma obra do técnico, não dos jogadores. Finalmente: se houve erro nas três primeiras partidas, não seria visto como uma óbvia teimosia do técnico em não escalar os melhores.

Ronaldo e Romário estavam com vontade de jogar, e cada um fez seu gol na vitória por 2 a 0 contra a República Tcheca. Ronaldo foi elegante ao responder a óbvia pergunta de todos os jornalistas sobre a importância dos conselhos do treinador: "Tudo ajuda. A conversa foi uma coisa a mais". Antes da final, Zagallo veio com outra de suas manobras. Disse aos jornalistas que não deveriam esperar muito do time na final. Motivo: "É final de ano, está todo mundo esperando Papai Noel, ninguém está com muita disposição para jogar bola". O técnico realmente não parecia conhecer seu grupo. Ronaldo e Romário jogaram com toda a disposição deste mundo. Cada um meteu três gols nos 6 a 0 contra a Austrália. Mesmo com o jogo definido, correram para valer até o último minuto. Como nas vitórias ninguém se lembra de cobrar as previsões da véspera, só foram publicados os elogios de Zagallo ao time: "Jogamos o verdadeiro futebol brasileiro". Pena que ele complicava tanto para colocar o time que fazia isto em campo. Ah, sim. A tal imprensa saudita, que consideraria Ronaldo mascarado, elegeu-o o melhor e mais simpático jogador do torneio.

Ronaldo não participou do torneio seguinte da seleção, a Copa Ouro, disputada nos Estados Unidos. No primeiro jogo, o Brasil empatou em 0 a 0 com a mais que modesta Jamaica. Zagallo disse que o resultado se devia a "um complô de arbitragem para nos prejudicar na Copa". Era uma reclamação contra a expulsão de Júnior Baiano, que deu uma cotovelada num adversário e foi expulso. Ainda assim considerou o resultado "excelente". No jogo seguinte, novo empate, desta vez com a Guatemala, por 1 a 1. Em vez de falar de futebol, Zagallo anunciou que estava fazendo um manual de disciplina para os jogadores na Copa, dizendo o que poderiam ou não fazer. Depois o time ganhou da inexistente El Salvador por 4 a 0. Na primeira partida do mata-mata, novo vexame: o time perdeu para os Estados Unidos por 1 a 0. Zagallo se disse "satisfeito" porque o time tinha criado oportunidades, e errado apenas nas finalizações. Colocou a culpa em Romário, que assumiu a responsabilidade pelos gols perdidos. Na última partida, valendo o terceiro lugar, venceu a Jamaica num apertado 1 a 0, sob vaias da platéia. Enfim: um desempenho pífio. Tão ruim que até mesmo os dirigentes se assustaram com a falta de recursos de Zagallo.

Assim que pôs os pés no Brasil, Zagallo estava sendo interrogado pelos jornalistas se aceitaria ter um auxiliar técnico. Disse que não estava interessado na idéia. Três dias depois, o presidente da CBF, Ricardo Teixeira, dizia que o treinador estava "prestigiado" e teria um auxiliar. Zagallo disse que aceitava a idéia porque "não rompia a hierarquia, que para mim é fundamental". O nome apareceu em seguida: Zico, antigo adversário de Teixeira, trazido para compor com a oposição crescente ao jogo limitado no time. Sua primeira frase: "Meu cargo é hierarquicamente superior ao do treinador". Uma semana depois, estava fazendo declarações sobre quem deveria ou não jogar: disse que Edmundo não deveria estar no time, e Raí merecia ser convocado.

Quando veio a convocação para o amistoso contra a Alemanha, disputado no dia 23 de março em Sttugart, Raí estava no grupo. Como contrapeso, Zagallo convocou Rivaldo, fora da seleção desde as Olimpíadas de 1996. A dois meses da Copa, o time não estava definido. Salvou-o Ronaldo, que marcou o gol da vitória aos 42 minutos do segundo tempo. Restava apenas um último amistoso antes da Copa: contra a Argentina no Maracanã. Normalmente seria uma exibição do time titular para sua torcida; com a presença de um coordenador cheio de opiniões, Zagallo transformou-o em "oportunidade para fazer alguns testes antes de definir os nomes". A 45 dias da Copa, ninguém sabia qual seria o time.

Zagallo convocou Raí, o indicado de Zico. O time não fez nada; a bola simplesmente não chegava no ataque, onde Ronaldo e Romário assistiam ao jogo no meio dos zagueiros argentinos. O tempo foi passando, a torcida começou a vaiar. No final do segundo tempo, Claudio López fez o único gol da partida — e a Argentina ensaiou um olé, sob aplausos da torcida carioca.

Com isso, Zagallo perdeu o poder de convocar quem queria. No dia 5 de maio, presente na coletiva para o nome dos convocados, o próprio Ricardo Teixeira anunciou que tinha palpitado na lista. Zagallo explicou que "mostrar a lista ao presidente é normal em qualquer empresa". Quanto ao que mais interessava, ele anunciou que não teria o tal "um", jogador que seria o norte de seu esquema tático desde que assumiu a seleção. Explicou que gostaria de ter convocado Juninho, mas não o faria porque ele estava voltando de uma contusão. Dias depois, Zico deu uma entrevista dizendo que ele tinha imposto a mudança. Para atender ao esquema imposto pelo auxiliar, Zagallo trouxe de volta Giovanni — e para ser titular — mesmo com o jogador afastado havia mais de um ano.

Era, enfim, começar tudo meio da estaca zero. E o começo do trabalho de "ajuste" coube a um elemento: o médico Lídio Toledo. Primeiro, ele fez um relatório favorável sobre a convocação de Juninho — o preferido de Zagallo. Mas Ricardo Teixeira barrou a pretensão de seu treinador. Uma semana depois da convocação, dispensou Marcio Santos, que estava contundido; para seu lugar foi chamado André Cruz, havia quatro meses parado depois de uma operação na coluna; um mês antes, Zagallo havia dito que o jogador sofria de um problema grave "porque estava demorando muito para voltar". Todos chamaram a atenção para a desculpa pela não-convocação de Juninho, em melhor estado atlético que o zagueiro recém-chamado, mas não houve resposta. Mais dois dias e Lídio Toledo anunciava o corte de Flávio Conceição, alegando que tinha falado com os médicos de seu clube e eles disseram que o jogador não tinha condição de jogo. O clube desmentiu oficialmente qualquer contato com o médico, o jogador atuou bem no dia seguinte do corte. Para remediar, Lídio Toledo reconheceu que não tinha mesmo falado com os médicos, e que o corte fora por "indisciplina". Para seu lugar, veio Zé Carlos, que nunca havia jogado uma partida pela seleção brasileira.

Assim partiu um grupo indefinido para a França, no dia 21 de maio. Ronaldo só deveria se juntar ao grupo quatro dias depois, liberado do Campeonato Italiano. Antes de seu primeiro treino, no entanto, ganharia um peso extra nas costas: toda a carga de levar o time, a mesma que Zagallo sistematicamente recusou durante os quatro anos em que o tratou como "menino". Todas as disputas fora de campo estavam explodindo.

16.

Paris

[1998]

Romário desembarcou com a seleção reclamando de dores na panturrilha. Lídio Toledo disse que não era nada demais: "É um estresse normal da musculatura, fruto dos exercícios mais pesados que fez. Em mais dois ou três dias vai estar em forma". Zagallo foi ainda mais longe: "É manha". Nesta situação o encontrou Ronaldo. Quatro anos antes, o primeiro encontro tinha sido importante na definição da carreira do estreante: Romário o aconselhara a ir para o PSV. Desde então, Ronaldo só tinha a agradecer. Foi Romário quem fez a indicação de Filé para cuidar da recuperação depois da cirurgia no joelho em 1996. Foi Romário o grande responsável pela fixação dele como titular na seleção brasileira.

Romário era importante por muitos motivos. Com 32 anos de idade, ele havia se tornado um dos líderes incontestáveis de todo o grupo, juntamente com Dunga. Cada um exercia sua liderança de uma maneira. Dunga funcionava como o elemento agregador, aquele jogador capaz de dar bronca em todos, exigir empenho e união, resolver problemas — fazer o time jogar, enfim. Romário tinha sua liderança montada sobre outras qualidades. Entre os 22 do grupo, só ele podia falar as coisas que os outros não podiam dizer abertamente. Era a voz dos jogadores que alertava para os erros da direção. Sempre fora assim. E ganhara respeito justamente porque introduzia os elementos de desequilíbrio, as oportunidades não vistas para chegar ao caminho da vitória. Como Dunga, embora por outro caminho, Romário sabia como ganhar uma partida de futebol. Detestava disciplina, mas adorava a eficiência. Fazia os gols, tinha uma confiança desabusada nesta capacidade — e isto era reconhecido até mesmo pelo mais disciplinador dos cartolas.

Sobretudo, os jogadores o reconheciam como líder. Na relação pessoal com Ronaldo, a ascendência era clara. A prova disso era a transgressão. Romário uma vez obrigou o jovem centroavante a cometer uma indisciplina clara: fugir da concentração para uma noitada. Se ele era quase um profissional neste quesito, Ronaldo simplesmente não conhecia o caminho: gostava de dormir cedo, aproveitava a concentração para descansar. Só mesmo com a insistência de Romário ele um dia aceitou conhecer os caminhos proibidos. O baixinho sabia fazer a coisa: pagava a passagem para alguns amigos, que providenciavam a estrutura: lugar animado, mulheres — e especialmente a rota de saída. No dia em que Ronaldo fugiu, estes amigos haviam subornado os vigilantes, colocado quatro escadas sobre muros, providenciado um carro, alugado uma casa e trazido um fornido grupo de mulheres. A festa durou até o início da manhã, e Ronaldo detestou: "Treinei muito mal no dia seguinte, e nunca mais fugi". Não importava: o ato valera, no código dos jogadores, como uma prova de lealdade ao líder.

Em sua sabedoria, Romário detestava gastar energia em outra coisa que não fosse a vitória nos jogos que importavam. Em todas as grandes confusões que marcaram a preparação do time, Romário não se meteu em discussão. Ele jogou quando quis, fugiu das partidas pouco interessantes, deu palpites sobre o time, recrutou amigos — e nunca ninguém jamais ousou contestá-lo, nem mesmo Dunga. Os dois já haviam adquirido aquela sintonia fina, cada um cuidando de manter a ordem interna do grupo com seus instrumentos de comando que se completavam. Entre eles, apesar de todas as diferenças de comportamento, jamais houve discordâncias conhecidas. Ambos sabiam empregar suas peculiaridades de caráter para levar o grupo até onde desejavam. Muito do equilíbrio daquele time dependia do bom entendimento entre os dois fora de campo. Eles eram peças fundamentais para transformar a grande bagunça e os desacertos da direção num grupo unido em campo.

Teriam trabalho para isso: quanto mais bagunçada a coisa fora do grupo, pior. E bagunça não faltava: André Cruz foi deixado no Brasil porque não se conseguiu fazê-lo chegar ao avião; o próprio Ronaldo ficou mais de duas horas rodando por Paris num táxi, porque ninguém foi buscá-lo no aeroporto. Assim, aos trambolhões, os jogadores chegaram ao pomposo Chateau de Grande Romaine, um castelo do subúrbio parisiense de Lésigny transformado em hotel. A CBF tinha alugado metade do castelo para instalar a delegação, que nem completa estava: faltavam ainda os jogadores disputando as últimas partidas dos campeonatos europeus. Quando todos finalmente chegaram, era o momento de os líderes arregaçarem as mangas para conseguir produção efetiva em campo daqueles jogadores que, embora se conhecessem, a rigor nunca tinham atuado todos juntos. Mais que isso, seria necessário dar um jeito de funcionar com a nova tática — e arrumar alguns problemas evidentes. Um exemplo: Rivaldo e Denílson eram atacantes em seus times; no esquema brasileiro, deveriam jogar no meio de campo. Para o primeiro, o problema era mais que complicado. Ele abaixava a cabeça assim que dominava a bola — um defeito leve num finalizador, mas fatal para um armador. Pior ainda, o técnico parecia não notar muito a coisa; como a maioria da imprensa, atribuía o problema não ao esquema tático, mas a uma suposta "falta de espírito de seleção". O bordão era: Rivaldo joga mais no clube que na seleção.

Nesta circunstância, a contusão de Romário não deixava de ser uma grande maçada. Em vez de resolver os problemas do time, o líder precisava cuidar do seu. E seu problema maior advinha do fato de que não conseguia convencer o médico de que estava machucado. Por três dias, foi obrigado a treinar — o que só agravava as coisas. Somente no quarto dia na França o doutor Lídio Toledo resolver fazer uma ressonância magnética — que detectou um edema de doze centímetros. Era este o tamanho da evidência que ele não vira.

Num momento em que já havia discussões médicas em grande quantidade, a descoberta não poderia ser pior. Imediatamente se levantaram casos do passado nos quais Lídio Toledo desempenhara um papel importante em decisões com jogadores. O mais conhecido era o da Copa de 1974: o volante Clodoaldo, mesmo reclamando que sentia o joelho, fora obrigado a uma preparação física pesada. Depois, foi submetido a um teste igualmente forte, e cortado com a alegação de que não teria tempo de se recuperar. Duas semanas depois, estava jogando normalmente pelo clube.

No caso de Romário, havia um problema adicional: ele detinha a inegável posição de líder do time — e a fama do homem que resolvia. Ganhou a Copa de 1994 quase sozinho no ataque: fez cinco dos 11 gols do time, deu passe para outros dois e ainda sofreu o pênalti que originou um outro; só não teve papel decisivo em três gols. Enfim, não era alguém para ser dispensado sem mais. A história registrava outros exemplos: Pelé, que viajou contundido para a Suécia em 1958; Tostão, que foi para o México em 1970 depois de quatro meses parado, fora de forma e ainda em recuperação de uma delicada cirurgia no olho; Reinaldo, que foi para a Argentina depois de um longo tratamento no joelho; o próprio Zico tinha viajado machucado para o México em 1986 e ficou de fora da primeira fase; Romário, em 1990, estava se recuperando de uma grave fratura; Branco também embarcara para os Estados Unidos machucado.

Em alguns casos valia a pena: jogadores que decidem devem jogar partidas decisivas. Branco, por exemplo, decidiu o jogo contra a Holanda na primeira vez que participou da Copa de 1994. Noutros, o tiro saiu pela culatra. O caso mais flagrante era o do próprio Zico, que entrou em campo para perder um pênalti nas quartas-de-final da Copa de 1986. O caso de Romário era mais importante por um outro motivo: ele se tornara um jogador tão fundamental fora de campo como dentro dele. Mesmo sem jogar, podia ajudar mais do que muitos que entravam no time.

Uma típica decisão complexa, com argumentos contrários e favoráveis igualmente fortes. O tipo de problema para se resolver no topo, em ambiente fechado e com ponderação. Uma vez tomada a decisão, todos os que tiveram participação nela assumem a mesma postura e implantam o acertado, assumindo os riscos de terem decidido. Mas naquela comissão técnica brasileira nem isso se produzia. Cinco dias depois da notícia da contusão, Zico resolveu levar seus argumentos para a imprensa antes de discuti-los com os demais dirigentes do time. Começou a fazer uma campanha pública e aberta pelo corte de Romário. Imediatamente, os jornalistas voaram no pescoço de Zagallo e de Lídio Toledo, que ainda estavam pesando os prós e contras. A polêmica se instalou.

Não há nada pior para um jogador. Romário ficou, como se diz na gíria do futebol, vendido no lance. A discussão pública tirou do centro do problema aquilo que mais importava: pesar as coisas na especificidade de seu caso, no acompanhamento diário de seu problema. Pior ainda: todos os demais jogadores sentiram imediatamente que jamais poderiam fazer qualquer espécie de confidência a um membro da comissão técnica, pois ela poderia se transformar em um instrumento na briga de poder no topo — era exatamente nisso que Romário tinha se transformado.

Neste clima, seus argumentos foram muito prejudicados. Ele conhecia seu próprio corpo muito melhor que qualquer um, e sentia que podia se recuperar. Mas como discutir isso em meio a um tumulto na cúpula? As coisas ficaram ainda piores quando o Brasil realizou seu penúltimo jogo treino, contra o Atlético de Bilbao. O Brasil jogou tão mal no empate de 1 a 1 que muitos técnicos estrangeiros comentaram que o técnico havia dado

O choque com o goleiro Barthez, na partida final da Copa de 1998, causou apreensão geral.

tristeza com a derrota e o beijo de Zagallo, que usava a estratégia de tratá-lo como "garoto".

Ronaldo protegido pela polícia e sob a guarda de Lídio Toledo, médico da seleção em 1998

Abaixo, o casamento com Milene, o casal com Lulu Santos e felizes com o filho Ronald.

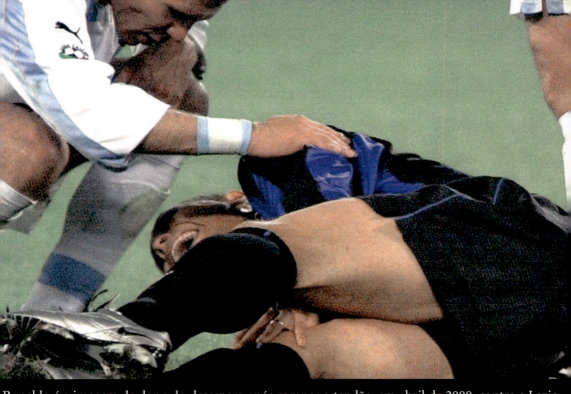

Ronaldo é a imagem da dor e do desespero após romper o tendão, em abril de 2000, contra a Lazio

choro e o desânimo em imagem captada pela televisão italiana: tudo parecia definitivamente acabado

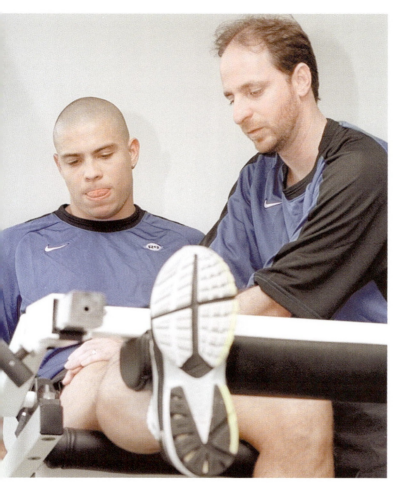

Com Nilton Petrone, o Filé, amigo e fisioterapeuta, durante o duro período de recuperação.

Itália e no Brasil, a rotina obstinada de quem queria recuperar a alegria de chutar uma bola.

Ronaldo faz as pazes com a glória na Copa de 2002: o Fenômeno volta e é o artilheiro do Mundial.

itos: LANCEPRESS! - Julio Cesar Guimarães (I, II, III, XI), Nelson Almeida (VI, XIV, XV), Sergio Moraes (IV, V, VI, VII),
io Rodrigues (VI, VII), Maurici Lima (VI, VII), Ricardo Cassiano (XIII), Ricardo Ayres (VI, VII) // AP - I, V, VIII, IX, XII,
XVI // Intercontinental Press - IV, V
itos internos, das páginas preto e branco: LANCEPRESS! - Nelson Almeida (296), Sergio Moraes (222) // AFP - 18, 268 //
8, 140, 282, 314 // Reuters - 3

XV

instruções para o time esconder o jogo. Mas a coisa era tão evidente que o técnico do adversário não teve dúvidas em falar após a partida: "Zagallo e Zico devem se acertar, porque o time me pareceu uma colcha de retalhos".

No clima de guerra instalado, Romário resolveu empregar os mesmos métodos da direção: vazou para a imprensa que Zico estava querendo mesmo seu corte imediato, e que Zagallo só não o fazia para evitar divergências públicas. Mas não era exatamente isto que acontecia? Lídio Toledo dava entrevistas dizendo que o jogador não seria cortado. Zagallo falava que a definição sairia no dia 2 de junho. Zico dizia que a seleção não podia ter um jogador sem perfeitas condições para todos os jogos. Com a notícia vazada por Romário, a coisa piorou ainda mais. Os próprios jogadores resolveram dar seus palpites. Dunga e Ronaldo formaram no grupo pró-Romário. A divisão era evidente: Zico e Romário não se falavam, o que deixava o ambiente permanentemente carregado. Nesta altura, Ronaldo achou que estava na hora de fazer aquilo que até então nunca tinha feito: dar declarações em público sobre o time. Disse palavras ponderadas como sempre, que davam no que pensar: "O maior adversário do Brasil nesta Copa é ele mesmo".

No dia seguinte a declaração seria mais verdadeira ainda. Romário foi cortado. O sonho da torcida de ver na Copa a chamada dupla Ro-Ro, estava liquidado. Ao saber da notícia, Romário ofereceu-se para ajudar o grupo fora de campo — e a oferta foi recusada. Foi para a entrevista coletiva sem a companhia de nenhum membro da comissão técnica. Diante das câmeras, derramou o choro mais sentido que já se viu num jogador de futebol. Ele tinha a sensação íntima de que venceria aquela Copa, e estava revoltado com tudo o que aconteceu: "Conheço meu organismo, sei que poderia jogar. E com minha vontade de disputar esta Copa, superaria qualquer problema". Assim que acabou a conversa em público, chamou um jornalista amigo e desabafou: "O Zico me fodeu. É um perdedor nato. O que ele ganhou na vida?". Para piorar ainda mais o clima, a comissão técnica atribuiu a contusão a uma causa diversa da que vinha afirmando, o rigor dos exercícios a que o jogador se submetera por ordem dela própria. A causa agora estaria numa partida de futevôlei jogada na praia — e portanto na falta de seriedade do atacante, não nos erros de avaliação, demora em diagnóstico ou algo do gênero. Àquela altura, qualquer jogador pensaria dez vezes antes de fazer o que lhes recomendavam e vinte vezes antes de comentar qualquer coisa com os médicos da seleção.

Para o lugar de Romário foi convocado o volante Émerson — o que remendava a falta de Flávio Conceição, o tal machucado que jogava regularmente em seu time. Para o lugar de líder, a coisa era mais complicada. Liderança não se constrói do dia para a noite. Em torno dela se organiza o time, ela serve de referência para os jogadores.

No clima de confusão que se criou, todos os novatos e reservas sentiram que havia uma possibilidade de ganhar espaço na base da discussão pública: Edmundo começou a dar entrevistas dizendo que estava jogando bem melhor que Bebeto, o substituto de Romário. Enquanto isso, Leonardo começava uma campanha de relações públicas — e logo havia reportagens dizendo que ele poderia comandar o time do meio para a frente. Edmundo chamou o meia de "traíra" (alcagüete, um dos piores adjetivos que um jogador de futebol pode aplicar a outro). A esta altura, tentando juntar os cacos, Dunga escolheu uma estratégia infeliz: resolveu criticar abertamente a ida dos jogadores, previamente programada, a um evento da Nike. Ele tinha carradas de razão em muita coisa. No meio daquela confusão, a poucos dias de uma estréia, o que mais faltava era colocar as coisas no lugar, e uma festa não era exatamente o melhor ambiente para isso. Mas criticar abertamente a chefia e, junto com ela, o patrocinador, também não era a melhor estratégia. Seu gesto apenas gerou ainda mais ruído, quando os reservas passaram a associar sua posição no time a contratos com o patrocinador — e a imprensa ganhou mais um argumento para criticar a CBF.

Com todos estes problemas, o Brasil estreou no dia 10 de junho como favorito para ganhar a Copa. O favoritismo era grande na imprensa européia. Não exatamente por causa do time, mas porque ninguém via um adversário à altura. Depois, organização nunca tinha sido o forte do Brasil, e mesmo assim aquele era o único time do planeta que tinha conquistado quatro Copas. Na hora do vamos ver, até os europeus sabiam, havia as jogadas não previstas, os lances de improviso genial que definiam uma partida. Tal mercadoria estava disponível apenas em doses muito escassas nos adversários. E o grande argumento era que Ronaldo podia fornecer isto mais que todos os outros. Não demorou para os brasileiros notarem que esta era mesmo a única forma viável de o time superar todos os problemas de organização.

Na vitória por 2 a 1 sobre a Escócia, a grande característica da seleção brasileira foram os dribles — 50% a mais que nos jogos anteriores. Jogadas individuais se transformavam na saída para os problemas de treinamento, tomando o lugar dos passes no desenvolvimento das jogadas. Ainda assim, a arma se mostrou pouco eficiente contra uma defesa bem treinada. Os gols foram feitos pelo pessoal de trás (César Sampaio, depois da cobrança de um escanteio, e Cafu, com a colaboração inestimável de um beque escocês). Ronaldo comemorou a vitória passando a noite na casa que tinha alugado para a família e Suzana. Até ali, podia se considerar feliz: tinha ganhado muito ao evitar aparecer em qualquer uma das grandes brigas que envolviam a seleção brasileira. Ninguém falava muito dele — e, sobretudo, ninguém falava mal ou divulgava meias informações.

Estava tudo tão tranqüilo que ele aceitou ser filmado por uma equipe da Globo. A empresa conquistara pontos importantes da concorrência ao contratar Suzana Werner como uma das repórteres encarregadas de cobrir os aspectos extra-campo da competição. Ronaldo apareceu usando uma curiosa camiseta, com os dizeres: "Cuidado. Namorada ciumenta". Tinha alguma razão. Poucos dias antes fora assistir a uma partida de tênis em Roland Garros. Todas as câmeras disponíveis se voltaram para a arquibancada, a tempo de flagrar o jogador de olho arregalado para a mulher a seu lado — a tenista russa Anna Kournikova, aquela que nunca ganhou um torneio mas nunca foi perdida de vista pelos homens por onde passava. Houve uma certa reciprocidade, que acabou num rápido beijo de cumprimento em público — a foto de todos os jornais no dia seguinte. Suzana reclamou pelo celular, e ele se preveniu com a camiseta.

Foi seu último dia de tranqüilidade. No dia 12, sentiu levemente o joelho num treino. Os jornais noticiaram que ele subiu no ônibus com uma bolsa de gelo sobre o local da dor. Ronaldo entrou no turbilhão que envolvia a equipe médica da seleção, transformada em centro de todas as desavenças. Logo começaram as perguntas sobre o problema, que ele definiu como uma coisa leve. Mais do que tudo, conseguiu fazer com que ninguém da comissão técnica comentasse o assunto.

Depois da partida contra o Marrocos, ninguém parecia mesmo preocupado com este assunto. Afinal, Ronaldo marcou seu primeiro gol pela seleção brasileira numa Copa do Mundo, logo aos 9 minutos de jogo, iniciou a jogada do segundo e deu o terceiro de bandeja para Bebeto. O time melhorara bastante. Desta vez os gols foram feitos por atacantes, e saíram todos de deslocamentos e jogadas trabalhadas. A imprensa estava tão alegre que nem deu muita atenção a uma reclamação de Ronaldo contra o juiz.

Ele tomou um pontapé de um zagueiro marroquino exatamente no joelho direito, e estava chiando porque o adversário "nem recebeu cartão".

Mas, dois dias depois, o inevitável aconteceu: começou a circular o boato de que Ronaldo tinha um problema grave no joelho, e teria jogado depois de tomar uma infiltração. De onde a notícia tinha saído, ninguém sabia. Mas ela passou a ocupar um espaço importante no noticiário. Depois da segunda partida, vários analistas começaram a ver que Ronaldo era a única esperança de liderar o time, de trazer a Copa. A situação só não piorou muito porque Zagallo se encarregou de fornecer material de distração. Caiu numa provocação boba do técnico da Noruega, que andava dizendo que seu time iria ganhar outra vez do Brasil (a vitória acontecera no dia em que Ronaldo deixara o Barcelona). Zagallo se irritou, falou bobagens sobre a falta de títulos da Noruega — e o jogo, que não valia nada para o Brasil, virou uma guerra.

Pior: uma guerra perdida. A Noruega ganhou por 2 a 1 — e depois do jogo choveram entrevistas de jogadores brasileiros, uns falando mal dos outros. Rivaldo disse que era prejudicado pelo esquema e que queria também finalizar; Roberto Carlos reclamou porque não recebia bolas, mesmo estando acintosamente desmarcado; Dunga não reclamou, porque estava fazendo uma greve de silêncio contra seus companheiros; Giovanni pediu um lugar no time. Até Ronaldo entrou na dança, reclamando que não recebia bolas do meio de campo. Bem. Para um time que tinha o canhoto meio-campista Leonardo jogando de volante do lado direito, o destro Dunga pela esquerda, o também canhoto Rivaldo na direita, o ponta Denílson como armador, até que reclamar não era assim tão descabido.

Pior ainda, os jornais do dia estampavam fotos de Romário jogando futevôlei na barraca Viajandão, na ensolarada Barra da Tijuca, e anunciando sua volta ao time do Flamengo. Muitos tiveram uma solene inveja do Baixinho — e todos sentiram que as coisas jamais teriam chegado àquele ponto com ele no grupo. A situação alcançou um ponto tão crítico que os próprios jogadores perceberam que a vaca estava indo para o brejo. De rabo entre as pernas, tiveram de pedir — isto mesmo, pedir — a Dunga que voltasse a gritar com eles. O capitão fez suas exigências: fim das lavagens de roupa suja em público, aceitação do que determinasse. Em outras palavras, costurou de novo os retalhos para formar a colcha. Nesta costura, sobrou para Ronaldo.

De todos naquele grupo, ele possivelmente era o que menos problemas de reclamação causava. Quase nunca fora visto criticando companheiros. Ainda assim, sobrou para ele. No treino do dia seguinte, estava mudo e cabisbaixo, tão mudo e cabisbaixo que até mesmo Zagallo foi confortá-lo em público. Parecia bom, mas não era. Naquela situação, o técnico podia novamente posar de "pai" bonzinho, coisa que muito lhe agradava — mas era muito ruim para o jogador. Ele era a esperança do time, o homem de quem se cobrava a vitória, mas que não podia cobrar nada do time para fazê-lo. Teria de se virar sozinho e em posição pouco confortável no grupo. No fim dos treinos, não quis dar entrevistas. A única coisa que saiu foram comentários atribuídos a "parentes" dizendo que ele tinha até aceitado jogar fora de suas características para ajudar os companheiros, e só ganhou mais críticas com a idéia. Enquanto isso, Bebeto era só otimismo: passou a dizer a todos os jornalistas que iria arrebentar contra o Chile.

Errou. Durante o jogo desperdiçou passes fáceis e não acertou uma única finalização. O time andou mal, e só não teve maiores problemas porque César Sampaio fez os dois primeiros gols, tornando-se o artilheiro da seleção. Ronaldo fez o terceiro num pênalti que ele mesmo sofreu. E quando Bebeto saiu para entrar Denílson, finalmente o centroavante desencantou — e com ele todo o time. A boa movimentação fez Zagallo dizer que "aquele era o futebol brasileiro". Só havia Ronaldo no ataque para receber bolas, e ele deu conta do recado. Marcou mais um, empatando com César Sampaio na artilharia, e mandou duas bolas na trave. O Brasil goleou o Chile por 4 a 1.

Comentário do jornalista Jânio de Freitas após a partida: "É do bê-á-bá do futebol que o jogador muito marcado, ao receber a bola com dificuldade para desvencilhar-se, seja auxiliado pela pronta aproximação de outro, que lhe proporciona alternativa ao cerco. Ronaldo já deu todos os motivos para ser o mais marcado dos brasileiros, mas, quando encontra com a bola, à sua volta só chegam adversários, dois, três, quatro. O bê-á-bá, até agora, não se aplicou em favor de Ronaldo. Seus companheiros, com a complacência do técnico, não faz diferença se deliberada ou inconsciente, preferem um analfabetismo maldoso com Ronaldo e cruel com a seleção, como um todo. Em vez de proporcionar alternativa a Ronaldo, o comum é a corrida para colocar-se em posição de receber um centro eventual, na hipótese de que Ronaldo consiga o mais improvável. Bebeto, agora especializado nessa espera, sabe que pode valer a pena. Na quase totalidade das vezes, porém, a jogada não tem seguimento. E chega a ser engraçado que Ronaldo até receba vaias por isso, responsabilizado pela freqüência de mau ou nenhum desdobramento quando tem a bola".

Pouca gente notou este tipo de coisa após a vitória — um resultado que tem o condão de apagar as falhas. O clima desanuviou um pouco. Mas os problemas apagados foram substituídos por outros, criados em casa. O doutor Lídio Toledo viu as fichas dos jogadores após o jogo e se alarmou. Chamou a imprensa para dizer que Ronaldo estava sete quilos mais gordo e precisava fazer um regime para continuar no time. Como era dia de folga, os jornalistas foram procurar o atacante. Encontraram-no sozinho, sem a namorada. Ronaldo disse que aquilo era besteira do médico — e então alguém perguntou por que ele estava sozinho. Disse que Suzana não tinha arranjado folga em seu trabalho; não era exatamente o que ele gostaria, mas as coisas eram assim mesmo. Antes que a noite terminasse, começaram a circular rumores de que o casal tinha brigado, e de que Suzana estava tendo um caso com um apresentador de televisão.

No dia seguinte, Ronaldo treinou sem a aliança que usava. Os fotógrafos registraram, os repórteres perguntaram a razão. Ele disse que tinha batido o dedo, que estava inchado, e não queria sentir incômodos em campo. Depois do treino, colocou o anel de volta — mas a fábrica de boatos tinha sido inaugurada. Começou pelas colunas de fofocas, com a falta de aliança sendo usada como prova de um desentendimento. Continuou com o desmentido do médico (simplesmente, tinha consultado a ficha médica da Copa de 1994, quando o adolescente Ronaldo era quatro centímetros mais baixo e sete quilos mais magro). As complicações laterais coincidiram com a principal: Ronaldo não estava mais agüentando treinar por causa das dores no joelho. Foi separado do grupo, o que exibiu o problema para todo mundo.

O médico Lídio Toledo, que se enganara com a ficha, deu seu diagnóstico: "hipermobilidade da patela". Tratou o problema do tendão inflamado com aplicações de gelo e alongamentos da musculatura anterior. Mas, a esta altura, Ronaldo já estava sendo o centro de um outro problema: a mistura de esperança em seus gols com fofocas que se multiplicavam por todo lado, e a maneira de jogar do time passou a incomodar tanto quanto as dores.

Naquele momento, ele tinha a responsabilidade perante a torcida, um time onde não apitava sobre a forma de jogar — que o prejudicava —, um problema no joelho e outro com a imprensa. A solução que escolheu foi a de se recolher ao silêncio, evitando entrevistas. Fora uma boa saída em outras épocas, mas agora simplesmente fazia com que os jornalistas publicassem livremente as especulações, acrescentando o silêncio como prova da crise. O próprio técnico colaborava. Numa entrevista ao vivo, em rede nacional, disse que estava preocupado com as dores — mas também que escalou o jogador para um treino "para evitar mais gritaria" (não era isso que ele mesmo estava fazendo ao dizer a frase?). Para sair dela, só dando uma resposta em campo.

Ronaldo jogou bem contra a Dinamarca — mas fazendo exatamente aquilo que os outros jogadores esperavam dele. Em vez de finalizar (era esta sua grande especialidade, não é mesmo?), ele ficava se deslocando e dando passes. Foi assim no primeiro gol, com Bebeto, e no segundo, com Rivaldo. Para fazer tais favores, pagou um preço alto. Correu muito para receber poucas bolas (19, contra uma média de 32 nos jogos anteriores); quase não pôde chutar a gol (1 arremate, contra 2,8 dos jogos anteriores); esqueceu os dribles de sempre (3, quando a média era 6,8 por partida). Por tudo isso, seu desempenho em campo recebeu críticas, pois afinal as pessoas estavam acostumadas a vê-lo como finalizador. A diferença foi interpretada como "apatia" ou "resultado de problemas físicos".

Para os outros, os elogios. O terceiro gol, Rivaldo fez sozinho, e o Brasil ganhou por 3 a 2. O time já estava nas semifinais. Bom para todos, menos para o centroavante. Além de uma estatística muito melhor como atacante, que não estava sendo aproveitada, ele tinha algo que nenhum dos que queriam vê-lo jogando à sua disposição possuía: uma imagem mundial. Quisesse ou não, seu apelo para a mídia era infinitamente maior do que o dos outros ao redor. Como não conseguia satisfazer esta expectativa com jogadas em campo, passou a ser assediado como nunca.

Ao assédio se juntou uma nova informação. Dois dias depois da vitória, num movimento que parecia ensaiado, Zico, Zagallo e Dunga falaram de um mesmo assunto para os jornalistas. Zico: "A seleção não atingiu o máximo por causa de alguns atletas que estão longe de sua melhor forma técnica". Zagallo: "Meu otimismo pelo Brasil deve-se ao fato de que alguns jogadores ainda não atingiram o máximo". Dunga: "Temos individualidades dentro da equipe que podem melhorar muito". Nenhum citou nomes — em "on", isto é, com o gravador ligado. Mas todos os jornais publicaram as declarações como crítica a Ronaldo e Roberto Carlos, os dois melhores jogadores do mundo, sob a alegação de que eram mascarados, apareciam muito e jogavam pouco.

Este tipo de tratamento fez com que Ronaldo se calasse ainda mais. Efetivamente, a estrutura já estava colocada. O time não lhe daria as melhores bolas; ele deveria mesmo servir como alimentador para Bebeto, ao menos enquanto o baiano estivesse em campo (em geral saía no segundo tempo, debaixo de vaias — fez menos gols que as assistências de Ronaldo no torneio). As declarações eram a prova definitiva de que finalmente havia uma espécie de acerto no grupo. Nessas condições, não havia mesmo sentido em fazer algo a que ele não estava acostumado: usar truques sujos ou reclamar.

Na semifinal contra a Holanda, as coisas mudaram um pouco, mas só um pouco. Desta vez, sobrou uma oportunidade para Ronaldo dar sua primeira arrancada na Copa, que ele transformou no único gol brasileiro na partida. O Brasil foi bem, Bebeto saiu na hora de sempre, e com Denílson em campo as oportunidades começaram a aparecer. Mas como o futebol tem seus caprichos, foi a Holanda quem marcou a três minutos do final, levando a partida para a prorrogação. Em meia hora nervosa, o Brasil fez mais finalizações que sua média durante as partidas anteriores inteiras. Teve várias oportunidades, dominou o jogo, empurrou a Holanda para a defesa. Só não conseguiu fazer um gol, mas levou o jogo nos pênaltis. Pela sexta vez, o time disputaria uma final de Copa do Mundo, agora contra a França.

Pela primeira vez em muito tempo, alguns jornalistas viram as coisas pelo lado de Ronaldo. Se ele incendiava o time, por que não recebia bolas? Paulo Henrique Amorim colocou a questão desta forma no *Jornal da Band*: "O Fenômeno não recebe a bola dos companheiros. O time não se organiza para trabalhar com o melhor jogador do mundo. É como se o Chicago Bulls esquecesse que tem Michael Jordan".

Esta questão não era o foco do momento. E o momento exigia reportagens sobre Ronaldo, já eleito o melhor jogador da Copa por um jornal francês — e olhe que o Brasil faria a final contra a França. Toda a imprensa do mundo estava cobrindo só dois times — e quase todos os órgãos do mundo acreditavam que o Brasil era o franco favorito, carregando mais na cobertura da amarelinha e de Ronaldo, o melhor jogador do mundo. Por incrível que pareça, naquele momento ele era um dos artilheiros da Copa, mesmo jogando para ajudar os outros. Não bastasse isso, era também — pela primeira vez em sua carreira — o líder em assistências na competição.

Tanta exigência enfrentava um problema: Ronaldo continuava muito calado, e com o joelho dolorido. Isto só deixava margem para uma espécie de reportagem: especulações sobre suas condições físicas. Eventualmente uma matéria com tais especulações poderia garantir o dia de um repórter de jornal esportivo, mas não alimentava a nova exigência do tempo: a cobertura da personalidade. Para tal demanda, só havia uma oferta: as histórias que circulavam sobre o *affaire* de Suzana Werner. Se no Brasil tinha havido um certo decoro, fora do país se considerou suficiente a fofoca para a publicação de todos os detalhes que a imaginação permitia compor. Indícios para isso são bastante fáceis de ser encontrados. Foi retomada a história da aliança. Foi dito em tom de mistério que Suzana tinha ido embora (ela estava trabalhando, fazendo tomadas de um filme) e muita gente foi atrás dela, que teve de desmentir. E como ocorre frequentemente na imprensa, o desmentido era publicado como mais uma prova de que algo estava acontecendo.

Mas no que realmente importava, isto é, nos prognósticos feitos a sério, Ronaldo era o grande temor do momento. E temor onde mais interessava: entre as hostes adversárias. O capitão do time francês, Didier Deschamps, resumiu assim os objetivos do time na final: "Temos de tentar privar o ataque brasileiro de munição, fechar os espaços, pois os jogadores brasileiros têm grande potencial técnico e são capazes de decidir a sorte da partida num lance. O Ronaldo recebe a bola de Rivaldo, Leonardo e Roberto Carlos. Se a bola não chegar, vai ser mais difícil para ele jogar". Em resumo, os franceses pensavam no Ronaldo que conheciam, o maior finalizador do planeta, e não no armador de jogadas para Bebeto. O técnico do time, Aimé Jacquet, era mais direto ainda: "Temos de tentar isolar um pouco o Ronaldo no jogo. Acho que podemos fazê-lo. O importante é reduzir a possibilidade deste jogador". Fama e tradição no futebol pesam, e pesam muito.

Por isso, no conjunto, as coisas pendiam ainda mais para o Brasil. Aquela seria a sexta final do time. Nas cinco oportunidades anteriores, a seleção exibira a melhor performance entre todas: quatro vitórias e apenas uma derrota (em casa, contra o Uruguai). Assim, o Brasil se tornou favorito em todas as casas de apostas do planeta e na imensa maioria dos prognósticos de imprensa. Tudo isso pesou na cabeça daqueles jornalistas que iam depositando seus votos na velha urna do centro de imprensa de Paris. O destino da eleição do melhor fora selado na véspera.

17.

Paris,
12 de julho de 1998:
antes de uma final

O retrospecto de Ronaldo em finais de torneios eliminatórios era simplesmente impecável. Em 1996 disputou sua primeira final, a da Recopa, pelo Barcelona; sofreu pênalti e marcou o único gol na vitória por 1 a 0 sobre o Paris Saint-Germain. No ano seguinte, disputou a decisão da Copa da Uefa pela Inter; além de marcar o terceiro nos 3 a 0 contra a Lazio, foi eleito o melhor jogador da partida. Pouco depois, jogou a final da Copa América contra a Bolívia; o jogo estava 1 a 1 quando ele marcou um gol considerado decisivo na partida em que o Brasil venceu por 3 a 1. No fim de 1997, ele marcou três dos seis gols contra a Austrália na decisão da Copa das Confederações. Em resumo: quatro decisões, quatro vitórias, sempre com gols seus.

Esse retrospecto lhe dava uma boa dose de confiança. Na entrevista que deu na véspera da final, foi claro: "É o jogo mais importante da minha vida. Os franceses estão com medo. Precisamos de paciência. Teremos poucas chances e temos que aproveitá-las. Quero ganhar e entrar para a história como um dos atletas que ganharam o título jogando. Estou muito bem, concentrado e esperando o momento de entrar em campo. Continuo muito feliz, mais do que nunca. Temos de entrar felizes em campo. Temos de jogar com alegria. É assim que o brasileiro gosta e sabe fazer". E ele tinha esta confiança apesar do joelho machucado. Na noite da véspera, foi fazer tratamento depois do jantar, até às dez e meia da noite. Em sua companhia estava o clínico da equipe, Joaquim da Matta. Eis suas lembranças daquela noite: "Ele estava com o comportamento perfeitamente normal. Nós conversávamos, brincávamos. Ele não mostrava em momento algum nada que eu pudesse desconfiar como clínico. Ele é muito amistoso, é uma pessoa muito bacana, espetacular, uma pessoa fora do comum. Conversamos até dez e meia, onze horas; ele se tratando com os aparelhos de fisioterapia. Não tinha alteração de humor, alteração de personalidade, nada que pudesse dar para o médico aquela desconfiança. Era uma conversa normal, a brincadeira de sempre, não notei nada de diferente".

Findo o tratamento, Ronaldo foi para o quarto dormir. Acordou tarde no dia da final, dispensou seu café da manhã. Preferiu atacar o almoço: arroz, feijão, bife, purê de batatas e salada. Lá pela uma e meia da tarde foi para o quarto 290 do hotel, que dividia com Roberto Carlos. Até o ponto em que se recorda, tudo estava perfeitamente normal: "Ao retornar a meu quarto, como era de costume, preparei todo meu ritual de dia de jogo. Peguei minha máquina de cortar o cabelo, cortei meu cabelo. Como o jogo só era à noite, deitei e dormi".

Entre esta lembrança e a próxima, o mundo virou no Chateau de Grande Romaine.

As confusas lembranças seguintes são de seu companheiro de quarto, Roberto Carlos. "Bom, o que eu posso falar é o seguinte: eu estava no quarto com o Ronaldo no momento que ele ficou... ficou ruim. Foi quando eu estava vendo televisão. Eu estava falando pra ele que estavam passando os gols, estavam mostrando uma jogada dele. De repente, só vi ele ruim. Eu pensei que ele estivesse fazendo careta para mim. Estava mal. Quer dizer, estava diferente. E saí correndo, ou seja, fui no quarto do lado chamar o Edmundo". Roberto Carlos se recorda claramente de que não falou nada com Ronaldo, embora estivesse muito assustado com aquilo que via: "Eu só vi ele muito tenso. Muito tenso, muito tenso, e passando mal. Vi ele muito, muito mole... Ele queria descansar, ele precisava descansar. E isso fez com que... Ele... parecia que ele pedia para que eu chamasse alguém. Não tinha forças, ele não conseguia falar. Foi justo nessa hora que eu saí". Lembra-se também de que não tocou no amigo: "Se eu pegasse no pé dele, ele saía correndo atrás de mim". Em resumo: Roberto Carlos se assustou ao ver alguma coisa em Ronaldo dormindo; pensou que esta alguma coisa que ele via era o amigo pedindo socorro, embora Ronaldo não falasse nada; viu-o, ao mesmo tempo, "tenso" e "mole"; achou que não falava "por falta de forças"; saiu correndo do quarto e foi chamar Edmundo. Não voltou para o quarto na próxima hora, por um único motivo: "Sou medroso, fiquei do lado de fora". Assim é preciso passar para outro testemunho.

Edmundo estava no quarto ao lado, e foi o primeiro a atender o chamado de Roberto Carlos. Ele conta como foi: "Por volta de três da tarde, não sei bem o horário, eu estava vendo televisão, e o Roberto entrou no quarto chamando: 'Edmundo, Edmundo! O Ronaldo está passando mal'". Num pulo, estava lá. O que viu o deixou tão assustado como Roberto Carlos: "Ao ver a cena eu me desesperei, porque era uma cena muito forte e muito chocante. Ele estava se batendo muito. Deitado e se batendo com as mãos, com os dentes trancados e com a boca espumante. Pra mim era muito chocante porque ele é muito forte. Ele é muito grande. E fazendo aquela força toda... O corpo todo se batia. Ele estava espumando". Então tomou uma atitude desesperada: saiu correndo para a ala do hotel onde ficavam os médicos; quando chegou lá, um andar abaixo, começou a bater em todas as portas e gritar para todo mundo, para que os médicos acudissem o mais rápido possível. Assim que passou o recado, voltou correndo. Como os quartos dos médicos e da comissão técnica eram um pouco mais distantes, o barulho não chegou diretamente ao quarto do jogador. Quando voltou, Edmundo viu outra cena: jogadores reunidos na porta assustados, e um deles fazendo uma espécie de primeiro atendimento.

Enquanto Edmundo corria atrás dos médicos, um outro jogador assistia ao que se passava no quarto durante sua ausência. Doriva era o companheiro de quarto de Edmundo. Chegou junto com ele, e ficou vendo tudo, sem fazer nada. Eis o relato daquilo que viu: "Ele estava com as pernas esticadas, contraía e descontraía os músculos. Era como se ele tentasse levantar as pernas e não conseguisse; só levantava um pouco os pés. Estava deitado com as mãos no peito, tentando levantar as mãos e não conseguia. Parecia que estava tentando respirar e não conseguia. Babava bastante, com os lábios roxos. Aí chegou o César Sampaio e ele foi o primeiro a tomar uma atitude, foi direto para a cama e tocou nele".

Edmundo, neste momento, estava voltando e viu uma nova cena: "Havia juntado gente, e já se organizavam os primeiros socorros. Quando eu voltei, já estavam ali dez jogadores, quinze jogadores, e ninguém, assim, tinha iniciativa. O César Sampaio é que enrolou um lençol na mão. E quando eu cheguei lá, o César Sampaio já estava prestando, digamos assim, os primeiros socorros: era desenrolar língua, aquelas coisas. Eu e o César Sampaio que tivemos a iniciativa, porque ninguém nunca sabe o que pode fazer, se mexe ou se não mexe, o que fazer até a chegada dos médicos. Enfim, conseguimos fazer com que a língua desenrolasse, ele adormeceu, e os médicos reuniram todos os jogadores e falaram: 'Olha, o Ronaldo vai acordar

PARIS, 12 DE JULHO DE 1998: ANTES DE UMA FINAL

e não vai saber o que aconteceu com ele. Então, a gente não vai falar nada até a hora do jogo. Volta todo mundo para os seus quartos, e vamos descansar'". De um ponto do que viu, Edmundo tem certeza: Ronaldo estava dormindo o tempo todo; noutro, acredita: foi salvo por César Sampaio: "Foi tudo na seqüência. Ele teve uma convulsão forte, o César recuperou. Em momento algum, ele acordou, assim, ou ele voltou e falou 'Oi, gente', não".

É tempo então de mais um resumo: o Ronaldo que Roberto Carlos viu "fraco" e "mole" tinha se transformado numa pessoa "forte" e que tremia com "força" — e isso foi visto apenas nos poucos segundos antes de ele se decidir a chamar os médicos. Doriva lhe fez companhia, vendo o que lhe pareceu uma pessoa com dificuldades de respiração. Quem teve participação no "atendimento" foi o jogador César Sampaio.

Este, por sua vez, tem lembranças importantes: "Quando eu cheguei ele estava com o rosto transfigurado, todo roxo. Ele agitava a cabeça, e fazia movimentos com os braços, como se não conseguisse respirar. Estava bufando bastante, não falava nada. Ele é muito forte, e os músculos contraíam muito, no ritmo da respiração, como se estivesse asfixiado. A boca estava fechada. Os olhos de vez em quando abriam, mas era aquela coisa que ficava mais o branco do olho de fora. Ele não chutou, não fez movimentos assim bruscos. Ele salivava bastante, era uma baba grossa, mas coisa de quem quer respirar e não consegue, está sufocado. Ele respirava e babava. Quando eu cheguei, destravei o maxilar. Ele não ofereceu muita resistência quando eu apertei a boca dele, e ele conseguiu respirar, e a coisa foi melhorando". O depoimento de César Sampaio é importante por um outro motivo: seu pai já teve uma convulsão, e ele fez o atendimento. Por isso, conseguiu notar as diferenças entre um caso e outro: "No caso do meu pai foi diferente. Eu tive muita dificuldade para destravar a língua dele, meu pai mordeu meu dedo e arrancou minha unha; já o Ronaldo foi bem mais fácil. Depois, os tremores eram diferentes. Meu pai estava mais fora de si, e não se batia com os músculos tão contraídos. O Ronaldo agia como se alguém estivesse enforcando ele, e o meu pai parecia que estava morrendo, então eram coisas bem diferentes". O atendimento durou um tempo que ele calcula em dois minutos, até ser interrompido pela chegada dos médicos: "Eles falaram: 'Sai todo mundo, sai todo mundo'", afirmou Sampaio.

Outro resumo: César Sampaio não falou em língua enrolada, e tinha um motivo forte para isso: a língua de Ronaldo não estava enrolada. O jo-

205

gador conhecia bem a imensa diferença entre a língua de uma pessoa que sofre convulsão e aquilo que se passou com Ronaldo, que apenas estava com algo que lhe pareceu dificuldades para respirar. Também não falou em lençol, nem viu seu ato como a salvação do jogador, mas apenas algo que lhe deu conforto. Em vez de associar os movimentos a uma convulsão, conseguiu notar claramente que aquilo era bem diferente do que viveu com seu pai. Todos os movimentos tinham outra natureza, eram mais contrações musculares que espasmos. Também não fala em boca espumando, mas em salivação e baba. E, sobretudo, é um depoimento mais objetivo e menos de uma pessoa assustada com a cena.

Deste ponto em diante, o depoimento relevante passa a ser o do médico Lídio Toledo, que ficou sozinho com o paciente. "Eu ouvi a gritaria lá em cima. Eu estava em baixo. Escutei os gritos 'tá passando mal, tá passando mal', saí correndo. Quando cheguei, a primeira pessoa que vi foi o Roberto Carlos, que falou que ele estava se debatendo. Falaram em epilepsia, aliás. 'Ele tá com epilepsia.' Eu disse: 'Não tem nada de epilepsia'". Só depois de esvaziar o quarto o médico começou seu atendimento: "Fiz o que tinha que fazer na hora. Apenas estava com uma salivação, limpei. Ele estava deitado todo torto na cama, eu coloquei numa posição fisiológica e auxiliei, coloquei a cabeça em hiperextensão e ele começou a respirar bem e passou tudo".

O passo seguinte foi rápido. Com o quarto esvaziado, Ronaldo retomou um sono calmo. Logo entrou o clínico Joaquim da Matta. Como partiu quase no mesmo momento de Lídio Toledo, chegou em seguida; portanto, Lídio Toledo ficou sozinho com Ronaldo durante muito pouco tempo. Logo que o clínico chegou, o ortopedista transferiu a guarda do paciente: "Assim que o Joaquim entrou eu falei para ele: 'Ele já dormiu. Daqui a pouco vai acordar e nem vai se lembrar do que aconteceu'". Esta frase já continha uma boa porção de diagnóstico. Na memória de Lídio Toledo, ficou a frase que ouviu de alguém na entrada, a citação da epilepsia. Por que se lembrou dela? Ele certamente não concordou com o diagnóstico, considerou-o uma besteira de jogador inculto. Mas é uma incultura poderosa. Desde a Idade Média as convulsões e a epilepsia eram consideradas sinais certos da presença do demônio — daí seu resquício de algo assustador. E, curiosamente, a palavra surgiu naquele momento pela boca de um homem de Deus. César Sampaio era um crente fervoroso, com casos de epilepsia na família. Por isso teve a iniciativa de mexer na língua de Ronaldo. A ação impressionou a ponto de ser considerada fundamental por Edmundo, o passo da salvação. Mas o próprio César Sampaio não falou em epilepsia ao lidar com o atendimento direto de Ronaldo. Mesmo sendo o único ali que já tinha presenciado uma convulsão, não falou em língua enrolada. Mas foi dele o comentário para os companheiros sobre a crise de seu pai, que gerou entre os jogadores a conversa da epilepsia.

Nos poucos segundos em que ficou com o jogador, Lídio Toledo eliminou a possibilidade da epilepsia — mas imaginou a hipótese de uma convulsão. A frase que disse para seu colega foi fundamental. Era um indicativo de diagnóstico para ser observado: uma convulsão recém-terminada. Joaquim da Matta enxergaria tudo com os olhos desta hipótese. Ela poderia ser considerada plausível, ainda que ele fosse um daqueles clínicos muito experientes, que acredita mais no que vê do que naquilo que lhe contam. E o que ele via não acrescentava nada à hipótese. Somente presenciou um sono tranqüilo: "Eu observei a respiração dele, as incursões respiratórias, se tinha cianose. Não tinha nada. Eu observei totalmente. Eu sou um clínico, fiquei observando o paciente e tomei as posições pra que ele respirasse novamente. Ele voltou rapidamente a respirar normalmente, por isso que ele não foi transferido. Logo ele acordou, ficou normal".

Apesar desta observação de um sono tranqüilo, Joaquim da Matta estava já trabalhando com uma hipótese de diagnóstico dada nos poucos segundos em que os dois estiveram juntos no quarto. Tal hipótese foi assim descrita pelo clínico: "O primeiro diagnóstico foi que ele tinha tido uma suposta crise convulsiva". É importante aqui o emprego da palavra "suposta". Ela indica que a hipótese não coincidia com o quadro clínico de sono tranqüilo que ele observava — mas incluía as observações de Lídio Toledo, que viu o caso como uma convulsão. Obviamente, era uma possibilidade cabível naquelas condições, com poucos segundos de observação do caso. E também cabível por causa da condição do paciente: Ronaldo não falava.

Por isso mesmo, havia uma dúvida pertinente com relação a esta hipótese. Ficar dormindo durante uma convulsão e dormir tranqüilamente depois dela é algo que muitos médicos duvidaram ser possível. Esta discrepância de opiniões é tão forte que provocou um bate-boca público na CPI da Câmara dos Deputados que investigou o caso. Um raro bate-boca entre especialistas, que merece ser transcrito na íntegra:

O SR. DEPUTADO JOSÉ ROCHA: — Houve perda de consciência?

O SR. LÍDIO TOLEDO: — Ele ficou sonolento.

O SR. DEPUTADO JOSÉ ROCHA: — Houve perda de consciência?

O SR. LÍDIO TOLEDO: — Não sei, porque realmente eu não entrei nesse detalhe, porque eu... Ele chegou...

O SR. DEPUTADO JOSÉ ROCHA: — Que me desculpe...

O SR. LÍDIO TOLEDO: — ... Quando eu cheguei ele já estava dormindo, eu não quis incomodá-lo, não falei nada.

O SR. DEPUTADO JOSÉ ROCHA: — Que me desculpe, mas numa anamnese dá para identificar se houve perda de consciência ou não.

O SR. LÍDIO TOLEDO: — Sim, mas ele não falou. Ele estava praticamente dormindo.

O SR. DEPUTADO JOSÉ ROCHA: — Não existe isso, doutor Lídio. Eu sou médico...

O SR. LÍDIO TOLEDO: — Eu sei disso. Ele estava dormindo, ele estava dormindo, e eu não quis incomodá-lo. Inclusive falei pra um atleta: 'Não vamos fazer barulho nenhum aqui, deixa ele acordar'.

O SR. DEPUTADO JOSÉ ROCHA: — Um paciente que acorda em crise convulsiva, dorme, senhor meu caro Dr. Lídio Toledo? Isso não existe em medicina.

O SR. LÍDIO TOLEDO: — Ele estava dormindo, ele estava dormindo. Ele não estava em coma e nem em semicoma.

O SR. DEPUTADO JOSÉ ROCHA: — Isso não existe em medicina. Não existe isso em medicina, Dr. Lídio.

O SR. LÍDIO TOLEDO: — Bom, mas eu estou te falando o que eu assisti.

O SR. DEPUTADO JOSÉ ROCHA: — Mas não existe, não existe explicação científica nenhuma que leve um paciente a ter uma crise convulsiva, ou supostamente convulsiva, e depois dormir. Isso não existe. Ou ele está torporoso ou não está.

O SR. LÍDIO TOLEDO: — O doutor Joaquim pode responder melhor que eu.

O SR. DEPUTADO JOSÉ ROCHA: — Passo a pergunta ao doutor Joaquim.

O SR. JOAQUIM DA MATTA: — Eu conheço bem, eu até quero aquela tabela de perda de consciência — semitorpor, torpor e coma. Ele não estava comatoso, absolutamente. Dormia, como dorme uma pessoa comum, impressionante. Estou lhe falando como colega. Eu sou médico...

O sr. deputado José Rocha: — Ah, não. Me desculpe, mas isso não é uma verdade científica, não é uma verdade científica. Não pode.

O sr. Joaquim da Matta: — Tudo bem. O fato, como o Lídio falou, o fato ocorrido foi isso.

O sr. deputado José Rocha: — Isso é maneira de explicar, agora não é um fato científico para explicar.

O sr. Joaquim da Matta: — Tudo bem, eu estou falando para o senhor...

O sr. deputado José Rocha: — Um paciente após uma crise convulsiva ou, como disse o doutor Lídio Toledo, de distúrbio neurogênico, entendeu, jamais leva um paciente a dormir.

O sr. Joaquim da Matta: — Na, na crise convulsiva o cara se bate, se bate, se bate, depois entra numa fase de resolução e ele volta ao normal rapidamente. Ele dormiu. Eu estou te falando, dormiu.

O sr. deputado José Rocha: — Ele tomou alguma medicação?

O sr. Joaquim da Matta: — Não, absolutamente. Não tomou.

O sr. deputado José Rocha: — Dormiu com certeza, não dormiu. Com certeza, não dormiu. Com certeza, não dormiu.

O sr. Joaquim da Matta: — Tudo bem, o senhor está dizendo. O que eu vi... Eu sou um médico experiente, amigo.

O sr. deputado José Rocha: — Eu também sou.

O sr. Joaquim da Matta: — Tudo bem.

Este ríspido diálogo comprova algumas coisas. A primeira é que, durante todo o tempo em que os dois médicos estiveram com Ronaldo durante a crise, ele estava dormindo. A segunda, decorrente desta, é que ele não falou com os médicos. Ninguém tentou acordá-lo, ninguém diz ter tentado falar com ele. A terceira, e mais importante, é a de que o fato de estar dormindo é um sintoma dificilmente aceito com tranqüilidade num caso de convulsão.

Obviamente, naquele momento, sem falar com Ronaldo, nenhum médico poderia fazer perguntas sobre o passado do paciente, em busca de causas para aquilo que se passava. Uma pena, porque o passado do paciente é um dos mais importantes fatores para um diagnóstico neurológico. No caso de Ronaldo, não havia antecedentes neurológicos de nenhuma espécie, nem em sua história, nem na de sua família.

Mas, por outro lado, a história clínica de Ronaldo dizia bastante sobre um outro tipo de evento, cujos sintomas são muito semelhantes aos de uma convulsão. Ronaldo tinha um passado bastante marcado por eventos relacionados com o sono. Para começar, ele foi sonâmbulo na infância. Não se tratava apenas de um caso corriqueiro: a criança andava pela casa dormindo, às vezes ia até o quintal, falava com as pessoas em pleno sono. No início da adolescência os sintomas mais fortes diminuíram, mas estiveram longe de desaparecer. Ronaldo continuou falando bastante enquanto dormia: narrava partidas de futebol, discutia, fazia discursos. Seu irmão Nélio, que dormia no mesmo sofá, acostumou-se a conviver com os sonilóquios de variada espécie. Para tratar dele, empregava métodos práticos: distribuía cascudos e travesseiradas, com a completa certeza de que o irmão não ligava a mínima para o tratamento rude. Simplesmente se virava e parava quieto depois de alguns golpes.

O sonambulismo é uma das formas de manifestação de um distúrbio do sono chamado parassonia. Este distúrbio ocorre na fase do sono profundo, a primeira parte dos ciclos de sono e aquela em que normalmente os movimentos fisiológicos diminuem ao máximo e a atividade do cérebro é dominada pela emissão de ondas longas. Nas parassonias ocorre uma atividade de ondas mais curtas — aquelas dominantes na vigília — conjuntamente com as ondas longas. Como resultado, aceleram-se os batimentos cardíacos, aumenta o tônus muscular, eleva-se a pressão sangüínea. Tudo isto é rápido, o que faz com que a pessoa possa se movimentar. Nos casos mais brandos, o episódio se limita a falar em meio a alguns movimentos no sono (os chamados sonilóquios). Noutros, os movimentos se limitam a, por exemplo, sentar-se na cama.

Nos casos mais agudos, os movimentos adquirem a mesma intensidade dos momentos de maior atividade da vigília. E, no entanto, a pessoa continua em sono profundo, com as funções superiores (linguagem, memória etc.) inteiramente bloqueadas. Durante os episódios mais intensos de parassonia, além de se movimentar, a pessoa ainda tem a capacidade de interagir com o ambiente. Os olhos se abrem e guiam movimentos, a audição é normal para ruídos, embora não se distingam palavras. Com isso é possível levantar e caminhar, realizar todo tipo de movimento com os músculos. É possível fazer atos que exigem alta coordenação motora, como abrir portas ou dirigir um veículo. Também é possível interagir com outras pessoas ao redor: reagir a toques físicos ou vozes, afastar-se ou aproximar-se. Outra característica importante das parassonias é que há uma grande dificuldade em despertar — já que uma parte do cérebro permanece em letargia máxima. Mesmo se movimentando intensamente e interagindo com o ambiente, as funções superiores continuam em ritmo de sono profundo.

Um quadro de parassonia pode ter uma duração longa: ela varia de 1 a 30 minutos. Passado o período de atividade motora intensa, começa uma diminuição dos movimentos e a volta ao sono normal. Diminuem os batimentos cardíacos, o tônus muscular e a pressão sangüínea, retornando o quadro de sono profundo. E então tudo segue como se nada tivesse acontecido: a pessoa acorda de um sono que considera normal. Como tudo se deu na fase do sono profundo, aquela em que não há sonhos, ela não tem qualquer lembrança do que se passou. Apenas alguns adultos conseguem descrever, muito fragmentariamente, a vaga sensação de terem tido "alguma coisa", sem saber o quê.

Apesar do quadro movimentado, as parassonias nem sequer são consideradas uma doença, já que, ao contrário das convulsões, quase nunca trazem qualquer problema para quem as sofre. O maior risco é o de se ferir durante os episódios. Elas também têm um ciclo: em geral, são mais comuns na pré-adolescência e os episódios vão diminuindo à medida que a idade avança. Mas acontecem episódios isolados na idade adulta, em geral nos momentos de maior estresse ou ansiedade.

As duas formas mais intensas de parassonia são o sonambulismo e o chamado terror noturno. Quem tem uma, pode ter a outra, pois são variações do mesmo fenômeno de fazer movimentos corporais mais intensos durante o sono profundo. A diferença entre ambas está no ritmo destes movimentos. Enquanto no sonambulismo se sobressai o movimento de levantar e andar, com uma certa amplitude, o terror noturno é diferente. Começa com a pessoa recebendo uma descarga de adrenalina capaz de fazê-la movimentar-se intensamente na cama. Esses movimentos, dos quais o paciente não tem consciência, assustam aqueles que assistem ao episódio — e daí vem o nome da manifestação. Para quem vê de fora, é como se o paciente fosse tomado pelo terror: a face adquire uma expressão de intensa ansiedade, a respiração fica entrecortada, a pessoa sua e treme (ou se debate). Se outras pessoas chegam perto, a coisa em geral piora: além de não responder a tentativas de ser confortada no auge da crise, a presença pode ser interpretada como ameaça, ajudando a tornar ainda mais fortes os movimentos.

Há uma grande atividade motora: o corpo balança, os membros se agitam, há fuga dos contatos.

Por fim, uma característica: um episódio isolado de terror noturno pode acontecer em qualquer momento do sono profundo, mesmo durante um simples cochilo diurno.

Ao contrário das outras parassonias, o terror noturno tem um efeito danoso. Não para quem sofre a crise, mas para quem a assiste. A literatura está cheia de casos em que um episódio fez mal a quem o assistiu. E os danos se limitam a isso. A pessoa que se debateu se acalma progressivamente, e continua a dormir como se nada tivesse acontecido. Acorda sem se lembrar de nada — e de fato não tem nenhum rastro clínico daquilo que ocorreu. Trata-se, afinal, de uma forma peculiar de dormir, mas não é mais que isso. Mas como tudo isso pode assustar muito aos outros, em geral alguém que sofre de terror noturno recebe a recomendação de evitar dormir perto de pessoas que não conhecem os sintomas, exatamente para evitar que elas se aterrorizem com algo muito espantoso, mas inócuo.

Um episódio de terror noturno se enquadra perfeitamente na história clínica de Ronaldo — e em sua situação de ansiedade naquele momento. Este distúrbio também ajuda a entender melhor os depoimentos daqueles que assistiram à cena. Todos eles mostram expressões contraditórias (por exemplo, o "mole" e "tenso" de Roberto Carlos). Todos descrevem movimentos intensos e afirmam que ele estava dormindo. É assim mesmo nas parassonias: um quadro paradoxal, onde sono e vigília acontecem ao mesmo tempo, desafiando a lógica e dificultando as descrições.

Sobretudo, este quadro explica aquilo que aconteceu com os outros enquanto ele dormia, agora tranquilamente, observado pelo clínico Joaquim da Matta. E ajuda a entender a intensa movimentação que gerou a seu redor, enquanto voltava a um sono profundo típico. Seus movimentos durante o sono geraram movimentos nas pessoas acordadas, que se produziam numa velocidade cada vez maior. Primeiro, geraram uma resposta de Lídio Toledo. Assim que deixou Joaquim da Matta no comando do atendimento, foi comunicar o que estava acontecendo para a direção técnica. Nas condições críticas do momento, a poucas horas de uma partida decisiva, o ortopedista Lídio Toledo estava tomando decisões importantes. E tomou-as com rapidez. Saiu do quarto foi falar diretamente com a comissão técnica. Transmitiu o diagnóstico provisório de convulsão para a comissão técnica brasilei-

PARIS, 12 DE JULHO DE 1998: ANTES DE UMA FINAL

ra. Eis seus atos, em sua próprias palavras: "Assim que o Joaquim chegou, eu saí. Fui para a ala da comissão técnica. A primeira pessoa que encontrei foi o Américo Faria [supervisor da seleção] que pediu, inclusive, para deixar o Zagallo um pouco descansando, que era depois do almoço, só depois falasse com ele. Mas então ele apareceu. Vinha do quarto, em direção ao refeitório. Conversamos com os demais elementos da comissão técnica do problema que houve, e ele escalou o Edmundo".

Uma vez acertado este ponto, ele passou imediatamente para outro. Disparou ligações para alguns colegas, para se aconselhar sobre os próximos passos. Havia ponderáveis razões para isso. Em primeiro lugar, ele tinha um paciente com algumas limitações de atendimento. Se o medicasse, Ronaldo estaria fora da partida por causa dos exames antidoping. Se não fosse precavido, o jogador poderia ter problemas graves de saúde caso eventualmente entrasse em campo. Nessas condições, era mais razoável ser prudente, trabalhar com a pior hipótese de diagnóstico. Assim, adotou a estratégia de manter sua hipótese de convulsão, plausível para o quadro que observou. Depois dos telefonemas, foi conversar com Joaquim da Matta — e este montou um esquema para verificar esta hipótese.

Com todos estes atos, Lídio Toledo colocou em ação a estrutura de comando da seleção brasileira, e fez isso com a hipótese da convulsão. O comando, por sua vez, tomou outras atitudes com base nesta hipótese, começando a improvisar um plano B, baseado na hipótese de que Ronaldo estava fora do jogo — pois ele certamente não jogaria se tivesse tido uma convulsão. O plano, no entanto, não incluiu a comunicação imediata aos jogadores daquilo que estava acontecendo. Eles simplesmente foram deixados à deriva neste momento crucial. Sendo assim, elaboraram suas próprias versões dos acontecimentos. Os movimentos de Ronaldo também influíram sobre os jogadores. Tornaram-se o centro de todas as conversas. Sem nenhuma informação técnica, eles elaboraram idéias com seus conhecimentos. De boca em boca, circulavam as cenas de horror, construíam-se as primeiras imagens de heróis (como a do salvador César Sampaio). Falaram de epilepsia, rezaram, benzeram-se — e se preocuparam com aquilo que viria pela frente. Estranharam que o jogador fosse deixado no quarto sem atendimento, e viram nisso um completo abandono da direção numa hora grave (era isso mesmo o que acontecia — não com Ronaldo, mas com eles mesmos, desinformados e sem notar qualquer atitude da direção). Assim surgiu a primeira conclusão. Resolveram pedir a imediata internação de Ronaldo, e designaram Leonardo para fazer as gestões. O primeiro dirigente que ele achou foi Ricardo Teixeira, a quem comunicou a sugestão. Teixeira falou que ia ver o caso com os médicos.

Depois de algum tempo, finalmente as duas partes que se movimentavam em função dos movimentos no sono de Ronaldo se encontraram. Fizeram um acerto curioso: nenhum jogador deveria falar nada do ocorrido para Ronaldo, a não ser Leonardo. Deveriam agir como se nada tivesse acontecido. Por seu lado, Joaquim da Matta seria o médico encarregado de se comunicar com o jogador. Tudo deveria parecer o mais normal possível quando ele despertasse. E assim se fez. Roberto Carlos foi mandado de volta para o quarto, para dar a maior normalidade possível ao despertar.

Nesta altura, por volta das quatro e meia da tarde — uma hora e meia depois do horário mais provável como sendo o do início da crise (houve variações nos depoimentos, é claro) — o delicado momento acontece. Ei-lo, segundo a descrição de Joaquim da Matta: "Aí, ele acordou e queria ir pro banheiro tomar banho. Eu fui, acompanhei pra que não ocorresse nada com ele. Tirou a roupa normal e pegou a toalha, se lavou direitinho, enxugou e sentou perto da cama comigo e o Roberto Carlos, conversando normalmente. Medi pressão, tomei o pulso, vi pupila, vi se não tinha cianose. Vi tudo direitinho. Estava tudo normal". Este depoimento contém dados importantes. Na quase totalidade dos casos, o despertar de um paciente de convulsão é diferente; ele costuma ficar bastante desorientado, com algumas dificuldades de entender o que aconteceu — e com a coordenação motora alterada. Ao contrário disso, o despertar de um episódio de parassonia é o descrito: a pessoa acorda como se tivesse dormido normalmente, sem nenhuma dificuldade motora ou de orientação.

Ronaldo tomou seu banho como se nada demais tivesse acontecido. Só sentia uma coisa diferente: dores musculares decorrentes das contrações violentas dos músculos. Mas atribuía isso ao fato de ter dormido mal. Chegou a comentar isso, sem obter resposta. Ele não sabia, mas havia 40 pessoas a seu redor instruídas para fazer uma grande pantomima. Para Ronaldo, ele estava acordando de um sono normal, com as energias refeitas. E, como quem acorda de uma reparadora soneca da tarde, depois do banho tomado era hora do lanche e de sair para o jogo. Não tinha a mais vaga idéia de que, naquele momento, era o único no hotel que pensava daquela maneira, mas também não tinha como descobrir isso. Enquanto todos a seu redor fingiam que nada acontecera, ele agia como se nada tivesse acontecido. Assim o jogador desceu para fazer o seu lanche, no restaurante do hotel. Ia ao lado do médico, e no caminho foi encontrando pessoas que o tratavam normalmente. Um deles foi o próprio presidente da CBF, Ricardo Teixeira — que também sabia do problema, mas estava de saída para o estádio. A normalidade do encontro espantou o dirigente: "Eu tomei banho e me preparei para o jogo. E aconteceu um fato que eu diria pitoresco. Quando eu estava descendo, o Ronaldinho estava passando, andando normalmente, tomando um gatorade. Eu me lembro bem desse detalhe. Eu falei: 'E aí?'. Ele disse 'Tudo bem'."

Depois deste encontro, Ronaldo entrou no salão do restaurante, onde estavam todos seus companheiros. A cena tragicômica ganhou uma escala ampliada na memória de Edmundo: "O que nos chamou a atenção foi que ele sentou com o lanche, porque ele chegou por último, já estava todo mundo ali, todo mundo olhando pra ele. Então, chamou atenção que ele sentou e não comeu como de hábito. Beliscou alguma coisa. E, como foi o último a chegar, foi o primeiro a se levantar".

Em todo este tempo no refeitório, só Leonardo falou rapidamente com Ronaldo. Vale a pena seguir o relato completo do jogador dorminhoco sobre como tinha passado a tarde e como reagiu às primeiras sugestões de que havia algo no ar além dos aviões de carreira: "Depois do almoço, deitei e dormi. No que eu acordei, me parece às três e meia da tarde, estava com várias pessoas, jogadores, ao redor, com uma conversa normal entre amigos, sem saber do que realmente tinha acontecido. Acordei, me preparei, escovei meu dente e fui em direção ao lanche, eram mais ou menos quatro ou cinco horas, não me recordo exatamente. Mas, ao ir em direção do lanche, conversava com o Leonardo, que já me falava sobre... sobre coisas mais importantes na vida do que jogar uma partida de futebol. E que realmente existem muitas outras coisas mais importantes do que jogar uma partida de futebol, e naquele caso seria a minha saúde. Então, já achando estranho o Leonardo falar aquilo comigo, então a gente começou a conversar, e, ao final do lanche, é... veio o doutor Joaquim da Matta me informar do que tinha ocorrido: que eu tive um estresse emocional, o que pode ser chamado de convulsão, e que eu não poderia jogar. Então, aquilo para mim foi um choque grande, porque eu já estava psicologicamente preparado para jogar aquela partida, pra jogar a partida da minha vida, porque não é sempre que se joga uma final de Copa do Mundo, então aquilo me assustou. A minha vontade era tanta de jogar que a minha primeira reação foi: 'Doutor, eu me sinto bem. O que eu preciso fazer pra jogar esse jogo?'. Então eles já me falaram que era muito importante a minha saúde, que era fundamental o meu estado físico, minha saúde, e o resto, nada era importante. Disseram que eu precisava fazer os exames, e aí eu aceitei na hora".

A forma como o evento foi comunicado a Ronaldo já dizia alguma coisa. Os médicos poderiam ter dito algo como "Você teve um problema enquanto dormia, que a gente precisa verificar antes do jogo". Assim se preservariam contra um eventual descarte da hipótese. Aliás, poderiam ter feito o mesmo com a direção e os jogadores, deixando as coisas em suspenso até terem uma certeza clínica. Como não o fizeram, a hipótese diagnóstica da convulsão passou a comandar todas as ações dali em diante. A partir do instante em que Ronaldo foi comunicado do diagnóstico, a cena se divide em dois. No hotel fica a seleção brasileira. Enquanto Ronaldo sai, Zagallo começa a fazer sua preleção para os jogadores, onde anuncia que Ronaldo não vai jogar e Edmundo tinha sido escalado para o seu lugar. Para animar o time, lembra da situação terrível que o time viveu com a contusão de Pelé — e da alegria de todos quando perceberam que Amarildo daria conta do recado de substituí-lo, marcando os gols que o time necessitava. Finda a conversa, um grupo cabisbaixo embarcou no ônibus. Todas as vezes que a seleção embarcava nele, levava seus instrumentos de percussão. Desta vez seria diferente: o clima estava pesado demais para tais amenidades.

Enquanto isso, Ronaldo saía por outra porta. Foi num carro de passeio da polícia especial francesa, sem insígnias. Saiu pela porta dos fundos do hotel, para não chamar a atenção. Assim que os agentes tiveram a certeza de que não estavam sendo seguidos, ligaram as sirenes e atravessaram a cidade a toda velocidade, levando o jogador até a Clinique de Lillas. Ronaldo desembarcou absolutamente tranqüilo. Foi reconhecido por todos, deu inclusive um autógrafo a um médico, "para levar para a filha". Joaquim da Matta se recorda em detalhes dos exames e seus resultados: "Consegui que a diretora da clínica, que era uma pessoa que adorava o Brasil, envidasse esforços espetaculares para que de imediato ficasse tudo pronto. Assim que ele chegou na clínica, realizou uma tomografia computadorizada, realizou uma ressonância magnética, fez um exame neurológico acurado e todos os tipos de raio X que você possa imaginar, além de um exame cardiológico completo. Esses exames foram analisados por três médicos. Tinha o neurorradiologista, tinha o neurologista de mais alto valor, o melhor de Paris, e tinha um cardiologista para na hora dar os resultados. Foi tudo feito com uma rapidez e uma eficácia que é comum na medicina francesa. Então, estávamos muitos tranqüilos porque os três eram os melhores especialistas de Paris, na hora, naquele local. Não tive problema nenhum para falar com meus colegas, porque o francês é minha segunda língua. Então o colega me disse: 'Joaquim, eu não acredito que esse garoto tenha tido convulsão, porque eu vi o fundo de olho dele, vi tudo. Não é possível. Pode pensar em outra coisa. Ele não tem edema de papila, não tem nada, impressionante, o exame neurológico está completamente normal'".

Este exame descartou completamente a hipótese diagnóstica da convulsão. Ao contrário da parassonia, na qual a atividade anormal do cérebro se limita à emissão de ondas que produzem movimentos corporais, uma convulsão é como um terremoto cerebral: uma explosão de atividade com a emissão conjunta de todo tipo de ondas, a partir de um ponto no cérebro. Esta atividade é tão intensa que não cessa imediatamente. Uma convulsão produz alterações na atividade cerebral que vão além do momento do despertar — atividades que um eletroencefalograma registra. Em muitos casos, a intensidade produz seqüelas físicas: pequenos edemas na zona de maior atividade, perceptível em ressonâncias magnéticas e exames radiológicos. Também deixa traços clínicos característicos, que um exame de fundo de olho permite identificar. Por isso os exames clínicos descartaram completamente a hipótese de uma convulsão. E descartaram também algumas outras hipóteses de eventos de natureza psicológica e clínica. Só não descartaram a hipótese de uma parassonia porque isto seria impossível: todas as alterações clínicas e funcionais desses episódios se resumem ao tempo de duração dos sintomas.

Além de excluir completamente a hipótese de uma convulsão, os exames levaram a uma conclusão: Ronaldo tinha plena capacidade para jogar uma partida. Caso houvesse a mínima possibilidade de ele ter tido uma convulsão, jamais jogaria — porque a atividade física aumentaria enormemente a possibilidade de ele ter uma segunda convulsão. Da certeza da normalidade clínica é que veio a assinatura de um laudo que dava Ronaldo com perfeitas condições de jogo, pois não correria nenhum risco entrando em campo. Era, ao mesmo tempo, uma ótima e uma má notícia. Ótima notícia para Ronaldo: afinal das contas, o diagnóstico simplesmente confirmava aquilo que ele vinha sentindo o tempo todo, isto é, nada. Exatamente aquilo que sentem os pacientes de um evento de parassonia sobre o episódio. Mas, por outro lado, tratava-se de uma imensa maçada para os médicos. Sua hipótese plausível e previdente de uma convulsão tinha sido derrubada pelos exames. Pior ainda, com seus atos baseados nesta hipótese haviam gerado uma série de eventos muito importantes. Agora, precisavam reorientar o curso dos eventos com base nos novos dados disponíveis.

Novamente uma decisão crucial precisava ser adotada. Desta vez, Joaquim da Matta tomou a iniciativa. Ele tinha optado pelo caminho da prudência; se tivesse qualquer pequeno desvio de caráter, poderia naquele momento inventar uma desculpa que deixasse o jogador fora de campo. Ronaldo jamais saberia — acreditava em superiores a ponto de imaginar que tinha tido mesmo uma convulsão — e o médico se livraria de problemas mais que previsíveis. Mas como o clínico Joaquim da Matta não tinha esta espécie de mentalidade e acreditava naquilo que via; como os exames que viu afastaram todas as hipóteses negativas, fez o que achou que devia. Ligou para o celular do ortopedista Lídio Toledo, avisou que o jogador não tivera nada, e que estavam indo para o estádio. Neste momento, começou uma segunda onda de eventos relacionada com o jogador que imaginava ter tirado uma simples soneca.

Enquanto a dupla reembarcava no carro de polícia, os preparativos dos jogadores já estavam adiantados. Edmundo se lembra: "Logo que nós chegamos ao vestiário, fomos pra sala de aquecimento, que era fora do vestiário, quer dizer, ao lado. O aquecimento começa meia hora antes. Mas eu, por exemplo, vou pra sala de aquecimento pelo menos vinte minutos antes da... do aquecimento, porque eu faço borrachinha, faço alongamentos, faço algumas coisas antes de começar o aquecimento do preparador físico. Então, é... toda essa... essa movimentação eu não vi. Apenas percebi quando o Ronaldo chegou porque aí o pessoal gritou".

Nesta altura, toda a engrenagem que tinha sido posta em movimento pelo diagnóstico de convulsão precisava ser contida — mas o próprio trabalho de contenção gerava suas inevitáveis conseqüências. A escalação da equipe já tinha sido divulgada para a imprensa de todo o mundo, sem o nome de Ronaldo. A notícia gerava um baque extraordinário onde chegava, a menos de 40 minutos do início da partida. Era uma surpresa completa. Locuto-

PARIS, 12 DE JULHO DE 1998: ANTES DE UMA FINAL

res prontos para a transmissão da final eram obrigados a mostrar sua própria surpresa no ar. Repórteres partiam esbaforidos em todas as direções para tentar saber o que estava acontecendo. O melhor que conseguiram colher foram boatos de algumas horas atrás — porque pouca gente tinha a informação real, e quem tinha estava muito preocupado com outros problemas. Um dos boatos veio das equipes de reportagem que cobriam a saída da delegação (nenhuma havia notado a ausência de Ronaldo no ônibus nem sua saída pelos fundos), informadas de que algo estranho acontecera pelo gerente do hotel. O esperto francês já tinha transformado seus parcos conhecimentos em instrumento de marketing. Falava em terror e morte para os jornalistas. Como era a única fonte disponível de informação, suas palavras eram levadas a milhões de pessoas.

Os boatos nervosos coincidiam no tempo com uma cena alegre no fechado vestiário, onde naquele momento se reuniam todos os que sabiam frações do que estava acontecendo. Enquanto os jogadores festejavam Ronaldo (e ficavam embatucados com tanta notícia contraditória), uma importante decisão precisava ser tomada. Tão importante que mandaram chamar a autoridade máxima ao vestiário. E esta chamada gerou mais especulações, porque o início da caminhada desta pessoa em direção ao vestiário foi visto. Todos os jornalistas notaram um movimento na tribuna de honra: Ricardo Teixeira deixava seu lugar e sumia no interior do estádio. Enquanto descia, havia muito movimento lá. Ronaldo chegou 40 minutos antes da partida, e a dez minutos do horário em que o time deveria entrar para seu aquecimento em campo. Vinha todo alegre, dizendo que iria jogar. Zagallo também se impressionou com sua disposição naquele momento: "Ele já chegou botando a meia, o calção, gesto típico de quem quer mesmo jogar. Então o Lídio perguntou como ele estava. Disse que estava tudo bem".

A esta altura, os jornalistas tinham outra prova concreta de que havia algo estranho. Passava do horário, e nada de Brasil no campo. Enquanto isso, Ricardo Teixeira chegava no vestiário: "Eu desci, e quando entrei no vestiário estava o Ronaldo sentado. Eu me lembro bem que ele já estava com a camisa da seleção, estava simplesmente assim à vontade, sentado exatamente em frente. Falei com ele: 'Ô, Ronaldo, como você vai? Você está bem?'. Ele disse: 'Puxa, presidente, estou ótimo e vou arrebentar'. Tinha uma sala do lado, nessa sala estava o Lídio, estava o Fábio Koff, chefe da delegação, estava o Zagallo. Que eu me lembre eram esses, quando o Zagallo

219

me informa: 'Presidente, o Ronaldo chegou, o Ronaldo disse que está perfeitamente bom'. Eu olhei pro Lídio e falei: 'E aí, Lídio?'. O Lídio: 'Não encontramos nada nos exames dele'. E o Zagallo disse: 'Eu vou colocá-lo pra jogar'. É conhecido que eu não interfiro em convocação e, digamos assim, na colocação de jogador em campo. Eu falei: 'Tudo bem'. Estava tendo problema, porque, como isso foi pouco tempo antes de começar o jogo, não sei lhe precisar quanto, mas já estava na fase em que você não podia modificar a relação, a Fifa poderia considerar a substituição do Edmundo pelo Ronaldo como uma substituição. Para nós seria muito ruim, porque nós entraríamos no jogo sem direito a uma substituição. Eu procurei o diretor técnico da Fifa, explicando a ele que o Ronaldo realmente tinha tido um problema e não era uma — entre aspas — 'malandragem' nossa de tentar enganar na relação dos jogadores o time da França. Eles admitiram a inclusão do Ronaldo, eu subi e vi o jogo".

Zagallo sempre garantiu que fora o responsável pela escalação. O motivo fundamental: "Eu escalei, porque são 160 milhões de brasileiros que queriam ver a vitória do Brasil. Não ia deixar nunca um jogador do porte dele, que estava em condições naquele momento e pedindo: 'Zagallo, não me tira desse jogo, não me tira desse jogo, porque eu não estou sentindo mais nada, estou inteiro'. 'Mas você tá com essa disposição?' 'Pô, Zagallo, se eu tivesse mal, eu pedia... falava com você. Eu não estou aqui para prejudicar a seleção brasileira nem meus companheiros.' Então, diante dessa reação, eu escalei o Ronaldo pra jogar na Copa". Bem. Talvez esta seja a primeira confissão de Zagallo de que o jogador era a peça fundamental do time, e não o garoto imaturo que ele sempre fazia questão de mostrar. Pena que isso não tivesse se refletido na montagem da equipe — e mais ainda que tal reconhecimento acontecesse em meio a uma crise inteiramente gerada e gerida enquanto o jogador dormia.

Por isso, a figura do Ronaldo peça-chave contrastava tanto com o mundo a seu redor. A pantomima continuava. Agora ele era o único que imaginava estar entrando numa partida normal. Para acabar com este desacerto, haveria uma solução: os médicos informarem claramente ao time que o diagnóstico da convulsão fora descartado, que Ronaldo estava bem e poderia jogar sem qualquer problema. Como não fizeram isso, a confusão permaneceu no grupo. A bem dizer, sem esta informação já não se tratava de um grupo; apenas um aglomerado de pessoas perplexas, cada uma tomando atitudes mais depressa do que o tempo necessário para processar as mudanças. Um bando de jogadores entrando desacorçoados em campo, acompanhados por uma comissão técnica inteiramente desentendida.

Havia ainda uma pequena possibilidade de as coisas voltarem ao eixo sonhado por Ronaldo, o de uma grande partida. Esta possibilidade, a rigor, era a de sempre: atuações individuais e alguma criatividade superando os entraves de estrutura. Só ela poderia deter o fluxo infernal que se detonou a partir do momento em que Roberto Carlos se assustou como se tivesse visto um fantasma, e que estava ainda muito longe de fazer todos seus efeitos. A única possibilidade de brecar sua expansão residia numa vitória em campo, ampla o suficiente para transformar todos os detalhes daquelas horas numa agradável piada.

Mas havia o peso extra dos acontecimentos do dia. Nenhum jogador nem nenhum membro da direção que entrou em campo tinha a concentração necessária para jogar uma final de Copa do Mundo. Na cabeça de todos eles, os problemas do jogo dividiam espaço com os fatos, fantasias e fragmentos de memória dos acontecimentos das horas anteriores. Cada um levava dentro de si sua fantasia de Ronaldo particular — e ainda por elaborar.

Estranhamente, naquele momento, apenas uma pessoa em todo aquele grupo estava relativamente tranquila: Ronaldo Luís Nazário de Lima. Para ele, havia sido um dia quase normal. Dia de acordar tarde, comer, dormir depois do almoço, e se preparar para o jogo. Achou meio estranha apenas a conversa do médico, logo desmentida pelos resultados do exame. Estava lá para jogar o jogo de sua vida.

Seria mesmo o jogo de sua vida, mas não exatamente pelos motivos que imaginava na véspera. As fantasias detonadas já não eram mais assunto interno do grupo, mas a fonte de todo o noticiário levado naquele momento para 1,7 bilhão de pessoas, no exato instante em que o time pisava no gramado do Stade de France. Em duas horas, ele começaria a viver um terror muito maior do que o nome dado ao conjunto de movimentos musculares acontecidos durante seu sono profundo.

18.

Paris,
12 de julho de 1998:
o jogo e sua interpretação

Vista pelo lado frio dos números e das concepções estratégicas, a final da Copa de 1998 mostrou uma merecida vitória francesa. Ela se deveu, sobretudo, a um truque quase banal imaginado pelo técnico Aimé Jacquet. Seu principal jogador, Zidane, era conhecido pelos zagueiros de todo o mundo pela completa especialização no uso de sua cabeça. Ela servia para a tarefa de pensar as jogadas, coisa que ele fazia com um brilhantismo capaz de realmente dar sentido ao jargão "cérebro do time". Mas servia só para isso: ele quase nunca empregava a cabeça para algo tão selvagem como bater numa bola. Os gols de cabeça em toda sua carreira — tratava-se de um veterano — podiam ser contados com folga em apenas uma mão. Por causa disso, todos os marcadores do mundo se esqueciam dele na hora das bolas aéreas. Aimé Jacquet apostou neste esquecimento, e montou sobre ele sua arma secreta.

Funcionou, e bem mais do que ele jamais sonharia. Duas vezes no primeiro tempo os franceses lançaram escanteios para Zidane. Em ambas, ninguém se lembrou de marcá-lo, mesmo na cara do gol. Ele cabeceou as duas bolas de tão perto que nem mesmo a deficiência técnica o fez errar. Afora isso, a França teve poucas oportunidades de gol, até quase o final da partida. Nem precisava, porque dois gols eram muito mais que suficientes para tornar real uma vantagem construída no campo de defesa.

Mesmo antes do primeiro gol, a França já estava conseguindo fazer aquilo que planejara. Como anunciavam os próprios jogadores nos dias anteriores, a idéia era criar um bloqueio e impedir tanto que o Brasil tivesse facilidades no ataque como, acima de tudo, que a bola chegasse a Ronaldo. O sucesso no cumprimento deste plano se mostrou em todos os números da partida. O objetivo central do time foi cumprido à risca; Ronaldo recebeu apenas 15 bolas em toda a partida, exatamente a metade da média de 30 nos seis jogos anteriores. E, quando recebeu, esteve sempre bem marcado: conseguiu realizar apenas uma finalização (realizava, em média, 3,2 por jogo). Mas as coisas não pararam por aí. Denílson, quando entrou no segundo tempo, também foi muito bem marcado; a média de acertos de seus dribles caiu de 78% nas partidas anteriores para 54%. Ele recebeu 24 bolas e só fez 13 jogadas. Motivo? O zagueiro Thuram, seu marcador, foi o líder na estatística de desarmes, com 30 — 21 dos quais no segundo tempo. Como não bastasse isso, o lado direito da defesa francesa conseguiu ainda conter Roberto Carlos, que teve seu pior aproveitamento de jogadas na Copa.

Contidos a alma e a esquerda do ataque brasileiro, sobrava a direita. O lateral Cafu acabou sendo o jogador mais acionado da partida, com 79 bolas recebidas (a média anterior era de 52). O grosso delas era numa jogada típica: Dunga ou Rivaldo avançavam pela esquerda e viravam o jogo para o lateral. Ele conseguiu ir à linha de fundo algumas vezes, mas não obteve nada de produtivo. Afinal, com Ronaldo marcado duramente, só restava o finalizador Bebeto — que não chegou a ser objeto de preocupações especiais, porque naquela Copa não apresentava mesmo nada de muito efetivo.

Neste cenário de uma defesa dominando o ataque, apenas um gol seria suficiente para garantir uma imensa vantagem estratégica para os franceses; com dois, a vitória era praticamente certa. Enfim, aconteceu aquilo que a França queria: o Brasil ficou com a bola, sem conseguir fazer nada com ela. O time deu 512 passes, contra 342 dos campeões. Teve 34m56s de posse de bola, pensando no que fazer, enquanto os vencedores tiveram 24m47s de posse. Mesmo com dois gols de vantagem os franceses continuaram a seguir seu plano estratégico, não desarmando nunca a defesa. Atacavam com um, ou, no máximo, dois jogadores, para arrancar escanteios. Só arriscaram alguma coisa depois dos 30 minutos do segundo tempo, quando o já desesperado Zagallo trocou César Sampaio por Edmundo. Com todos os brasileiros na frente e avenidas se abrindo na defesa, só então os franceses começaram a se arriscar no contrataque. Assim fizeram o terceiro gol, aos 47 minutos do último período. Com ele, decretaram a maior derrota da seleção brasileira em toda a história das Copas; nunca, até aquele jogo, um time conseguira colocar três gols de diferença no tetracampeão.

Se os fatos numéricos eram muito evidentes, a explicação da derrota iria contrariá-los frontalmente. Até uma hora antes da partida, a imprensa de quase todo o mundo considerava o Brasil favorito — e a brasileira só considerava o Brasil. Para os jogadores e comissão técnica que saíam de campo de cabeça quente depois de um dia difícil e uma derrota acachapante, um novo problema se apresentava: explicar tudo aquilo para os 160 milhões de brasileiros que tinham tudo pronto para a inevitável festa da vitória. O imenso abismo entre a expectativa do penta e a realidade precisava ser coberto rapidamente por qualquer explicação plausível. Encarar a derrota de frente, assumir os erros, explicar as coisas como foram, naquelas condições, era uma atitude que exigia coragem. Exigia, além de explicar o que aconteceu em campo, explicar as grandes movimentações antes da partida.

Entre a coragem e a conveniência de uma explicação fácil, o segundo caminho pareceu melhor a muita gente. Até porque, já havia a idéia de um bode expiatório circulando. Quando o juiz apitou o final da partida, uma só idéia estava na cabeça dos jornalistas que voaram atrás de informações: saber o que aconteceu com Ronaldo. Para os dispostos a uma saída fácil, Ronaldo era uma bênção: evitaria falar de seus próprios erros, de suas falhas. Havia uma escada de emergência fácil de escalar: bastava cada um dizer qualquer coisa sobre o assunto Ronaldo para se explicar. Como ninguém sabia exatamente o que havia acontecido, uma fantasia delirante seria tomada naquele momento como a mais límpida das verdades.

Tudo de fantástico que a imaginação permite produzir foi para o ar naquele momento. Os depoimentos contraditórios indo sendo registrados. Depois de um certo tempo, uma palavra foi repetida com freqüência suficiente para ser associada a Ronaldo: "convulsão". Ela acrescentava um elemento sensacional, dramático, a todo o quadro. Era açúcar no mel. Do drama se passou depressa ao suspense: o que aconteceu? Como aconteceu? Esta incompletude era tudo que os jornalistas desejavam. Caberia a eles, em vez de explicar uma derrota, investigar um mistério, levar a ouvintes e leitores a verdade escondida, esclarecer a opinião pública.

Neste trabalho, contariam com a colaboração inestimável de muita gente, a começar pelos próprios jogadores. Muitos deles ainda estavam bastante impressionados com tudo aquilo que viram. Um deles, especialmente, foi visado neste momento: Roberto Carlos. Ele era a testemunha-chave, e uma testemunha impressionável. Ficou realmente assustado com aquilo que viu, fazendo jus ao nome "terror" dado ao episódio. Além disso, não tinha recebido nenhuma explicação médica para tudo o que viu. Falava, portanto, tentando descrever suas impressões fortes. Mas acrescentava alguns detalhes a suas falas, para não deixar transparecer sua atitude em todo o episódio, a de um homem muito assustado. Com toda a ingenuidade deste mundo, inverteu uns tantos papéis na hora de contar a história, para aparecer numa posição menos vergonhosa.

Na hora de falar com os jornalistas, Roberto Carlos evidentemente não se confessou "medroso" (como fez no depoimento aos deputados, transcrito algumas páginas atrás). Pelo contrário, colocou-se como o forte perante o fraco, o realista contra a fantasia. Deu uma entrevista dizendo que Ronaldo havia "amarelado". Vendeu sua participação em todo o episódio como a de alguém no papel de um veterano corajoso que procurava acalmar um moleque amedrontado. Inventou que Ronaldo tinha passado mal durante toda a noite anterior, a ponto de ele chamar um médico (os médicos sempre negaram a existência do chamado, que também contradiz a calma observada na noite anterior pelo clínico do time na sala de fisioterapia). Explorou a imagem do jovem imaturo demais para estar na posição de número um do mundo, falando da posição de um jogador com têmpera de aço: "A tensão do jogo fez com que ele se sentisse mal. Acho que foi emocional. Ele tem apenas 21 anos de idade, é o melhor jogador do mundo, tem contratos, sofre pressões e exigências. Uma hora isso ia acontecer. Infelizmente aconteceu na final da Copa". Como era a testemunha mais próxima, seu relato foi publicado em todo o mundo como a descrição mais fidedigna daquilo que tinha acontecido — e sustentou toda uma linha de investigações: Ronaldo era um covarde que tinha sucumbido na hora mais difícil, um moleque incapaz de segurar as pressões sobre ele.

Edmundo era, possivelmente, o jogador que mais frustrações acumulara durante o torneio. Estava em melhor forma que Bebeto (tinha acabado de bater o recorde de gols num Campeonato Brasileiro), e perdeu o lugar para ele quando Romário foi cortado. Na hora das substituições, Zagallo escolhia Denílson para o lugar de Bebeto. Edmundo reclamou, e foi ameaçado de corte. Socorreu Ronaldo, ficou com sua vaga por umas poucas horas, e foi preterido com seu retorno. Pior ainda, só entrou no time com a partida perdida, para eventualmente fazer um milagre que não veio. Podia ser rude a ponto de todos o chamarem de "Animal", mas não era homem de trair companheiros. Jamais entregou Ronaldo, nem falou mal dele: "Ele teve esse problema de indisposição. Mas quem pode falar disso é o médico". Mas descarregou toda sua frustração sobre outras forças. Disse, numa entrevista para uma rádio, que tinha perdido a vaga porque um homem da Nike exigira no vestiário que Ronaldo jogasse. O tal homem jamais foi visto, mas toda uma linha "sociológica" se abria: o Brasil fora derrotado porque interesses econômicos inconfessáveis e imorais tomaram conta do futebol. Essa linha renderia anos de reportagens — e até a investigação na Câmara dos Deputados. Detalhe curioso: até mesmo a mãe de Edmundo entrou na dança, mostrando que educação é mesmo um caso de família. A declaração de Sirlei, a mãe do Animal, foi esta: "O Zagallo é maluco. Se esse boneco feio não tinha condição de jogar, meu filho tinha que entrar".

Mesmo figuras aparentemente insuspeitas faziam de Ronaldo sua rota de fuga. Dunga, o líder do time, gerou a versão "técnica" — segundo a qual o episódio fora fundamental para determinar o pífio desempenho do time em campo —, combinada com a atribuição de um eventual erro, se houvesse, aos dirigentes. Para começar, se colocou como uma voz discordante da escalação do jogador, na posição de defensor dos mais fracos contra a opressão vinda do alto: "A verdade é que não respeitaram a saúde do Ronaldinho. Naquele momento, tinham de pensar no lado humano. Chegamos a temer que Ronaldinho viesse a cair em campo a qualquer momento". Continua sua versão: "Quando soubemos que ele iria jogar, entramos tensos em campo". Esta tensão explicaria, inclusive, sua falta de liderança no jogo final (a grande responsabilidade da qual se eximia): "Se eu gritasse com os companheiros, poderia ser pior para o Ronaldinho. Além do mais, os jogadores restantes estavam abalados emocionalmente. Os meus gritos não adiantariam nada". Era uma maneira cômoda de dizer que o líder em campo não liderou, não buscou alternativas, não fez o time jogar. E declarações como esta abriram uma terceira linha de investigação, aquela que explorava tanto a incompetência dos dirigentes como o mau trato aos atletas.

É certo que nem todos aproveitaram a rota fácil. Leonardo foi um dos poucos a trilhar o caminho difícil de encarar a realidade. Atribuiu a derrota ao fato evidente de que o outro time havia jogado melhor, minimizou o episódio com Ronaldo, e pediu desculpas aos brasileiros por sua má atuação. Mas, compreensivelmente, este tipo de declaração mereceu pouco destaque na imprensa. Perto de tudo aquilo de sensacional envolvido no caso Ronaldo, pareciam palavras vãs. E eram mesmo vãs, até porque também no alto se fantasiava à vontade.

Zagallo tinha montado a estratégia de confronto com todos, o tal do "Vocês vão ter de me engolir". Açulou o otimismo da torcida num grau muito maior do que preparou o time. Deveria, agora, engolir uma derrota e suas próprias palavras. Se ele se colocou no papel de grande timoneiro da vitória, não deveria ser também o comandante na derrota? Este tipo de dignidade lhe faltou. Frente a esta perspectiva, por que não embarcar na onda e explorar o caminho de jogar o peso nas costas de outro? Na entrevista coletiva depois da partida, ele atribuiu o mau desempenho do time no primeiro tempo ao que chamou de "efeito Ronaldo": "Eu estava torcendo para o primeiro tempo acabar. Hoje tivemos um trauma grande, por causa do Ronaldo. Não era para o Ronaldo ter jogado. Demos a escalação sem ele. Houve grande abatimento psicológico. A equipe estava presa, amarrada. Ronaldo não iria jogar. Demos a escalação sem ele. Depois, ele pediu para jogar. Disse 'eu quero'. Ele estava buscando a artilharia, poderia ter uma luz durante o jogo".

Havia em suas palavras uma gritante contradição entre sua anunciada condição de comandante e a descrição de um técnico que coloca em campo um jogador só porque este pede para entrar — e tem um desempenho pavoroso. Era uma contradição tão gritante que não passou desapercebida a nenhum repórter. Um deles fez, depois de ouvir o técnico, a pergunta mais óbvia de todas: "Se Ronaldo estava tão mal, por que você o escalou?". A resposta a esta pergunta óbvia foi um tanto inesperada: "Você quer me derrubar, porra. Entrou porque entrou. Você quer baixar o nível, quer aparecer. Estou aqui porque sou homem, vocês devem muito a mim. Sou homem, tenho dignidade, moral. Precisa ter educação com os franceses aqui". Enquanto os franceses se assustavam com a absoluta falta de educação do técnico brasileiro, os jornalistas brasileiros tinham no que pensar. Perguntar sobre como o comandante comandava parecia uma afronta moral ao técnico. Zagallo fazia uma grosseria, mas uma grosseria com sentido.

Realmente, Zagallo era uma figura dura de engolir. Um homem que desejava o tratamento reservado aos grandes comandantes, no mesmo momento em que eximia seu comando de responsabilidade pelo que acabara de acontecer. A culpa do desastre era de Ronaldo, não dele — e ai de quem pensar o contrário. Se é que se pode falar assim, a seu favor naquele momento havia apenas o fato de que não era o único no grupo dos chefes a ter tal comportamento. Seu "amigo" Zico também não tinha nenhum pejo

PARIS, 12 DE JULHO DE 1998: O JOGO E SUA INTERPRETAÇÃO

para criticar decisões das quais participava, e muito menos de também jogar a responsabilidade sobre o jogador: "Fui contra a escalação e falei para o Zagallo. Ficou provado que não adianta nada escalar um jogador sem condição. O time perdeu muito em movimentação". Uma declaração que prova o quanto os jogadores deveriam ter razões para não confiar no grupo que os chefiava.

Por fim, havia no grupo dirigente uma figura que se tornaria essencial naquele momento: Lídio Toledo. Se o problema fora médico, que o médico então o explicasse. Para Lídio Toledo, trilhar o caminho da verdade significaria explicar seu diagnóstico conservador, mostrar que precisava ter sido prudente — e ao mesmo tempo mostrar que não houve qualquer erro na decisão de colocar Ronaldo em campo, pois a prudência teria sido compensada pela certeza da saúde do atleta. A primeira maneira que encontrou para lidar com tudo isso foi a de fornecer dois novos diagnósticos que talvez explicassem o quadro de sintomas que presenciou — uma alternativa que não era das melhores, mas mesmo assim não comprometia. Após o jogo falou numa "distonia neurovegetativa", expressão que designa uma crise provocada por estresse, com sintomas como agitação, sudorese, palpitações, taquicardia e até contração involuntária dos músculos — que jamais ocorre durante o sono nem com perda da linguagem. Mas, tanto quanto Roberto Carlos, ele falava como quem viu um fantasma e não queria confessar o medo — neste caso de um diagnóstico conservador desmentido — e fazia isso falando no jargão de sua profissão. A um segundo jornalista ele falou em "hipostenia", termo que denota simples fraqueza. Com isso, os jornalistas tinham dele dois diagnósticos diferentes para explorar; havia também um terceiro, o da convulsão, que circulava sem ter sido citado pelos jornais como tendo saído de sua boca. Com três diagnósticos diferentes produzia-se um único resultado: a imprensa chegou à conclusão de que havia mesmo algo mal explicado.

Os jornalistas no Brasil receberam as informações do médico da seleção e não demoraram nem duas horas para conseguir algumas dúzias de opiniões médicas locais sobre as confusas declarações do ortopedista. Choveram condenações à decisão de escalar o jogador, proferidas por muitos professores de medicina que ouviam a hipótese da convulsão. Alguns duvidaram diretamente dos diagnósticos. Assim, a imprensa pôde se deliciar com a transcrição de depoimentos contraditórios de médicos, cuja função precípua era a de mostrar que o mistério desafiava a própria ciência, e que muita coisa ainda estava para ser explicada.

Nunca uma derrota futebolística brasileira gerara uma oportunidade jornalística desta riqueza. Muitas perguntas no ar, contradições à vista de todos, poderosos cabisbaixos e sussurrantes, drama e mistério. A onda que começou com a corrida de Roberto Carlos em direção ao quarto de Edmundo tinha atingido todo o planeta, sem perder seu sabor fantástico. Ganhou a grandeza de um feérico desfile de escolas de samba: uma multidão de detalhes interessantes, supostamente relacionados com um tema que lhes dá unidade. O conjunto fala à imaginação, mas contém um desafio impossível de destrinchar pela razão, o de procurar a relação lógica entre a miríade de detalhes e o tema do enredo que lhes daria unidade. Só alguns detalhes são visíveis a cada momento, e a vista se perde neste turbilhão. Ronaldo estava naquela história toda como o tema do desfile: era o centro de tudo, mas ninguém conseguia saber como.

O pior é que, como no caso dos desfiles, isto não importava a mínima. E tanto não importava que todo o noticiário do dia seguinte à final não aparece uma única palavra atribuída ao jogador que era o centro de toda a cobertura — mesmo porque ele não pronunciou nenhuma em público. Muito mais que os outros ele também não conseguiria, mesmo que tentasse, saber exatamente o que se passou. Havia uma distância monumental entre aquilo que viu, sentiu, pensou e fez naquele dia 12 de julho e o que se afirmava sobre sua pessoa. Distância tão abissal que somente um tempo de silêncio permitiria entender.

Nos duros dias finais da competição, Ronaldo já tinha ficado quieto sobre muita coisa que falavam dele. Este silêncio foi então interpretado pelos jornalistas como uma prova de que se armava uma tempestade. O problema ganhou uma história completa que levava até a explosão final. No lugar das declarações de Ronaldo que ninguém conseguira, foram publicadas reportagens dizendo que ele andava quieto e silencioso, estava estranho. Recuperaram-se os boatos sobre uma grande crise com a namorada, e não faltaram sugestões de que isso o tinha levado ao estresse. Também se falou muito sobre suas dores nos joelhos, sobre os medicamentos que andaria tomando — e se formularam as hipóteses que relacionavam tudo isso à crise.

Nos dias anteriores, Ronaldo esperava responder a esses boatos como sabia: boca calada e bola na rede. Não deu certo, e agora esse tempo de confusões anterior ao jogo poderia lhe dar até saudade, ser lembrança de uma época feliz e sem problemas. Quanto menos falava, mais devia explicações. Pior ainda, não tinha a menor idéia do fato que deveria explicar.

Nesta situação ele embarcou no ônibus que levava o grupo de volta para a concentração. No caminho tomou contato com alguma coisa a mais de tudo o que acontecera, mas não o suficiente para elaborar algo. A primeira oportunidade real só veio no início da madrugada, quando ele voltou para o quarto 290 do Chateau de Grande Romaine em companhia de Roberto Carlos. Ali teve a primeira versão privada da tal crise, saída da boca de quem assistira à cena. Roberto Carlos provavelmente fez, na frente do companheiro, o que vinha fazendo: falar de sua experiência, que era a experiência de um assustado falando para se acalmar. O susto foi tão grande que poucas pessoas produziram um número maior de versões diferentes sobre aqueles momentos do que o próprio Roberto Carlos. É de se imaginar aquela que produziu para seu companheiro. Ele deve ter dourado a pílula com mais elementos que Joãosinho Trinta emprega para enfeitar um grande carro alegórico.

De certo, sabe-se apenas que, desta vez, Ronaldo teve mesmo uma noite intranqüila. Não conseguia dormir, e estava achando realmente insuportável a idéia de uma noite a mais naquele quarto. Às três da manhã, ligou para Suzana Werner. Pouco depois ela chegava na porta da concentração, dirigindo um carro alugado. Ronaldo fugiu, deixando para trás suas coisas. Só então pôde começar a deixar vazar suas emoções: estava completamente arrasado. Suzana ia tentando confortá-lo como podia — e ela não podia muito naquele momento.

Quando o carro parou na garagem da casa de Pontault Cambault, seus pais estavam esperando. Mal entrou em casa, Ronaldo desabou numa crise de choro. Desta vez, tremia acordado. Podia enfim expor todo o seu desamparo, começar a aliviar a carga emocional que carregava nas costas sem medo de ser mal-interpretado. Chorando, caiu nos braços do pai, pedindo para ser abraçado. E chorando ficou até o amanhecer, no único espaço onde podia fazer isto em segurança. Sônia resumiu o que se passou naquela noite onde o mundo falava muito em apenas três palavras: "Foi um pavor". Nunca uma simples soneca custara um preço tão alto a um jogador de futebol.

Pior ainda, a verdadeira conta nem sequer tinha chegado. Tanto quanto Ronaldo, os dirigentes da seleção brasileira tiveram uma noite tensa. Mas, diferentemente dele, empregaram esta noite para construir uma estratégia conjunta. Tal estratégia consistia simplesmente em descarregar todo o peso da derrota sobre o jogador. Não seria mais uma coisa desencontrada, mas deliberada. Todos os erros do dia anterior, todos os erros do conjunto, todos os erros da direção, seriam jogados sobre uma única pessoa — e justamente a única que não tinha cometido qualquer deslize.

Isto foi possível porque havia uma grande diferença de estatura moral entre Ronaldo e seus chefes. Aos 21 anos de idade, ele era responsável por seus contratos, por aturar a pressão dos torcedores, por converter esperanças em vitórias dentro de campo. Era muito disciplinado com relação a seus superiores — e por isso se tornou vítima deles. No dia seguinte de uma noite de choro voltou à concentração, pronto para assumir sua parte no problema. Encontrou o prato preparado. E, nesta hora, o fato de ser responsável foi fatal. Se ele agisse como Roberto Carlos, Edmundo — ou especialmente como Zagallo ou Lídio Toledo — poderia dizer com toda a tranqüilidade, e sem fugir da verdade: "Não me lembro de nada. Perguntem aos outros". Jamais alguém poderia culpá-lo pela derrota. Mas tal tipo de facilidade não se adaptava a seu caráter.

De volta à concentração, ele se reuniu com jogadores e a comissão técnica. Fez o balanço que julgava adequado dos acontecimentos, e agiu de acordo com aquilo que sua consciência lhe ditava. E o que a consciência lhe ditava naquele momento era tomar como boa a palavra de Roberto Carlos, e sobretudo de Lídio Toledo, sobre aquilo que se passara na véspera. Ele não vira nada, não se lembrava de nada. Simplesmente, aceitava o que lhe falavam, e sobre tal aceitação tomou suas decisões.

O grande problema é que o que lhe falaram foi um conjunto de mentiras — que ele tomou como verdades.

Obediente à hierarquia, foi para uma coletiva de imprensa onde o primeiro a falar seria Lídio Toledo. E Lídio Toledo começou fazendo uma peça de retórica ideológica: "Enquanto estivemos aqui, o celular de Ronaldo não parou de tocar um segundo. Eram procuradores, amigos, jornalistas... Depois, havia a tensão do mundial. É impossível para um garoto de sua idade suportar sozinho tanta pressão. A causa de sua crise é seguramente o estresse". Era mais uma daquelas conversas em que o dirigente aparece como pai e o jogador como filho desamparado que necessita de seus cuidados, típica de cartola "amador"; conversa de quem se recusa a ver o jogador como respon-

PARIS, 12 DE JULHO DE 1998: O JOGO E SUA INTERPRETAÇÃO

sável por seus atos. Tudo aquilo que marcava o profissionalismo de Ronaldo era apresentado como "problema". Lídio Toledo, falando assim, defendia todos os cartolas "amadores", todos aqueles que recusam autonomia e responsabilidade aos subordinados.

Mas esta arenga inicial tinha uma finalidade precípua: isentar o "pai" dos problemas e atribuí-los ao mau comportamento do filho. Depois desta entrada, veio o prato principal: "Os exames cardíacos e neurológicos que fizemos nos asseguram que ele teve uma convulsão. Seus familiares não sofrem de epilepsia ou convulsão. Pode ser a única crise de sua vida, mas foi uma convulsão que durou 30 segundos. Sua língua estava enrolada".

Nesta incrível afirmação, uma hipótese diagnóstica errônea se transformava em diagnóstico confirmado por exames. Tudo nesta frase não bate com os fatos. Os exames asseguraram exatamente que não houvera uma convulsão. Os médicos sabiam que não tinha havido uma convulsão. O que aconteceu não durou 30 segundos, mas muito mais do que isso (ao menos o tempo suficiente para Roberto Carlos chamar Edmundo, este ir até o quarto ao lado ver o que estava acontecendo, descer um andar para chamar os médicos, estes médicos atenderem ao chamado — e Lídio Toledo chegar lá antes de acabado o episódio). Também não existira a tal língua enrolada. Pelo contrário, dentre todos os jogadores do grupo, o único que tocou em Ronaldo durante a crise sabia descrever muito bem a diferença entre o que aconteceu com Ronaldo e uma língua enrolada no caso de uma convulsão.

As afirmações de Lídio Toledo eram tão estranhas que foram todas desmentidas posteriormente pelo próprio Lídio Toledo. Ele mesmo nunca mais falou em convulsão, mas num caso de estresse — cujos sintomas contradizem aquilo que viu. Ele nunca mais falou em 30 segundos, descrevendo um episódio de maior duração. Ele mesmo nunca mais falou em língua enrolada, mas antes o contrário, no depoimento que fez para a CPI. Com toda certeza, num ou no outro caso mentiu.

E, no entanto, esta versão foi apresentada numa conferência perante toda a imprensa do planeta como sendo a verdade oficial. O único sentido de afirmar uma verdade oficial desta maneira era o de isentar completamente todos aqueles dirigentes que se moveram a partir dos movimentos no sono de Ronaldo. Se a idéia fosse aceita, eles teriam agido com correção e eficiência, com a melhor das intenções, sempre buscando o bem. E para que o

233

conjunto fosse aceito, havia a necessidade de um elemento fundamental: que tal conjunto fosse aceito como verdadeiro pelo jogador.

Metaforicamente, esta estratégia era um retrato perfeito do futebol brasileiro. De um futebol onde os "amadores" cuidam do dinheiro que os profissionais ganham — e fazem isto na qualidade de gente superior, que age pensando no bem acima dos interesses deste mundo. De um futebol em que, em campo, o esforço individual cuida de recobrir todos os problemas de organização à custa de criatividade individual. No qual dirigentes são responsáveis pelo dinheiro e pela vitória e os jogadores responsabilizados pela derrota. No fundo, Lídio Toledo repetia Zagallo: vocês vão ter de engolir esta explicação.

Naquele momento, um homem sozinho iria fazer o que nem o médico, nem o técnico, nem os dirigentes foram capazes de fazer: assumir uma responsabilidade. Pior ainda, iria assumir uma responsabilidade que não era sua — mas não é assim num futebol de jogadores profissionais e dirigentes amadores, no qual as responsabilidades se distribuem desigualmente? Ronaldo não tinha nenhuma motivação de sentimento para assumir este discurso. Estava dormindo o sono profundo quando tudo se deu. Rigorosamente falando, não tinha um pingo de consciência de tudo aquilo que se passou. Ainda assim, como era de um estofo moral completamente diferente das pessoas que estavam ao seu redor, tomou os depoimentos delas como algo para ser assumido, como se fora uma falha consciente sua, uma falha sobre a qual tinha uma responsabilidade. E assim falou, tomando para si a responsabilidade de algo que era jogado sobre suas costas com uma explicação desmentida dias depois, quando ninguém mais deu atenção aos dirigentes.

Na ordem de prioridade dada pelos jornais de todo o mundo para reproduzir as palavras de Ronaldo, o ponto mais importante foi o enquadramento de toda a confusão como uma vitória da saúde sobre a doença, que seria mais importante que uma simples partida de futebol. Eis a frase em que resumiu a idéia: "Foi um susto tremendo. Perdemos a Copa, mas eu ganhei outra. A da minha vida". A frase forte ecoava a idéia de que a saúde estava acima de um jogo de futebol, apresentada por Leonardo na tarde anterior. Ela realmente serviu como uma espécie de passe para o jogador aceitar os problemas que teria pela frente — e aceitar como verdade não o que sentiu de fato, mas aquilo que lhe falavam.

PARIS, 12 DE JULHO DE 1998: O JOGO E SUA INTERPRETAÇÃO

Mas o passo essencial veio em seguida. Ronaldo aceitou como boa a versão de que tivera uma convulsão. Ao fazer isto, trazia para si mesmo todo o peso de algo que não presenciara diretamente — e de uma doença que não teve. Pela primeira vez narrou ele mesmo o que se passara na véspera. Não de seu ponto de vista, não a partir do que viu ou sentiu, mas descrevendo como verdadeiros os relatos que lhe chegaram aos ouvidos: "Não lembro nada do momento, mas meus companheiros disseram que foi algo preocupante. Fiquei preocupado. Espero não ter isso nunca mais. Foi repentino. Estava falando com o Roberto Carlos. Ele virou para o lado e disse que iria dormir. De repente, deu a crise. Foi rápido". Algumas coisas nestas palavras chamam imediatamente a atenção. A primeira delas é que possivelmente foram tiradas da descrição que Roberto Carlos lhe fez dos acontecimentos na noite anterior. A diferença mais evidente em relação à versão mais detalhada produzida no depoimento à CPI estava na inversão de papéis. Ronaldo estaria acordado, e Roberto Carlos quase dormindo. Esta, aliás, não foi a única versão com este tipo de detalhe produzida pelo colega de quarto — detalhe bastante adequado, no caso, para inverter completamente os papéis; agora o assustado era dorminhoco, e o acordado sofria a crise.

O segundo detalhe fundamental estava na descrição do episódio como "uma crise". Ao confessá-la, estava dizendo que os médicos acertaram no diagnóstico, que fizeram as coisas certas. Se ele mesmo acreditava nisso, quem iria duvidar?

Numa única frase, Ronaldo assumia para si tanto a responsabilidade dos disparates proferidos por seus colegas de time como o despejo de responsabilidade de seus superiores. Desse modo, tornava-se aquilo que se esperava dele: o responsável pela derrota. E, mais que isso, isentava todo o grupo a seu redor desta mesma responsabilidade. Assumia isso por inteiro: "Claro que eu passei uma preocupação para os meus companheiros. Mas deu para ver que eu sou querido dentro do grupo". Aqui ele assumia a versão de Zagallo de que desmontara o time, tornava-se o culpado confesso pela perda de um título mundial perante todo o planeta.

Bem, certamente um jogador que assume tal grau de responsabilidade — sem ter efetivamente nenhuma — estava fazendo a alegria de todos aqueles que queriam fugir da sua parte no problema. Ainda mais quando esta parte era todo o problema. A partir do momento em que Ronaldo falou tudo isto, Roberto Carlos, Dunga, Lídio Toledo, Zico e Zagallo passaram a ser vistos como pessoas que falaram a verdade, ou ao menos se esforçaram para tentar arrancar uma vitória em condições desfavoráveis. Os dirigentes, especialmente, puderam sentir-se tranqüilos em seu papel de pais zelosos de um filho meio incapaz — ou melhor, totalmente capaz de livrar suas caras.

Esta operação, no entanto, foi fatal para Ronaldo. Assumir a tarefa de pagar a conta de uma festa prometida para 160 milhões de pessoas, esperada por outras centenas de milhões não seria exatamente uma tarefa fácil.

Ninguém ligou muito para os meios como imaginava pagar esta conta. Em primeiro lugar, pagava-a com uma análise técnica realista da seleção: "Não foi uma má campanha. Chegamos à final e perdemos para o melhor time. Eles jogaram mais do que a gente. Não quero arrumar desculpas pela derrota. Fiz o máximo na Copa". Ninguém acreditou nessas palavras: como alguém que teria tido uma convulsão poderia ser um analista frio dos acontecimentos de uma partida onde "perturbou" o time?

Falou em seguida para defender sua honra de jogador: "Não estava nervoso, absolutamente. Fiquei muito chateado com as coisas que saíram na imprensa. Já joguei muitas decisões. Essa era a que eu mais esperava. Não iria amarelar. A única coisa que aconteceu foi a indisposição. Não fiquei com medo de jogar contra a França". Mais uma vez, pareceu uma contradição com a situação de alguém que perde a consciência numa convulsão antes do jogo.

Depois, defendeu-se da idéia corrente de que havia mais pressão a seu redor do que aquela que era capaz de suportar: "A pressão existe, é claro. Até ontem eu suportei muito bem. Infelizmente, foi uma coisa que aconteceu, não estava nada programado. Pode acontecer com qualquer pessoa, como o doutor Lídio disse. Mas aconteceu comigo num dia muito importante". Aqui, tornava-se contraditório: se suportou a pressão, como sucumbiu?

Deste tema passou a outro correlato, as pressões extra-futebol: "Essas pressões por resultado existem, mas não influíram absolutamente em meu estado de saúde". Com isso considerava as coisas colocadas, e podia tirar lições para o futuro: "Agora vou tentar diminuir o ritmo e cuidar mais da minha vida profissional e pessoal. Tive uma temporada muito desgastante". Enfim, vestiu toda a pesada carapuça que lhe passaram. Confessava ser alguém incapaz de gerir seu próprio tempo de trabalho — e então como não teriam razão aqueles que diziam que ele não o sabia administrar?

Não havia como escapar destas contradições. Todas as afirmações de Ronaldo estavam baseadas em como fora sua vida até o dia 11 de julho de 1998. Mostravam seu modo de ver o mundo, sua consciência responsável, sua capacidade de entender o cenário onde se movia, de julgar o melhor a fazer em cada momento. Nada disso casava com o Ronaldo daquele dia, uma pessoa que falava de coisas sobre as quais sua consciência não tinha outro contato senão as palavras que ouvia. Em tudo que se referia a este dia, estava na posição de alguém que literalmente não tem consciência do que está falando — porque não teve consciência de nada daquilo que se passou. Simplesmente, assumia para si, porque considerava verdadeiros os relatos que recebera, todo o discurso dos cartolas a seu respeito.

E como não tinha a menor consciência de que estava se responsabilizando, frente a todo o planeta, perante um conjunto de informações errôneas, achava que sua posição não traria maiores conseqüências sobre seu futuro. Acabou a entrevista de modo relativamente otimista, pensando que as coisas se remendariam em breve: "Agora vamos esquecer tudo. Isso não vai marcar a minha vida. Vou levantar a minha cabeça".

Realmente, Ronaldo não tinha a menor idéia da conta que teria para pagar, pelo simples motivo de que não conhecia o tamanho da farra alheia. Até às duas horas da tarde do dia 12 de julho de 1998, ele tinha seguido a trajetória ascendente de um vencedor. Havia problemas no caminho, ondas de má fase, mas o lado positivo era tão maior que o negativo. Até ali sempre se supunha que, no final, quem estivesse a seu lado tinha muito mais chances de vencer. Ele era o terror dos adversários, o homem para o qual todos os olhos se voltavam num estádio, o ponto de referência de todos os jogadores de futebol do planeta, o astro a ser imitado e o grande adversário a ser barrado. Conseguia isto num grau tão elevado que se transformara em mito.

Só uma pessoa de sua intimidade conseguiu expressar a impressão de que havia ali algo muito errado naquela entrevista. Enquanto Ronaldo falava como alguém que só enxerga o lado do bem, seu pai murmurava um lamento para os jornalistas. Ele deixou escapar dois comentários cujo tema era a mágoa. Primeiro, mágoa de Zagallo, que escalou seu filho e depois deu uma entrevista dizendo que o time jogou mal por causa dele. Em sua visão de pai, Ronaldo tinha se portado como um herói ao entrar em campo naquelas condições — por isso imaginava que o treinador deveria ser grato a ele. Segundo, mágoa de Roberto Carlos, pelos comentários de que seu filho teria amarelado.

Mas Ronaldo não deixava essas idéias escaparem. E acreditava que ouvira a verdade, e por isso nada de mal lhe aconteceria. Naquele dia aconteceram coisas que lhe deram a impressão de que tudo iria se ajeitar rapidamente. Antes de falar, recebeu a notícia de que ele havia sido considerado o melhor jogador da Copa, batendo Zidane. Mas não sabia que os votos que o elegeram tinham sido colocados na urna do centro de imprensa de Paris na véspera do jogo, antes de tudo acontecer. Estava acostumado demais a falar como um vitorioso; tão acostumado que nem se lembrava de suas próprias palavras de advertência, proferidas no início da Copa: os piores adversários dos brasileiros eram eles mesmos.

Não percebeu que quase todas as pessoas a seu lado no momento daquela entrevista estavam tentando salvar sua pele à custa de sua destruição, estavam aproveitando a confiança que o jogador tinha nelas para se livrar de suas responsabilidades — e lavavam as mãos. Em poucas horas, as bênçãos do homem escolhido para mostrar o caminho haviam sido negadas por sua própria boca, que agora reproduzia palavras mentirosas. Como ele nunca fora mentiroso, tais palavras passavam por verdadeiras graças a seu aval. Por palavras que seus inimigos colocaram em sua boca, que ele aceitou por não considerá-los inimigos, imolava-se. Continuava fazendo tudo que achava certo na véspera — mas isso não lhe colocaria mais no bom caminho, porque seu caminho estava sendo traçado por outros, suas palavras eram sobre coisas que não vira, expressavam sentimentos que não tivera, descreviam atos dos quais participara sem ter consciência. Desde Bento Ribeiro, ele se acostumara a agir confiando nas pessoas certas: seus pais, seus empresários, seus patrocinadores. Ao confiar nos relatos que lhe fizeram dirigentes e colegas, pensava estar fazendo a coisa certa.

Mas daquele momento em diante, tudo em sua vida seria conseqüência deste ato de assunção das culpas de todos os pecadores. Sua vida iria, sim, conhecer para sempre as chagas que lhe estavam sendo pregadas. Em vez de apagar-se com o tempo, iriam ficar cada vez mais expostas em seu corpo. Começava a desabar. E demoliria seu corpo de jogador na tentativa de forçar sobre as dores para voltar ao lugar onde estava antes de começar uma simples soneca.

19.

O ídolo caído

[1998]

As declarações de Ronaldo permitiram que no Brasil se fizesse um reenquadramento completo de toda sua carreira, segundo as normas locais. A força do tipo de pensamento de pessoas como Lídio Toledo ou Zagallo está no fato de que elas expõem uma visão de mundo aceita pelo senso comum da sociedade. Eles concebem o futebol não como um esporte no qual se ganha ou se perde, mas como uma guerra moral em que a vitória tem um significado e a derrota um outro completamente diferente. Nesta moldura se enquadram declarações como a de Zagallo vendo a conquista como uma forma de fazer os outros engolirem pensamentos que lhe pareciam nefastos — coisas como a necessidade de modernizar, encerrar toda uma era à qual o treinador se ligava profissional e afetivamente.

Este tipo de idéia sustenta muitas elaborações. No caso dos jogadores, aquela que separa o mundo entre vencedores e perdedores. Até a final da Copa de 1998, Ronaldo foi enquadrado no lado dos vencedores — embora de maneira dúbia. Sua participação em campo era efetivamente saudada por aquilo que tinha de atraente, forte e atraente. Mas havia também algo que nunca se encaixou muito neste esquema: o dinheiro. Quase nenhum brasileiro era capaz de ver no sucesso financeiro e comercial de Ronaldo algo legitimamente associado à sua condição de melhor jogador do mundo. Preferia-se um enquadramento no qual ele era visto como bom jogador pelo que tinha de "amador", e as responsabilidades publicitárias e financeiras como um fator que "atrapalhava" este desempenho, muito mais que um sinal de quanto este desempenho era bom.

As declarações de Paris, nas quais o próprio jogador atribuía (ao contrário do que sempre fez em toda a sua vida, antes e depois do episódio) um valor negativo aos compromissos extra-campo, fixaram um novo marco para enquadrar sua avaliação. Ele passou a ser visto como um derrotado — e derrotado porque se deixou dominar por figuras interesseiras, só pensando em dinheiro. Não foi preciso mais que um dia para esta completa reviravolta acontecer. Todo o passado de vitórias foi imediatamente colocado de lado, e uma nova espécie de biografia surgiu.

O processo de mudar foi simples. Um exemplo desta mudança estava na reportagem intitulada "Os altos e baixos de Ronaldinho", publicada pela *Folha de S. Paulo* no dia 14 de julho, enquanto o time voava de volta para o Brasil. Eis os trechos que marcam a nova avaliação de um derrotado: "Profissionalização: rejeitado por São Paulo e Botafogo-RJ, aos 16 anos começa a jogar no Cruzeiro. (...) Recorde: Ronaldinho tornou-se este ano o estrangeiro que, em sua primeira temporada no Campeonato Italiano, pela Inter de Milão, mais fez gols (25), mas perdeu para o alemão Bierhoff, com 27 pela Udinese, a disputa pela artilharia da competição. (...) Na Itália: em janeiro deste ano, o proprietário da Inter de Milão, Massimo Moratti, culpou o atacante, que ficou por cerca de dois meses sem marcar gols, pela crise que o time passou na metade do Campeonato Italiano. Pênalti perdido: Ronaldinho perdeu um pênalti na derrota fora de casa da Inter, para o Parma, por 1 a 0, deixando sua equipe ainda mais distante do título italiano. Depressão: Associação Italiana de Psicologia do Esporte afirmou em 28 de janeiro deste ano que Ronaldinho sofre de depressão, provocada pelas cobranças em torno de suas atuações. Multa: a comissão disciplinar da Liga Italiana de Futebol multou em US$ 1.150 o atacante em janeiro deste ano por acusações que ele fez contra árbitros. Ele disse que a Inter de Milão foi prejudicada contra a Sampdoria, e que a arbitragem também havia favorecido a Juventus. A briga: Ronaldinho aparece sem aliança de noivado. Afirma no dia seguinte que tinha machucado o dedo anular".

Depois de mostrar os aspectos negativos mesmo de proezas como ser o maior artilheiro numa primeira temporada italiana (e ser o jogador da Inter a marcar mais gols numa temporada desde os anos 1950), a reportagem fazia uma avaliação do jogador no episódio com perguntas e respostas: "P: Ronaldinho 'amarelou' na final da Copa? R: Foi o que disse o lateral Roberto Carlos, companheiro de quarto do atacante na França. P: É normal um jogador passar por uma má fase? R: Sim, mas isso não pode abatê-lo excessivamente. Quanto mais deprimido ficar, pior se sairá em campo. P: O atacante sofre com algum problema físico? R: Ao longo da Copa, ele reclamou

de dores nos joelhos, mas que não o impediriam de disputar os jogos. (...)
P: Em que os problemas nos joelhos interferiram no futebol de Ronaldinho?
R: O atacante teve que deixar as finalizações de lado e passar a fazer assistências para gols da seleção por causa das dores nas articulações. P: Ronaldinho é novo para as responsabilidades que tem? R: Sim, ele assumiu muitas responsabilidades prematuramente por ter se revelado um craque aos 16 anos. Mesmo para pessoas mais experientes, não é fácil morar no exterior, longe de sua família e amigos, distante de suas raízes. P: A responsabilidade de ser o "melhor do mundo" pesa? R: Sim, e chega a ser uma ameaça ao craque. Além da pressão provocada por todas as atenções ficarem voltadas para Ronaldinho, a violência também passa a ser um risco maior, já que ele fica mais visado pelos adversários. P: Que oportunidade deixou passar nesta Copa? R: Além de vencer um Mundial como titular, poderia ter sido o artilheiro mais jovem da história das Copas. (...) P: Além da torcida, Ronaldinho sofre algum outro tipo de pressão? R: Sim. Por exemplo, da própria Nike, para justificar o seu alto salário. Em nota, a empresa negou ontem ter influenciado na escalação do jogador na final contra a França. P: A pressão da mídia pesou sobre o jogador? R: Durante o Mundial, Ronaldinho foi o principal destaque da mídia internacional, o que, de certa forma, acaba se transformando em pressão psicológica sobre o jogador. P: Desentendimentos com a namorada Suzana Werner tiveram alguma influência? R: Somados à questões profissionais, os problemas particulares podem assumir um peso ainda maior. (...) P: Qual é a razão para a suposta convulsão de Ronaldinho? R: O médico da seleção, Lídio Toledo, afirmou que a causa é desconhecida, mas disse acreditar que o motivo foi o estresse dos últimos dias. P: O estresse pode causar essas reações em atletas profissionais? R: Segundo o médico Lídio Toledo, isso é normal em jogador de alto rendimento".

Além de chamar a atenção para as derrotas na carreira do jogador, o enquadramento claramente colocava todos os fatores econômicos na conta dos débitos — indicando que ganhar e administrar muito dinheiro eram fatores prejudiciais para uma carreira de jogador de futebol profissional. Assim, por uma via diferente daquela empregada por Zagallo ou Lídio Toledo, chegava-se ao mesmo resultado de associar a passagem simbólica do campo dos vitoriosos para o dos derrotados pelo dinheiro.

Esta mudança se operou no próprio jogador. Se na entrevista coletiva de Paris ele ainda falava como um vencedor que sofreu um contratempo, tinha outra cara no momento em que se abriu a porta do avião que trouxe a delegação brasileira de Paris. Cabisbaixo e inseguro, precisou se agarrar ao corrimão da escada do avião, descendo lentamente degrau por degrau. Seu rosto revelava um enorme abatimento — e logo houve quem falasse que o jogador estava muito doente e sob efeito de remédios. A delegação atravessou a cidade num ônibus fechado, pois se temia a violência dos torcedores (houve apenas aplausos de 50 mil pessoas). Assustado, Ronaldo recebeu uma condecoração do presidente Fernando Henrique; tudo que fez foi reagir timidamente fazendo um leve aceno para a platéia. Não falou para a imprensa — o que gerou afirmações de que ele devia cada vez mais explicações aos brasileiros.

Mesmo que quisesse, seria quase impossível explicar uma confusão que viveu dormindo. Todo um universo de fatos ainda continuava acontecendo muito longe de seu alcance. Coisas estranhas, como uma entrevista do médico Lídio Toledo, na própria noite da chegada, em que forneceu seu quarto diagnóstico sobre a crise. Depois das duas explicações ao final da partida e da afirmação por escrito de uma convulsão (aquela na qual ele teria enrolado a língua), o ortopedista — depois de saber que já havia uma dúzia de opiniões médicas dizendo ser errado o seu diagnóstico — declarou que Ronaldo não tivera uma convulsão, mas uma "distonia neurovegetativa", crise provocada por ansiedade aguda. Os sintomas dessa doença eram mais "adequados" para o caso, na medida em que não deixariam marcas em exames nem exigiriam a tal língua enrolada. No mesmo momento em que o ortopedista apresentou seu quarto diagnóstico, deu outra informação: a de que o jogador seria obrigado a fazer novos exames para provar que estava bem de saúde. Curiosa exigência, na qual à vítima cabe o ônus da prova. Mas algo que se pode entender, na medida em que as provas serviriam para inocentar os médicos do problema de terem colocado o jogador em campo.

Este caso mostra o tamanho do problema que Ronaldo criara para si mesmo com sua declaração em Paris. Agora, todos — dirigentes, jornalistas, torcedores, imprensa — tinham completa liberdade para se movimentar. E cada movimento desses restringia ainda mais as possibilidades do jogador para explicar o que havia acontecido, ao mesmo tempo que colocavam mais pressão sobre ele. Enquanto o ortopedista podia mudar livremente de opinião de acordo com as circunstâncias, Ronaldo ficava cada vez mais acuado. Tão acuado que, pela primeira vez na vida, passou a andar cercado de seguranças. Atrás dele, iam batalhões de jornalistas, seguindo cada passo. A seu redor, os telefones não paravam de tocar em busca de explicações. Todos os jornais publicavam que ele estava fugindo da imprensa, se escondendo e escondendo a verdade.

Neste clima, ele viveu três dias de fugitivo. Sem saída, resolveu dar uma entrevista coletiva. Disse que estava bem de saúde, que não iria fazer mais exames. Negou vários dos boatos que corriam sobre alterações em seu comportamento (coisas como brigas com a namorada, noites sem dormir, explosões emocionais na concentração). Só então notou a posição em que estava: "A questão é que toda a equipe jogou mal, e, de repente, arrumaram em mim, por causa de um problema que aconteceu antes da partida, a desculpa para a derrota". Mesmo assim, assumiu responsabilidades ainda maiores no episódio. Disse que poderia ter agido errado ao dizer-se pronto para o jogo. Mais ainda, pediu desculpas por eventualmente ter atrapalhado o desempenho do time na partida. Com tudo isto, tornava-se praticamente o único num grupo de 40 pessoas a falar como responsável — e isso só piorava sua situação.

Para superar aquilo tudo, fazia apenas um pedido: que o deixassem descansar. Mas, obviamente, só conseguia fazer isso trancado na casa de sua mãe em Jacarepaguá, com os batalhões de jornalistas na porta. E, enquanto descansava, muita gente trabalhava no caso, que ganhava novas interpretações a cada dia. O produto deste trabalho pôde ser medido assim que se fez a primeira pesquisa de opinião sobre o episódio. Quase todos os entrevistados — 80% — disseram que o jogador não merecia o título de melhor do mundo. Ronaldo foi apontado por 34% dos torcedores entrevistados como o pior jogador brasileiro na Copa. E mostraram que Zagallo obtivera uma grande vitória: 69% diziam que o jogador produziu menos do que se esperava e isto foi decisivo para a perda do título mundial, contra 59% que apontaram a falta de um esquema de jogo. No futebol brasileiro, realmente o de baixo é mais responsável que o do alto.

Neste ambiente, Ronaldo logo perdeu sua infinita paciência. No dia em que Suzana Werner chegou ao Brasil (ela foi direto de Paris para um *set* cinematográfico no Caribe, para terminar um filme), o cerco dos jornalistas redobrou. Era dia do aniversário de Suzana, que seria comemorado com um churrasco na casa de Sônia. Depois de muita insistência dos jornalistas, houve concordância para se fazerem fotos. Mas logo o acordo foi quebrado, e começaram as perguntas. Ronaldo reclamou — e só conseguiu ver publicadas notas dizendo que estava tratando mal a imprensa.

A única solução plausível para descansar era sair do país. Assim, dez dias depois de voltar, e sem conseguir descansar nada, Ronaldo e Suzana partiram para Cancún, no México. Conseguiram ter uma paz relativa durante pouco mais de uma semana. Enquanto isso, novos problemas se engatilhavam.

A onda de destruição do mito continuou. O fenômeno se repetia a cada derrota brasileira, fruto da necessidade de um modo de pensar segundo o qual "vitória" e "derrota" são separados por análises morais. Aconteceu com o grande Leônidas da Silva em 1938 (diziam que se vendera ao ouro de Mussolini), Didi depois da Copa de 1954 (foi taxado de "covarde", "cai-cai" e "apático"), Gérson depois da derrota de 1966 (acusado de engolir pasta de dente para ter um desarranjo intestinal e fugir de uma partida). Mas o caso talvez mais correto para comparação fosse o do goleiro Barbosa, imolado após a derrota de 1950. Se Ronaldo jogasse num time brasileiro, muito possivelmente teria o mesmo destino.

Mas o caso é que não era. Jogava num time altamente profissional e tinha muitos contratos profissionais. E foi tratado por estas pessoas como é tratado um jogador num universo onde a competição é vista como regra da vida econômica, não da moral. Ali onde a competição é dura, ninguém imagina um mundo feito só de vitórias. Vencedores são aqueles que ganham mais do que perdem — e Ronaldo ganhava muito mais do que perdia em campo. O presidente da Inter, Massimo Moratti, mesmo muitíssimo interessado em lucros, estendeu o período de férias de Ronaldo e declarou que continuaria dando todo o apoio ao jogador. A Nike sustentou sozinha a onda de acusações, sem nunca recorrer a ele — muito menos fazer qualquer menção de abandoná-lo.

Ainda assim, houve quem falhasse. Reinaldo Pitta e Alexandre Martins tinham imaginado a Copa do Mundo como uma oportunidade para criar negócios nos quais eles mesmos seriam os investidores na exploração da imagem do atacante. Até ali, tinham se limitado ao trabalho de oferecer esta imagem a empresas interessadas — e buscado clientes de primeira linha. Quando se meteram no negócio por conta própria, foi num nível bastante abaixo daquele no qual trafegavam. Não imaginaram nada melhor do que abrir um grande bar e restaurante com o nome "R9". Esperavam transformar o negócio numa franquia, criando uma rede.

Obviamente era um negócio que não levava em conta algo que estava presente na cabeça de todos os investidores de grandes empresas: a associação com imagem envolve primariamente a emoção, não apenas a vitória. Um jogador chorando depois de uma derrota pode ser tão bem explorado comercialmente por um fabricante de equipamentos esportivos quanto um vencedor — desde que a derrota mostre empenho e amor. Por isso, além do desempenho, é preciso levar em conta o caráter da pessoa.

O negócio do restaurante quebrava as duas regras. Em primeiro lugar, era mais sensível aos humores da derrota e da vitória: um lugar de celebração não se presta a uma derrota, mesmo com o coração. Mas, sobretudo, não levava em consideração o próprio caráter de Ronaldo. Ele podia fazer propaganda de cerveja mesmo sem beber, exatamente porque não era freqüentador de bares. O projeto de Pitta e Martins exigia, para dar certo, tanto um clima alegre como uma presença freqüente do jogador no local. E, se era duvidoso como projeto, mais duvidoso ainda era fazer o jogador freqüentar um lugar que se pretendia badalado num momento em que tudo o que ele pedia era paz.

Ainda assim, Ronaldo inaugurou o restaurante no dia seguinte ao de sua volta do México — e freqüentou-o enquanto esteve no Rio de Janeiro. Claro, a casa não pegou. Tratava-se não apenas de uma má idéia, mas também do primeiro indício de que, pela primeira vez desde a contratação do São Cristóvão, seus empresários não estavam fornecendo as melhores alternativas disponíveis. A rigor, Reinaldo Pitta e Alexandre Martins eram muito bons para aproveitar marés favoráveis: enxergavam as oportunidades, perseguiam os objetivos com tenacidade, negociavam com dureza. Mas nunca tinham perdido de vista o longo prazo. Buscavam contratos de larga duração, capazes de dar cobertura para eventuais maus momentos. Quando entraram eles mesmos no negócio, as oportunidades de curto prazo passaram a predominar sobre o longo prazo. Neste momento, no lugar de minimizar os riscos para o atleta, passaram a ampliá-los. Não havia hora pior para este erro.

No final de agosto, Ronaldo desembarcou na Itália. Foi bem recebido: o clube lhe cedeu a camisa 9, antes vestida por Zamorano, colocou-o em regime de treinamento especial, deu todas as mostras de que confiaria em sua recuperação. Mais ainda, realizou pesados investimentos para dar a seu craque aquilo que havia faltado no ano anterior: um time realmente capaz de lutar pelo título. A contratação mais cara foi a do meio-campista Roberto Baggio, o craque italiano que havia perdido o último pênalti na decisão de 1994. Na entrevista que deu no dia em que chegou, Ronaldo finalmente tinha esperanças para listar: agradeceu ao clube pela camisa, elogiou os novos companheiros, falou que agora a Inter podia pensar seriamente em disputar todos os títulos.

Bastaram uns poucos dias para que tais idéias se mostrassem otimistas demais. Um mês e meio de férias tinham sido suficientes para que a inflamação no joelho cedesse; as dores tinham desaparecido completamente. Mal começaram os treinamentos físicos — e Ronaldo estava treinando separado, para só voltar com sua melhor forma — e elas voltaram. No início, foram controladas apenas pela carga de esforços. A administração da Inter dizia que o jogador teria de recuperar sua forma aos poucos, com o que seria poupado em muitos jogos no início da temporada. Ronaldo começou a jogar pouco tempo nas partidas que entrava, o que parecia normal. Todos aceitaram a explicação. Nos dois primeiros jogos de que participou, marcou apenas um gol, numa cobrança de pênalti.

Mas então aconteceu o pior. O bom desempenho do time no ano anterior havia credenciado a Inter para disputar a Copa dos Campeões da Uefa, o mais exigente torneio europeu. Ali não havia jogos fáceis, e o primeiro seria exatamente contra o Real Madrid. Não havia outro remédio senão recorrer a Ronaldo. Foi um desastre: o time perdeu, seu astro não jogou bem — e as dores no joelho voltaram imediatamente após a partida. Não havia mais como esconder a situação: Ronaldo tinha um problema crônico no joelho, e era preciso enfrentar uma encruzilhada. A primeira opção era continuar no caminho de forçar até onde era possível, e relaxar a carga de exercício quando as dores aumentassem; a segunda, fazer uma cirurgia. O clube optou pelo primeiro caminho, temendo um desastre em campo sem seu maior craque.

Era um caminho prudente, mas tornava tudo mais estreito. Ronaldo teria menos oportunidades para mostrar seu jogo no Campeonato Italiano. Idealmente, deveria se abster ao máximo de jogos da seleção brasileira — o que logo provocou uma polêmica. A CBF mostrou muito pouca disposição de colaborar neste sentido. Suas maiores possibilidades de ganho não estavam em jogos oficiais, mas naqueles amistosos organizados pela Nike, que pagavam uma cota maior, especialmente se fossem apresentados os titulares. Obviamente, ela poderia negociar com a empresa uma solução de acordo, caso quisesse. A própria empresa abriu esta possibilidade, quando dispensou o jogador dos amistosos nos Estados Unidos, seu principal mercado. Mas a CBF preferiu outro caminho: dar entrevistas dizendo que Ronaldo tinha de ser convocado por imposição do patrocinador — mesmo quando este não obrigava a isto. Assim as coisas ficaram claras: a CBF queria embolsar o dinheiro que a presença de Ronaldo lhe garantia. A briga era com a Inter, pela exploração máxima do responsável pela derrota brasileira.

O ciclo se agravou com a conseqüência seguinte da situação. Ronaldo precisava, sobretudo, de tempo para descansar, para fazer ceder a inflamação. Não se tratava apenas de participar dos treinos, mas de todo o seu ritmo de vida. Um planejamento global para enfrentar esta situação deveria exigir também prudência sobre seus compromissos comerciais. Viajar para fazer promoções e participar de eventos não pareciam ser atividades que envolvessem o risco de problemas físicos — mas o fato é que impediam o repouso, forma mais adequada de recuperação. Neste ponto, empresários cautelosos deveriam reduzir os compromissos extra-campo ao mínimo indispensável. No entanto, o que ocorreu foi uma multiplicação de eventos secundários, destinados a promoções de curto prazo.

Esta atitude, por sua vez, ajudou a piorar duplamente a imagem de Ronaldo. Além da associação a produtos menos nobres, a diminuição da presença em campo — e, acima de tudo, a falta de resultados nele — obrigava a uma mudança na cobertura jornalística. No lugar das notícias de gols, passaram a surgir seguidas reportagens sobre treinos e a novela do volta-ou-não-volta. Especulações se tornaram tão inevitáveis na Itália quanto no Brasil: o que há com o jogador? Será que não vai mais fazer gols? Está com problemas pessoais? Tudo isto jogava a cobertura mais importante para fora das páginas esportivas. O crescimento da imagem de Ronaldo se devia ao futebol, e desde sempre provocara o extravasamento das reportagens para as páginas de fofocas. Em uma situação normal, este noticiário era uma espécie de complemento para satisfazer a curiosidade de muitas pessoas sobre uma figura considerada extraordinária. Mas, sem algo de extraordinário, as fofocas foram ganhando o centro da cobertura. Tudo que se relacionasse à vida pessoal era publicado, agora sob nova perspectiva: ajudava a buscar as explicações para o que faltava nas páginas esportivas em outro lugar.

Não demorou para que palpites como a necessidade de um tratamento psiquiátrico para corrigir o problema no joelho ganhassem foros de alternativa fundamental — mesmo porque a idéia veio da Associação dos Psiquiatras Italianos. A própria direção do clube ajudou a abrir a porteira, aceitando discutir o assunto. Logo havia conselheiros de todo tipo ganhando espaço na imprensa com sugestões para resolver os problemas do craque. Mais uma vez, surgiu outra opção apoiada pelo clube: convencer Baggio a dar "aulas de budismo" para o jogador — isto porque ele disse numa entrevista que sua religião o ajudou muito a superar o trauma da derrota em 1994.

Daí ao surgimento de coisas mais duras foi um pequeno passo. A Federação Italiana resolveu investigar Ronaldo por suposto doping, baseada em reportagens que afirmavam que a crise do jogador se deveu ao uso intensivo de drogas para resolver seu problema durante a Copa do Mundo. Ronaldo realmente havia tomado um antiinflamatório poderoso, e não faltou quem atribuísse a ele a crise. Também circularam informações de que ele teria sofrido infiltrações e tomado medicamentos proibidos, além de calmantes.

Todo este movimento ia acentuando o processo da destruição do ídolo por seus adoradores da véspera. Esta era uma conseqüência tão inexorável quanto nefasta da superexposição à mídia. A onda de ascensão na imprensa tem uma marca curiosa: é uma canoa em que todos querem embarcar, aproveitando-se do entusiasmo e imaginando mais entusiasmo à frente. Quando ele não se realiza, o objeto da atenção "trai" as esperanças. Só então se começa a ver o lado negativo das coisas. Para os grandes patrocinadores, esta é uma hora previsível, hora em que entram em campo os gerentes de crise, cujo trabalho é minimizar os prejuízos. Este papel deveria ser desempenhado principalmente pelos empresários, mas eles estavam falhando.

Com isso, excitava-se ainda mais o movimento de destruição. Poucas pessoas eram capazes de sobreviver a ele. Mesmo Michael Jordan, depois de dar dois títulos ao Chicago Bulls, sucumbiu ao processo. Começaram a aparecer notícias sobre suas apostas em jogos, seu envolvimento com pessoas suspeitas — e daí vieram reportagens sobre sua arrogância, frieza e dureza emocional. A coisa chegou a um ponto em que ele simplesmente não tinha mais nenhum prazer em jogar. Mas, nesta hora, teve uma atitude corajosa: abandonou o basquete e foi jogar beisebol numa liga secundária. Trocou o avião pelo ônibus, o salário milionário por uns trocados, os grandes ginásios por pequenos estádios vazios, os elogios pelas piadas sobre o mau desempenho em campo — e se divertiu com tudo isto, até recuperar a vontade de vencer no basquete.

Ronaldo não teve esta possibilidade. Não conseguia entrar em campo nem sair dele. Até outubro, tinha jogado escassas três partidas. Nesta altura, realizou-se uma significativa cerimônia na Índia. Ali também ele era um ídolo, a ponto de ter estátuas em que aparecia como um deus erigidas nas ruas de Calcutá, desde que foi considerado pela primeira vez o melhor jogador do mundo. Em 1998, sua figura estava lá de novo — mas desta vez para representar um demônio sendo assassinado pela deusa Durga, aquela que elimina os males do mundo. No Brasil, era comparado a Almir e Garrincha, os arquétipos dos deuses caídos do futebol.

Enquanto Ronaldo ficava de fora, a Inter despencava pela tabela. Tomou uma goleada da Lazio, justamente nas vésperas de um jogo decisivo pela Copa dos Campeões — e, pior, perdeu também Baggio. Neste momento, o presidente do clube resolveu agir. Mesmo debaixo de pesadas críticas, forçou a escalação do jogador na partida pelo torneio europeu. Ronaldo voltou contra o Spartak de Moscou, e deu conta do recado: fez um gol e deu o passe para o segundo, na vitória por 2 a 1. No fim de semana, mesmo com uma inflamação na garganta, voltou a campo para enfrentar o Bari pelo Campeonato Italiano. Fez um gol, deu o passe para o segundo. Ainda assim, o time perdeu por 3 a 2 e ele ouviu suas primeiras vaias desde que chegara a Milão. Mais três dias e estava novamente jogando, e novamente contra o Spartak, no jogo de volta pela Copa dos Campeões. Não marcou gols e o time só empatou. Outro domingo, outro jogo importante, desta vez contra o Milan, no clássico entre os rivais da mesma cidade. Começou bem, fazendo muitos deslocamentos e incomodando a defesa. Fez o primeiro gol de seu time. Estava sendo aplaudido e desequilibrando. Nesta altura, um zagueiro resolveu o "problema": deu uma entrada dura exatamente sobre o joelho do atacante.

Ronaldo descia mais um degrau no círculo infernal. Agora os adversários tinham um recurso para lutar contra ele: sabiam exatamente onde estava seu ponto fraco, e não tinham nenhuma piedade para explorá-lo. Ronaldo saiu no intervalo, direto para um novo período de recuperação. Como a fase era ruim, tudo contribuía para piorar a situação. Mesmo com o joelho machucado, manteve seus compromissos da semana. Primeiro, participou como convidado especial de uma festa da MTV italiana, onde apareceu ao lado de Madonna como uma das grandes atrações. No dia seguinte, voou até a Suíça para participar do lançamento de uma coleção de relógios que levava seu nome. Nada disso contribuiu para tranqüilizar os torcedores do clube sobre a situação de seu craque.

Em meio ao turbilhão descendente, só havia uma pessoa realmente interessada em reconstruir o futuro: Massimo Moratti, o presidente da Inter. Ele era um empresário atilado, capaz de lidar com situações complicadas. Como todos os outros em volta de Ronaldo, o presidente também tateava em busca de soluções, cometia lá seus erros — mas era capaz de aprender com eles. Depois de namorar a idéia dos problemas psicológicos, viu que daquele mato não sairia coelho e resolveu se fixar num outro ponto: os joelhos. Seu clube tinha uma boa equipe médica, mas esta equipe não estava conseguindo dar conta do recado. Isso porque a escolha de manter o jogador em atividade e controlar a dor não era exatamente o caminho mais adequado para médicos decidirem: não se tratava de curar, mas de conviver com a doença. Nesta altura ele resolveu finalmente ouvir algo que vinha sendo dito havia muitos anos — e nunca praticado.

Desde que recuperara Ronaldo da cirurgia no joelho em 1996, Nilton Petrone, o Filé, falava sempre a mesma coisa: Ronaldo tinha um problema muscular, e não ósseo. Mas nunca tinha conseguido mais que dar conselhos. Durante toda a sua carreira, Ronaldo esteve entregue aos cuidados dos departamentos médicos e de preparação física dos clubes onde atuou ou da seleção brasileira. E departamentos são organizações para cuidar de problemas coletivos — cada um a sua maneira. Com isso, o modo de encarar os problemas e de buscar soluções variava no tempo, segundo a visão dos responsáveis. Eles recebiam as fichas vindas do responsável anterior e tratavam de dar suas próprias interpretações aos dados, montar seus programas específicos de acordo com o interesse na competição a enfrentar.

Obediente aos superiores, Ronaldo seguia as instruções que recebia. Era bom para o grupo, mas ruim para ele. Caso típico desta diferença foi o que aconteceu durante a Copa do Mundo. Fosse aquele um simples campeonato local, Ronaldo teria recebido uma carga muito leve de preparação física, ou então simplesmente teria sido dispensado de jogar. Mas tal hipótese não passou nem em sua cabeça nem nas dos responsáveis, pela simples razão de que uma Copa do Mundo é uma ocasião para não se perder. Em todo caso, o esforço para disputá-la piorou as condições para o tempo seguinte. E, neste tempo seguinte, a disputa entre os vários interessados em colocá-lo em campo piorou sua capacidade de se recuperar. No futebol globalizado era assim: o interesse de curto prazo muitas vezes supera o de longo prazo.

Esta imensa disputa se refletia diretamente no corpo do jogador — também a sede de sua corporação de negócios. A rigor, naquele momento, tratava-se exatamente de preservar este corpo. O próprio Ronaldo deveria ser o maior interessado em protegê-lo. Mas anos de prática da idéia de que tudo era possível impediam-no de ver isso. Tanto quanto seus empresários, Ronaldo foi tomado por uma idéia excessivamente otimista: jogador muito disciplinado, muito forte fisicamente, adorador de desafios, ele foi impondo para si mesmo uma agenda cada vez mais carregada. Isto funcionava quando as coisas iam bem, mas não ajudava na hora em que andavam mal. Assim como os empresários não perceberam a necessidade de diminuir a carga de exposição de seu contratado, Ronaldo não enxergava a necessidade de pensar em sua saúde a longo prazo, diminuindo a carga sobre seu corpo.

Massimo Moratti percebeu em Filé esta oportunidade. Viu em seu diagnóstico uma saída, e resolveu contratar o fisioterapeuta para centrar em torno dele os cuidados com Ronaldo. Era uma decisão um tanto corajosa. Filé era brasileiro, fisioterapeuta, cheio de idéias alternativas; deveria lidar com italianos, médicos, ortodoxia. Ainda assim, Moratti apostou nele. Contratou-o pelo clube, para se dedicar basicamente a montar um programa de cuidados para Ronaldo, que fosse seguido o tempo todo e por todos os que lidassem com ele.

Em novembro de 1998, Petrone apresentou claramente um diagnóstico e uma solução de longo prazo. O diagnóstico era aquele mesmo que fizera em 1996. O problema de Ronaldo estava na imensa potência de seu quadríceps, o grande conjunto de músculos na parte da frente da coxa. Um desses músculos era mais potente que os outros ao redor, o que provocava uma série de desequilíbrios. Quando contraído, o conjunto transmitia uma grande carga para a patela onde estava inserido — e a patela a mandava adiante através do tendão patelar, que a retransmitia para a tíbia. Por causa da diferença de forças, a patela se movia para os lados durante a corrida. Em vez de trabalhar apenas sobre um eixo, o tendão patelar tinha de realizar um movimento maior e sofria pressões desiguais — o desequilíbrio de potência se transformava em sobrecarga. Todas as forças geradas pelos grandes músculos afetavam a estrutura do pequeno tendão — e este tendão estava reclamando duramente da carga desigual com inflamação e dores.

Daí a importância do enfoque de Nilton Petrone. Enquanto um ortopedista tende a olhar os ossos e um clínico os sintomas de dor nos joelhos, Filé enxergava todo um sistema a ser equilibrado. Dizia isto a Ronaldo desde o momento em que trabalhara com ele pela primeira vez, mas nunca havia conseguido fazer com que o jogador praticasse o que ele sugeria. Só foi realmente levado a sério quando as coisas já estavam bastante complicadas. Tinha de corrigir as conseqüências de anos de esforços desequilibrados numa situação em que a pressão por resultados de curto prazo eram imensas.

Mesmo assim, conseguiu começar a melhorar a situação. Montou um programa no qual Ronaldo entrava em campo nos jogos importantes, aos quais se seguiam períodos de fisioterapia destinados a fortalecer os demais músculos, mais fracos, em busca do equilíbrio perdido. No final de 1998, Ronaldo entrou nos jogos decisivos da Copa dos Campeões, e garantiu o primeiro lugar de seu time no grupo. Quase não jogou no Campeonato Italiano, onde a equipe derrapava na tabela. Começava a se sentir melhor — mas isto estava longe de ser a solução de todos os problemas acumulados com sua queda.

20.

Altos, baixos e um buraco

[1999]

A vida pessoal de um jogador de futebol não é muito diferente daquela de um caixeiro viajante ou um motorista de caminhão. Na primeira temporada pela Inter, entre 10 de agosto de 1997 e 12 de julho de 1998, Ronaldo jogou 64 partidas, ficando em campo por 5.640 minutos. Só aí são quatro dias inteiros. Mas estas partidas foram realizadas em 29 cidades de 9 países diferentes — localizados em três continentes. Cada uma delas exigiu ao menos dois dias de dedicação, fora o tempo de viagem para chegar até o local do jogo. Apenas para a Copa do Mundo foram 50 dias de concentração. Além disso, é preciso somar os 9 dias de gravação de comerciais e as dezenas de compromissos publicitários e humanitários. Somando tudo isto, Ronaldo passou mais da metade do ano fora de casa.

Com tantas noites dormidas em hotel e dias passados na companhia de grupos controlados por um forte esquema de disciplina, não é de se estranhar que o grande sonho de um jogador de futebol seja o de chegar em casa. Casa, para ele, é tanto o lugar para estar como o lugar com o qual sonha estar durante metade do ano. Um espaço de paz e cotidiano regular, onde afeto, comida, roupa lavada e conversas íntimas tornam-se coisas de alto valor. É assim para a imensa maioria dos jogadores de futebol, pela simples razão de que são coisas raras na metade do ano que passam longe. Um dia tranqüilo em casa é um sonho, tanto quanto uma realidade.

Ronaldo sempre encontrou isto solidamente em sua mãe. Sônia é daquelas mulheres muito atentas para o cardápio do almoço, a roupa pronta para cada ocasião, o abraço, a brincadeira e o conselho afetivo. Onde quer que Ronaldo estivesse, ela instalava os objetos que fazem de uma casa um lar, e cuidava de tudo tendo em vista a satisfação de seu menino. Era muito confortável e muito importante para sua estabilidade emocional. O problema é que Sônia era sua mãe, não sua mulher. Com 22 anos no final de 1998, estava mais que na hora de Ronaldo ter sua própria casa, com sua própria mulher. Ele vivia com Suzana Werner havia dois anos, mas não se casava com ela — não lhe atribuía por escolha própria a completa substituição da mãe no papel de dona da casa.

A própria Suzana também não considerava os cuidados com a casa a função essencial de uma mulher. Ela tinha outras qualidades. A principal delas, naquela situação, era a de não se confundir com Sônia. Formada numa casa onde pai e mãe trabalhavam (ele, economista; ela, jornalista), tinha segurança interna suficiente para agir como uma pessoa dotada de individualidade, dona de projetos próprios para sua vida. Não cresceu no meio de um grupo grande como aquele de Bento Ribeiro, onde a regra era ser parte de uma coletividade. Para Suzana, a rua nunca foi uma extensão da casa, mas um espaço que se opunha a ela. No início do namoro, esta diferença de formação foi interessante para ambos. Ela aceitou a família extensa de Ronaldo, a segurança afetiva gerada por sua constante ligação com parentes e antigos amigos de infância. Ele, por seu lado, teve contato com um mundo de possibilidades diferentes — o mundo que estava conquistando. Suzana sabia trafegar nele, e este era seu objetivo de vida.

Mas com o correr do tempo foram aparecendo as conseqüências negativas daquela situação. Tanto quanto Ronaldo, Suzana tinha sua própria agenda. Desfiles, sessões de fotografia, compromissos como repórter e atriz exigiam dela o mesmo que o futebol exigia de Ronaldo: dias fora de casa, viagens, presença em eventos. O jogador de futebol tinha alguma capacidade para entender isso — mas pouca estrutura emocional para suportar as conseqüências. Viver com uma mulher independente exige uma dose de confiança pessoal grande. Ela existiu no começo do namoro, quando ele cobrava pouco como prova de confiança: pedia para não beijar atores, para não mostrar muito do corpo em desfiles.

O que pode parecer exagero para muita gente era quase resignação para um jogador de futebol. Numa concentração, os companheiros de time podiam assistir a uma cena de novela na sua frente, ver e exibir as fotos da namorada numa revista. O ambiente supercarregado de testosterona de uma concentração não é exatamente o local mais apropriado para a discussão dos direitos da mulher. Ali se fala muito daquelas a conquistar — e a simples citação daquela santa que está em casa pode ser motivo de briga séria.

Suzana Werner era tanto a mulher pública, e ainda mais fazendo um trabalho que a expunha ao público, como a mulher da casa. Juntar essas duas coisas numa única pessoa era uma tarefa hercúlea para Ronaldo. Havia, em primeiro lugar, a dificuldade óbvia de estar sempre exposto a comentários maldosos. Durante toda a Copa, ele teve de suportar as suspeitas montadas sobre a condição de mulher independente de Suzana Werner: era muito fácil dizer que ela estava tendo um caso, já que estava "na rua" o tempo todo. Mas havia também as dificuldades derivadas da agenda. A terrível noite de 12 de julho de 1998 era também a última noite que Suzana dispunha para estar ao lado do namorado: no momento em que ele tomou o avião de volta para o Brasil, ela já tinha tomado outro, para ir trabalhar no Caribe. Por dez dias duros, nos quais ele precisava de apoio, o telefone seria o único meio de contato entre ambos.

E o inverso também era verdadeiro. Para estar com Ronaldo em Milão, Suzana precisou abandonar seus amigos, deixar uma carreira para trás. Na maioria dos muitos dias em que seu namorado estava longe, ela ficava sozinha numa cidade onde tinha pouca gente com quem falar (nem ao menos estava no meio de um grupo), muita batalha para encontrar suas oportunidades, muita insegurança para enfrentar. Mais que isso, precisava ter muita coragem para lidar com uma situação irremediável. Pouca gente a via como uma pessoa individual, e o mundo inteiro pensava nela como "a namorada do Ronaldo" — daí ser tratada como "Ronaldinha". O termo era um genérico que se repetia, como que dizendo que ali não havia espaço para uma individualidade.

Se nas vitórias era complicado, com a derrota de 1998 ficou mais complicado ainda. Sobraram suspeitas para Suzana — e não há nada mais maldoso que a suspeita pública. Negar a suspeita é quase uma impossibilidade prática: a impressão que se tem é de que realmente existe algo sendo escondido por trás da negação. Pior, esta suspeição coincidiu com o momento em que a atenção da mídia sobre Ronaldo se deslocava dos campos de futebol para as atividades fora dele. Cada viagem de trabalho de Suzana Werner fornecia gratuitamente a pauta de uma crise conjugal. Cada trabalho dela merecia um tipo especial de análise.

Suzana sempre trabalhou naquele espaço da indústria cultural em que quase não existe a possibilidade de se confundir entretenimento com cultura. Falava especialmente para revistas de fofoca, aparecia em seriados ou programas populares de entrevistas na tevê — e desfiles de moda nunca foram exatamente lugares que exigessem preparo intelectual. A tudo isto acrescentou um filme chamado *Mulheres de Branco*, bem de acordo com aquilo que fazia. A diferença, no entanto, estava no fato de namorar Ronaldo. Por causa dele, o filme acabou chamando a atenção de críticos de cinema, que foram impiedosos — porque comparavam o trabalho com um ou outro clássico, do que resultava a idéia de um grande fracasso.

Com tudo isso, pode-se imaginar que a vida ao lado do jogador tinha uma dupla face: gerava muita publicidade, algo importante em seu tipo de trabalho, mas também gerava muita frustração. Assim a paixão não conseguia se transformar em projeto aceitável no longo prazo. Por mais que gostasse de Suzana, a idéia de casamento de Ronaldo exigia uma mulher em casa; por mais que gostasse de Ronaldo, Suzana não podia desistir de seu projeto de ser alguém relevante individualmente, e não pelo lugar no grupo como esposa. Com o correr do tempo, a experiência foi matando a esperança, os problemas do dia superando os sonhos de futuro. Na metade de 1999, separaram-se.

O fim do namoro coincidiu com o fim de um período difícil no gramado. No final de 1998, Ronaldo e Filé haviam combinado com a Inter de fazer uma temporada de fisioterapia no Rio de Janeiro, aproveitando as férias de final de ano e alguns dias posteriores. Por causa disto, iria ficar fora de jogos importantes na Copa dos Campeões. Massimo Moratti assumiu o risco e pagou caro por ele, já que o time foi eliminado pelo Manchester United. Para piorar as coisas, a Inter também perdeu inesperadamente na Copa da Itália. E sem Ronaldo, ia de mal a pior no Campeonato Italiano. Quando ele desembarcou na Itália, os torcedores estavam adquirindo o hábito de apedrejar os carros dos jogadores em simples saídas de treino — e a BMW do craque não escapou desta fúria.

Tinha pouco como responder em campo. O trabalho de Filé tinha estabilizado a musculatura. Mas cada vez que se tentava aumentar a carga de exercícios para um ponto que lhe desse força física suficiente para agüentar partidas em série, as dores voltavam. Isto era um indicativo de que talvez toda a estrutura do tendão patelar tivesse sido irreversivelmente afetada — uma situação que apenas uma cirurgia poderia corrigir. No dia 6 de fevereiro de 1999, Ronaldo fez sua primeira consulta com o cirurgião francês Gerard Saillant, um especialista em joelhos. Naquele momento, o próprio cirurgião recomendou que o caminho anterior continuasse sendo perseguido, antes de se operar. Isso significava claramente que Ronaldo seria um jogador de futebol obrigado a trabalhar o tempo todo no limite da dor: em vez de dar o máximo em campo, daria aquilo que conseguisse suportar.

Tratava-se de uma notícia dura para um time em dificuldades. A crise chegou a todo o elenco. Os argentinos Simeone e Zanetti, além do chileno Zamorano, queriam para si as glórias reservadas a Ronaldo como pessoas fundamentais do time. Eles reivindicaram a posição de liderança numa série de entrevistas em que criticaram o companheiro ausente. Ganharam apoio público. Mas o direito reivindicado a custa de críticas verbais não se materializou em campo. Num dos primeiros jogos depois das declarações contra Ronaldo, a Inter perdeu de 3 a 0. Na saída do campo, o jogador Simoene foi franco: "Está certo que todos os jogadores são iguais no time. Mas entrar em campo sem Ronaldo é como sair de casa em pleno inverno sem capote".

O pouco que era possível fazer para remendar as coisas em um time dividido, Ronaldo fez sem abrir a boca. Com a constância dos exercícios de Filé, as dores foram lentamente diminuindo. A partir de abril, Ronaldo começou a jogar todas as partidas do time. Voltou a manter sua média dos bons dias, fazendo sete gols nas oito partidas finais do torneio. Jogar oito partidas seguidas era coisa que ele não fazia há um ano. Alguma coisa, mas não muito: a Inter terminou num modestíssimo nono lugar da tabela, muito pouco para quem tinha investido tanto.

Para o jogador, no entanto, os ganhos pareceram sólidos. Depois de muito tempo de crises, ele tinha algumas esperanças a mais. Esperanças sentimentais, é certo, mas também esperanças esportivas. Ao final da temporada, juntou-se à seleção brasileira que deveria disputar a Copa América no Paraguai. Depois de um ano, vestiria a camisa amarela na presença dos torcedores brasileiros — e um bom desempenho faria mais do que bem para seu ego abalado.

Mas não seria assim tão fácil. A derrota de 1998 não estava ainda digerida pelos brasileiros. Desta vez, houve algo de novo na absorção da derrota. Sem a seleção para bancar suas posições, os cartolas amadores também tinham perdido. Pelé conseguiu aprovar sua lei, que obrigava os clubes a se transformarem em empresa, abria a possibilidade de organização de ligas (o ponto fundamental, que quebrava o monopólio da CBF) e permitia a construção de um cenário de seriedade empresarial. Bastou isso para que uma revolução acontecesse. Da noite para o dia surgiram patrocinadores dispostos a investir, empresários interessados em gerir clubes, diretores capazes de pensar num calendário mais organizado. Em poucos meses, a situação dos clubes brasileiros melhorou muito. Eles conseguiram dinheiro para cobrir, ao menos, as propostas dos clubes europeus de terceira e quarta linha. Conseguiram repatriar alguns jogadores importantes, evitar a venda de jovens promissores, montar equipes com maior capacidade de atrair público.

Pela primeira vez desde que Getúlio Vargas meteu o Estado no negócio, esta mistura estava sendo vista com olhos realmente críticos. O Congresso se mostrou disposto a investigar a fundo o mundo de negócios dos dirigentes "amadores". Não foi preciso muito tempo para que os brasileiros começassem a descobrir que não eram tão amadores assim. Em pouco tempo de investigações, notaram que havia um forte fluxo de renda saindo dos clubes para os bolsos dos dirigentes. Um dos primeiros indícios veio da divulgação das doações de campanha para o deputado Eurico Miranda, também dirigente do Vasco. Entre os que contribuíram estava Ricardo Teixeira — mas Reinaldo Pitta e Alexandre Martins lhe faziam companhia na lista. Os motivos para a presença de um e outros eram inteiramente diversos, mas na época não se sabia disso. Sendo assim, era hora de prudência para Ronaldo.

Ele não levou o problema muito a sério. Desembarcou no Brasil mais interessado em se mostrar como um solteiro disponível do que em ser prudente. Sua primeira providência ao desembarcar foi a de comprar um carro adequado para esta situação: uma reluzente Ferrari vermelha. Como ainda não tinha esquecido seu currículo de pidão, exigiu um grande desconto — com o argumento de que faria propaganda para a marca. O vendedor, tão esperto como ele, topou descontar a bagatela de 100.000 reais, ou 20% do valor do carro. Mas só daria o desconto se o jogador desse um jeito de mostrar a compra e o carro no horário nobre da televisão. Ronaldo aceitou e fez. Economizou dinheiro e pagou em imagem: a cena foi vista em todo o país como um exibicionismo chocante de milionário.

Não era exatamente o ideal para um jogador que o povo enxergava como o homem que fez todos perderem uma Copa certa. Pior ainda, associava Ronaldo mais aos cartolas que ao povo de Bento Ribeiro. Era como se ele pouco ligasse para suas origens. Muitos jogadores tinham carros reluzentes — e Ronaldo contrastava com eles, mantendo uma boa imagem, exatamente porque não os tinha. Não era o garoto que pensava na família, a pessoa séria? Agora, além de perdedor, era metido a besta.

Com esta perspectiva pouco otimista, largou sua Ferrari na garagem e foi para a concentração de Foz do Iguaçu. Ali as coisas lhe pareceram bem melhores. O novo técnico da seleção brasileira, Wanderley Luxemburgo, fez questão de deixar claro no primeiro dia que apostava suas fichas em Ronaldo: todos tinham que lutar para colocar a bola em seus pés — e esperava que ele a colocasse dentro do gol adversário. Esta responsabilidade correspondia a uma mudança importante: os veteranos de 1998 foram sacados do time, e uma nova geração começava a ganhar suas oportunidades. Ronaldo, com 22 anos, era agora um dos veteranos do time, jogador de duas Copas, capaz de orientar e tranqüilizar seus companheiros. Entre eles, um moleque de 19 anos que jogava rindo e era muito abusado. Mais ainda, também se chamava Ronaldo.

Repetia-se a curiosa sinonímia de 1994, com a diferença que muitos ainda chamavam Ronaldo de Ronaldinho. Sendo assim, o mais novo passou a ser tratado de Ronaldinho Gaúcho. No primeiro jogo que fizeram juntos, um amistoso contra a Lituânia, o Brasil ganhou por 3 a 0; Ronaldo fez um e a dupla foi bem. Na segunda partida, a estréia na Copa América contra a Venezuela, o Brasil massacrou por 7 a 0. Ronaldo marcou dois, mas na memória nacional ficou mesmo o gol de seu novo companheiro: Ronaldinho Gaúcho deu um chapéu num defensor levantando a bola com o calcanhar, driblou mais um e tocou na saída do goleiro. Era o típico gol artístico com que todos os brasileiros sonham.

E seleção brasileira onde acontece um gol desses está no bom caminho para a vitória. O Brasil embalou: ganhou do México por 2 a 1 (Ronaldo não fez gols e foi vaiado com a camisa amarela pela primeira vez em sua vida), do Chile por 1 a 0 (Ronaldo marcou) e se classificou em primeiro lugar no grupo. Iria enfrentar a Argentina nas quartas-de-final. Ronaldo voltou a jogar bem, fazendo o segundo gol na vitória por 2 a 1. Naquela altura, era o artilheiro da competição, com quatro gols em quatro jogos — e começava a merecer da imprensa aqueles elogios que não via impressos há tanto tempo.

Mas em horas bicudas, nem só de futebol vive a imprensa. Depois da vitória, o time recebeu um dia de folga. Ronaldo aproveitou para dar uma volta de helicóptero na companhia de Filé: viram de cima as cataratas de

Iguaçu, a usina de Itaipu, e fizeram uma escala em Ciudad Del Este. Passaram por algumas lojas e embarcaram de volta para o hotel. Antes que chegassem lá, já eram notícia. Uma vendedora — possivelmente para fazer propaganda, disse que Ronaldo havia comprado 50 mil dólares em relógios. Os jornalistas levaram a patacoada para a Receita Federal, o que possibilitou a algum delegado se prontificar a investigar. No dia seguinte, ninguém leu nada sobre a vitória: Ronaldo foi apresentado como suspeito de contrabando. Nos tempos que corriam, ninguém precisava provar nada: acusar bastava para gerar notícias.

Foi fácil para os jornalistas montarem grandes reportagens falando numa crise do craque que construíra a vitória horas antes. Para isto se combinaram as contusões, a briga com a namorada, as notícias da Itália onde se desaprovava a vida social do jogador (o último "escândalo" desta espécie: Ronaldo foi assistir a um filme no festival de Cannes ao lado do tenor Luciano Pavarotti e do cineasta Spike Lee — a ida ao cinema num dia de folga apareceu como prova de "uma vida social agitada, que preocupa os dirigentes"), a compra da Ferrari e as acusações da vendedora. Quando "provou" sua inocência, nem precisava mais: o assunto tinha desaparecido. E desapareceu simplesmente porque o Brasil ganhou por 2 a 0 do México nas semifinais e por 3 a 0 do Uruguai na final. Com o gol que marcou nesta partida, Ronaldo se tornou o artilheiro do torneio. Era seu primeiro título depois de um ano.

Nem vitória e artilharia foram suficientes para afastar as críticas. No dia seguinte à final, Ronaldo anunciou a contratação de um assessor de imprensa pessoal. Quem lhe deu a idéia de contratar alguém em que pudesse confiar para lhe dar conselhos sobre como se comportar com o público foi seu amigo Leonardo, em Milão. Tanto quanto Filé, ele vinha conseguindo ser um dos raros conselheiros de Ronaldo que não estava com ele desde os tempos de juvenil. A idéia do assessor também se enquadrava num projeto maior. Leonardo convenceu Ronaldo da necessidade de realizar ações sociais, como parte de sua responsabilidade como homem público conhecido. O assessor Rodrigo Paiva vinha para cuidar disso — e até vinha tarde. Pode parecer incrível, mas até julho de 1999 o futebolista mais requisitado do mundo cuidava ele mesmo de sua agenda com a imprensa. Tinha talento de sobra para tratar com jornalistas, mas gastava um tempo precioso nesta atividade — sem o sucesso de antigamente. Há algum tempo ele não conseguia evitar as reportagens negativas — e não conseguiu com o anúncio. Rodrigo Paiva foi descrito pelos jornais não como um auxiliar para novos projetos, mas como "o responsável para tentar limpar seu nome e mudar a fama do garotão playboy que dirige carros de luxo e namora modelos oxigenadas".

No dia em que esta notícia saiu, Ronaldo partiu para uma noitada num carro de luxo e encontrou uma loura. Alguns jogadores da seleção foram comemorar a vitória com uma noitada em São Paulo. Quando não se declarava solteiro, Ronaldo raramente era visto neste tipo de festa. Como agora se achava "disponível", foi. A animação começou com um jantar na pizzaria de Juninho. Dali o grupo seguiu para um pagode chamado Terra Brasil, sociedade de Edílson e Vampeta. Entre o jantar e a festa, Ronaldo arranjou a companhia de uma loura chamada Milene Domingues. No fim da noite, rolaram os primeiros beijos. Poucos dias depois, os dois estavam juntos numa ilha ao largo de Angra dos Reis.

Milene tinha algo em comum com Nadia, Viviane e Suzana: cabelos louros. Também dividia algo com a última: era modelo e jogava futebol. Mas as semelhanças acabavam por ali. Futebol, para Milene, era o meio de vida. Filha de uma família de classe média baixa, passou a infância no bairro da Casa Verde, em São Paulo. Era a quarta de seis filhos. Perdeu o pai quando tinha dois anos — e os seis irmãos foram criados por sua mãe, Lúcia Domingues. Tanto quanto seu namorado, ela adorava jogar bola na rua. Mas, diferentemente dele, era mulher e foi deixada de lado nos times assim que a adolescência se aproximou.

Sem companhia, desenvolveu com a bola uma relação toda especial. As duas ficaram sozinhas. Na beira dos campos onde os irmãos jogavam, ela desenvolveu uma variação solitária do esporte. Habilidosa, calma, autocentrada e talentosa — mas acima de tudo de uma paciência extraordinária, ela tornou-se especialista em embaixadinhas. Era capaz de preencher uma tarde inteira alternando toques de direita e esquerda, sem jamais deixar a bola tocar no chão.

A mãe não proibia aquilo simplesmente porque não via nem futuro nem problema naquela forma de preencher um longo tempo solitário. Mas também não queria tanta folga para sua filha. A situação familiar era difícil, e todos precisavam trabalhar. Por insistência de Lúcia, ela resolveu tentar a carreira de modelo. Com fotos providenciadas e uns poucos contatos, aos

14 anos Milene Domingues estava tentando algo em agências de publicidade. Por ironia do destino, só conseguiu uma vaga quando alguém soube que ela fazia embaixadinhas. A notícia chegou até o publicitário Washington Olivetto, um corintiano fanático. Dali a uma boa idéia foi um pulo: Milene ganhou um contrato para divertir a Fiel nos intervalos das partidas. Entrava em campo, levantava a bola e passava quinze minutos dando toques sem deixá-la cair. Com isso, passou a ter o melhor salário da casa, ajudando na formação de todos os irmãos. Tanto quanto para Ronaldo, futebol era seu meio de ganhar a vida. Parou de estudar com 17 anos, para poder se dedicar mais ao trabalho de bater bola. Foi escolhida também como a garota-propaganda do *Lance!*, o diário que surgira no Brasil, em outubro de 1997.

Mas, em seu caso, o futebol envolvia coisas muito diferentes. Em vez de atenção ao que acontecia ao redor, exigia a capacidade de se desligar de tudo que não fosse o movimento da bola. Em vez da agressividade para disputar e chutar, uma paciência infinita. Em vez dos deslocamentos, movimentos curtos. Em vez da variedade, constância. Milene tinha tudo isto de sobra — de outra forma, jamais seria capaz de tocar 55.178 vezes numa bola sem deixá-la cair no chão, como fez ao tentar bater o recorde mundial de embaixadas. Para fazer isso tinha de viver num mundo espiritual próprio, para o qual encontrou apoio no budismo. As embaixadinhas eram seu mantra.

Tanto quanto Ronaldo, Milene tinha um grande pudor com palavras. Sendo assim, ambos se falaram muito pouco durante o encontro no pagode — até porque estavam no meio de um grupo. Mas, depois de uns poucos minutos, as palavras tornaram-se desnecessárias, de modo que o entendimento do casal progrediu depressa. As palavras só se tornaram necessárias mais tarde, quando a imprensa descobriu o caso. Então Milene fez sua estréia no mundo que cercava o jogador com uma frase encantadora, típica da filosofia zen: "Até agora, só entreguei minha alma". Uma ironia fina, que foi tomada como confissão de virgindade. E, dito isso, os dois embarcaram para uma temporada na China, onde Ronaldo iria promover sua linha de relógios.

Encontrar uma mulher com tal disposição para o recato público era um bálsamo para Ronaldo naquele momento. Na época, os jornais italianos falavam muito numa rede de prostituição e tráfico de drogas desbaratada em Milão, que incluía uma mulher que o conhecia. Daí a vários dias de notícias envolvendo o jogador num mundo de noitadas regadas a sexo, drogas e *rock'n'roll* foi um pulo pequeno. A cafetina que possuía o telefone do jogador na agenda confirmou que trabalhava com prostituição e drogas, mas negou que Ronaldo tivesse usado "serviços profissionais, drogas ou ido a festas". Os jornais publicaram, mas um travesti preso declarou ter visto Ronaldo numa das festas — e lá se foi seu nome na confusão. Era um desafio e tanto para a estréia de seu assessor de imprensa, que estava desembarcando em Milão.

Atrás de Rodrigo Paiva foi Ronaldo, deixando Milene no Brasil. Os dois passaram a se comunicar por telefone e computador, fazendo planos para o futuro. Enquanto isso, Ronaldo encarava o presente, que não era lá essas coisas. Nas férias, a Inter havia investido ainda mais para ganhar o tão sonhado título. Contratou o artilheiro Cristian Vieri por 52 milhões de dólares, quase o dobro do que pagara por Ronaldo. Contratou também o técnico Marcello Lippi, cuja primeira preleção, antes ainda da chegada do jogador, mostrou um objetivo de trabalho muito claro: "Vou tornar a Inter um time que não depende de Ronaldo".

Ronaldo soube exatamente o que isto significava logo no primeiro jogo do campeonato: do banco, assistiu Vieri marcar três gols contra o Verona e deixar o campo como herói. Mas não entendeu logo todas as sutilezas da mensagem do técnico. Dispensado da segunda rodada porque estava a serviço da seleção (o Brasil perdeu da Argentina por 2 a 0 em Buenos Aires), resolveu aproveitar o fim de semana passando o domingo no autódromo de Monza, circulando entre as equipes de Fórmula 1. Está certo que ele tinha os melhores motivos do mundo para isso: adorava carros e estava recebendo 50 mil dólares para desfilar pelo autódromo com um boné da Petrobras, cujo logotipo deveria fazer aparecer no mundo inteiro. Mas pagou com um número igualmente negativo de reportagens sobre a maneira como desperdiçava a oportunidade de ficar realmente em forma. Mesmo com um assessor de imprensa, ele ainda não entendia que as mesmas coisas poderiam ter significados diferentes em épocas de vitória e de dificuldade.

Por causa de seu passeio, foi afastado até mesmo do banco da Inter. Desta vez, Massimo Moratti não estava para brincadeiras. Iria permitir somente as atividades extra-campo previstas em contrato, e reclamar diretamente de cada movimento que não estivesse estritamente relacionado a ele. Para mostrar que falava sério, obrigou o jogador a cancelar duas gravações de comerciais e a adiar uma viagem. Pitta e Martins chiaram, dizendo que Ronaldo "tem apenas cinco contratos". Moratti nem ligou. Faria tabelinha com o disciplinador Lippi, não com seu atacante preferido. Tinha lá seus motivos: Vieri agora fazia os gols. Mesmo com Ronaldo fora do banco, a Inter meteu 5 a 1 no Parma e assumiu a liderança do campeonato.

Ronaldo só não ficou mais abalado porque realmente estava mudando sua vida fora do campo. No dia em que fez 23 anos, deu uma entrevista coletiva dizendo que Milene estava grávida, que o filho nasceria em abril, que ele faria um gol em sua homenagem no próximo fim de semana e que em dezembro se casaria. Ele também tinha entregado sua alma muito depressa. Após menos de uma semana de convivência, falou: "Tenho certeza de que encontrei a mulher de minha vida". E decidiu casar com ela tão depressa que nem teve tempo para pedir a mão à mãe da noiva. Dona Lúcia mostrou que não era exatamente capaz de esquecer tal indelicadeza: simplesmente reclamou aos jornalistas da gravidez impensada ("Pode acabar com a carreira de modelo") e do casamento apressado.

A notícia também não comoveu Marcello Lippi. Ele manteve Ronaldo fora do banco, a Inter continuou ganhando — e Vieri a fazer seus gols. Mas a chegada de Milene a Milão ajudou a moderar as coisas: ela foi vista imediatamente com simpatia pelo presidente do clube. O técnico também amoleceu e permitiu sua volta ao time no dia 2 de outubro, contra o Piacenza. Ronaldo fez o gol para o filho na vitória por 2 a 1 — um gol bem pouco artístico. Chutou uma bola, o goleiro rebateu, ela bateu em sua cabeça, repicou novamente num zagueiro, até chegar ao alcance de seu pé. Realmente, as coisas não estavam sendo fáceis.

Mas agora havia uma linha de conserto fora do campo. Ronaldo estava se dando bem com Milene. Ela entendia muito sobre a necessidade de concentração para se jogar futebol, e acreditava que Ronaldo deveria centrar as atenções em torno da bola. Quanto ao futuro do filho, achava muito melhor que ele fosse criado tanto quanto possível como uma pessoa comum, fora das atenções da imprensa. Também o convenceu que o fato de ser pai o tornava mais responsável como homem capaz de dar bons exemplos, e que por isso deveria rever suas atividades extra-campo. Com tudo isto, a vida de Ronaldo ganhou um novo centro, resumido numa frase dita em entrevista: "Quero voltar a ser o melhor do mundo até o dia em que meu filho nascer". E realmente havia sinais de mudança. Na primeira viagem que fez, para jogar pelo Brasil em Amsterdã contra a Holanda, foi visto saindo de uma loja de roupas de bebê. E seu primeiro anúncio extra-campo depois da chegada de Milene não foi o de um negócio, mas de que estava aceitando um cargo de embaixador da ONU para fazer trabalho humanitário.

O grande problema agora era provar a mudança em campo. Neste ponto, as coisas não foram tão fáceis. Na primeira partida em que começou jogando no campeonato, o time perdeu por 1 a 0 do modesto Vicenza — e Ronaldo foi sacado do time. Na segunda, contra o Milan, finalmente estreou ao lado de Cristian Vieri. A dupla começou com uma certa efetividade, e Ronaldo marcou o primeiro gol da Inter, cobrando um pênalti. Mas logo caiu na provocação do argentino Ayala, respondendo a uma agressão com uma cotovelada. Os dois foram expulsos do jogo — era a primeira expulsão de Ronaldo em dois anos de Itália. Com sua saída, o time se desencontrou, acabando por perder tanto o jogo como a liderança isolada do campeonato.

Não bastasse a má impressão da briga, Ronaldo se envolveu em seguida com outro problema. Foi convocado para a seleção brasileira para jogar na Austrália. Era um daqueles amistosos descartáveis, e ele já tinha completado sua cota de amistosos num ano. Mesmo assim a CBF recorreu à Fifa, e obrigou o jogador a viajar. Ficou doze horas num avião até desembarcar em Sidney, onde estava sendo tratado como a grande atração da partida. No cartaz de divulgação do jogo, estava sua imagem. Deu autógrafos até para os jogadores da seleção local de rúgbi — o grande esporte nacional dos australianos. Era o foco de todas as reportagens que promoviam a partida.

Mas não deveria estar ali. A Inter, com razão, apresentou um recurso à Fifa, mostrando que Ronaldo já tinha cumprido sua cota de amistosos naquele ano. Sabendo que iria perder a causa, a CBF armou outra grande encenação: cortou Ronaldo e colocou a culpa de tudo na Nike, promotora do evento. Era gritaria para inglês ver: a própria CBF tinha vendido a partida com a presença de Ronaldo. E esta presença fazia muita diferença em dinheiro. Com o anúncio de sua presença em campo, 50 mil ingressos foram vendidos. Sem ela, os organizadores tiveram de devolver o dinheiro das entradas — sabiam que a presença do jogador era o fundamento da atração que prometiam. Realizaram um jogo com portões abertos, e só 35 mil pessoas apareceram para ver o time sem Ronaldo — mesmo com a seleção em campo e entrada grátis. A diferença entre os interessados em pagar para ver e os que viram de graça representava exatamente o valor econômico da presença de Ronaldo em campo.

No final de tudo, ficou assim: a CBF embolsou seu dinheiro, os australianos ficaram com o prejuízo financeiro de 3 milhões de dólares e Ronaldo com um grande desgaste de imagem. Tudo nas regras de um futebol de dirigentes "amadores".

Cheio de raiva, Ronaldo tomou o avião de volta para Milão. Ali, ao menos, teria uma boa oportunidade para descontar tudo num adversário talhado para apanhar: o Lecce era candidato sério ao rebaixamento, e estava cumprindo direitinho seu papel na tarde de 21 de novembro de 1999. Tomou três no primeiro tempo — e Ronaldo não conseguiu fazer o seu. Mas logo no começo da segunda etapa houve um pênalti, que ele converteu. Queria mais. Aos 13 minutos, correu para tentar recuperar uma bola. Pisou num buraco e torceu violentamente a perna. Antes ainda do final da goleada de seu time por 6 a 0, tinha um diagnóstico: lesão grave no joelho direito.

Os exames feitos no dia seguinte mostraram que a situação era realmente muito ruim. Uma boa parte do tendão patelar — aqueles seis centímetros que concentravam todos seus problemas — tinha sido duramente afetada. A previsão inicial foi de que, se tudo corresse bem, ele ficaria três meses fora de campo. O "tudo corresse bem" da frase significava uma rápida absorção do edema e a possibilidade de escapar de uma cirurgia. Mas bastaram dois dias de observação para os médicos chegarem à conclusão de que as lesões não seriam curadas naturalmente. Com isso, ficou claro que o joelho precisaria ser operado — e o prazo de recuperação foi esticado para seis meses.

Dez dias depois de um insignificante buraco no gramado ter feito mais mal a seu joelho que anos de esforços musculares, Ronaldo foi operado em Paris pelo médico Gerard Saillant. Como tantas outras vezes desde a final da Copa de 1998, a sina se repetia: Ronaldo fazia força para estar no topo, mas um golpe do destino o traía. Ele absorvia o golpe, refazia seus planos para voltar ao alto — e os planos se frustravam. Voltava a um ponto mais baixo do que aquele onde recomeçara, refazia os planos, redobrava o esforço. Novo golpe, nova frustração, nova luta, nova queda.

Cada queda em campo se traduzia em problemas fora dele. Nem mesmo a situação de estar num hospital gerou qualquer piedade a seu redor. O técnico do time, Marcello Lippi, declarou que Ronaldo não faria falta ao time, que era um jogador problemático e não tinha muito futuro no futebol. Enquanto isso, seus empresários transformaram em questão pública o pré-contrato nupcial que estava fazendo com Milene. E fizeram isto por causa de sua costumeira dureza como negociadores — uma qualidade apreciável para se lidar com gigantes, mas muito desagradável neste caso. A mãe de Milene, Lúcia, recebia ajuda econômica da filha, do mesmo modo como Sônia recebeu ajuda de Ronaldo. Para ela, viúva, o casamento significava uma preocupação com o futuro. Queria que Milene ao menos cumprisse os contratos que já tinha assinado. Por certo era algo que envolvia uma disputa comercial — e a de seu futuro com o casamento da filha com um milionário —, mas nada disto justificava o jogo pesado que se instalou. A todos que leram as notícias da briga pareceu que o jogador era uma pessoa tremendamente ambiciosa, capaz de prejudicar sua mulher para salvar a fortuna que os empresários administravam.

Silencioso no hospital de Paris, Ronaldo tratava de reconstruir suas esperanças, refazer seus planos. E estas esperanças, pela primeira vez em muitos anos, se concentravam fora de campo: soube que iria ser pai de um menino, e montou seus planos em torno disso. No dia que ele nascesse, o pai não seria mais "o melhor jogador do mundo", como afirmara há pouco. Se lutasse duramente, poderia no máximo entrar num campo de futebol com o garoto na arquibancada.

21.

Dor da vida, vida de dor

[1999-2000]

Uma cerimônia de casamento é sempre uma boa ocasião para se fazer um balanço da vida, mostrar aos amigos de muito tempo uma nova situação, apresentar um grupo de parentes a outro. No caso de Ronaldo e Milene aconteceu um pouco de tudo isto, e de um modo curioso. A festa foi montada na casa de Sônia, no condomínio da Barra da Tijuca. Para os padrões de um milionário, seria uma cerimônia bastante simples: um almoço para 70 pessoas. Foram montadas mesas no quintal, cobertas com toalhas brancas com bordados azuis e enfeitadas com arranjos de flores do campo. Encomendou-se a um bufê um almoço com canapés, um creme de lagostim com alho-poró como entrada, servido em casquinhas de porcelana individuais. No almoço, três pratos: camarão com gengibre, filé com cogumelos frescos e cebolinhas carameladas, além de folheado de salmão. Para acompanhar, uma salada verde com queijo *brie*. Como sobremesas, sorvete de macadâmia, mil-folhas de maracujá, torta de nozes pecã e doces caramelados. Bebidas: champanhes franceses e uísque. Para completar tudo, um bolo de casamento de dois andares.

Para a maior parte dos convidados, no entanto, esta apresentação da cerimônia não tinha nada de simples, e era muito diferente de tudo aquilo que já tinham visto na vida. A imensa maioria deles vinha de Bento Ribeiro, sem esconder um certo ar de espanto. Fábio Barata, primo de Ronaldo e segurança de um condomínio particular, gastou quase o equivalente a seu salário de um mês para comprar um terno. Estranhava a simples idéia de enfarpelar-se: "Vamos sofrer bastante. Nunca ninguém usou isso. Se o sol estiver forte, acho que ninguém vai agüentar", disse a um jornalista (aliás, nunca dera entrevista porque ia a um casamento). Seu irmão Eduardo, taifeiro do Exército, tinha esperanças mais ousadas para a cerimônia: "Dei um balão na namorada. Festa boa assim é melhor ir sozinho. Sempre pode pintar alguma coisa".

Para aquele grupo, Ronaldo era, ao mesmo tempo, alguém do pedaço, um membro da "Turma do Espirro do Grilo", como eles gostavam de chamar a si mesmos, e a porta de entrada para o mundo desconhecido dos milionários, dos hábitos estranhos e sofisticados. Com isso a festa seria tanto familiar, de pessoas que se conheciam a vida inteira, como algo que se passava num mundo novo. Fábio Barata tinha outras preocupações, além do terno: "Vai ser complicado. Vão servir tanta coisa que acho que vou me enrolar para escolher os talheres".

Com a cerimônia de casamento, Ronaldo mostrava aos convidados de Bento Ribeiro que sua vida tinha mudado muito, mas também que ele ainda era a mesma pessoa, focada no grupo que o viu crescer, nas pessoas que apoiaram sua carreira e na família. Mas algumas ausências também diziam muito sobre o significado daquela festa. A mãe de Milene preferiu ficar em São Paulo, remoendo as dores do afastamento repentino de seu mundo de origem. Enquanto Ronaldo fazia a festa como um espetáculo de integração de uma mulher a seu mundo, Milene estava ali como alguém afastada abruptamente de seu próprio pedaço. Seus amigos de infância não estavam lá, sua família se ressentia da perda do esteio financeiro que ela representava. Ao decidir fazer o contrato de casamento, ela provocou uma ruptura das expectativas de sua família — que a dureza das negociações só fez aumentar. Para sua família, era como se ela estivesse sendo arrancada de seu meio, como se todo o esforço coletivo necessário para enfrentarem juntos uma vida difícil estivesse sendo traído.

Esta situação colocava, para os Domingues, a união como uma vitória da força do dinheiro sobre a coesão familiar. Isto vinha a ser exatamente o contrário do recado de união a um grupo coletivo que Ronaldo pretendia dar à cerimônia convidando seus velhos amigos. Havia uma tensão no ar, que uma declaração de Sônia sobre a ausência da mãe de Milene explicitou: "Fizemos tudo para ela não ficar tristinha, mas ela não veio. Se fosse o casamento de minha filha, só não iria se estivesse no hospital". Foi uma das raríssimas frases sarcásticas proferidas por ela — e talvez uma das mais infelizes que disse. Revelava claramente que aquele casamento não era uma união de grupos, mas uma aceitação de uma pessoa no convívio de um grupo sob severas condições — e condições que os Barata e os Nazário de Lima ditavam. Na festa de sua casa não entraram as pessoas da Casa Verde por sua escolha, mas apenas aqueles que passavam pelo crivo do noivo. E este crivo era o de um milionário avaliando cuidadosamente as eventuais pretensões financeiras dos recém-chegados.

Havia então dois critérios. Para os de Bento Ribeiro, o de pertencer a uma mesma tradição, o convívio pessoal de tantos anos. Ricos ou pobres, não importava: todos ali eram iguais porque dividiram o mesmo pedaço numa época da vida. Para os Domingues, uma seleção caso a caso, cujo símbolo maior de acesso era o próprio contrato de casamento. Estes critérios desbalanceados eram a expressão da situação da família, que o caminho de Ronaldo fez passar da origem dura para a realidade de riqueza. Por isso, as coisas não poderiam ser feitas de outra forma. Nesta situação, o resultado final revelava um balanço adequado. Apenas Reinaldo Pitta e Alexandre Martins poderiam ser considerados ricos entre os convidados — e Ronaldo teria ali os milionários que quisesse naquele momento.

Tanto poderia que viu um poderoso se mostrando candidamente como bicão na festa. Na hora do casamento apresentou-se na portaria do condomínio o presidente da CBF, Ricardo Teixeira. Como seu nome não estava na lista, teve a entrada impedida. Ficou esbravejando com os seguranças durante cinco minutos, bem na frente de um bando de jornalistas que se deliciavam com a cena. Finalmente, teve sua entrada liberada. A notícia foi registrada com humor, pois se tratava de uma raridade num país onde os pobres sempre pegam o pior. Teixeira simbolizava uma outra ausência significativa na cerimônia: Ronaldo conheceu muita gente poderosa em sua vida profissional, muita gente com quem fazia negócios, mas mesmo depois de muitos anos circulando neste meio, sabia ainda distinguir claramente o pessoal do profissional, amizades de dinheiro.

Composto o cenário e reunidos os convidados, entraram os personagens principais da cerimônia. Ronaldo e Milene vestiam roupas mandadas diretamente de Milão pelo perspicaz Giorgio Armani, que sabia que as fotos sairiam em todos os jornais do mundo. Ele veio de blazer preto, camisa azul (as cores da Inter) e uma calça larga, que cobria o aparelho ortopédico que usava; ela, um vestido num tom suave de salmão, que deixava bem à vista a proeminente gravidez de cinco meses. Ronaldo trazia no bolso um par de preciosas alianças de rubi e ouro branco, mandadas de presente por Massimo Moratti. Foi uma festa relativamente curta. Às duas da tarde, uma juíza, Salete dos Santos, realizou a cerimônia do casamento civil; às seis da tarde, os últimos convidados deixavam a casa. A primeira noite de casados foi passada no apartamento de Ronaldo, também na Barra da Tijuca.

No dia seguinte, a festa se repetiu no mesmo lugar, mas num ambiente bem mais apropriado para os convidados. Sônia mandou comprar 60 quilos de carnes e vários barris de cerveja para fazer um grande churrasco. Voltaram muitos dos convidados da véspera, mas desta vez de bermuda e chinelos, como é de lei nas festas de Bento Ribeiro. Vinham animados tanto pela certeza de um bom pagode como também porque iriam conhecer quem realmente interessava: os jogadores de futebol famosos que o craque convidara. Veio Dida, vizinho de apartamento nos tempos do Cruzeiro. Veio Vampeta, companheiro dos primeiros momentos em Eindhoven. Desta vez, a festa foi longe e a animação completa. No início da noite, os casados partiram para sua lua-de-mel.

Não foi exatamente uma viagem dos sonhos. O destino até que era atraente: a casa de Alexandre Martins em Angra dos Reis, onde tudo começou. Mas, desta vez, além do aparelho ortopédico de Ronaldo houve outra diferença importante: Nilton Petrone, o Filé, ocupou os dias do noivo Ronaldo com exercícios de fisioterapia. Naquela altura, um mês depois da operação, ele ainda lutava com fortes dores para fazer movimentos tão simples como o de levantar uma perna. Mas fazia todos os exercícios com estoicismo, pensando na volta aos campos. Milene resumiu tudo mais tarde, com outra de suas tiradas zen: "Foi uma boa lua-de-mel a três".

Esta paciência temperada pela filosofia oriental faria toda a diferença do mundo quando o casal embarcou para Milão. Milene jamais tinha vivido fora do Brasil, viajou sozinha, não conhecia quase ninguém da cidade estranha. O marido passava quase o tempo todo fora de casa, fazendo fisioterapia com Filé. Este mesmo cenário já tinha provocado depressões em Nádia e Suzana Werner. Milene sobreviveu incólume, tendo ainda de enfrentar as novidades da gravidez, a preparação para o parto em terra estranha, a adaptação para a vida de mãe. Seu isolamento era quase total, porque a esta altura sua mãe se recusava até a falar com ela pelo telefone.

Mas Milene, que nunca perdia o equilíbrio com sua bola, sabia se equilibrar sozinha na dificuldade. Teve uma sábia reação: no lugar de ficar angustiada com a falta de companhia, resolveu o problema convivendo com sua própria solidão. Comprou um livro gigantesco sobre maternidade, um dicionário de italiano — e aprendeu muito do que precisaria para cuidar do filho junto com a língua, palavra por palavra, com a mesma perseverança com que dominou a arte das embaixadas toque por toque. Assim, raramente perdia o bom humor, gozando o "Ciborg" que tinha em casa. Também se divertia com o fato de ter um marido que era um criança, capaz de entupir privadas com papel higiênico, fazer as velhas brincadeiras de assustar com bichos de plástico. A este cotidiano, Milene acrescentou algumas coisas um pouco mais sofisticadas, como espalhar versos de amor e desejo pelos vários cantos da casa. Ronaldo gostou tanto que até começou a escrever os seus.

Foi esta praticamente a única concessão cotidiana à vida de casado. Continuou a ficar horas em salas de bate-papo na internet. Este continuava sendo um dos poucos espaços onde ele podia interagir como uma pessoa comum, dar livremente sua opinião, saber das últimas do Flamengo. Era uma coisa tão segura que algumas vezes se identificava como Ronaldo — e todos o chamavam de mentiroso. Quando não estava no computador, gastava uma boa parte de seu tempo com um aparelho de videokê, treinando seus pagodes e se preparando para desafiar amigos. Apesar de gostar de samba, a melhor nota que ganhou do aparelho foi um 99 pela interpretação de "Exagerado", de Cazuza.

Assim preenchia seus dias repetitivos. Acordava cedo, ia para a fisioterapia. Eram sete ou oito horas de exercícios para recuperar os movimentos da perna direita. Sete ou oito horas na companhia do paciente Filé, que suportava com estoicismo todas as suas exasperações. Sete ou oito horas de dores contínuas, vencidas pela esperança de pisar no campo mais uma vez, voltar a ser o melhor jogador do mundo. Enfrentar tudo aquilo exigia tantos exercícios de força mental como de resistência física. Cada vez que lia uma notícia dizendo que sua carreira estava acabada, repetia para si mesmo: "Não vou sair de Milão derrotado". Depois de tudo, voltar para casa, encontrar os bilhetes de Milene, conferir a gravidez que avançava. Via um ou outro filme, continuava dormindo com a luz acesa, para espantar o que chamava de "medo da imaginação".

A forma física de Ronaldo e a gravidez de Milene avançaram em ritmos paralelos. No final de março, Ronaldo parecia estar um pouco mais adiantado: começou a fazer exercícios com bola, passou pelas avaliações finais e foi finalmente liberado. Sua volta foi tentativamente marcada para o dia 11 de abril, numa partida contra a Lazio, em Roma. De acordo com as previsões, uma semana antes do nascimento do filho. E, no entanto, as previsões falharam. Na manhã do dia 6 de abril, Milene entrou em trabalho de parto. O casal partiu depressa para a clínica La Madonina. Ronaldo estava tão tranqüilo quanto a mãe, e entrou com ela na sala de parto. No início mostrava um grande controle, filmando ele mesmo a seqüência de contrações. Mas logo desistiu: tomado pela emoção, passou a câmera para outra pessoa e foi para o lado de Milene. Na hora da expulsão final, sua cabeça rodou: "Ali na hora você não percebe muito bem o que está acontecendo. Minha pressão caiu, quase desmaiei. Acho que porque vi sangue, placenta. Placenta saindo é a coisa mais horrível que já vi. É muito ruim, muito feio, dá vontade de vomitar". Mas ele se recuperou logo. Pegou o menino no colo antes da mãe. Conferiu braços e pernas, contou os dedinhos, acalentou o primeiro choro de Ronald Domingues Nazário de Lima — e só então entregou-o a Milene.

A visão do sangue e o convívio com as dores que marcam a vida desde seu primeiro momento deram-lhe uma sensação de euforia. Na tarde daquele dia, fez uma de suas mais esperançosas afirmações à imprensa: "Vai ser uma semana mágica. Nasceu meu filho e vou voltar a jogar futebol. De uma só vez, a vida me deu dois presentes. A vida é bela".

Na maternidade, Ronald virou atração, especialmente para os meninos que iam visitar seus novos irmãos. Eles formavam fila na porta do quarto 708. Dessas crianças, o bebê ganhou seus primeiros presentes. Dois dias depois, Milene voltou para casa com seu filho. Estava sozinha ali. É bem verdade que fizera as pazes com a mãe — e Lúcia com Ronaldo. Com isto houve um entendimento para que ela fizesse companhia à filha, ensinasse aquelas coisas práticas que só uma mãe veterana pode ensinar às mais jovens. Mas, pouco antes da partida, um de seus filhos teve uma hemorragia cerebral. Caso grave, que exigiu sua presença permanente num hospital de São Paulo, com o coração dividido. Milene teria de se virar sozinha — e mais sozinha ainda ficou quando o marido foi embora para sua grande noite de volta ao futebol.

Era dia 12, como o 12 de outubro do maior gol de sua carreira em Compostela, ou o 12 de julho da final da Copa de 1998. Era um jogo de importância relativamente secundária, a primeira perna de um rodada de ida e volta na Copa da Itália. Ronaldo começaria no banco, mas todos os olhos estavam voltados para ele. No Brasil, Wanderley Luxemburgo convocou a seleção brasileira para o jogo pelas eliminatórias contra o Equador, mas cometeu uma exceção reservada a muito poucos: deixou uma vaga em aberto, reservada para seu centroavante preferido. As televisões do mundo todo compraram os direitos para transmitir o jogo ao vivo. O jornal esportivo francês *L'Équipe* deu toda a primeira página para a volta de Ronaldo. Nem mesmo os familiares dos jogadores consideravam aquele um jogo normal. A mãe do lateral Panucci comprou uma imagem de Nossa Senhora de Lourdes, mas não conseguiu entregá-la a tempo para o filho levar ao jogador como um amuleto protetor.

No estádio completamente lotado, a Inter joga com cautela. Logo no início do segundo tempo, todos se agitam quando Ronaldo começa seu aquecimento. Aos 12 minutos ele entra, no lugar do romeno Mutu. Na primeira bola que domina, recebe o cartão de visitas do Campeonato Italiano: uma entrada dura do português Fernando Couto o manda para o chão. Silêncio. Ronaldo se recupera, levanta-se. Começa a participar aos poucos da partida. Toca três vezes na bola sem tentar nenhuma jogada mais ousada, acostumando-se com a situação da partida.

Aos 19 minutos e 20 segundos, domina uma bola com espaço suficiente entre ele e Fernando Couto. Era a hora de retribuir a gentileza da falta com um drible. Inicia uma arrancada, enquanto a maioria das câmeras no estádio vão se fechando sobre ele. Quando o zagueiro se aproximava, arma sua marca registrada: em plena corrida, passa o pé direito sobre a bola ameaçando tocar para a direita. Vai fincando a perna no gramado ao mesmo tempo em que prepara um toque de esquerda. Mas antes de bater na bola, a perna direita, que deveria sustentar todo o peso de seu corpo em movimento acelerado, começa a se dobrar. E se dobra porque o tendão patelar rompeu-se completamente, fazendo o osso da patela flutuar em meio à massa de músculos.

O olhar de Ronaldo crispa-se, sua cara mostra uma expressão de puro espanto. Não estava ainda sentindo a dor da ruptura, mas já tinha toda a clareza do desastre. Antes ainda de tocar o chão, urrando alto quando veio a onda de dor, seu pensamento foi o de protestar ao céu com toda a força: "Por que eu?". Era exatamente a pergunta que Jó fazia ao Senhor depois de este lhe tirar os bens, as vidas da mulher, filhos e parentes, e cobri-lo de pústulas — isto apesar de ele jamais ter renegado a Deus nem ter deixado de cumprir suas obrigações no templo e com os pobres.

Assim prostrou-se. Nunca, num campo de futebol, este fato atingira as proporções dramáticas daquele momento. Jogadores dos dois times levavam às mãos à cabeça, choravam. O primeiro a chegar para o atendimento foi o médico da Lazio, Andréa Campi. Tenta colocar a perna em algo próximo a uma posição natural, logo com a ajuda de Piero Volpi, seu colega da Inter. Com o rosto coberto pelas mãos, Ronaldo agora chora descontroladamente. Mal sente as dores causadas pelos cuidadosos movimentos feitos pelos médicos. Em seu completo desamparo, começa alternar sussurros de "Mãe" e "Pai".

Por longos minutos, um silêncio completo toma conta de todo o Estádio Olímpico de Roma. Tão completo que todos podem ouvir os gemidos do jogador no campo. Na tribuna de honra, Massimo Moratti, de pé, olha aterrorizado para o vazio, com a cara de um fantasma. Os jogadores dos times alternam momentos de andanças sem rumo com abraços entre si. Entra em campo o carrinho com a maca. Os auxiliares colocam um cobertor sobre o corpo de Ronaldo, para mantê-lo aquecido.

Então, subitamente, o silêncio se rompe. Toda a torcida se levanta — e era basicamente a torcida do adversário — e começa a surgir um coro: "Ronaldo! Ronaldo!". As vozes vão subindo, até que o silêncio se torne uma lembrança do passado. Ronaldo é colocado na maca, e o carrinho começa sua lenta caminhada até o vestiário. Os gritos sobem. O último trecho do percurso é justamente a temida curva ocupada pelos "ultra". São os torcedores mais radicais de toda a Itália, fascistas assumidos, autores de dezenas de atentados contra imigrantes — torcedores ou jogadores adversários. Sempre cantaram os hinos mais ultrajantemente racistas de toda a Europa. Vem deles os gritos mais altos, as palmas mais fortes.

Quando conseguiu falar, um dia depois, Gabriel Oriali, diretor da Inter, resumiu a emoção daqueles momentos: "Ronaldo não é apenas um jogador da Inter, é um patrimônio do futebol mundial. Com seus gols fantásticos e seu jeito de ser muito especial, ele conquistou o lugar maior no coração de todos os amantes do futebol no planeta". Tinha razão. Amor e ódio se distribuem igualmente no futebol, divididos pelas cores das camisas. No caso de Ronaldo, tinham atingido um grau superior. Quando era vaiado pelos torcedores de seu time, isto acontecia porque as mentes dos torcedores estavam carregadas de lembranças felizes, de mágicas que queriam ver realizadas ali em sua frente. Se os apupos vinham dos adversários, eram quase sempre por causa de uma categoria muito especial do ódio futebolístico, que é o ódio pela perfeição alheia: "tudo aquilo deveria estar acontecendo com meu time, não contra ele". Suspensa a normalidade das reações pela presença da dor, vinha a realidade: a ameaça de ficar sem Ronaldo não era apenas para um time, era para todo o estádio, para todos os amantes do futebol. Sem ele, a galera da Lazio também não teria a perfeição alheia para odiar.

Somente quando chegou ao vestiário, dez minutos depois do desastre, Ronaldo tomou sua primeira providência prática: pegou o celular e ligou para casa. Atendeu Milene, que chorava com o que acabara de ver na televisão. A seu lado, Ronald também chorava alto. Na outra ponta da linha, Ronaldo também chorava, enquanto procurava balbuciar palavras de tranqüilidade. A seu lado, o doutor Volpi falava com Gerard Saillant em Paris. O time já estava com um avião pronto no aeroporto, mas ele achou melhor fazer Ronaldo passar a noite em casa.

No vestiário, enquanto a partida avança, sua perna é imobilizada. Embarca no avião do time. Senta na primeira fileira, e é acomodado no lugar usualmente reservado para o técnico Marcello Lippi. Os companheiros embarcam depois por outra porta. Silêncio completo a bordo: ninguém tem coragem de lhe dirigir a palavra. O avião decola. Um único jogador toma coragem e se levanta: Roberto Baggio, que conhecera tanto os problemas no joelho como a imensa pressão de ver a perda de um título mundial jogada sobre suas costas. Do craque budista vêm palavras sábias: "Daqui em diante você estará mais sozinho do que nunca. Mas também é dentro de você só que está a única força capaz de reerguê-lo. Se você quiser, você fará". Ronaldo agradeceu com um olhar.

Desceu do avião para uma ambulância, que o levou até sua casa. Abraçou-se com Milene, com Sônia e Nélio. Mas não falou quase nada. Pediu para colocarem Ronald, com seus seis dias, sobre o colo, e ficou longamente sentindo sua leve respiração. Depois, uma noite de cão. Sem dormir, com muita dor. Seis dias atrás dizia que a vida era bela, abençoava o destino. Agora era a hora da raiva inútil contra ele, a constatação de que a vida era dor e sofrimento sem ordem, a hora de avaliar o estrago da esperança desabada, a busca de um ponto para fixar a subida — que nunca vinha no turbilhão de sua mente.

Às três horas da tarde do dia 13 de abril de 2000, o carro trazendo Ronaldo pára diante de uma das portas de entrada do gigantesco hospital de Pitié-Salpêtrière. São cinco mil leitos, cem salas de cirurgia, um movimento intenso. Mesmo para esses padrões, a agitação surpreende. Somente na madrugada da morte da princesa Diana, pouco tempo antes, havia multidões maiores. Havia mais de cem fotógrafos na porta. Ronaldo, todo de branco, desce do carro com dificuldades. Está odiando a presença dos fotógrafos, mas apenas seu rosto consegue demonstrar um pouco de contrariedade. Desaparece no elevador e vai para o sétimo andar.

Na sala de exames encontra o doutor Gerard, que se faz acompanhar de meia dúzia de especialistas. Suas primeiras palavras são profissionais. Tivera o cuidado de juntar ali os melhores cirurgiões de joelho da França. Caso Ronaldo tivesse algum constrangimento, poderia indicar outro médico. Ronaldo corta a conversa rápido: "O senhor vai me operar de novo". Decidida a questão, começa imediatamente a avaliação do caso. Em pouco tempo, definem-se as estratégias. Às seis e meia da tarde, começa a complicada operação.

A ruptura completa do tendão patelar é um caso relativamente raro em medicina. Costuma acontecer apenas com pacientes que têm uma longa história de contusões e tratamento com antiinflamatórios, como Ronaldo, mas que ainda por cima têm gota. No caso de Ronaldo, há quem acredite que o tecido cicatrizado da primeira operação — sempre uma área mais frágil — não suportou a pressão e acabou gerando a falência de todo o tendão. Isto não era resultado da primeira operação, mas antes demonstração do quanto aquele tendão tinha sido afetado por anos de cargas excessivas.

Para prender de volta o tendão ao osso, foi necessária uma complexa engenharia. Parte dele foi costurada com fios de sutura especiais, capazes de agüentar cargas gigantescas. Mas isso não garantia a fixação. Foi preciso também retirar um pedaço do quadríceps — o grande músculo cuja força provocou o problema — e fazer com ele um implante. Desta vez, as fibras trabalhariam a favor de Ronaldo: eram excepcionalmente sadias.

A operação durou até a meia-noite, e Ronaldo foi transportado para seu quarto. Acordou da anestesia triste e silencioso, tendo a seu lado Rodrigo Paiva. Foi mais uma noite de choro e desalento. Pela primeira vez, Ronaldo estava realmente deprimido. Enquanto isso, sozinha em Milão, Milene fazia suas reflexões. Tinha lido muito sobre depressão pós-parto, mas concluiu que, se aquilo existisse mesmo, era melhor tratar de esquecer logo o assunto. Tinha a seu lado um filho que chorava, e à distância seu pai também chorava. Não precisou de nenhum esforço para concluir que teria de cuidar dos dois ao mesmo tempo. Como fazer isso? De novo, uma idéia budista: iria empregar o silêncio para tudo aquilo que fosse incerto. Nenhum comentário sobre os temores do fim da carreira, nenhuma lamentação.

No dia seguinte, em Paris, Ronaldo acordou ainda muito deprimido. Tentando reconfortá-lo, Rodrigo Paiva trouxe aquilo que selecionou de melhor entre as milhares de mensagens que chegavam ao hospital. Zico, Pelé, Maradona, Falcão, Suzana Werner, todos tentavam confortá-lo. Ronaldo leu e ouviu, mas continuou chorando e deprimido. Só melhorou um pouco com a chegada de Massimo Moratti. Por duas horas ele ficou conversando de amenidades, contou piadas de futebol, tratou Ronaldo como um jogador com um problema momentâneo.

Enquanto Ronaldo remoía as dores parado em seu quarto, todo um mundo se movimentava por ele. Não se tratava apenas da mídia, que dedicava milhares de páginas, locuções e imagens para o assunto. O site da Inter de Milão recebia milhares de mensagens anônimas por hora. Redes de oração eram formadas por todo lado. O assunto circulava de boca em boca por todo o planeta. Enquanto as pessoas comuns faziam isso, toda a engrenagem de negócios em torno do jogador sofria uma reestruturação completa. No próprio dia da operação, quase todas as empresas que tinham contratos com Ronaldo — muitas vezes taxadas de interesseiras — garantiram a continuidade de todos eles, independentemente de ele estar em atividade e mesmo que não voltasse a jogar. O presidente da Inter fez a mesma coisa, afirmando que o clube pagaria os salários, mesmo não estando obrigados a isso por uma cláusula no contrato de trabalho coletivo assinado com o sindicato dos jogadores. Reinaldo Pitta e Alexandre Martins começaram o trabalho de limpar completamente sua agenda de qualquer espécie de compromisso.

Naquele momento, tarefas duras recaíam sobre o médico Gerard Saillant: precisava dissipar as suspeitas de imperícia na primeira operação. Ele enfrentou uma coletiva de imprensa, na qual tentou mostrar que a ruptura se dera longe do lugar operado na primeira vez. Pouca gente o ouviu. Também precisou responder a centenas de perguntas sobre o futuro da carreira de Ronaldo — e disse claramente que não faria previsões, mas apenas acreditava que ele voltaria a jogar.

Outra pessoa também enfrentou a mesma carga de críticas. Nilton Petrone estivera com Ronaldo mais tempo do que este passara junto da mulher nos últimos cinco meses. Acompanhou cada passo da recuperação, mediu cuidadosamente as forças exercidas sobre cada ponto de suas pernas — e moldou uma situação de equilíbrio que há muitos anos o jogador não conhecia. Todo este trabalho desapareceu em seis minutos no Estádio Olímpico. Ele estava lá, como fisioterapeuta da Inter. Acompanhou o atendimento no vestiário. Dormiu mal duas noites. Esteve ao lado do médico e de sua equipe o tempo todo, esboçando um programa de recuperação que deveria começar ainda no hospital. Só parou este trabalho para falar com a imprensa.

Todos lhe perguntavam se a recuperação não tinha sido mal feita, o trabalho apressado, as pressões para a volta exigindo um sacrifício da saúde do atleta. Explicou cada passo de seu trabalho, mostrou que tudo tinha sido fruto de um planejamento rigoroso, supervisionado por exames periódicos de toda a equipe. Ainda assim, não conseguiu convencer muita gente. Acostumada com tudo que havia de sensacional na final da Copa de 1998, boa parte dos jornalistas tinha pouca confiança em declarações de médicos. Mesmo com as opiniões de Saillant e Petrone conferindo com a de todos os especialistas consultados, muitas suspeitas foram impressas.

Aquele era, a rigor, um momento para dúvidas. A carreira de um dos maiores jogadores de futebol de todos os tempos havia se transformado em incógnita. Ronaldo tinha um desempenho tão excepcional em campo que ainda impressionava muito depois de dois anos de má fase. Até abril de 1998, jogara 386 partidas oficiais em sua carreira, marcando nada menos que 311 gols. Isso dava uma média de 0,81 gols por partida, muito superior à de grandes mitos da história do futebol mundial. Mesmo na Itália, em seu pior momento, fez 63 gols em 89 jogos, com uma média de 0,7 por partida. Este número da fase ruim era ainda melhor que a média de alguns dos maiores jogadores de todos os tempos. Maradona, que considera a si mesmo o maior de todos, marcou 356 gols em toda sua carreira (apenas 45 a mais que Ronaldo aos 23 anos); mas jogou 702 partidas — e sua média era de 0,50 gols por partida. No Napoli, em pleno auge da forma, ele fez 115 gols em 259 jogos, com uma média de 0,44 por partida. O argentino-espanhol Di Stefano, o grande gênio dos anos 1950, marcou 893 gols em 1.126 jogos, com uma média de 0,78 por partida. Johan Cruyff, o deus dos anos 1980, fez 421 gols em 704 partidas, com uma média de 0,59. Acima de Ronaldo só mesmo Pelé, com 1.281 gols em 1.321 jogos — e a extraordinária média de 0,96 gols por partida. Como estes poucos jogadores, além de fazer os gols comuns Ronaldo também realizava os extraordinários, aqueles que produzem êxtase e espanto.

Sem a frieza dos números, mas com a densidade do sofrimento, todo o significado da obra anterior estava sendo reavaliado por seu autor num pequeno quarto de 12 metros quadrados. Ronaldo quase não comia, quase não falava. Apenas zapeava na televisão atrás de jogos de futebol, de notícias de futebol. Uma cena com estranhamento: até dois dias atrás, aquele era seu mundo. Dentro ou fora de campo, era parte fundamental na formação daquelas imagens. Agora, no entanto, havia uma distância imensa entre ele e um campo de futebol. Em vez de uma realidade próxima, era agora um mundo distante. O liame imediato entre ele a bola, a certeza do encontro entre ambos, certeza nascida nos primórdios da infância e nunca abalada, rompera-se tão subitamente como seu tendão. Entre Ronaldo e a bola havia uma distância cujo tamanho ele tentava medir — sem ter qualquer noção de que obstáculos teria pelo caminho, nem a certeza de que seria capaz da travessia. Roberto Baggio tinha toda razão: daquele momento em diante estaria só — e a solução, dentro dele mesmo.

Meio mundo não acreditava em seu retorno, refletindo as incertezas que ele mesmo passava. Estas pessoas buscavam um culpado, uma explicação. Ronaldo também tinha imensas incertezas, uma enorme sensação de ter sido vítima de algo que não alcançava. Mas em vez de pensar sobre isto, entregar-se à dor, tomou sua primeira decisão de homem só: em vez de procurar o culpado para sua situação, iria encarar todos os problemas de frente, resolver os que podia resolver e deixar o mais para o lado. Do leito, ditou uma nota para ser lida para os jornalistas. Agradecia o apoio recebido, e anunciava sua disposição: "O guerreiro está ferido, mas não está acabado". Era já um objetivo. Com este parco fio de esperança, começou a construir o longo caminho que um dia o levaria de volta a encontrar uma bola.

22.

Da praia ao campo

[2000-2002]

Ainda no hospital, Ronaldo ouviu as primeiras ordens de Filé: contrair os músculos da perna direita sem movimentá-la. Fez, e sentiu dor. Filé o acalmou, e gentilmente o convenceu a continuar. Ronaldo tentou de novo, até não agüentar mais. Sentindo que havia chegado ao limite, Filé parava. Frustrado com sua situação, Ronaldo ficava com raiva.

Este foi o primeiro passo de uma rotina que, dali para a frente, seria diária. Enquanto Ronaldo ainda se recuperava da anestesia, Filé e o doutor Saillant sentaram-se para discutir. A idéia da conversa era transformar a imensa distância entre a situação presente de Ronaldo, com um tendão recém-suturado, e aquela situação em que este mesmo tendão seria exigido ao máximo num campo de futebol. A diferença entre o modo de ver dos dois e o de Ronaldo era importante. Filé e Saillant desenhavam uma longa escada a ser percorrida, passo a passo, para trafegar da cirurgia ao campo; Ronaldo ainda se debatia com dor e perda.

Ambos sabiam da dificuldade que tinham pela frente. Com conhecimentos técnicos é possível traçar qualquer caminho racional. A partir de seus conhecimentos e de uma série de hipóteses, enxergavam os caminhos mais prováveis para a recuperação, dividiam-na em etapas a serem atingidas numa determinada ordem, estudavam rotas alternativas para cada tipo de problema a ser encontrado no caminho. Mas em todos os muitos planos que traçavam uma variável era fundamental: a reação do paciente. Uma coisa era imaginar o que fazer; outra, muito diferente, conseguir que o outro fizesse o planejado.

Filé seria a ponte entre plano e realidade. Tinha uma visão geral do caminho, mas este caminho era sumamente complicado. O motivo era simples: a duração de cada etapa do caminho dependia diretamente da capacidade de Ronaldo suportar a dor. E suportar, neste caso, não queria apenas dizer agüentar dores como as causadas pela própria operação. Antes, implicava fazer com que ele criasse voluntariamente mais dores com movimentos determinados pelo fisioterapeuta — e suportasse o quanto pudesse as dores que assim criou. E não se trataria de fazer isso apenas uma vez ou outra, mas centenas de vezes por dia, até o limite da exaustão.

Neste cenário, a Filé não cabia apenas o papel de dizer a Ronaldo o que fazer. Ele teria de empregar a fundo sua sensibilidade para transformá-la num importante termômetro: a ele caberia saber onde estava o limite entre a dor que promove progressos no tratamento e aquela que é indício de problemas. Teria de forçar o tempo todo, mas também evitar forçar demais. Isto não significava apenas comandar movimentos de músculos. Ele teria também de gerir, com a mesma delicadeza, a vontade de Ronaldo. Tudo ali dependia de vontade. Tratava-se de provocar dor voluntariamente, mas também de manter vivo o ânimo para realizar esta operação. Filé deveria arrancar este ânimo a cada momento, funcionar como o amigo que aciona a vontade.

Esta missão era a mais difícil no primeiro momento. Tudo que Ronaldo não tinha, apesar de sua determinação de voltar a ser um guerreiro, era a vontade prática de lutar. Seus últimos anos tinham sido como os de Sísifo, condenado a carregar uma pedra montanha acima e vê-la rolar montanha abaixo. Por anos a fio, carregara sua pedra com imensa alegria, porque a via cada vez mais perto do topo. Na manhã de 12 de julho de 1998, tinha este topo bem à vista — e os jornalistas que o elegeram o melhor da Copa não viam como ele não pudesse chegar lá. Mas em meio ao sono esta pedra rolara para bem abaixo. Sua desastrada admissão de responsabilidade no dia seguinte da derrota de 1998 jogou-a a um ponto ainda inferior. Estes primeiros reveses não abalaram sua convicção. Com todo o seu otimismo, ele julgou que podia voltar ao topo depressa: uns tantos gols pela Inter o recolocariam na posição de melhor jogador do mundo. Daí em diante, mesmo continuando a fazer a mesma força, a cada nova etapa via o objetivo mais longe.

Todo o mundo observava esta cena. Em 1998, ninguém teria dúvidas em dizer que Ronaldo poderia dar a volta por cima. Em 1999, muitos diziam que ele não iria voltar ao topo. Em 2000, a pergunta era se ele um dia poderia jogar futebol novamente. Para muita gente, naquele momento, por mais vontade que tivesse, ele jamais voltaria a ser o que um dia fora.

Este imenso divórcio também existia na cabeça de Ronaldo. Sua sabedoria esteve em constatar que era tão grande que nem valia a pena pensar no assunto. Seria pura especulação e fonte de angústia, não ajudaria em nada naquela hora. Todos seus projetos tinham de ser feitos em outra escala. O futebol, por enquanto, seria pura abstração. A realidade do primeiro momento era ficar de pé, andar de muletas pelo hospital sem tocar a perna no chão, e considerar isto um progresso. Era uma tarefa possível, realista — mas também muito frustrante. A depressão era inevitável e o conforto emocional, mais necessário do que nunca.

A dose deste conforto aumentou bastante no final de abril, quando teve alta. Estava magro — e a comida do hospital não ajudava a dar mais apetite — e abatido. Saiu pela porta dos fundos, para driblar a imprensa. Tomou o jatinho de Moratti e desembarcou num aeroporto privado de Milão, longe dos olhares do público. Tudo isto era necessário, pois ele estava longe de ter qualquer disposição para encarar as perguntas que inevitavelmente lhe fariam. Chegou em casa, e teve o que realmente lhe importava: o contato com o pequeno Ronald, os carinhos de Milene, o apoio de Sônia e Nélio. Com uns poucos dias deste tratamento, reuniu serenidade suficiente para cumprir a missão de dar uma entrevista coletiva. Por muitos anos, ele desejou o contato com o mundo, a publicidade que o futebol lhe dava, a capacidade de empregar parte desta situação para fazer seus negócios com imagem. Como era um homem correto, considerava que também tinha uma responsabilidade perante toda esta gente.

Mas, em sua situação, considerou também que teria de viver um período de privacidade. Na entrevista, além de agradecer de viva voz as mensagens de apoio que recebera, e dizer que voltaria a jogar, explicou claramente que iria se dedicar à recuperação com toda a privacidade que conseguisse. Era tanto uma medida sábia como uma necessidade: mesmo sabendo que muita gente torcia por ele, sabia também que teria de gastar de suas próprias forças para manter esta chama pública acesa. Naquele momento, precisava de todas as suas energias para sua luta solitária.

O tendão patelar é um elástico poderoso, capaz de resistir em seus seis centímetros a pressões que podem ser calculadas em toneladas. O tendão de Ronaldo era um elástico remendado e contraído. Para voltar a ser como antes, teria de ser puxado com cuidado. A cirurgia providenciara a volta de seu ponto de apoio, mas tanto a cicatriz como a imobilidade fixavam este apoio no ponto mais baixo de carga. Um ponto tão baixo que, quando conseguiu começar a pisar no chão com cuidado, três semanas após a cirurgia, Ronaldo simplesmente não conseguia fazer o mais básico dos movimentos de carga sobre o tendão, flexionando a perna para trás.

Deste ponto começaram os esforços. Para conseguir vinte graus de movimento (pouco mais que a flexão necessária para dar um simples passo), era uma luta. Foram necessárias muitas horas de empenhos dolorosos para que o movimento pudesse ser realizado sem dores. Mas esta hora de alívio para Ronaldo era também a hora de um novo recado de Filé: que tal tentar 30 graus? Novas dores, até a exaustão.

Músculos são pedaços do corpo comandados pela vontade. E a de Ronaldo, apesar de imensa, logo mostrava seus limites. Tanto esforço para tão pouco movimento e tanta dor era uma receita capaz de estourar os limites da paciência de um mortal em poucas horas. Ronaldo tinha mais vontade que a maioria das pessoas, mas também era humano. Não demorou muito tempo para as dificuldades se traduzirem em exasperação — descarregada diretamente contra a pessoa que estava mais próxima, o próprio Filé. Ele era profissional, e sabia lidar com esta situação. Mas também tinha lá seus problemas.

Enquanto lutava para insuflar ânimo para Ronaldo continuar, ele também lutava para encontrar o mesmo ânimo. Filé sempre fora uma pessoa otimista, cheia de espiritualidade, capaz de motivar o mais desalentado cliente: conhecia tantos caminhos para fortalecer o otimismo quanto aqueles para recuperar músculos. Mas, naquele momento, precisava deste ânimo talvez num grau ainda maior que seu paciente. Acabara de receber a notícia de que seu próprio filho tinha uma doença incurável: um caso grave de distrofia muscular. Com tal problema na cabeça, não é de espantar que ele também se exasperasse.

As longas sessões de fisioterapia, com seus exercícios repetidos, num ambiente com mínimas variedades — e com duas pessoas lutando para arrancar forças para continuar —, logo estavam gerando as conseqüências inevitáveis. Depois de algumas horas controlando dores com paciência, um dos dois explodia. As emoções reprimidas pelo autocontrole vinham subitamente à tona: raiva, medo, acusações, tudo isto também precisava ser posto para fora. Então o programa precisava ser interrompido, as diferenças discutidas, até que as coisas voltassem ao normal.

Esta tensão se espraiava para fora. Era dia de chegar em casa frustrado, discutir com a mulher, ficar amuado. Umas poucas semanas deste tratamento, no entanto, eram suficientes para tornar entediante até a mais bela das paisagens. Dois meses dele bastaram para que ambos chegassem à conclusão de que precisavam mudar de ares. Toda a trupe se mudou para o Rio de Janeiro, onde ao menos Filé poderia confortar melhor os últimos dias de seu filho.

A mudança de ares fez bem a todos. Bem ou mal, havia a paisagem conhecida, as ruas onde passava sempre, os amigos mais distantes, as fofocas do cotidiano, a paisagem marcada pelas lembranças de toda a vida. Na volta para o Rio de Janeiro, Ronaldo começou a ter um sonho recorrente. Muitas noites, sonhava que estava jogando uma pelada na praia. Acordava, e assim que punha o pé no chão a dor o trazia de volta para a realidade.

Mas o sonho tinha suas curiosidades. Não se tratava de um sonho de glória, de algo como colocar uma mão numa taça. Tratava-se da recorrência de um prazer em si mesmo, correr atrás da bola, dominá-la, brincar com ela. Futebol sem nenhuma pressão da organização de um clube, de horários, da cobrança de resultados, da pressão da mídia, da discussão dos contratos de imagem, das gravações de anúncios, da agenda social. Futebol cuja única exigência era o prazer infantil de se jogar, a alegria que proporciona a quem consegue dominar a bola, fazer com ela tudo quanto sua fantasia manda.

No fundo, era esta característica especial que havia sido perdida após o fracasso de 1998. Até lá, a pressão existiu, mas sempre jogando a favor de Ronaldo. Afinal das contas, o sonho de um dia jogar no Maracanã ou ganhar uma final faz parte da alma de qualquer peladeiro que se preze. Está no grito das crianças que narram gols de seus ídolos, no pedido de um autógrafo, no pulo de comemoração de um tento na mais inocente pelada. O problema acontece quando as duas coisas se separam — como se separaram depois que Ronaldo se declarou responsável pela derrota do Brasil. Neste momento, passou a buscar não mais sonhos infantis, mas as glórias de adultos ligadas a ele: reconhecimento do público, título de melhor do ano e outros adereços da mesma espécie tornaram-se a obsessão do jogador. Daí em diante, sua imensa força de vontade passou a ser aplicada contra seu próprio corpo, contra sua mente que falava repetidamente que estava na hora de parar. Foi necessário o desastre para lhe dar uma oportunidade para colocar as coisas no devido lugar.

Em algum momento, de meados de 2000 em diante, Ronaldo teve a certeza daquilo que queria conquistar de volta. Não os galardões secundários da fama, mas o próprio prazer de jogar bola, aquele prazer capaz de fazê-lo sonhar com uma simples pelada, como as peladas de Bento Ribeiro. Ninguém o obrigava a passar os dias correndo atrás de bola. Ele fazia aquilo porque gostava. Evidentemente, também gostava de ser aplaudido, de ganhar dinheiro com seu prazer, de dar autógrafo, de ser considerado um objeto de desejo por mulheres deslumbradas com a fama. Mas tudo isto era conseqüência do essencial: ele ainda gostava de jogar bola da mesma forma que gostava em Bento Ribeiro. Este era o grande bem a proteger, e a proteção deste bem dependia apenas dele mesmo: só Ronaldo Luís Nazário de Lima poderia determinar como iria lidar com a bola. Nem sua mãe, nem seu pai, nem Milene — e nenhum técnico, nenhum cartola, nenhum empresário, nenhum patrocinador — poderiam ser os juízes deste prazer.

Roberto Baggio tinha razão. Ronaldo precisava ficar só, despir-se de todos os seus galardões, para encontrar seu caminho. Pagou um preço muito alto para chegar até esta situação. Um preço tão alto que nem ele mesmo sabia se poderia resgatá-lo. Mas, a partir deste momento, tinha uma convicção renovada para guiar sua vontade.

Filé não era apenas o fisioterapeuta mais indicado para guiá-lo na recuperação de seu tendão. Era também a pessoa mais capaz de lidar com esta espécie de valor. Tinha uma queda especial para encontrar isto nos outros. Com Ronaldo, quase nunca falava nos assuntos mais freqüentes nas conversas de jogadores de futebol: futebol, mulheres, bens de consumo conspícuos — não necessariamente nesta ordem. Preferia falar de filosofia, religião e valores morais — também sem muita ordem. Era o primeiro amigo desta espécie na vida de seu cliente. Até então, Ronaldo se apoiava na família e nos empresários. Era um grupo importante, com bons valores, mas com valores profundamente marcados pela idéia de que a vida era uma luta dura. Ronaldo tinha esta forma de ver as coisas profundamente imbricada em sua formação, mas também tinha algo mais: vencera com prazer, construíra uma fortuna com este prazer. Podia aproveitar melhor a vida, sem perder totalmente a vontade de vencer. Afinal, também jogava por prazer.

Assim a exasperação foi dando lugar a uma amizade durante as longas sessões de fisioterapia, a alegria substituindo progressivamente a dor após cada etapa vencida. No final do ano Ronaldo já era novamente uma pessoa relativamente otimista. Ele aceitou um convite da Nike para concluir seu tratamento na cidade sede da empresa, aproveitando para fazer um curso de inglês. Por anos a fio, sustentara a idéia de que precisaria aprender inglês se realmente quisesse ser um jogador global. Mas, sabe como é. Precisou lutar para aprender holandês, espanhol e italiano, sempre na base do sono depois da segunda página de qualquer livro. Agora, talvez fosse a hora de tentar.

Havia um outro bom motivo para isso. Milene estava muitos passos à frente nesta área. Tanto quanto Filé, ela era a pessoa nova ao lado de Ronaldo — e também tinha suas características próprias. Demorou muito pouco tempo para nadar de braçada na função de mãe. Tão pouco tempo que, quando Ronald tinha dois meses de idade, aceitou um trabalho como comentarista do Campeonato Mundial Feminino de Futebol para uma emissora de televisão a cabo. Se mandou para os Estados Unidos com Ronald a tiracolo, e desempenhou sua tarefa com relativa competência. Era boa para analisar um jogo — mas ainda deixava florescer com imensa facilidade as emoções de uma mãe recente. No dia que o Brasil venceu a China, não conseguiu fazer os comentários finais porque caiu no mais sentido choro. Ronaldo troçou à vontade, mas ela nem ligou. Formalismos não eram exatamente importantes para Milene Domingues. De volta ao Brasil, uma das primeiras visitas que o casal recebeu foi a do rei da Espanha, Juan Carlos. Fã incondicional de Ronaldo, fez questão de ir até sua casa. Depois foram a uma cerimônia. Assim que o rei começou a discursar, Ronald fez seus comentários com um grande berreiro. Milene não teve dúvidas: desceu do palanque e se pôs a amamentar o pimpolho.

Com este comportamento alegre, ela espantava muitos fantasmas. Como mulher prática, não perdia tempo. Aproveitou a passagem pelos Estados Unidos para dar uma olhada nos cursos de inglês, comprar seus livros e dicionários (ela era capaz de aprender lendo, ao contrário do marido) e topar a idéia. Ronaldo estava mesmo precisando mudar de ares novamente. Se em Milão ele ficava exasperado, no Rio estava ficando extasiado demais. Mesmo com todo o desejo de ficar longe da atenção pública, Ronaldo não conseguia evitar as tentações. Ia volta e meia a seu restaurante, recebia reis, visitava a concentração da seleção brasileira para sentir o clima de jogo e rever amigos, aparecia vez por outra em escândalos (uma modelo ganhou dezenas de páginas em jornais porque disse que tinha dormido com o jogador depois da cerimônia de inauguração do cinema de Vampeta em Nazaré das Farinhas). Onde ia, a imprensa o acompanhava: até mesmo a presença num jogo do Bangu — então dirigido por Alfredo Sampaio, seu técnico nos tempos de São Cristóvão — rendia notícia.

Tomada a decisão, ele aproveitou seu aniversário de 24 anos para dar uma movimentada festa de despedida, no Morro da Urca. Recebeu 500 convidados, dando a oportunidade para que seus amigos de Bento Ribeiro finalmente conhecessem todos os craques com que sonhavam. Ronaldo estava animado com os progressos da fisioterapia, e já sonhava com o momento que iria começar a bater de novo numa bola. Queria se isolar para esta hora.

O problema foi o fim de mundo que escolheu para se isolar: Beaverton, Oregon. É uma cidadezinha tão sem graça que nem mesmo a prefeitura se dá ao trabalho de imaginar que algum turista irá aparecer por ali. Lugar de brancos, saxões e protestantes, com apenas 1,7% de negros na rala população de 80 mil habitantes. Cidade onde tudo fecha cedo — o que não importa tanto, já que não há muito para onde ir. Perto dela, até Eindhoven parece uma metrópole cosmopolita.

A única atração deste lugar está no fato de que ali fica a sede da Nike. O quartel-general se localiza no meio de um parque, onde se distribuem vários pavilhões com ares pós-modernos e nome dos garotos propaganda da empresa. Sim, ali havia um Pavilhão Ronaldo sendo construído para ser inaugurado na época em que ele estivesse voltando a jogar, com direito a uma estátua de bronze do jogador na entrada. Os funcionários tratavam aquele conjunto com o curioso nome de Campus Nike, uma licença pós-moderna que dava a entender ser aquele um centro de conhecimento, não um lugar de ganhar dinheiro. Como parte da idéia, os funcionários eram incentivados a usar as muitas pistas esportivas e ginásios disponíveis, dando um ar casual para o conjunto.

Claro que alguma coisa nisto tudo interessava muito a Ronaldo. Para desenvolver a tecnologia de seus tênis, a empresa havia reunido, ao longo de anos, um conjunto de especialistas em anatomia e desenho que juntou o que seria provavelmente o maior número de informações sobre o pé humano em todo o planeta. Cada detalhe de cada milímetro de cada tipo de pé estava esmiuçado até o último grau. Também havia ali um conjunto razoável de conhecedores de medicina esportiva. A disposição da empresa era a de aplicar todo este monumental cabedal de equipamentos, conhecimento e tecnologia para dar a seu mais conhecido garoto-propaganda uma recuperação à altura de sua fama mundial.

Mas as coisas não se passaram exatamente como planejado. Planejado, no caso, quer dizer de acordo com o programa traçado por Gerard Saillant e Filé. Segundo este plano, a etapa que começava em Beaverton era a fase da preparação física. Vencido o tempo da recuperação dos movimentos e da completa fixação do tendão, estava na hora de fazer força com ele, até o ponto de permitir uma volta aos gramados. Na hora em que os profissionais da Nike se debruçaram sobre o caso, não prestaram muita atenção a este detalhe.

Duas características marcavam aquele conjunto de pessoas. A primeira delas era que a sede da Nike era muito menos cosmopolita que sua atuação no mercado. Havia muita gente em Beaverton que ainda achava que os únicos esportes realmente globais eram o basquete e o beisebol — e isto porque estes eram os únicos esportes que realmente conheciam. O grupo incluía muitos funcionários, mas o mais importante deles era o próprio Phil Knight, o dono da empresa. Se era bem fácil seduzi-lo com um convite para uma partida de basquete ou um jogo de golfe, os executivos de futebol tinham que penar para conseguir que ele assistisse a uma partida de futebol — e jamais conseguiram convencê-lo de que aquilo era um bom esporte. No fundo, o futebol não passava de uma necessidade de mercado no jogo da empresa. Howard Slusher, um dos poucos executivos que apostava no futebol, era claro a respeito do quanto esta falta de envolvimento limitava as oportunidades: "A principal razão por que nunca entramos para valer no futebol é um problema interno de envolvimento da alta direção", disse numa entrevista.

A segunda característica, derivada da primeira, era a de um grande desdém por tudo aquilo que não seguia os princípios norte-americanos e localistas. Nesta característica se incluiu a análise do caso de Ronaldo. Em vez de tentar entender a lógica do tratamento de um jogador de futebol brasileiro montada por um médico francês, o caso foi visto mais como um desvio da cartilha que um ortopedista norte-americano montaria para recuperar o joelho de um *quarterback*. Como resultado, o apoio oferecido veio na forma de uma oferta para abandonar imediatamente a trilha "errada" e começar tudo de novo segundo uma nova cartilha. Aliás, "oferta" é uma palavra um tanto bondosa. Melhor seria dizer uma "exigência", cujo fundamento era a completa desqualificação de seis meses de esforços diários — feita por gente totalmente incapaz de distinguir um centroavante de um halterofilista. A receita incluía trabalho com pesos — uma das últimas coisas que um futebolista precisa fazer, se quiser manter sua flexibilidade. O local indicado para o tratamento foi um centro no Colorado.

Ronaldo gostava muito da Nike, sempre se julgara bem tratado ali. Aceitou o convite de bom grado — apenas para se ver colocado diante de um dilema, na posição bastante desagradável de ter de escolher entre as pessoas que confiava e aquelas em quem a empresa confiava. Caso se chamasse Tiger Woods ou Michael Jordan, certamente este disparate não aconteceria. Mas como aconteceu, a prevista temporada de recuperação tranqüila se transformou rapidamente num tempo angustiante. Ele tinha de escolher a quem ser fiel. De repente, estava vivendo seu pior momento em toda a recuperação.

Durante seis meses, subira degrau por degrau uma longa escada desenhada no hospital de Paris. Agora lhe diziam que deveria abandonar completamente este caminho e começar outro, sob a direção de pessoas certamente bem intencionadas — mas que ele não conhecia minimamente. Mais ainda, possivelmente não tinha como julgar a decisão segundo os dados técnicos, como uma opção racional. Sendo assim, escolheu o lado que sempre escolhia: acreditar nas pessoas. Menos de um mês depois de colocar os pés em Beaverton ele partiu, para continuar sua recuperação em Biarritz, na França, ao lado de Gerard Saillant.

No final do ano, oito meses depois da operação, foi liberado para começar a fazer treinamentos físicos. Otimista, veio passar o Natal no Rio de Janeiro. No dia 20 de dezembro, fez seu primeiro treino leve com bola, no centro de treinamento do Flamengo. Saiu satisfeito, dizendo-se pronto para se apresentar à Inter de Milão. A idéia era entrar em campo algumas vezes ainda no primeiro semestre de 2001. Completou seus exames, jogou algumas peladas ao lado de Milene no verão carioca. O entusiasmo era visível — tão visível que antes de mais uma pelada do casal, desta vez no campinho de Chico Buarque, Ronaldo anunciou uma nova gravidez de Milene.

Mas o otimismo desapareceu rapidamente. Milene teve um aborto espontâneo, e Ronaldo começou a descobrir que não seria exatamente fácil entrar em forma. Na hora de apertar os treinos físicos, pequenas complicações começaram a surgir, sugerindo prudência. Com isto, uma tensão se instalou no ar. Por oito meses ele conseguira represar a vontade de jogar para se aplicar no duro cotidiano da fisioterapia. Agora que se livrara dele, cada passo atrás significava uma derrota emocional: era mais difícil botar as esperanças na caixa do que deixá-las circular.

Com esta montanha russa emocional, começou um novo período de recuperação. Ronaldo não conseguia mais se conter. Aceitou uma oportunidade para tomar uma dose de aplausos num estádio cheio, sem riscos para a saúde. No final de março de 2001, pisou num gramado com platéia pela primeira vez desde o dia da contusão. Ao lado de Zico e Michael Schumacher, enfrentou um time formado por outros veteranos e celebridades — todos conscientes de que deveriam passar a metros de seu joelho. Fez cinco gols, e ouviu novamente os gritos da galera. Depois desse dia, ficou ainda mais difícil para ele suportar más notícias. Embarcou para a Itália; no dia 15 de abril, um ano e três dias depois de se contundir, treinou pela primeira vez com seus companheiros — e 400 torcedores apareceram apenas para ver o craque trotar ao redor do campo. Para seu azar, era fim de temporada. Não valia a pena arriscar um esforço para entrar em melhor forma, pois as férias estavam bem à vista. Como resultado, ficou jogando rachões por dois meses e voltou para o Brasil.

A situação de estar perto e longe do futebol ao mesmo tempo continuou. Assim que pisou no Brasil, Luiz Felipe Scolari, que tinha acabado de assumir o comando de uma seleção brasileira em plena crise (era o quarto técnico do time em apenas dois anos; naquela altura, o Brasil derrapava num quarto lugar em seu grupo das eliminatórias para a Copa), convidou-o para se juntar ao grupo de jogadores antes da partida contra o Uruguai. A razão formal do convite era incentivar o grupo. A razão real, uma oportunidade de avaliar a pessoa. Romário, o homem encarregado de fazer os gols e ganhar os jogos, detonou: "A presença dele aqui só serve para atrapalhar a vida dos outros". Felipão, que não era de levar desaforos, retrucou na hora: "Eu convidei e ele vem". Ronaldo foi. Atrapalhou os companheiros que se preparavam, ofuscando toda a imprensa — coisa que só piorou quando o time perdeu o jogo. Mas ouviu de Felipão o que interessava: era um jogador fundamental para seus planos de 2002.

Todo pimpão, ele embarcou de volta para Milão, certo de que estava pronto para arrebentar. Fez gols nos primeiros jogos-treino contra equipes amadoras — estava se sentindo tão bem que até pediu marcação mais dura "para se acostumar com as pancadas". Foi escalado para o primeiro jogo preparatório da Inter. Seria um grande dia, não fosse o fato de sentir dores musculares na véspera da partida. Ele superou bem as etapas da recuperação clínica e da preparação física básica. Para todos os padrões, isto o colocava na posição de um atleta. Mas entre um atleta e um jogador de futebol profissional existe uma grande diferença de exigência física. Uma partida profissional exige tanto de um jogador, que a maioria dos esforços só se justifica em campo. Como dizia o sábio Didi, "treino é treino e jogo é jogo". Uma coisa é a energia necessária para simular um jogo, outra completamente diferente a necessária para jogar uma partida profissional.

As dores passaram, e no dia 18 de agosto de 2001 ele finalmente jogou com a camisa da Inter. O adversário era o inexistente Enymba, campeão de clubes da Nigéria. Mesmo assim, 40 mil pessoas apareceram para ver a partida. Desta vez, não se decepcionaram. Aos 23 minutos do primeiro tempo driblou um zagueiro na corrida e mandou para o gol. Não marcava em um jogo profissional havia um ano e cinco meses. Antes de sair, aos 34 minutos do primeiro tempo, ainda deu um passe para Vieri fazer o seu — e os torcedores da Inter sonharam em ver funcionando a dupla que custara 84 milhões de dólares e ainda não jogara uma partida inteira. Mais dez dias, mais boas notícias: 20 minutos de participação no final do jogo contra o Bastia — e dois gols decisivos na vitória por 4 a 2.

Parecia tudo pronto — mas não era bem assim. A Inter tinha um novo técnico, o argentino Héctor Cúper. Ele tratava Ronaldo como o mais precavido dos homens. Colocava-o para jogar aos pouquinhos, como uma jóia que poderia se quebrar ao menor movimento. Ao mesmo tempo, havia Luiz Felipe Scolari, um homem desesperado por resultados da mais tradicional seleção de futebol do planeta, e muito disposto a colocar Ronaldo diretamente frente a um grande desafio: um jogo de vida e morte contra o Chile, num momento em que seu time estava seriamente ameaçado de ficar de fora de uma Copa pela primeira vez na história. O entusiasmo de Felipão com Ronaldo era tamanho que ele atravessou o Atlântico para se acertar com o técnico da Inter sobre o assunto. Assim, o jogador que nem era escalado para o banco de reservas foi anunciado como provável convocado para defender a seleção brasileira como titular. Cúper permaneceu impávido: "Gostaria que ele voltasse de imediato, mas a ansiedade é um risco". Mesmo que procurasse, não encontraria fórmula melhor para aumentar a ansiedade do jogador.

Somente depois de três semanas de espera Cúper colocou Ronaldo em campo numa partida oficial. Entrou em campo aos 18 minutos do segundo tempo contra o Brasov, da Romênia, pela Copa da Uefa. Levou infindáveis sete minutos para receber a primeira bola de algum companheiro — um indicativo claro de que as coisas seriam difíceis. Mesmo assim, saiu aplaudido. No dia seguinte estava mais feliz que nunca: Felipão anunciou seu nome para o jogo contra o Chile. Cúper reclamou abertamente contra a tentativa de "romper um esquema cuidadosamente preparado". E, sendo assim, deu uma lição ao jogador: chamou Ronaldo para um jogo contra o Torino e deixou-o o tempo inteiro no banco.

Na partida seguinte, de novo contra o Brasov, mas desta vez na Romênia, Ronaldo entrou no início do segundo tempo. Aos 45 minutos, sentiu a coxa direita. Estava fora do jogo da seleção, e obrigado a cumprir o programa cuidadoso de Cúper. Enquanto isso, Felipão preferiu arriscar uma preciosa vaga apenas para trazer o jogador para viver o ambiente da seleção e animar os companheiros. Prudência e ousadia emitiam sinais opostos para o jogador.

Começou a rotina: recuperação, treinamentos, jogos inteiros no banco. Um mês de tensão. Finalmente entra em campo contra o Lecce. Aos 13 minutos do primeiro tempo, contratura na coxa direita. Uma semana de tratamento, duas sem ser convocado — e 15 minutos jogando contra a Fiorentina. Duas semanas de banco e 20 minutos contra a Udinese —, depois de ficar se aquecendo por 14 minutos esperando a ordem de entrar. Volta para o banco. Dois jogos depois, entra a dez minutos do fim de uma partida já ganha. Mais banco. Somente em dezembro começou jogando uma partida, contra o Brescia. Fez seu primeiro gol no Campeonato Italiano em dois anos e um mês. Então pôde finalmente jogar uma partida inteira, contra o Chievo. Deu o passe para o único gol do time, feito por Vieri (a Inter perdeu por 2 a 1). Jogou de novo, contra o Verona — e marcou dois gols na vitória por 3 a 0. Como se diz no jargão, ele precisava mesmo era de ritmo de jogo. Na partida seguinte, contra o Piacenza, sofreu o pênalti que resultou no primeiro gol da vitória por 3 a 2, mas deixou o campo sentindo a coxa. Assim acabou sua primeira metade de temporada. De volta a Milão no início do ano, mais banco. E Felipão novamente o convocou, desta vez para um amistoso contra a Arábia Saudita. Num treino em Maiorca, Ronaldo reclamou de uma dor na coxa — e foi mandado para uma nova temporada de tratamento. Desta vez, Felipão perdeu a paciência.

23.

Crenças e vitórias

[2002]

No início de 2002 completaram-se quatro anos da última escolha de Ronaldo como melhor jogador do mundo pela Fifa. Este período foi marcado por desigualdades em sua carreira. Os seis meses até a final da Copa de 1998 foram de boas atuações. De 12 de julho de 1998 até novembro de 1999, o jogador alternou períodos em campo com tratamentos para o joelho; em campo, sua média de gols caiu bastante e as dúvidas sobre o futuro começaram a surgir. Entre novembro de 1999 e setembro de 2001, Ronaldo esteve fora dos gramados. Daí até março de 2002, atuou em apenas 12 partidas — e só jogou 90 minutos em uma delas. Este era o conjunto pelo qual sua potencialidade podia ser avaliada naquele momento. Um conjunto que cada um olhava de uma perspectiva — e dessas diferentes perspectivas saíam as avaliações contraditórias sobre seu futuro.

Paradoxalmente, a maior confiança em seu potencial, neste tempo todo, esteve do lado de seus patrocinadores. Em nenhum momento, mesmo no auge das dificuldades, Ronaldo teve sequer um dos contratos de imagem reavaliado. Todos eles continham cláusulas que permitiam a rescisão em caso de ausência do futebol além de um determinado período — mas nenhum de seus patrocinadores sequer fez menção de exercer a opção. Eles estavam pagando o mesmo dinheiro por menos exposição de imagem, mas ainda assim achavam bom o negócio. Ronaldo diminuiu ao máximo sua exposição pública durante o período de tratamento, e eles se conformaram com isso. Em outras palavras, mostraram que sua confiança no jogador era de longo prazo, não montada sobre os interesses imediatos.

Esta situação trouxe ao jogador duas vantagens que praticamente nenhum outro futebolista no planeta tinha. Em primeiro lugar, separou ainda mais sua estabilidade financeira das atuações em campo. Mas, principalmente, permitiu-lhe manter toda a estrutura de trabalho sobre sua imagem.

Curiosamente, a própria contusão ajudou na preservação de sua imagem. Entre o final da Copa de 1998 e a tragédia do Estádio Olímpico, uma série de extravagâncias de seus empresários — e dele mesmo — tinha provocado um desgaste na imagem. Com a contusão, o relativo desaparecimento de Ronaldo dos noticiários acabou com os compromissos esdrúxulos e as notícias negativas. A entrada de um profissional como Rodrigo Paiva na estrutura que o cercava ajudou bastante nesta tarefa, fazendo uma recomposição bastante apreciável em sua avaliação pelo público.

O apoio das empresas e o acerto no esquema profissional a seu redor compuseram uma estrutura que se tornou fundamental para que ele não fosse esquecido pelos torcedores. Muita gente, na época, criticava abertamente a retaguarda profissional do jogador: chamavam Ronaldo de "fenômeno de marketing". Tinham razão, mas se esqueciam de notar que este fenômeno programado sustentava as boas lembranças que todos tinham dele em campo. Era um negócio, mas um negócio fundamental nas horas difíceis. No fim das contas, graças a este apoio, Ronaldo não foi esquecido como tantos jogadores que se contundem por largos períodos o são por dirigentes "amadores".

De seus contratos veio o maior apoio para não ser deixado de lado na longa travessia pela dor. Este apoio era fundamental porque, graças a ele, a torcida tinha uma avaliação positiva do jogador mesmo depois de tanta ausência. Parece pouco, mas é muito. Futebol é um jogo onde as opiniões fora de campo contam muito. No início de 2002, contariam mais ainda. Naquele momento, a pergunta fundamental era: Ronaldo tinha futuro?

Não parecia. Mesmo com boas lembranças, no início de 2002 a imprensa e a torcida brasileira viam o futuro em outro lugar. Uma outra pergunta era a única que continha a chave para a conquista da Copa que se aproximava: Romário joga ou não joga? Com 36 anos de idade, o Baixinho se tornara não apenas um lendário atacante, mas um lendário exemplo de longevidade. Era tanto um boêmio veterano como o atacante de melhor desempenho no momento. Sabia ganhar jogos e campeonatos, não perdia gols. Amava ganhar Copas do Mundo, embora só tivesse realmente tido a oportunidade — que não perdeu — em uma delas. Estava tentando desesperadamente conseguir uma vaga na última Copa que poderia jogar.

Mas ele sabia que jogara fora esta vaga certa. Na primeira partida como técnico, o jogo das eliminatórias contra o Uruguai, onde criticou a presen-

CRENÇAS E VITÓRIAS

ça de Ronaldo, Felipão não apenas convocou Romário, mas ainda lhe entregou a braçadeira de capitão do time. Com este gesto estava dizendo: eis meu líder, eis aquele que mostra o caminho. E do líder esperava empenho. Depois do jogo, no entanto, Romário fez algo que lhe parecia habitual: convocado por Felipão para a Copa América, alegou que precisava operar os olhos e foi tirar férias no Caribe. Jamais Romário quis disputar jogos que não valiam nada. O técnico tirou disto uma lição imediata: Romário não era o líder que precisava; como não servia para ser um jogador comum, desses que se colocam na reserva a qualquer hora, não servia também para o grupo. Romário nunca mais foi convocado.

No começo, o craque desdenhou: quando chegasse a hora do vamos ver, o técnico mudaria de idéia. Tinha sido assim nas eliminatórias para a Copa de 1994, tinha sido assim no intervalo entre 1994 e 1997. Romário só percebeu que desta vez seria diferente um pouco tarde demais. Sem ele, Felipão comeu o pão que o diabo amassou, mas classificou o time para a Copa. Agora, na reta final da convocação, o treinador não emitia o menor sinal de que iria chamá-lo. Romário tinha o amor da torcida, e incentivou uma campanha por sua convocação. Por todo lado, o técnico era chamado de burro, a torcida gritava "Romário" nos jogos da seleção e os jornais só falavam disso.

Era um problema de convicção. E não convicção sobre um jogador, mas sobre a peça-chave em torno da qual seria armado o time. Para Luiz Felipe Scolari, este lugar não estava reservado apenas para quem tivesse bom desempenho técnico. Isto era fundamental, mas o caso é que o Brasil dispunha, a seu ver, de uma alternativa melhor. Desde o dia em que Ronaldo foi considerado apto a voltar ao campo, Felipão deu todas as demonstrações possíveis de que queria o jogador para desempenhar o papel central na organização do time. Quando, em 2001, o convocou duas vezes, mesmo contundido, fez questão de dizer que o motivo central era psicológico: dar e receber motivação. Mais do que uma afirmação técnica, Felipão estava fazendo uma afirmação sobre aquilo que esperava de um líder.

Ronaldo não tinha futebol para isso naquele momento, mas tinha de sobra a vontade que o técnico esperava. Tendo que optar entre o que o campo mostrava e o que a crença em Ronaldo lhe dizia — já que os dois não estavam juntos naquele momento —, Felipão optou pela crença. Podia fazer isto, já que necessitava de Ronaldo em forma não naquele momento, mas em julho de 2002.

Curiosamente, pouca gente notou isso. A torcida só falava em Romário. A direção da CBF, desta vez, pouco se metia com as questões do time. Ricardo Teixeira conseguira cancelar as mudanças da lei Pelé, e o resultado fora desastroso. Desapareceram os patrocinadores, saíram os investidores — e o retrocesso do futebol brasileiro a sua economia da Idade da Pedra fez com que as atrações sumissem de campo, enquanto os clubes tinham prejuízos. Os desmandos dos dirigentes estavam sendo investigados pelo Congresso e pela polícia. Com os cartolas ocupados, Luiz Felipe Scolari podia trabalhar em paz.

Era uma paz muito relativa porque só se falava em Romário. Mas em meio a este turbilhão, o técnico, já em fevereiro de 2002, estava trabalhando duramente com a alternativa: Ronaldo. Fazia por ele aquilo que um técnico só faz por seu líder. E pôde fazer o que fez porque, além da torcida, havia mais uma pessoa que não alimentava nenhuma esperança na capacidade de Ronaldo: Héctor Cúper.

Durante todo o segundo semestre de 2001, Cúper tivera o jogador a sua disposição. Sabia muito bem o que deveria fazer, caso confiasse nele, caso quisesse ter um líder no ataque disponível para as horas difíceis. Era início de temporada, com muitos jogos sem importância: a época ideal para dar ritmo de jogo para quem volta de uma grave contusão. O que ele perdesse naquele momento em termos de rendimento do time, recuperaria com lucros mais tarde nas horas decisivas.

Cúper, no entanto, preferiu outro caminho. O tempo todo afirmou que o jogador teria de recuperar o ritmo fora de campo — uma impossibilidade completa para quem ficou um ano e meio sem jogar. Enquanto isso, repetia até a exaustão a tese de que o time poderia ganhar um campeonato sem Ronaldo. Era uma tese aparentemente comprovada pelos fatos: a Inter esteve o tempo todo na liderança da tabela. Mas era também uma tese clara em outro sentido: Ronaldo não estava sendo preparado para liderar o time nos momentos decisivos — e, provavelmente, nem nos momentos menos importantes. A contratura que sofrera em dezembro de 2001 foi curada em pouco tempo. Ainda assim, Ronaldo não estava sendo convocado nem para o banco de reservas do time.

Havia, portanto, um claro choque de crenças entre Luiz Felipe Scolari e Héctor Cúper. Não se tratava apenas de crenças sobre o futebol que Ronaldo jogava, mas sobretudo sobre o papel que poderia desempenhar numa equipe. Para Luiz Felipe Scolari, Ronaldo era um jogador fundamental para a seleção de melhor desempenho da história do futebol mundial. Para Cúper, uma peça secundária num time que não se alinhava exatamente entre os mais brilhantes da Europa. A gigantesca diferença não deixa de ser importante. A crença, a construção de hipóteses, é importante no futebol.

Quando se tornou clara a diferença de crenças, Scolari agiu. O lugar de Ronaldo no grupo da Inter era tão secundário que o clube acabou dando uma permissão para que ele passasse um mês no Rio de Janeiro, quando o técnico da seleção brasileira a pediu. Oficialmente, a Inter falou que o jogador estava contundido e tinha ido se tratar. Mas, na prática, houve bem mais que um simples tratamento. Ronaldo desembarcou no Rio de Janeiro no início de fevereiro. No mesmo dia do desembarque, na noite de 8 de fevereiro, fez uma reunião de três horas com Filé e José Luiz Runco, o médico da seleção brasileira. Nos dias seguintes, mais três pessoas se juntaram ao grupo que analisava seu caso: a nutricionista Sílvia Ferreira, o preparador físico Paulo Paixão (também da equipe de Scolari) e o bioquímico Alexandre Consendey.

Eles analisaram cuidadosamente todos os dados disponíveis sobre o atleta e compuseram um programa de preparação. Nunca se vazou nada sobre este programa, mas parece claro que ele foi montado para corrigir os defeitos da preparação recebida na Itália. Num momento posterior, Paulo Paixão um dia deixou escapar um comentário sugerindo que havia quase um erro deliberado neste programa, responsável pelas seguidas contusões do jogador na primeira metade da temporada. Este erro teria sido notado a partir da análise de uma amostra de sangue, que mostrava resultados desbalanceados. O certo é que um novo programa foi montado, com ênfase especial na alimentação. A que Ronaldo vinha recebendo acarretava uma taxa muito alta de gordura no corpo, e isso contribuía tanto para a demora em recuperar a forma como para as contusões.

Durante um mês, enquanto a torcida especulava sobre Romário, toda a estrutura central do comando médico brasileiro trabalhou para devolver a forma a Ronaldo. Cada detalhe foi cuidado a fundo, sempre sob a supervisão da equipe. Ao final do período, a taxa de gordura em seu corpo tinha despencado de 13,5% para 8,5%. Ele corria e fazia esforços sem sentir dores nem ter ameaças de contusão. No dia 9 de março, o trabalho foi dado por concluído. Neste dia, Scolari teve uma reunião com a equipe. Foi direto e claro sobre aquilo que mais lhe interessava: "Ele joga?". Runco respondeu:

"Joga". Para Luiz Felipe Scolari era o suficiente. A seleção brasileira já tinha um líder escolhido para seu ataque na Copa do Mundo.

Havia, no entanto, um grande problema: Ronaldo estava na ponta dos cascos em termos de preparo físico, mas continuava tão sem ritmo de jogo como antes. E isto não dependia apenas de Felipão. Ele era um jogador da Inter de Milão, presidida por Massimo Moratti e sob as ordens do técnico argentino Héctor Cúper. No mês em que esteve fora, os dois continuaram a pensar que Ronaldo era uma peça secundária, e vendiam esta idéia para a torcida. Como sempre acontecia quando estava no Rio de Janeiro no carnaval, Ronaldo cumpriu sua prazerosa obrigação como relações-públicas da Ambev, assistindo ao desfile das escolas de samba no camarote da empresa. O presidente da Inter sabia muito bem o que ele estava fazendo lá, e ainda assim fez questão de dizer que tratava-se de um irresponsável numa farra. No dia da chegada em Milão, Ronaldo foi brindado com uma reportagem do jornal *Tuttosport* afirmando que ele não era considerado importante para o próximo ano e estaria sendo vendido. Até o nome do clube foi publicado: Real Madrid.

Sabendo o que tinha de enfrentar, Ronaldo decidiu evitar polêmicas públicas. Simplesmente se declarou em greve com a imprensa italiana. Era ruim para a imagem, mas o único caminho que eventualmente teria para voltar ao campo.

A guerra para valer começou já no dia seguinte. Luiz Felipe Scolari anunciou a convocação de Ronaldo para a partida do dia 27 de março contra a Iugoslávia. Resposta da torcida brasileira: "Romário! Romário!". Resposta de Héctor Cúper: "Ele só joga pelo Brasil se jogar antes pela Inter". Atos de Héctor Cúper: deixou Ronaldo fora até do banco nas duas primeiras partidas em que teve o jogador a seu dispor, uma delas contra o Lecce, eterno freqüentador da zona baixa da tabela de classificação do Campeonato Italiano. Com a data da apresentação ao time se aproximando, Moratti entrou pessoalmente no jogo: "Ronaldo só deve jogar pela seleção depois de jogar pela Inter. O que pensam no Brasil não nos interessa. Scolari não vai passar por cima do clube". Ato de Massimo Moratti: entra com um recurso na Fifa tentando impedir a apresentação do jogador à seleção.

No dia seguinte a esta declaração, o departamento médico da Inter constata uma lesão em Vieri, que o impediria de jogar contra o Valencia, pela Copa da Uefa, no meio da semana. Ato de Héctor Cúper: não apenas não coloca Ronaldo na delegação, como o obriga a treinar com os aspirantes no horário do jogo. Palavras de Héctor Cúper no dia seguinte: "Ronaldo está preocupado com seu futuro, não apenas com o mundial ou com a Inter. Já faz três anos que ele não joga regularmente e ainda que tenha disputado uma ou outra partida, sabe que ainda não está com 100% de sua condição. Quando Ronaldo estiver com 70% de condições, poderá jogar tranqüilamente".

Assim Ronaldo embarcou para defender o Brasil, depois de passar 17 dias na Itália e fazer apenas um jogo-treino de aspirantes. Iria tentar recuperar o ritmo de jogo voltando ao campo depois de quatro meses, não por seu clube, mas pela seleção brasileira. Scolari confiava nele — e Ronaldo não o decepcionou. Jogou 45 minutos, mandou uma bola na trave, comandou o ataque. Não foi vaiado, mas não deixou de escutar os gritos da galera: "Romário! Romário!". E também não deixou de ler a notícia do dia quando pisou de volta em Milão: "Entre os torcedores da Inter, 32,4% não acham justo Ronaldo ter voltado pela seleção brasileira e não pelo clube que apostou em sua recuperação. Mais: 22,4% acreditam que ele pensa mais na seleção que no clube e 19,2% acham que o fato de ter jogado em Fortaleza prejudica sua recuperação".

Recado anotado, tudo continuou na mesma situação: Ronaldo era titular da seleção brasileira e nem reserva na Inter de Milão. Ficou de fora do banco na partida contra a Fiorentina. Palavra de Cúper: "Ronaldo é uma arma a mais no time, mas não é a arma". Palavra de Felipão ao ler a notícia: "Ronaldo vai continuar sendo convocado, independente do que pense Héctor Cúper". Ato de Héctor Cúper: chama Ronaldo para o banco na partida contra o Feyernord, pelas semifinais da Copa da Uefa. Segundo ato de Héctor Cúper: aos dois minutos do segundo tempo, faz sinal para Ronaldo entrar na partida, empatada em 0 a 0 (a torcida, que não o via em campo há exatos 102 dias, aplaude); aos seis minutos, o adversário faz um gol, enquanto Ronaldo continua dando pulinhos no centro do gramado; aos 25 minutos, depois de 23 exposto à torcida, finalmente entra em campo. Era tarde demais para um jogador que nem mesmo treinava entre os titulares fazer alguma coisa. O time perde. Palavras de Héctor Cúper: "Ele ainda não está preparado para jogar". Novo ato de Cúper: Ronaldo fica de fora do banco na partida seguinte pelo Campeonato Italiano — e a Inter perde para o fraco Atalanta, ficando ameaçada na liderança. Era a hora do vamos ver, a hora em que o técnico colhe ou não os frutos do trabalho de um ano. Por um ano,

Cúper fez questão de não preparar o time com Ronaldo para os momentos decisivos. Os momentos decisivos chegaram.

No dia seguinte à derrota, foi convocado por Felipão para o jogo contra Portugal. Palavras de Felipão: "Se ele joga ou não na Inter, não me interessa. O que me interessa é que gostei de seu desempenho contra a Iugoslávia. Ele tem lugar garantido no grupo que vai à Copa".

Neste clima tenso, foi chamado para jogar pela Inter. Foi designado a ele o lugar da grande arma do time na reta final — que teria de ocupar sem ao menos ter jogado um pouco com seus companheiros. Precisaria superar não apenas a falta de ritmo de jogo, mas também a falta de entrosamento com o time. Em vez de fazer isso na hora fácil, teria de fazer na hora difícil. Fora de campo, teria de vencer mais dificuldades. Seu técnico passou um ano dizendo que Ronaldo era um a mais, que não precisava ser forçado, que iria ser cuidadoso. Com todo o cuidado, lançou-o às feras nos jogos decisivos — e assim ele tinha de enfrentar torcida e imprensa.

Ronaldo entrou como titular da Inter, pela primeira vez no ano, numa semi-final da Copa Uefa. Jogo na casa do adversário, com a Inter precisando ganhar por dois gols de diferença. Antes de sair de campo deixou duas vezes companheiros na cara do gol e colocou uma bola na trave. Ainda assim apareceu como um dos responsáveis pela desclassificação do time, apesar do empate em 2 a 2. No domingo seguinte, 14 de abril, entrou pela primeira vez como titular num jogo mais fácil, daqueles que permitem recuperar o ritmo. Pisou no campo no início do segundo tempo, com a Inter perdendo por 1 a 0 para o Brescia. Fez os dois gols da virada. Só depois de dizer em campo falou com os jornalistas italianos, suspendendo sua greve.

Na quarta-feira seguinte, entrou em campo pela seleção brasileira, no jogo contra Portugal — o último amistoso oficial antes da Copa, o único contra um time forte. Ali, pela primeira vez, jogou junto com Rivaldo e Ronaldinho Gaúcho no ataque. Ele estava fora de forma, Rivaldo sentindo dores no joelho e Ronaldinho vindo de um período de quatro meses sem jogar. Dominaram o primeiro tempo da partida. Nesses 45 minutos, todos os torcedores brasileiros puderam vislumbrar algo que até então só existia na cabeça de Felipão: um time forte na defesa e bom no ataque. Os primeiros elogios tímidos começaram a aparecer em meio às críticas pela ausência de Romário.

De volta a Milão, de novo titular. Jogo difícil, contra o Chievo. Ronaldo comanda o ataque do time por 65 minutos, e deixa o campo com a Inter

CRENÇAS E VITÓRIAS

vencendo por 2 a 1. Aos 46 o adversário empata, e a vantagem na liderança se reduz a um ponto. Faltavam duas rodadas, e era a hora de ter as melhores armas em campo. Ronaldo está lá no jogo contra o Piacenza, a primeira partida no ano em que joga 90 minutos. Faz o seu na vitória por 3 a 1. A Inter continua um ponto na frente, e precisa ganhar fora de casa da Lazio. Pior: a partida seria no Estádio Olímpico de Roma. Sua última cena neste campo tinha sido a saída de maca com o joelho destroçado, enfrentando a mesma Lazio.

Estava na hora de Héctor Cúper finalmente colocar em campo o melhor que tinha ensaiado naquele ano inteiro. Quando veio a escalação viu-se que era o melhor, mas não exatamente o ensaiado. Ronaldo formaria a dupla de ataque com Vieri. Os dois estavam no time há dois anos. Em todo este tempo, haviam jogado juntos apenas um total de 123 minutos — mais de três quartos deles em 1999. Assim, Cúper punha em campo um time à brasileira: sua única possibilidade de ganhar seria que a individualidade superasse a falta de entrosamento. Mas, pior que a situação brasileira, aquela falta de entrosamento era fruto de uma decisão deliberada do treinador: Vieri e Ronaldo não serviam para jogar juntos os jogos mais fáceis, não foram entrosados como uma dupla nem nos treinos. Como os jogadores europeus não estão acostumados a improvisar, o time perdeu por 4 a 2 — e deu adeus ao título que não via há 13 anos. A foto de todos os jornais não foi a de Cúper, mas de Ronaldo chorando no banco, depois de ser sacado no início do segundo tempo. Para os torcedores, a mensagem era: ele nos fez perder.

Foi a última imagem na Inter. Mais tarde, Ronaldo seria acusado de traidor pela torcida, de pouco agradecido ao time que o ajudou nos momentos difíceis.

Dois dias depois da derrota, estava no Rio de Janeiro, pronto para o papel de homem-chave do ataque da seleção brasileira. Voltou a fazer uma bateria de exames com o grupo que o tinha preparado em fevereiro, ao qual se acrescentou a figura do fisioterapeuta Luiz Alberto Rosan. A repetição dos exames anteriores mostrou que os parâmetros verificados estavam bem. Mas Rosan acrescentou um novo exame: mediu não apenas as forças que atuavam sobre a perna direita de Ronaldo, mas sobre ambas. Verificou então que a direita estava mais forte que a esquerda: tamanha era a preocupação em fortalecer a perna machucada, que ela ganhou mais força que a boa. Com a descoberta foi montado todo um novo programa de fisioterapia, o qual obrigou o jogador a mais uma vez conviver com seis ou sete horas a mais de trabalho que seus companheiros. Ele não ligou: faria tudo para jogar aquela Copa.

A única vantagem do desgraçado fim de temporada na Inter era a de que, bem ou mal, esteve em campo várias partidas seguidas. Tinha, portanto, mais ritmo de jogo. Era pouco. Para enfrentar o que viria pela frente, reforçou suas armas com a fé, indo pedir proteção a Nossa Senhora Aparecida. Reforçou também a arma da alegria: na véspera de partir com o time, jogou duas horas de pelada no campinho de Chico Buarque ao lado de seu pai, Nélio, de Milene e de artistas como o craque Carlinhos Vergueiro. Bateu bola por duas horas, descalço como na infância de Bento Ribeiro e nos seus sonhos pós-operação, rindo e brincando o tempo todo.

No dia seguinte, no aeroporto, os últimos remanescentes pró-Romário faziam manifestação no embarque do time. O grupo partiu, pouco acreditado pela maioria dos críticos e torcedores. Não deixavam de ter razão: o time que Scolari tinha na cabeça jogara — a meia bomba — por apenas 45 minutos em Lisboa. Ele existia mais nas crenças do treinador que no campo, o que tornava inevitável a idéia de que o técnico era um teimoso que não entendia muito de futebol: todas as evidências empíricas estavam contra ele. Seu trunfo, não pequeno, é que o passado importa nada em futebol. Expectativa é expectativa, resultado é resultado. Outro trunfo: ao contrário de Zagallo, que encarava a Copa como uma guerra moral, Felipão montou todo o seu trabalho pensando em construir um grupo vencedor; a não-convocação de Romário tinha a ver com esta idéia.

Nas três semanas que se seguiram, Ronaldo agiu exatamente como Felipão esperava. Só falou de seleção nas entrevistas, embora já chovessem especulações sobre sua saída da Inter. Encarou todos os treinos físicos e táticos com vontade. Em campo, fez muita força para defender, além de atacar; e nos dias de folga, agia como se fossem de treinos. Mesmo sua diversão tinha a ver com atividade física e concentração (jogava golfe); perdia o tempo que fosse preciso ensaiando jogadas e ainda as discutia com os companheiros. Em troca de tudo isso, era indiscutivelmente reconhecido como o atacante para quem se deveriam jogar as melhores bolas, o homem para quem os outros deveriam abrir espaço, a referência do ataque brasileiro.

Enquanto isso, todo um time ia sendo ajustado. Rivaldo era seu companheiro de ataque. Finalmente, jogaria na seleção brasileira na mesma posição que em seu clube — o que faria desaparecer a fama de "jogador de time" que o acompanhava. Duas descobertas recentes de Felipão, os meio-campistas Kléberson e Gilberto Silva iam se firmando com pequenas oportunidades entre os titulares. Aos poucos, a defesa ia se entendendo com o esquema de três zagueiros. Não havia brigas por posição pelos jornais como em 1998, nenhuma fissura na relação com a imprensa, nenhuma divergência na comissão técnica que chegasse sequer remotamente ao conhecimento público. Em outras palavras, o grupo com que Felipão sonhara meses antes estava sendo formado.

A mais dura prova para a coesão aconteceu a menos de 24 horas da estréia: durante o recreativo de reconhecimento do gramado da partida, o capitão do time, Émerson, deslocou o ombro. Inacreditavelmente, estava fora da Copa. Em outros tempos, sua vaga seria disputada pela imprensa; agora, Felipão convocou Ricardinho (um jogador que nunca chamara nem para um amistoso) e escalou o reserva Gilberto Silva para o jogo. Não houve uma queixa, um comentário — nem o temor de ninguém. Tudo isso exigia um grau elevado de confiança mútua entre os jogadores, e deles no técnico. Em 1998, um fato menos grave que este havia feito desabar time e direção antes da final.

Com este capítulo se encerrava a fase das crenças de Luiz Felipe Scolari. Como resumiu uma reportagem no dia do jogo, "Scolari apostou na união em detrimento da técnica. Montou um grupo com jogadores que, antes de serem craques, são seus amigos, gente de sua confiança. Torce agora para que esse conjunto apresente dentro de campo um futebol que leve o país à conquista do pentacampeonato mundial. E Scolari apostou alto. Sobretudo no ataque. Preteriu Romário, freqüentemente pedido por parte da torcida, e levou um Ronaldo que, por mais esforçado que seja, não consegue passar confiança a quem o vê treinando. Estruturou a equipe com a obsessão por marcar o adversário, não deixá-lo dominar a bola, cercá-lo por todos os lados, fugindo às características do futebol brasileiro". Era isto: fez o que acreditava. Muitos não acreditavam nele. Agora viria o que realmente interessava: saber se as crenças se realizavam na prática, saber quem tinha razão. Mesmo esta pergunta final era mais amena que a de quatro anos antes: Felipão não queria que ninguém o engolisse, queria apenas ganhar partidas. Não se centrava em interesses morais, mas apenas nos esportivos.

Assim Ronaldo começou o desafio de sua vida. Para ele, as apostas eram entre o passado glorioso e um futuro incerto. Teria de enfrentar a imagem de quatro anos de derrotas pessoais. Derrotas que o levaram a um poço muito mais fundo do que qualquer craque de nível mundial jamais tinha caído. O fator imensamente mais poderoso a seu favor, naquele momento, era o fato de que Felipão o tinha colocado na posição certa para enfrentar este desafio: era o titular e o ponto de referência de todo o ataque. O homem para quem se deveria passar a bola. A rigor, desde o primeiro ano da Inter, entre 1996 e 1997, ele não estava nesta posição. Mesmo nos dias de maior glória, quase sempre em sua carreira havia oposição no time a que ele ocupasse tal lugar — uma oposição que ele quase nunca conseguiu vencer.

A posição de matador depende essencialmente de duas coisas. Em primeiro lugar, confiança de todos os outros jogadores. Se eles não acreditam profundamente que a bola tem mais probabilidade de chegar na rede por este caminho, não há ordem capaz de fazê-la chegar até lá. Mas a posição também depende de autoridade. Fazer gols é a essência do futebol, e todos querem fazer isso. Seus companheiros de time não eram exatamente amadores nesta arte, e sabiam muito bem o que valia aparecer numa Copa do Mundo. Por isso, era mais que difícil para eles resistir à tentação de arriscarem eles mesmos a missão designada a Ronaldo. A seu lado estava Rivaldo, o mesmo que em 1998 declarou que não estava em campo para servi-lo.

Mas agora não era mais hora de discussões. A bola em jogo transformaria dúvidas em certezas, apostas em fatos. As crenças iriam passar pela prova da prática.

A primeira prova prática foi contra a Turquia. Aos 2 minutos, Ronaldo tabelou com Rivaldo e chutou por cima. Aos 3 e aos 4, recebeu falta assim que pegou na bola: ele era o homem do jogo também para os defensores, já temerosos de deixá-lo andar em campo. Aos 9 deu o primeiro chute, que bateu na zaga. Aos 19, sofreu mais uma falta quando conseguiu dominar a bola. Aos 29, estreou como assistente: passe para Juninho, que chuta para fora. Aos 35, estréia como o marcador que Felipão queria: rouba uma bola do zagueiro e parte para o gol — mas o juiz inventa uma falta. Aos 39, dribla um zagueiro e serve Rivaldo na cara do gol, mas o goleiro faz grande defesa. Aos 44, finalmente se livra do zagueiro e, pronto para entrar livre, recebe falta por trás. No segundo tempo, finaliza fraco duas vezes nos dois primeiros minutos. Aos cinco, funciona aquilo que Felipão pensou. Rivaldo cruza, Ronaldo marca. Aos 9, a primeira arrancada, driblando dois zagueiros —

mas o goleiro segura. Aos 28, já visivelmente cansado, é substituído. Em resumo: a crença se tornou prática, ao menos em seu caso.

Quanto ao time, a vitória por 2 a 1 foi aprovada com reservas. O segundo gol foi resultado de um pênalti muito mal marcado pelo juiz, já que a falta em Luizão (que substituiu Ronaldo) foi fora da área. Rivaldo converteu, e foi eleito o melhor em campo pela Fifa.

A segunda prova prática foi contra a China. Desta vez os adversários sabiam a quem segurar: nos primeiros 15 minutos (até Roberto Carlos fazer o primeiro gol, de falta), Ronaldo não conseguiu tocar na bola. Aos 31 estreou como auxiliar no ataque: trouxe um zagueiro e Rivaldo ficou livre para fazer o seu, depois de um passe de Ronaldinho Gaúcho. Aos 43, enfim a primeira grande tabela da Copa entre Ronaldo e Ronaldinho Gaúcho; na hora de marcar, Ronaldo sofre pênalti, que Ronaldinho Gaúcho converte. Aos nove do segundo, volta à estratégia básica: Rivaldo lança Cafu, que deixa Ronaldo livre na cara do gol — e ele faz seu segundo na Copa. Aos 24, Ricardinho, o tal que nunca havia jogado com Felipão, pega pela primeira vez na bola, e deixa Ronaldo de novo na cara do gol; desta vez, o goleiro defende. Logo em seguida, Ronaldo é substituído.

No geral, a goleada foi vista menos como mérito do Brasil que fraqueza do adversário. Felipão reclamou na entrevista depois do jogo: "Pô! A gente ganha de 4 e vocês só acham defeito". Era assim mesmo: havia ainda muitas dúvidas sobre o restante das crenças do técnico.

Terceira prova prática, contra a Costa Rica. Aos 9 minutos, Ronaldo divide com os zagueiros e faz o primeiro gol da partida. Aos 12, depois de um escanteio, dribla meia defesa e faz o segundo. A partir daí, Ronaldo jogou para abrir espaços; dois gols foram feitos por zagueiros e outro por Rivaldo.

Com relação ao time, as avaliações começavam a mudar. Em geral se considerou que a seleção jogou bem, mas a defesa era tida como um ponto muito fraco. Mas os resultados gerais da competição já começavam a mostrar dados de realidade que mudavam muitas crenças anteriores ao início dos jogos. O Brasil tinha o melhor desempenho na primeira fase entre os 32 times da competição. Tinha o melhor ataque. E, sobretudo, disputava agora um torneio em que 16 das 32 seleções voltavam para casa. Entre elas, a campeã França (eliminada sem marcar um único gol no torneio) e a favorita Argentina. As duas estavam na chave do Brasil, o que tornava menos perigosa a passagem pelo mata-mata — e mais viáveis as crenças de Felipão.

A maior preocupação do técnico, neste momento, deixava de ser a administração das dúvidas para se tornar a administração do otimismo. Ronaldo e Rivaldo estavam em condições tanto de serem os artilheiros como de serem eleitos o melhor jogador da Copa. Antes que a coisa prosperasse, ele escalou várias pessoas para conversar com cada um deles, até que colocassem a cabeça de volta no lugar. Ninguém jamais soube, e nenhuma palavra nas entrevistas pareceu indicar qualquer disputa dentro do time.

A quarta prova foi contra a Bélgica. Desta vez não se tratava de um jogo considerado fácil: quem perdesse iria para casa. A Bélgica montou um bloqueio forte e explorou os contra-ataques. Ainda assim as chances brasileiras no primeiro tempo resultaram de jogadas entre os já chamados "Três Erres". Ronaldinho Gaúcho serviu Ronaldo aos 18; Ronaldo serviu Rivaldo aos 26; Rivaldo serviu Ronaldinho Gaúcho aos 45. Todos erraram a finalização, mas era um time errando. No segundo tempo, não erraram. A Bélgica se assanhou, pressionou — e deu espaço. Aos 21 minutos, Ronaldinho Gaúcho lançou Rivaldo; ele matou no peito enquanto virava o corpo, ajeitou a bola antes de ela cair no chão e mandou a esquerda para fazer 1 a 0. Aos 42, num contra-ataque, Kléberson lançou Ronaldo, que selou a sorte da partida. Comentário de Kléberson no final: "O Ronaldo é artilheiro e nós temos que fazer as jogadas para ele fazer o gol. O mérito é todo dele". A crença de Felipão se transformava em prática.

Naquela altura, já havia dados de realidade bem fortes para os torcedores compararem com suas suposições iniciais. Ronaldo tinha feito cinco gols em quatro jogos, marcando em todos eles — era simplesmente seu recorde de gols em partidas seguidas pela seleção brasileira em toda a sua carreira. Com isso se tornava o segundo maior artilheiro do Brasil em Copas do Mundo, atrás apenas de Pelé. Em quatro partidas, fez mais gols que em toda a Copa de 1998.

Quanto ao time, agora que só restavam oito na competição, já começava a ser apontado como o grande favorito para o título. Ainda assim nenhum jornalista conseguia arrancar uma declaração de otimismo exagerado, uma vaidade evidente, uma palavra sobre divergências. Não que não fizessem as perguntas ou desistissem de buscar evidências: simplesmente não achavam nenhuma que servisse a seus propósitos.

Assim se chega à quinta prova, contra os ingleses, que, a rigor, funcionou como contraprova. Ronaldo não jogou bem — só conseguiu uma boa arrancada e um chute a gol, aos 38 minutos do primeiro tempo, e saiu sentido dores musculares na metade do segundo. Pela primeira vez na Copa, o ataque não foi o de um time bem treinado, mas o espaço de uma individualidade — e ela não foi a do líder Ronaldo, nem do candidato Rivaldo. Ronaldinho Gaúcho construiu os gols sozinho. No primeiro gol, ele atravessou meio campo com a bola nos pés, desarmou a defesa e deixou Rivaldo livre para marcar; fez o segundo cobrando magistralmente uma falta. Desta vez o time foi sua defesa. Logo depois de fazer o segundo gol, Ronaldinho Gaúcho foi expulso num lance infantil, deixando o time com dez. Todos se mataram na defesa. Mesmo com um a mais, a Inglaterra não fez nada.

Um time que ganha sem discussão uma partida em que as jogadas de ataque não deram certo, numa situação estratégica desvantajosa (saiu atrás contra um time que jogava fechado), e vence porque defendeu-se bem é um time preparado para todas as situações. Tinha a importante vantagem do talento individual, mas não dependia do talento individual: este ficava reservado apenas para as horas difíceis. Até ali, todos os gols tinham sido de jogadas coletivas ou bolas paradas — sinal de eficiência coletiva. O individualismo não era a regra para cobrir falta de jogo coletivo, como em 1998, mas a exceção que fazia a diferença. Isto importava muito. A partir da vitória contra a Inglaterra muito pouca gente tinha qualquer dúvida a respeito das crenças de Luiz Felipe Scolari, nem sobre o futebol brasileiro. Elas se tornaram realidade na hora certa.

Faltava apenas um detalhe: Ronaldo seria mesmo um dos melhores do mundo? Até ali, a imensa maioria dos críticos e torcedores já lhe concedia um lugar na galeria dos melhores. Mesmo no time do Brasil, no entanto, não estava certo quem seria o melhor. Este lugar pendia, naquele momento, mais para Rivaldo que para Ronaldo. Jogando como atacante, ele estava tendo quase a mesma oportunidade de se redimir de 1998 que seu colega de ataque. Ninguém mais ousaria dizer que ele só jogava em clube — nem seria louco o suficiente para pensar nele como um jogador de meio campo, como aconteceu por tantos anos. Até ali, ele havia sido considerado o melhor jogador do time pela Fifa em três dos cinco jogos disputados; era, assim, um favorito para o título de melhor de toda a Copa, em caso de vitória.

Esta questão — muito amena, se comparada ao início da competição

— era praticamente tudo o que restava para resolver na semifinal contra a Turquia, quando o Brasil entrou como franco favorito. E ela foi resolvida nos detalhes. Sem Ronaldinho Gaúcho, Rivaldo foi recuado para o meio de campo. Jogaria no sacrifício, numa posição em que era bom o suficiente para jogar anos a fio na seleção brasileira, mesmo não sendo a sua. Para compensar a deficiência, Ronaldo tinha saído do jogo anterior sentindo dores na perna; fez exames e não treinou. Entrou em campo sabendo que estava em más condições.

No jogo, Rivaldo teve as melhores oportunidades para definir a parada chutando de longe, mas desta vez não acertou. Ronaldo esteve mal todo o primeiro tempo. Estava com medo de contusão — e travado pelo medo. No intervalo do jogo, Felipão mandou o médico avaliar sua situação. José Luiz Runco narrou sua delicada intervenção: "Fui para cima e disse: 'Não adianta ficar no mais ou menos hoje. Tem que ser tudo agora. Se estiver sentindo alguma coisa fala, que vai sair agora. Se não, te solta". Se este médico não tinha a riqueza semântica de Lídio Toledo, fazia um trabalho bem mais eficiente. Suas palavras eram entendidas com clareza.

Logo aos 3 minutos do segundo tempo, Ronaldo invadiu a área, driblou um zagueiro. Quatro turcos fechavam em cima dele, o goleiro se armava para a defesa. Então veio o momento que separa os grandes gênios dos craques. Em vez de armar um chute forte, deu um tapa com o bico de sua Mercurial prateada na bola. Como os cinco adversários se moviam imaginando o tempo de um chute forte, ficaram todos no meio do caminho. Lentamente a bola passou a milímetros das pernas dos zagueiros e das mãos do goleiro e entrou no canto esquerdo. Estava feita a diferença entre um bom e o melhor.

Daquele momento em diante, todas as respostas práticas às questões comuns do futebol estavam dadas. O Brasil estava classificado para disputar uma final contra a Alemanha, onde todas as dúvidas seriam de outra natureza. Neste jogo não haveria nenhuma das perguntas dos jogos comuns, nem dos clássicos — e nem dos grandes jogos. Ali se jogaria contra a história, num jogo que era passe de entrada para o mundo dos mitos.

Para Ronaldo, até o momento de pisar em campo haveria algo mais além da história. Havia, sobretudo, o grande temor da repetição de algo que já lhe era familiar. Quatro anos antes, no dia 12 de julho de 1998, ele estava exatamente nesta situação, com o passe para a história na mão. Desde este dia, no entanto, quanto mais se esforçara, mais se afastara deste patamar elevado. Sua vida fora fazer força e descer cada vez mais baixo, até chegar ao ponto mais baixo na vida de um jogador de futebol, aquele onde ele olha uma bola a seu lado e não pode tocá-la. O ponto em que a bola jogada livremente numa praia era apenas um sonho.

Agora estava ali. Estava ali porque tinha aprendido que o jogo nascia de seu desejo. Estava ali porque tinha um filho alegre e uma mulher zen. Estava ali porque nunca perdeu o apoio da família e dos empresários. Mas, acima de tudo, estava ali porque duas pessoas o ajudaram a subir todos os degraus desde o abismo, sofrendo a seu lado e confiando nele. Uma se chamava Nilton Petrone, o Filé, que lhe devolveu ao corpo a capacidade de correr atrás de uma bola. A outra se chamava Luiz Felipe Scolari, que o colocou num time na posição que era a sua: a do homem que coloca a bola no gol. Se Filé o acompanhou na hora difícil, Felipão o escolheu numa hora difícil.

Mas o último passo dependia dele. Havia um fantasma a espantar. Desta vez, no entanto, havia também um time para espantar fantasmas, e não para se espantar com eles. No dia da final, desceu para almoçar no hotel. Sentou-se ao lado de Denílson e Roberto Carlos. Desta vez, o lateral não estava assustado; pelo contrário, era um homem forte protegendo-o do susto. Fez com Denílson uma brincadeira típica de jogadores de futebol, um diálogo ensaiado para Ronaldo ouvir:

— Você vai dormir depois do almoço?
— Sei não. E se me dá um troço?
— Eu vou.
— E se você não acordar?
— Então eu morri.

Ronaldo ouviu tudo isso. Segundo Roberto Carlos — que continuava não sendo um narrador confiável —, amarelou outra vez. Fez ar de quem não se importava com a brincadeira, mas estava mesmo preocupado. Os dois riram para valer quando ele foi se juntar a seu amigo Dida, com quem passou o começo da tarde — sem dormir.

E assim Ronaldo Luís Nazário de Lima, com 25 anos de idade, venceu o terror do passado de dificuldades e entrou em campo contra a Alemanha. Fez os dois gols que deram o pentacampeonato para o Brasil. Chorou e comoveu. Construiu uma história digna de ser narrada pelos torcedores que a assistiram, para que todos soubessem dela.

Posfácio

Como se pôde ver, este é um livro escrito por um torcedor. Durante toda a minha vida, acompanhei o futebol das arquibancadas. Primeiro as arquibancadas de madeira do Canindé (onde meu pai me levava para ver a Portuguesa de seu coração) e das cadeiras cativas da Vila Belmiro (onde meus tios me levavam para ver Pelé e um futebol inesquecível). Continuei torcedor da Portuguesa, o que criou uma situação muito especial: jamais confundi minha escolha com a possibilidade de ver o melhor futebol. Assim gastei muitas horas em outros estádios, para ver aquilo que raramente meu time me dava: arte e vitórias.

Toda minha relação com o futebol se encerra nas arquibancadas e nos livros. Jamais entrei num vestiário. Quando me tornei jornalista, tive uma única oportunidade na vida para cobrir uma partida de futebol: a final de uma Taça São Paulo de Juniores. Mas nem assim entrei em campo, pois coube-me ficar nas arquibancadas para registrar a reação das torcidas.

Nem mesmo com este livro escapei da posição de torcedor. A idéia de escrevê-lo começou numa conversa entre Walter Mattos, editor do jornal *Lance!*, e Juca Kfouri. A partir dela, um convite chegou a mim vindo de meu amigo Marcos Augusto Gonçalves: "Você não quer conversar sobre o Ronaldo?". Queria, e me encontrei com Walter. Foi pura conversa de torcedor. Ele estava emocionado com o choro de Ronaldo em Yokohama — e eu também. Era uma história e uma vitória pessoal dignas de serem contadas.

Sim, tentei falar com Ronaldo. Mas nunca passei da barreira de seus assessores. Enquanto tentava algo, fui juntando meu material de pesquisa, com a ajuda de minha competente sócia, Assahi Pereira Lima. Ela montou em poucos dias, com a ajuda de Kelly Mendes e Maria Sílvia Lavieri Gomes, um gigantesco banco de dados sobre a carreira do jogador. Antes da informática, uma pesquisa como esta cobraria dois anos de trabalho; desta vez, foram duas semanas.

Enquanto esperava uma resposta que não vinha, meti-me a ler. Alguns milhares de reportagens lidas depois, comecei a imaginar que talvez falar com Ronaldo fosse uma frustração, não uma solução. Jamais havia me passado pela cabeça fazer um livro revelando intimidades — e logo começou a me passar pela cabeça que não deveria mesmo buscar intimidades com meu biografado.

Aluizio Soares Leite Neto, meu editor na Editora 34, foi a peça definitiva para assentar um novo caminho. Apaixonado por ler sobre futebol como eu, mostrou-me uma série de biografias que tinham sido feitas nessas condições. Li-as, e me pareceram bem mais equilibradas que aquelas montadas a partir de entrevistas. Não havia por que tentar uma biografia autorizada: melhor seria contar uma história a distância, buscando o equilíbrio da miríade de informações — nem todas verdadeiras — que a natureza oral da cobertura futebolística acaba gerando. A rigor, fala-se demais de Ronaldo; o trabalho seria o de peneirar sobre aquilo que se fala, não o de produzir mais versões.

Assim, mudei a rota. Desisti de deixar recados em secretárias eletrônicas e comecei a investir pesado no arquivo, com ajudas fundamentais. Afonso Cunha me passou a parte do arquivo eletrônico do *Lance!* com informações sobre o jogador. Marcelo Machado pesquisou os jornais mineiros e fez cópias de todas as reportagens sobre o jovem Ronaldo. Pedro Magalhães pesquisou em Eindhoven. Em Barcelona, Marcos Vinicius Pinto fez o mesmo com a fase do Barcelona.

No final do trabalho, recebi outra ajuda fundamental. Nizan Guanaes é um brasileiro sangüíneo e eficiente. Tem uma intuição monumental e a capacidade de trabalho de doze leões. Em cada conversa com ele me enchia de entusiasmo. E, mais que isso, ganhei dele ajuda direta. Ele colocou à minha disposição parte de sua equipe, em especial Sérgio Gordilho, que me presenteou com o estupendo trabalho de artes gráficas da capa e dos cadernos de fotografias em cor. Poucas pessoas terão sido mais generosas e incentivadoras que Nizan Guanaes, pelo que me sinto eternamente grato.

Assim juntei tudo que me foi permitido para dar o melhor de mim ao leitor. De minha parte, acrescentei ao material eletrônico o conjunto de leituras da bibliografia adiante apresentada, e com isso fiz o livro. Com a esperança de apresentar algo que tenha valido a pena como aquilo que um torcedor pode apanhar em meio à montanha de coisas que se escrevem sobre futebol, na quase certeza de que tudo será esquecido antes do próximo jogo, algo que possa ser um pouco mais duradouro para outras pessoas.

Bibliografia

AGOSTINO, Gilberto. *Vencer ou morrer:* futebol, geopolítica e identidade nacional. Rio de Janeiro: Faperj/Mauad, 2002.

AVALONE, Roberto. *As incríveis histórias do futebol.* São Paulo: Tipo, 2001.

BACK, Les, CRABBE, Tim e SOLOMOS, John. *The changing face of football:* racism, identity and multiculture in the English game. Nova York: Berg, 2001.

BOSE, Mihir. *Manchester unlimited:* the money, egos and infighting behind the world's richest soccer club. Londres: Texere, 2000.

BRUNORO, José Carlos e AFIF, Antonio. *Futebol 100% profissional.* São Paulo: Gente, 1997.

CAPINUSSÚ, J.M. *A linguagem popular do futebol.* São Paulo: Ibrasa, 1988.

CLARKSON, Wensley. *Ronaldo!:* 21 years of genius and 90 minutes that shook the world. Londres: Blake, 1998.

DAUNCEY, Hugh e HARE, Geoff. *France and the 1998 world cup:* the national impact of world sporting event. Londres: Frank Cass, 1999.

DEMPSEY, Paul e REILLY, Kevan. *Big money, beautiful game.* Londres: Nicholas Brealey, 1998.

FISH, Robert L. *Pelé:* my life and the beautiful game. Nova York: Doubleday, 1977.

GALEANO, Eduardo. *Futebol ao sol e à sombra.* Porto Alegre: L&PM, 2002.

GARLANDO, Luigi. *Ronaldo il re ingrato.* Milão: Sonzogno, 2002.

GIULIANOTTI, Richard. *Sociologia do futebol.* São Paulo: Nova Alexandria, 2002.

GOODALL, Lian. *Maradona.* Los Angeles: Warwick Publishing, 1999.

HALBERSTAM, David. *Michael Jordan:* a história de um campeão e o mundo que ele criou. São Paulo: Editora 34, 1999.

HAMIL, Sean et. al.. *The changing face of the football business.* Portland: Frank Cass, 2001

HARRIS, Harry. *Pelé:* his life and times. Nova York: Welcome Rain Publishers, 2002.

HEIZER, Teixeira. *O jogo bruto das copas do mundo.* Rio de Janeiro: Mauad, 2001.

HELAL, Ronaldo. *Passes e impasses:* futebol e cultura de massa no Brasil. Petrópolis: Vozes, 1997.

KATZ, Donald. *Just do it:* o espírito Nike dos negócios. São Paulo: Best Seller, 1997.

LANCE!. *Enciclopédia do futebol brasileiro.* Rio de Janeiro: Areté, 2001, 2 vols.

_____. *Todas as copas:* de 1930 a 1998. Rio de Janeiro: Areté, 2002.

LANCELLOTTI, Silvio. *Brasil:* o (quase) campeão do século. Porto Alegre: L&PM, 1998.

LEOCINI, Marvio Pereira. *Entendendo o negócio futebol:* um estudo sobre a transformação do modelo de gestão estratégica nos clubes de futebol. Dissertação (tese de doutoramento) — Escola Politécnica da Universidade de São Paulo. São Paulo: USP, 2001.

LEVER, Janet. *Soccer madness:* Brazil's passion for the world's most popular sport. Nova York: Waveland, 1983.

MACHADO, Lúcio Flávio. *Dadá Maravilha.* Belo Horizonte: Del Rey, 1999.

MELLI, Franco e MELLI, Marco. *Ronaldo.* Roma, 1999.

MERKEL, Udo e TOKARSKI, Walter (eds.). *Racism and xenophobia in European football.* Aechen: Meyer und Meyer, 1996.

OSTERMANN, Ruy Carlos. *Felipão:* a alma do penta. Porto Alegre: Zero Hora Editora Jornalística, 2002.

PADDOCK, Mark. *Ronaldo.* Toronto: Warwick, 1999.

PIMENTA, Carlos Alberto Máximo. *Torcidas organizadas de futebol:* violência e auto-afirmação. Taubaté: Vogal, 1997.

PORTO, Roberto. *Didi.* Rio de Janeiro: Relume Dumará, 2001.

PRONI, Marcelo Weishaupt. *A metamorfose do futebol.* Campinas: Unicamp, 2000.

PUGLIESE, Osvaldo Pascoal. *Sai da rua, Roberto!:* a verdadeira história de um dos maiores jogadores de futebol do mundo: Rivelino. São Paulo: Master Book, 1999.

SALDANHA, João. *O trauma da bola:* a copa de 82 por João Saldanha. São Paulo: Cosac & Naify, 2002.

SOARES, Juarez. *Diário da Copa 98:* a vitória da história. São Paulo: Master Book, 1999.

STRASSER, J. B. e BECKLUND, Laurie. *Swoosh:* the unauthorized story of Nike and the men who played there. San Diego: Harper Business, 1993.

TOSTÃO. *Tostão:* lembranças, opiniões, reflexões sobre futebol. São Paulo: DBA, 1997.

Este livro foi composto em Imago e Minion
pela Bracher & Malta e impresso pela Editora
Parma Ltda. em papel PrintMax 75 g/m^2 da
Votorantim Celulose e Papel para Lance! e
Editora 34 em novembro de 2002.